Justin R. Whiting
Michigan University
Ann Arbor

Jan 10th 1864

TITUS LIVIUS.

SELECTIONS

FROM

THE FIRST FIVE BOOKS,

TOGETHER WITH

THE TWENTY-FIRST AND TWENTY-SECOND BOOKS ENTIRE.

CHIEFLY FROM THE TEXT OF ALSCHEFSKI.

WITH

ENGLISH NOTES FOR SCHOOLS AND COLLEGES.

BY J. L. LINCOLN,

PROFESSOR OF LATIN IN BROWN UNIVERSITY.

WITH AN ACCOMPANYING PLAN OF ROME, AND A MAP OF THE PASSAGE OF HANNIBAL.

FIFTEENTH EDITION, REVISED.

NEW YORK:
D. APPLETON & CO., 443 & 445 BROADWAY.
1863.

ENTERED, according to Act of Congress, in the year 1847, by
D. APPLETON & CO.,
In the Clerk's Office of the District Court of the United States for the Southern District of New York.

PREFACE.

The present edition of a part of the History of Livy, has been undertaken with the hope of supplying a deficiency, which has been for some time experienced by teachers and students in American colleges. The work now in common use, prepared by Mr. Folsom, though containing a copious and judicious selection of passages, and exhibiting, especially in its mechanical execution, the well-known taste and accuracy of its editor, yet, from the extreme paucity of the notes, is generally believed to be scarcely suited to the purpose for which it was intended.

In regard to the principle of selection in the present volume, it has been the object of the editor to furnish, in the extracts from the first Five Books, those passages in the writings of Livy which best illustrate the poetic character of the early Roman history; and, by giving the Twenty-first and the Twenty-second Books entire, to present, in connection, a portion of authentic history, which yields to none in the entire work in point of interest and excellence. These extracts provide, it is believed, an amount of reading in Livy sufficient, for the purposes of instruction in our colleges; and it was deemed inexpedient to increase unnecessarily the size of the volume.

The text is chiefly that of Alschefski; whose excellent edition,* not yet completed, is understood to mark a new era in the history of the text of Livy, and, in the judgment of distinguished European scholars, will unquestionably attain and long hold the rank of the standard critical edition of Livy. Wherever other readings have been preferred to those of Alschefski, the reasons for the preference are usually given in the Notes.

The Notes have been prepared with chief reference to the grammatical study of the language; to the illustration of its forms, constructions, idioms, of its usages in general, and in particular, of the usage of Livy. Wherever it was possible, it has been thought best, simply to furnish apt references to such grammars and auxiliary works as were supposed to be in the hands of the student; but important difficulties, which required more ample means of investigation and study, have been more fully discussed and explained. It is hoped that the Notes will be also found to embrace all necessary information relating to history, geography, and antiquities, together with useful references to such standard works as are accessible to the student. A list of such works as are commonly referred to, may be found on the page immediately preceding the Notes. It has

---

* Titi Livii Rerum Romanarum ab urbe condita libri ad codicum manu scriptorum fidem emendati ab C. F. S. Alschefski, Vol. i. ii., primæ decadis part. prior. et part. alteram cont. 8 maj., Berolini, 1841, 43. Dümmler. Vol. iii. Libros Livianos, xxi. xxii. xxiii., cont. 8 maj. ibid. 1846.—With the same title. Ps. i.-iv. Schul-Ausgabe) 8 maj. ibid. 1843.

been the aim of the editor to furnish such assistance in the Notes as is needful to facilitate the progress of the diligent student; but above all things to avoid giving that pernicious help, whether in the form of indiscriminate translation, or of unnecessary explanation, which precludes all effort on the part of the pupil, and cripples his mental energies, by fostering habits of dependence and inaction.

The editions which have been consulted, besides Drakenborch's, have been those of Crevier, Ruperti, Bekker and Raschig, Twiss, Dymock by W. M. Gunn, Fabri, and Alschefski. In the preparation of the notes upon the Twenty-first and Twenty-second Books, the editor has been greatly indebted to the excellent edition of Fabri and the larger edition of Alschefski; but in the remainder, he is not aware that he has derived important aid from previous editions. In all cases he has aimed to acknowledge whatever direct assistance he has gained from the labors of others.

The Geographical Index has been partly translated from the edition of Fabri, and partly prepared from general sources. The Index to the Notes has been made with much care, and it is hoped, will be found useful.

The Plan of Rome, which accompanies the volume, has been taken from Professor W. A. Becker's recent work on Roman Antiquities; an account of the Map will be found on the page which faces it.

The Editor avails himself of this occasion to acknowledge his obligations to his friends who have encouraged him in the preparation of this volume, and in particular to Professor Johnson of the New York University, for the generous interest manifested in his labors, and for the use of a valuable work which was essential to the prosecution of his undertaking.

With these remarks, the present volume is submitted to the public, with the hope that it will be of some service in promoting the study of Livy, and of the noble language in which he wrote.

BROWN UNIVERSITY, *August*, 1847

In the notes which have reference to the passage of Hannibal, I have followed the route as originally made out by General Melville, the correctness of which cannot be doubted. Gen. Melville's account of the march of Hannibal may be found in M. de Luc's *Histoire du Passage des Alpes par Hannibal*, Genève et Paris, 1818; and in Wickham and Cramer's Dissertation on the Passage of Hannibal over the Alps; London, 1828. The Map, which accompanies this edition of Livy, is copied, with some corrections, from that prefixed to the latter of the above-mentioned works.

It may be well to give here a brief statement of Hannibal's route. After crossing the Pyrenees, he went to Nimes. From Nimes he marched to the Rhone, which he crossed at Roquemaure, and then went up the river to Vienne. From thence, he marched across the flat country of Dauphiné, and rejoined the Rhone at St. Genis d'Aouste. He then crossed the Mont du Chat to Chambery, joined the Isere at Montmeillan, ascended it as far as Scez, crossed the Little St. Bernard, and descended upon Aosta and Ivrea by the river Doria Baltea. After halting a short time at Ivrea, he marched upon Turin, which he took, and then prepared himself for operations against the Romans.

The following is a summary of the distances, (after the passage of the Pyrenees,) as given by Polybius, in B. 3, ch. 39 :—

From Emporium to the passage of the
  Rhone, ... 1,600 stadia, or 200 Roman miles.
From the Rhone to the ascent of the
  Alps, ... 1,400 "   175 "   "
The Alps themselves,   . . . 1,200 "   150 "   "

I add here Dr. Arnold's view of Hannibal's route :—

"On the whole, it appears to me most probable, that the pass by which Hannibal entered Italy, was that which was known to the Romans by the name of the Graian Alps, and to us as the Little St. Bernard. Nor was this so circuitous a line as we may at first imagine. For Hannibal's object was not simply to get into Italy, but to arrive in the country of those Cisalpine Gauls with whom he had been corresponding. Now these were the Boii and Insubrians; and as the Insubrians, who were the more westerly of the two, lived between the Addi and the Ticinus, the pass of the Little St. Bernard led more directly into the country of his allies, than the shorter passage into Italy by the Cottian Alps, or Mont Genevre."— Hist. 2, Note L.

The same view is taken by Dr. Schmitz, in his History of Rome, p 199

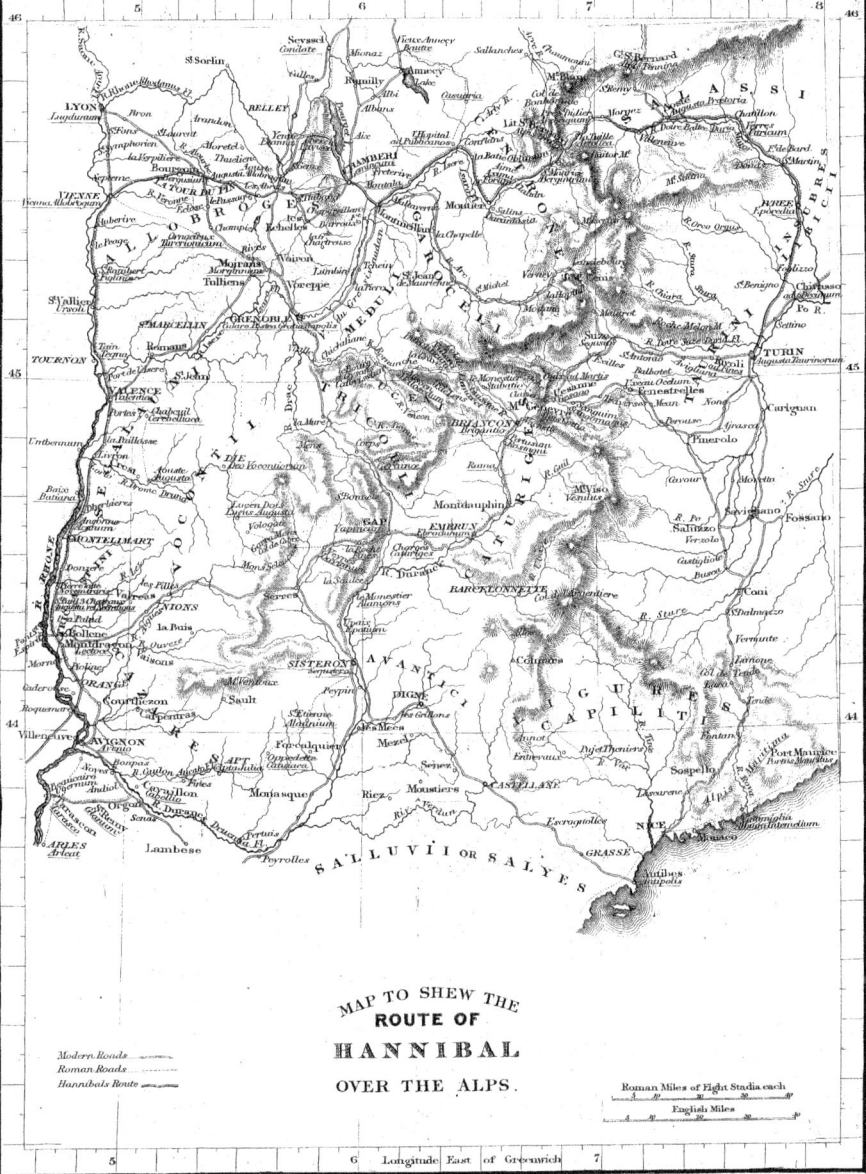

TITI LIVII

PRÆFATIO.

Facturusne operæ pretium sim, si a primordio urbis res populi Romani perscripserim, nec satis scio, nec, si sciam, dicere ausim; quippe qui, cum veterem, tum vulgatam esse rem, videam, dum novi semper scriptores aut in rebus certius aliquid allaturos se, aut scribendi arte rudem vetustatem superaturos credunt. Utcumque erit, juvabit tamen, rerum gestarum memoriæ principis terrarum populi pro virili parte et ipsum consuluisse: et, si in tanta scriptorum turba mea fama in obscuro sit, nobilitate ac magnitudine eorum me, qui nomini officient meo, consoler. Res est præterea et immensi operis, ut quæ supra septingentesimum annum repetatur, et quæ, ab exiguis profecta initiis, eo creverit, ut jam magnitudine laboret sua; et legentium plerisque haud dubito quin primæ origines proximaque originibus minus præbitura voluptatis sint, festinantibus ad hæc nova, quibus jam pridem prævalentis populi vires se ipsæ conficiunt. Ego contra hoc quoque laboris præmium petam, ut me a conspectu malorum, quæ nostra tot per annos vidit ætas, tantisper certe, dum prisca illa tota mente repeto, avertam, omnis expers curæ, quæ scribentis animum etsi non flectere a vero, sollicitum tamen efficere posset. Quæ ante conditam condendamve urbem poeticis magis decora fabulis quam incorruptis rerum gestarum monumentis traduntur, ea nec affirmare nec refellere in animo est. Datur hæc venia

antiquitati, ut miscendo humana divinis, primordia urbium augustiora faciat. Et, si cui populo licere oportet consecrare origines suas, et ad deos referre auctores, ea belli gloria est populo Romano, ut, cum suum conditorisque sui
5 parentem Martem potissimum ferat, tam et hoc gentes humanæ patiantur æquo animo, quam imperium patiuntur. Sed hæc et his similia, utcumque animadversa aut existimata erunt, haud in magno equidem ponam discrimine. Ad illa mihi pro se quisque acriter intendat animum, quæ
10 vita, qui mores fuerint; per quos viros, quibusque artibus, domi militiæque, et partum et auctum imperium sit: labente deinde paulatim disciplina, velut dissidentes primo mores sequatur animo; deinde ut magis magisque lapsi sint; tum ire cœperint præcipites; donec ad hæc tem-
15 pora, quibus nec vitia nostra, nec remedia pati possumus, perventum est. Hoc illud est præcipue in cognitione rerum salubre ac frugiferum, omnis te exempli documenta in illustri posita monumento intueri: inde tibi tuæque reipublicæ, quod imitere, capias: inde fœdum inceptu, fœ-
20 dum exitu, quod vites. Ceterum aut me amor negotii suscepti fallit, aut nulla unquam res publica nec major, nec sanctior, nec bonis exemplis ditior fuit; nec in quam civitatem tam seræ avaritia luxuriaque immigraverint; nec ubi tantus ac tam diu paupertati ac parsimoniæ honos
25 fuerit: adeo, quanto rerum minus, tanto minus cupiditatis erat. Nuper divitiæ avaritiam, et abundantes voluptates desiderium, per luxum atque libidinem pereundi perdendique omnia, invexere. Sed querelæ, ne tum quidem gratæ futuræ, cum forsitan necessariæ erunt, ab initio certe
30 tantæ ordiendæ rei absint. Cum bonis potius ominibus votisque et precationibus deorum dearumque, si, ut poetis, nobis quoque mos esset, libentius inciperemus, ut orsis **tanti** operis successus prosperos darent.

ARGUMENTUM LIBRI PRIMI.

I, II. Adventus Æneæ in Italiam et res gestæ. III. Ascanii regnum Albæ et deinceps Silviorum. IV. Numitoris filia a Marte compressa nati Romulus et Remus. V. Amulius obtruncatur. VI. Urbs a Romulo condita. VIII. Senatus lectus. X. Opima spolia Feretrio Jovi lata. XI. Cum Sabinis bellatum. XIII. In curias populus divisus. XIV, XV. Fidenates et Veientes victi. XVI. Romulus consecratus. XVIII, &c. Numa Pompilius ritus sacrorum tradidit, Jano templum constituit, ejusque portam, pacatis omnibus circa populis, primus clausit. Cum dea Egeria sibi congressus nocturnos esse simulans, feroces populi animos ad religionem perpulit. XXII, &c. Tullus Hostilius Albanos bello petiit. XXV. Trigeminorum pugna. XXVI. Horatius absolutus. Mettii Fuffetii supplicium. Alba diruta. Albani in civitatem recepti. Sabinis bellum indictum. Ad postremum fulmine Tullus absumptus. XXXII. Ancus Marcius cærimonias a Numa institutas renovavit. XXXIII. Latinis victis et ad civitatem adscitis montem Aventinum assignavit. Politorium, urbem Latinorum bello repetitam, quam Prisci Latini occupaverant, diruit: pontem sublicium in Tiberim fecit: Janiculum collem urbi addidit: fines imperii protulit: Ostiam condidit. Regnavit annos viginti quatuor. XXXIV. Eo regnante, Lucumo Demarati Corinthii filius, a Tarquiniis, Etruriæ civitate, Romam venit, et, in amicitiam Anci receptus, Tarquinii nomen ferre cœpit, et post mortem Anci regnum excepit. XXXV. Centum additis patrum numerum auxit. Latinos subegit, circum designavit, ludos edidit. Sabinorum bello petitus, equitum centurias ampliavit. Hic tentandæ scientiæ Attii Navii auguris causâ fertur eum consuluisse, an id, de quo cogitaret, effici posset; quod cum ille fieri posse respondisset, jussisse eum novacula cotem præcidere, idque ab eo protinus factum. Sabinos præterea acie vicit. Urbem muro circumdedit, cloacas fecit. XL. Occisus est ab Anci filiis, cum regnasset annos triginta octo. XLI. Successit ei Ser. Tullius, natus ex captiva nobili Corniculana: cui puero, adhuc in cunis posito, caput arsisse traditum est. Veientes atque Etruscos prælio fudit. Censum primus egit et lustrum condidit, quo civium capita censa octoginta millia esse dicuntur

Classes centuriasque descripsit. Pomerium protulit. Colles urbi Quirinalem, Viminalem, Esquilinumque adjecit. XLV. Templum Dianæ cum Latinis in Aventino fecit. XLVII, XLVIII. Interfectus est a L. Tarquinio, Prisci filio, consilio filiæ suæ Tulliæ, cum regnasset annos quadraginta quatuor. XLIX. Post hunc L. Tarquinius Superbus, neque patrum, neque populi jussu, regnum invasit. Quo die scelerata Tullia per patris jacentis corpus carpentum egit. Armatos circa se ad custodiam corporis sui habuit. Turnum Herdonium fraude interemit. LIII. Bellum cum Volscis gessit; et ex eorum præda templum Jovi in Capitolio fecit. Terminus et Juventas non addixere, quorum aræ moveri non potuerunt. Filii Sexti Tarquinii dolo, Gabios in potestatem suam redegit. LVI. Hujus filiis Delphos profectis, et consulentibus, quis eorum regnaturus esset Romæ, dictum est, eum regnaturum, qui primus matrem osculatus esset. Quod responsum cum ipsi aliter interpretarentur, Junius Brutus, qui cum iis profectus erat, prolapsum se simulavit, et terram osculatus est. Idque factum ejus eventus rei comprobavit. Nam cum, impotenter se gerendo, Tarquinius Superbus omnes in odium sui adduxisset, ad ultimum, propter expugnatam nocturnâ vi a Sexto filio ejus Lucretiæ pudicitiam, quæ, vocato patre ad se Tricipitino, et viro Collatino, obtestata, ne inulta mors ejus esset, cultro se interemit. LIX. Bruti opera maxime expulsus est, cum regnasset annos viginti quinque. LX Tunc consules primum creati sunt L. Junius Brutus et L Tarquinius Collatinus —[U C 1-245. A. C. 751-507.]

LIBRI PRIMI

CAP. I–XXVI. XXXII–XXXV. XXXIX–XLI. XLV–XLIX. LIII
LVI–LX.

I. Jam primum omnium satis constat, Troja capta, in ceteros sævitum esse Trojanos: duobus, Æneæ Antenorique, et vetusti jure hospitii et quia pacis reddendæque Helenæ semper auctores fuerunt, omne jus belli Achivos abstinuisse. Casibus deinde variis Antenorem cum multitudine Enetûm, qui seditione ex Paphlagonia pulsi, et sedes et ducem, rege Pylæmene ad Trojam amisso, quærebant, venisse in intimum Hadriatici maris sinum: Euganeisque, qui inter mare Alpesque incolebant, pulsis, Enetos Trojanosque eas tenuisse terras: et in quem primum egressi sunt locum, Troja vocatur, pagoque Trojano inde nomen est; gens universa Veneti appellati. Æneam ab simili clade domo profugum, sed ad majora rerum initia ducentibus fatis, primo in Macedoniam venisse, inde in Siciliam quærentem sedes delatum, ab Sicilia classe ad Laurentem agrum tenuisse. Troja et huic loco nomen est. Ibi egressi Trojani—ut quibus ab immenso prope errore nihil præter arma et naves superesset—cum prædam ex agris agerent, Latinus rex Aboriginesque, qui tum ea tenebant loca, ad arcendam vim advenarum armati ex urbe atque agris concurrunt. Duplex inde fama est: alii, prœlio victum Latinum, pacem cum Ænea, deinde affinitatem junxisse tradunt: alii, cum instructæ acies constitissent, priusquam signa canerent, processisse Latinum inter primores, ducemque advenarum evocasse ad colloquium: percunctatum deinde, qui mortales essent, unde, aut quo casu profecti domo, quidve quærentes in agrum Laurentinum exissent; postquam audierit, multitudinem Trojanos esse, ducem Æneam, filium Anchisæ et Veneris, cremata patria et domo profugos, sedem condendæque urbis locum quærere, et nobilitatem admiratum gentis virique, et animum vel bello vel paci paratum, dextera data fidem futuræ amicitiæ sanxisse. Inde fœdus ictum inter duces, inter exercitus salutationem factam: Æneam apud Latinum fuisse in hospitio; ibi Latinum apud penates deos domesticum publico adjunxisse fœdus, filia Æneæ in matrimonium data. Ea utique res Trojanis spem affirmat tandem stabili certaque sede finiendi erroris: oppidum condunt: Æneas ab nomine uxoris Lavinium appellat. Brevi stirps quoque virilis ex novo matrimonio fuit, cui Ascanium parentes dixere nomen. II. Bello deinde Aborigines Trojanique simul petiti. Turnus, rex Rutulorum, cui pacta Lavinia ante adventum Æneæ fuerat, prælatum sibi advenam ægre patiens, simul Æneæ Latinoque bellum intulerat. Neutra acies læta ex eo certamine abiit: victi Rutuli, victores Aborigines Trojanique ducem Latinum amisere. Inde Turnus Rutulique, diffisi rebus, ad florentes opes Etruscorum Mezentiumque, regem eorum, confugiunt; qui, Cære opulento tum oppido imperitans, jam inde ab initio minime lætus novæ origine urbis, et tum nimio plus, quam satis tutum esset accolis, rem Trojanam crescere ratus, haud gravatim socia arma Rutulis junxit. Æneas, adversus tanti belli terrorem, ut animos Aboriginum sibi conciliaret, nec sub eodem jure solum, sed etiam nomine, omnes essent, Latinos utramque gentem appellavit. Nec deinde Aborigines Trojanis studio ac fide erga regem Æneam cessere: fretusque his animis coalescentium in dies magis duorum populorum Æneas, quamquam tanta opibus Etruria erat, ut jam non terras solum, sed mare etiam per totam Italiæ longitudinem, ab Alpibus ad fretum Siculum, fama nominis sui implesset, tamen, cum mœnibus bellum propulsare posset, in aciem copias eduxit. Secundum inde prœlium Latinis, Æneæ etiam ultimum mortalium operum fuit. Situs est —quemcumque eum dici jus fasque est—super Numicum fluvium: Jovem indigetem appellant.

III. Nondum maturus imperio Ascanius Æneæ filius erat: tamen id imperium ei ad puberem ætatem incolume mansit: tantisper tutela muliebri—tanta indoles in Lavinia erat—res Latina et regnum avitum paternumque puero stetit. Haud ambigam—quis enim rem tam veterem pro certo affirmet?—hiccine fuerit Ascanius, an major quam hic, Creusa matre Ilio incolumi natus, comesque inde paternæ fugæ, quem Iulum eundem Julia gens auctorem nominis sui nuncupat. Is Ascanius, ubicumque et quacumque matre genitus—certe natum Ænea constat—

abundante Lavinii multitudine, florentem jam, ut tum res erant, atque opulentam urbem matri seu novercæ relinquit; novam ipse aliam sub Albano monte condidit, quæ, ab situ porrectæ in dorso urbis, Longa Alba appellata. Inter Lavinium et Albam Longam deductam coloniam triginta ferme interfuere anni. Tantum tamen opes creverant, maxime fusis Etruscis, ut ne morte quidem Æneæ, nec deinde inter muliebrem tutelam rudimentumque primum puerilis regni, movere arma aut Mezentius Etruscique, aut ulli alii accolæ ausi sint. Pax ita convenerat, ut Etruscis Latinisque fluvius Albula, quem nunc Tiberim vocant, finis esset. Silvius deinde regnat, Ascanii filius, casu quodam in silvis natus: is Æneam Silvium creat, is deinde Latinum Silvium: ab eo coloniæ aliquot deductæ, Prisci Latini appellati: mansit Silviis postea omnibus cognomen, qui Albæ regnaverunt. Latino Alba ortus, Alba Atys, Atye Capys, Capye Capetus, Capeto Tiberinus, qui, in trajecto Albulæ amnis submersus, celebre ad posteros nomen flumini dedit. Agrippa inde, Tiberini filius, post Agrippam Romulus Silvius, a patre accepto imperio, regnat: Aventino, fulmine ipse ictus, regnum per manus tradidit: is, sepultus in eo colle, qui nunc pars Romanæ est urbis, cognomen colli fecit. Proca deinde regnat. Is Numitorem atque Amulium procreat, Numitori, qui stirpis maximus erat, regnum vetustum Silviæ gentis legat. Plus tamen vis potuit, quam voluntas patris aut verecundia ætatis: pulso fratre, Amulius regnat. Addit sceleri scelus: stirpem fratris virilem interemit, fratris filiæ Reæ Silviæ per speciem honoris, cum Vestalem eam legisset, perpetua virginitate spem partus adimit.

IV. Sed debebatur—ut opinor—fatis tantæ origo urbis, maximique secundum deorum opes imperii principium. Vi compressa Vestalis, cum geminum partum edidisset, seu ita rata, seu quia deus auctor culpæ honestior erat, Martem incertæ stirpis patrem nuncupat. Sed nec dii, nec homines, aut ipsam aut stirpem a crudelitate regia vindicant: sacerdos vincta in custodiam datur; pueros in profluentem aquam mitti jubet. Forte quadam divinitus super ripas Tiberis effusus lenibus stagnis, nec adiri usquam ad justi cursum poterat amnis; et, posse quamvis languida mergi aqua infantes, spem ferentibus dabat: ita, velut defuncti regis imperio in proxima alluvie, ubi nunc ficus Ruminalis est—Romularem vocatam ferunt,—pueros exponunt. Vastæ tum in his locis solitudines erant. Tenet fama, cum fluitantem alveum, quo expositi erant pueri, tenuis in sicco aqua destituisset, lupam sitientem, ex montibus qui circa sunt, ad puerilem vagitum cursum flexisse: eam submissas infantibus adeo mitem præbuisse mammas, ut lingua lambentem pueros magister regii pecoris invenerit. Faustulo fuisse nomen ferunt: ab eo ad stabula Larentiæ uxori educandos datos. Sunt, qui Larentiam, vulgato corpore, lupam inter pastores vocatam putent: inde locum fabulæ ac miraculo datum. Ita geniti, itaque educati, cum primum adolevit ætas, nec in stabulis nec ad pecora segnes, venando peragrare saltus: hinc, robore corporibus animisque sumpto jam non feras tantum subsistere, sed in latrones, præda onustos, impetus facere, pastoribusque rapta dividere; et cum his, crescente in dies grege juvenum, seria ac jocos celebrare. V. Jam tum in Palatio monte Lupercal hoc fuisse ludicrum ferunt—et a Pallanteo, urbe Arcadica, Pallantium, dein Palatium, montem appellatum:—ibi Evandrum, qui ex eo genere Arcadum multis ante tempestatibus tenuerit loca, sollemne allatum ex Arcadia instituisse, ut nudi juvenes, Lycæum Pana venerantes, per lusum atque lasciviam currerent: quem Romani deinde vocaverunt Inuum. Huic deditis ludicro, cum sollemne notum esset, insidiatos ob iram prædæ amissæ latrones, cum Romulus vi se defendisset, Remum cepisse, captum regi Amulio tradidisse, ultro accusantes. Crimini maxime dabant, in Numitoris agros ab iis impetum fieri: inde eos collecta juvenum manu hostilem in modum prædas agere. Sic ad supplicium Numitori Remus deditur. Jam inde ab initio Faustulo spes fuerat, regiam stirpem apud se educari: nam et expositos jussu regis infantes sciebat, et tempus, quo ipse eos sustulisset, ad id ipsum congruere: sed rem immaturam, nisi aut per occasionem aut per necessitatem, aperire noluerat. Necessitas prior venit: ita, metu subactus, Romulo rem aperit. Forte et Numitori, cum in custodia Remum haberet, audissetque geminos esse fratres, comparando et ætatem eorum, et ipsam minime servilem indolem, te'igerat animum memoria nepotum: sciscitandoque eodem pervenit, ut haud procul esset, quin Remum agnosceret. Ita undique regi dolus nectitur. Romulus non cum globo juvenum—nec enim erat ad apertam vim par—sed aliis alio itinere jussis certo tempore ad regiam venire pastoribus, ad regem impetum facit: et a domo Numitoris alia comparata manu adiuvat Remus: ita regem obtruncant.

VI. Numitor inter primum tumultum hostes invasisse urbem atque adortos regiam dictitans, cum pubem Albanam in arcem præsidio armisque obtinendam avocasset, postquam juvenes perpetrata cæde pergere ad se gratulantes vidit, extemplo advocato concilio, scelus in se fratris, originem nepotum, ut geniti, ut educati, ut cogniti essent, cædem deinceps tyranni, seque ejus auctorem ostendit. Juvenes, per mediam concionem agmine ingressi, cum avum regem salutassent, secuta ex omni multitudine consentiens vox ratum nomen imperiumque regi efficit. Ita Numitori Albana re permissa, Romulum Remumque cupido cepit, in his locis, ubi expositi, ubique educati erant, urbis condendæ. Et supererat multitudo Albanorum Latinorumque : ad id pastores quoque accesserant, qui omnes facile spem facerent, parvam Albam, parvum Lavinium, præ ea urbe, quæ conderetur, fore. Intervenit deinde his cogitationibus avitum malum, regni cupido, atque inde fœdum certamen coortum a satis miti principio: quoniam gemini essent, nec ætatis verecundia discrimen facere posset, ut dii, quorum tutelæ ea loca essent, auguriis legerent, qui nomen novæ urbi daret, qui conditam imperio regeret, Palatium Romulus, Remus Aventinum, ad inaugurandum, templa capiunt. VII. Priori Remo augurium venisse fertur sex vultures, jamque, nuntiato augurio, cum duplex numerus Romulo sese ostendisset, utrumque regem sua multitudo consalutaverat: tempore illi præcepto, at hi numero avium, regnum trahebant. Inde, cum altercatione congressi, certamine irarum ad cædem vertuntur : ibi in turba ictus Remus cecidit. Vulgatior fama est, ludibrio fratris Remum novos transiluisse muros : inde ab irato Romulo, cum verbis quoque increpitans adjecisset " sic deinde, quicumque alius transiliet mœnia mea," interfectum. Ita solus potitus imperio Romulus; condita urbs conditoris nomine appellata.

U. C. 1.
A. C. 751.

Palatium primum, in quo ipse erat educatus, muniit: sacra diis aliis Albano ritu, Græco Herculi ut ab Evandro instituta erant, facit. Herculem in ea loca, Geryone interempto, boves mira specie abegisse memorant, ac prope Tiberim fluvium, qua, præ se armentum agens, nando trajecerat, loco herbido, ut quiete et pabulo læto reficeret boves, et ipsum fessum via procubuisse. Ibi cum eum cibo vinoque gravatum sopor oppressisset, pastor accola ejus loci, nomine Cacus, ferox viribus, captus pulchritu-

dine boum, cum avertere eam praedam vellet, quia, si
agendo armentum in speluncam compulisset, ipsa vestigia
quaerentem dominum eo deductura erant, aversos boves
eximium quemque pulchritudine caudis in speluncam
5 traxit. Hercules ad primam auroram somno excitus
cum gregem perlustrasset oculis, et partem abesse numero
sensisset, pergit ad proximam speluncam, si forte eo vestigia ferrent. Quae ubi omnia foras versa vidit, nec in
partem aliam ferre, confusus atque incertus animi ex loco
10 infesto agere porro armentum occepit. Inde cum actae
boves quaedam ad desiderium, ut fit, relictarum mugissent,
reddita inclusarum ex spelunca boum vox Herculem convertit. Quem cum ad speluncam vadentem Cacus vi
prohibere conatus esset, ictus clava, fidem pastorum ne-
15 quidquam invocans, morte occubuit. Evander tum ea,
profugus ex Peloponneso, auctoritate magis quam imperio
regebat loca : venerabilis vir miraculo litterarum, rei novae
inter rudes artium homines ; venerabilior divinitate credita
Carmentae matris, quam fatiloquam, ante Sibyllae in Italiam
20 adventum, miratae eae gentes fuerant. Is tum Evander,
concursu pastorum trepidantium circa advenam manifestae
reum caedis excitus, postquam facinus facinorisque causam
audivit, habitum formamque viri aliquantum ampliorem
augustioremque humana intuens, rogitat, qui vir esset.
25 Ubi nomen patremque ac patriam accepit, "Jove nate,
Hercules, salve" inquit : " te mihi mater, veridica inter-
pres deûm, aucturum caelestium numerum cecinit, tibique
aram hic dicatum iri, quam opulentissima olim in terris
gens maximam vocet tuoque ritu colat." Dextra Her-
30 cules data, accipere se omen impleturumque fata, ara condita ac dicata, ait. Ibidum primum bove eximia capta de
grege, sacrum Herculi, adhibitis ad ministerium dapemque
Potitiis ac Pinariis, quae tum familiae maxime inclytae ea
loca incolebant, factum. Forte ita evenit, ut Potitii ad
35 tempus praesto essent hisque exta apponerentur, Pinarii,
extis adesis, ad ceteram venirent dapem : inde institutum
mansit, donec Pinarium genus fuit, ne extis sollemnium
vescerentur. Potitii ab Evandro edocti, antistites sacri
ejus per multas aetates fuerunt, donec, tradito servis publi-
40 cis sollemni familiae ministerio, genus omne Potitiorum
interiit. Haec tum sacra Romulus una ex omnibus peregrina suscepit, jam tum immortalitatis virtute partae, ad
quam eum sua fata ducebant, fautor.

VIII. Rebus divinis rite perpetratis, vocataque ad con

cilium multitudine, quæ coalescere in populi unius corpus nulla re præter quam legibus poterat, jura dedit: quæ ita sancta generi hominum agresti fore ratus, si se ipse venerabilem insignibus imperii fecisset, cum cetero habitu se augustiorem, tum maxime lictoribus duodecim sumptis, fecit. Alii ab numero avium, quæ augurio regnum portenderant, eum secutum numerum putant: me haud pænitet eorum sententiæ esse, quibus et apparitores et hoc genus ab Etruscis finitimis, unde sella curulis unde toga prætexta sumpta est, numerum quoque ipsum ductum placet: et ita habuisse Etruscos, quod ex duodecim populis communiter creato rege singulos singuli populi lictores dederint. Crescebat interim urbs munitionibus alia atque alia appetendo loca, cum in spem magis futuræ multitudinis, quam ad id, quod tum hominum erat, munirent. Deinde, ne vana urbis magnitudo esset, adjiciendæ multitudinis causa, vetere consilio condentium urbes, qui obscuram atque humilem conciendo ad se multitudinem, natam e terra sibi prolem ementiebantur, locum, qui nunc septus descendentibus inter duos lucos est, asylum aperit. Eo ex finitimis populis turba omnis sine discrimine—liber an servus esset—avida novarum rerum perfugit, idque primum ad cœptam magnitudinem roboris fuit. Cum jam virium haud pæniteret, consilium deinde viribus parat: centum creat senatores, sive quia is numerus satis erat, sive quia soli centum erant, qui creari patres possent: patres certe ab honore, patriciique progenies eorum appellati. IX. Jam res Romana adeo erat valida, ut cuilibet finitimarum civitatum bello par esset: sed penuria mulierum hominis ætatem duratura magnitudo erat, quippe quibus nec domi spes prolis, nec cum finitimis connubia essent. Tum ex consilio patrum Romulus legatos circa vicinas gentes misit, qui societatem connubiumque novo populo peterent: urbes quoque, ut cetera, ex infimo nasci: dein, quas sua virtus ac dii juvent, magnas opes sibi magnumque nomen facere: satis scire, origini Romanæ et deos adfuisse, et non defuturam virtutem: proinde ne gravarentur homines cum hominibus sanguinem ac genus miscere. Nusquam benigne legatio audita est, adeo simul spernebant, simul tantam in medio crescentem molem sibi ac posteris suis metuebant: ac plerisque rogitantibus dimissi, ecquod feminis quoque asylum aperuissent, id enim demum compar connubium fore. Ægre id Romana pubes passa, et haud dubie ad vim spectare res cœpit. Cui

tempus locumque aptum ut daret Romulus, ægritudinem animi dissimulans, ludos ex industria parat, Neptuno equestri sollemnes Consualia: indici deinde finitimis spectaculum jubet, quantoque apparatu tum sciebant, aut po-
5 terant, concelebrant, ut rem claram exspectatamque facerent. Multi mortales convenere, studio etiam videndæ novæ urbis, maxime proximi quique, Cæninenses, Crustumini, Antemnates: jam Sabinorum omnis multitudo cum liberis ac conjugibus venit: invitati hospitaliter per domos,
10 cum situm mœniaque et frequentem tectis urbem vidissent, mirantur tam brevi rem Romanam crevisse. Ubi spectaculi tempus venit, deditæque eo mentes cum oculis erant, tum ex composito orta vis; signoque dato, juventus Romana ad rapiendas virgines discurrit. Magna pars forte,
15 in quem quæque inciderat, raptæ: quasdam forma excellentes, primoribus patrum destinatas, ex plebe homines, quibus datum negotium erat, domos deferebant. Unam, longe ante alias specie ac pulchritudine insignem, a globo Thalassii cujusdam raptam ferunt, multisque sciscitanti-
20 bus, cuinam eam ferrent, identidem, ne quis violaret, Thalassio ferri clamitatum: inde nuptialem hanc vocem factam. Turbato per metum ludicro, mæsti parentes virginum profugiunt, incusantes violati hospitii fœdus, deumque invocantes, cujus ad sollemne ludosque, per fas ac
25 fidem decepti, venissent. Nec raptis aut spes de se melior aut indignatio est minor: sed ipse Romulus circumibat, docebatque patrum id superbia factum, qui connubium finitimis negassent: illas tamen in matrimonio, in societate fortunarum omnium civitatisque, et, quo nihil carius hu-
30 mano generi sit, liberûm fore: mollirent modo iras, et, quibus fors corpora dedisset, darent animos: sæpe ex injuria postmodum gratiam ortam, eoque melioribus usuras viris, quod adnisurus pro se quisque sit, ut, cum suam vicem functus officio sit, parentium etiam patriæque ex-
35 pleat desiderium. Accedebant blanditiæ virorum factum purgantium cupiditate atque amore, quæ maxime ad muliebre ingenium efficaces preces sunt.

X. Et jam admodum mitigati animi raptis erant. At raptarum parentes tum maxime sordida veste lacrimisque
40 et querelis civitates concitabant: nec domi tantum indignationes continebant, sed congregabantur undique ad Titum Tatium, regem Sabinorum: et legationes eo, quod maximum Tatii nomen in iis regionibus erat, conveniebant. Cæninenses Crustuminique et Antemnates erant, ad quos

ejus injuriæ pars pertinebat: lente agere his Tatius Sabinique visi sunt: ipsi inter se tres populi communiter bellum parant. Nec Crustumini quidem atque Antemnates, pro ardore iraque Cæninensium, satis se impigre movent: ita per se ipsum nomen Cæninum in agrum Romanum impe- tum facit. Sed effuse vastantibus fit obvius cum exercitu Romulus, levique certamine docet, vanam sine viribus iram esse: exercitum fundit fugatque, fusum persequitur: regem in prœlio obtruncat et spoliat: duce hostium occiso, urbem primo impetu capit. Inde exercitu victore reducto, ipse, cum factis vir magnificus, tum factorum ostentator haud minor, spolia ducis hostium cæsi suspensa fabricato ad id apte ferculo gerens, in Capitolium escendit, ibique ea cum ad quercum pastoribus sacram deposuisset, simul cum dono designavit templo Jovis fines cognomenque ad- didit deo: "Juppiter Feretri," inquit, "hæc tibi victor Romulus rex regia arma fero, templumque his regionibus, quas modo animo metatus sum, dedico, sedem opimis spoliis, quæ regibus ducibusque hostium cæsis, me auctorem sequentes, posteri ferent." Hæc templi est origo, quod primum omnium Romæ sacratum est. Ita deinde diis visum, nec irritam conditoris templi vocem esse, qua laturos eo spolia posteros nuncupavit, nec, multitudine compotum, ejus doni vulgari laudem: bina postea, inter tot annos tot bella, opima parta sunt spolia, adeo rara ejus fortuna decoris fuit. XI. Dum ea ibi Romani gerunt Antemnatium exercitus per occasionem ac solitudinem hostiliter in fines Romanos incursionem facit. Raptim et ad hos Romana legio ducta palatos in agris oppressit: fusi igitur primo impetu et clamore hostes, oppidum captum: duplicique victoria ovantem Romulum Hersilia conjux, precibus raptarum fatigata, orat, ut parentibus earum det veniam, et in civitatem accipiat: ita rem coalescere concordia posse. Facile impetratum. Inde contra Crustuminos profectus, bellum inferentes. Ibi minus etiam, quod alienis cladibus ceciderant animi, certaminis fuit. Utroque coloniæ missæ: plures inventi, qui, propter ubertatem terræ, in Crustuminum nomina darent. Et Romam inde frequenter migratum est, a parentibus maxime ac propinquis raptarum.

Novissimum ab Sabinis bellum ortum; multoque id maximum fuit: nihil enim per iram aut cupiditatem actum est: nec ostenderunt bellum prius quam intulerunt. Consilio etiam additus dolus: Spurius Tarpeius Romanæ

præerat arci: hujus filiam virginem, auro corrumpit Tatius, ut armatos in arcem accipiat: aquam forte ea tum sacris extra mœnia petitum ierat. Accepti obrutam armis necavere; seu ut vi capta potius arx videretur, seu pro-
5 dendi exempli causa, ne quid usquam fidum proditori esset. Additur fabulæ, quod vulgo Sabini aureas armillas magni ponderis brachio lævo, gemmatosque magna specie annulos habuerint, pepigisse eam, quod in sinistris manibus haberent: eo scuta illi pro aureis donis congesta. Sunt,
10 qui eam, ex pacto tradendi quod in sinistris manibus esset, de recto arma petisse dicant; et, fraude visam agere, sua ipsam peremptam mercede. XII. Tenuere tamen arcem Sabini: atque inde postero die, cum Romanus exercitus instructus, quod inter Palatinum Capitolinumque collem
15 campi est, complesset, non prius descenderunt in æquum, quam, ira et cupiditate recuperandæ arcis stimulante animos, in adversum Romani subiere. Principes utrimque pugnam ciebant, ab Sabinis Mettius Curtius, ab Romanis Hostius Hostilius. Hic rem Romanam iniquo loco ad
20 prima signa animo atque audacia sustinebat: ut Hostius cecidit, confestim Romana inclinatur acies, fusaque est ad veterem portam Palatii. Romulus, et ipse turba fugientium actus, arma ad cælum tollens, " Juppiter, tuis," inquit "jussus avibus hic in Palatio prima urbi fundamenta jeci:
25 arcem jam scelere emptam, Sabini habent: inde huc armati, superata media valle, tendunt. At tu, pater deum hominumque, hinc saltem arce hostes, deme terrorem Romanis, fugamque fœdam siste: hic ego tibi templum Statori Jovi, quod monumentum sit posteris, tua præsenti ope
30 servatam urbem esse, voveo." Hæc precatus, velut si sensisset auditas preces, "hinc" inquit, "Romani, Juppiter optimus maximus resistere atque iterare pugnam jubet." Restitere Romani, tamquam cælesti voce jussi: ipse ad primores Romulus provolat. Mettius Curtius ab
35 Sabinis princeps ab arce decucurrerat, et effusos egerat Romanos, toto quantum foro spatium est: nec procul jam a porta Palatii erat, clamitans " vicimus perfidos hospites, imbelles hostes: jam sciunt longe aliud esse virgines rapere, aliud pugnare cum viris." In eum, hæc gloriantem
40 cum globo ferocissimorum juvenum Romulus impetum facit. Ex equo tum forte Mettius pugnabat: eo pelli facilius fuit: pulsum Romani persequuntur, et alia Romana acies, audacia regis accensa, fundit Sabinos. Mettius in paludem sese, strepitu sequentium trepidante equo, con-

jecit: averteratque ea res etiam Sabinos tanti periculo viri: et ille quidem, adnuentibus ac vocantibus suis, favore multorum addito animo, evadit. Romani Sabinique in media convalle duorum montium redintegrant prœlium, sed res Romana erat superior. XIII. Tum Sabinæ mulieres, quarum ex injuria bellum ortum erat, crinibus passis scissaque veste, victo malis muliebri pavore, ausæ se inter tela volantia inferre, ex transverso impetu facto, dirimere infestas acies, dirimere iras; hinc patres, hinc viros orantes, ne sanguine se nefando soceri generique respergerent, ne parricidio macularent partus suos, nepotum illi, hi liberum progeniem: "si affinitatis inter vos, si connubii piget, in nos vertite iras: nos causa belli, nos vulnerum ac cædium viris ac parentibus sumus: melius peribimus, quam sine alteris vestrûm viduæ aut orbæ vivemus." Movet res cum multitudinem, tum duces: silentium et repentina fit quies: inde ad fœdus faciendum duces prodeunt, nec pacem modo, sed civitatem unam ex duabus faciunt; regnum consociant, imperium omne conferunt Romam. Ita geminata urbe, ut Sabinis tamen aliquid daretur, Quirites a Curibus appellati. Monumentum ejus pugnæ, ubi primum ex profunda emersus palude equum Curtius in vado statuit, Curtium lacum appellarunt.

 Ex bello tam tristi læta repente pax cariores Sabinas viris ac parentibus, et ante omnes Romulo ipsi, fecit: itaque, cum populum in curias triginta divideret, nomina earum curiis imposuit. Id non traditur, cum haud dubie aliquanto numerus major hoc mulierum fuerit, ætate, an dignitatibus suis virorumve, an sorte lectæ sint, quæ nomina curiis darent. Eodem tempore et centuriæ tres equitum conscriptæ sunt: Ramnenses ab Romulo, ab T. Tatio Titienses appellati: Lucerum nominis et originis causa incerta est. Inde non modo commune, sed concors etiam, regnum duobus regibus fuit. XIV. Post aliquot annos, propinqui regis Tatii legatos Laurentium pulsant, cumque Laurentes jure gentium agerent, apud Tatium gratia suorum et preces plus poterant. Igitur illorum pœnam in se vertit: nam Lavinii, cum ad sollemne sacrificium eo venisset, concursu facto, interficitur. Eam rem minus ægre quam dignum erat, tulisse Romulum ferunt; seu ob infidam societatem regni, seu quia haud injuria cæsum credebat. Itaque bello quidem abstinuit: ut tamen expiarentur legatorum injuriæ regisque cædes, fœdus inter Romam

u. c.
7.
a. c.
745.

Laviniumque urbes renovatum est. Et cum his quidem insperata pax erat: aliud multo propius, atque in ipsis prope portis, bellum ortum. Fidenates, nimis vicinas prope se convalescere opes rati, priusquam tantum roboris
5 esset quantum futurum apparebat, occupabant bellum facere. Juventute armata immissa, vastatur agri quod inter urbem ac Fidenas est: inde ad lævam versi, quia dextra Tiberis arcebat, cum magna trepidatione agrestium populantur: tumultusque repens, ex agris in urbem illatus, pro
10 nuntio fuit. Excitus Romulus—neque enim dilationem pati tam vicinum bellum poterat—exercitum educit, castra a Fidenis mille passuum locat. Ibi modico præsidio relicto, egressus omnibus copiis, partem militum locis circa densa obsita virgulta obscuris subsidere in insidiis jussit:
15 cum parte majore atque omni equitatu profectus,—id quod quærebat—tumultuoso et minaci genere pugnæ, adequitando ipsis prope portis, hostem excivit. Fugæ quoque, quæ simulanda erat, eadem equestris pugna causam minus mirabilem dedit: et cum, velut inter pugnæ fugæque con-
20 silium trepidante equitatu, pedes quoque referret gradum, plenis repente portis effusi hostes, impulsa Romana acie, studio instandi sequendique trahuntur ad locum insidiarum. Inde subito exorti Romani transversam invadunt hostium aciem: addunt pavorem mota e castris signa eorum, qui
25 in præsidio relicti fuerant: ita multiplici terrore perculsi Fidenates, prius pæne, quam Romulus, quique cum eo equites erant, circumagerent frenis equos, terga vertunt; multoque effusius—quippe vera fuga—qui simulantes paulo ante secuti erant, oppidum repetebant. Non tamen
30 eripuere se hosti: hærens in tergo Romanus, prius quam fores portarum objicerentur, velut agmine uno irrumpit. XV. Belli Fidenatis contagione irritati Veientium animi et consanguinitate—nam Fidenates quoque Etrusci fuerunt,—et quod ipsa propinquitas loci, si Romana arma om-
35 nibus infesta finitimis essent, stimulabat, in fines Romanos excucurrerunt, populabundi magis quam justi more belli: itaque non castris positis, non exspectato hostium exercitu, raptam ex agris prædam portantes Veios rediere. Romanus contra, postquam hostem in agris non invenit, dimica-
40 tioni ultimæ instructus intentusque, Tiberim transit. Quem postquam castra ponere, et ad urbem accessurum Veientes audivere, obviam egressi, ut potius acie decernerent, quam inclusi de tectis mœnibusque dimicarent. Ibi viribus nulla arte adjutis, tantum veterani robore exercitus

rex Romanus vicit, persecutusque fusos ad mœnia hostes, urbe, valida muris ac situ ipso munita, abstinuit: agros rediens vastat, ulciscendi magis, quam prædæ, studio: eaque clade, haud minus quam adversa pugna, subacti Veientes pacem petitum oratores Romam mittunt. Agri parte multatis in centum annos induciæ datæ.

Hæc ferme, Romulo regnante, domi militiæque gesta; quorum nihil absonum fidei divinæ originis divinitatisque post mortem creditæ fuit, non animus in regno avito recuperando, non condendæ urbis consilium, non bello ac pace firmandæ: ab illo enim profecto viribus datis tantum valuit, ut in quadraginta deinde annos tutam pacem haberet. Multitudini tamen gratior fuit quam patribus, longe ante alios acceptissimus militum animis: trecentosque armatos ad custodiam corporis, quos Celeres appellavit, non in bello solum sed etiam in pace habuit. XVI. His immortalibus editis operibus, cum ad exercitum recensendum concionem in campo ad Capræ paludem haberet, subito coorta tempestas cum magno fragore tonitribusque tam denso regem operuit nimbo, ut conspectum ejus concioni abstulerit: nec deinde in terris Romulus fuit. Romana pubes, sedato tandem pavore, postquam ex tam turbido die serena et tranquilla lux rediit, ubi vacuam sedem regiam vidit, etsi satis credebat patribus, qui proximi steterant, sublimem raptum procella; tamen velut orbitatis metu icta, mæstum aliquamdiu silentium obtinuit. Deinde, a paucis initio facto, deum deo natum, regem parentemque urbis Romanæ salvere universi Romulum jubent: pacem precibus exposcunt, uti volens propitius suam semper sospitet progeniem. Fuisse credo tum quoque aliquos, qui discerptum regem patrum manibus taciti arguerent: manavit enim hæc quoque sed perobscura fama: illam alteram admiratio viri et pavor præsens nobilitavit. Et consilio etiam unius hominis addita rei dicitur fides: namque **Proculus Julius** —sollicita civitate desiderio regis et infensa patribus— gravis, ut traditur, quamvis magnæ rei auctor, in concionem prodit: "Romulus" inquit, "Quirites, parens urbis hujus, prima hodierna luce cælo repente delapsus, se mihi obvium dedit. Cum, perfusus horrore venerabundus, adstitissem, petens precibus, ut contra intueri fas esset: abi, nuntia, inquit, Romanis, cælestes ita velle ut mea Roma caput orbis terrarum sit: proinde rem militarem colant, **sciantque** et ita posteris tradant, nullas opes humanas ar-

mis Romanis resistere posse. Haec" inquit "locutus, sub.
limis abiit." Mirum, quantum illi viro, nuntianti haec
fidei fuerit; quamque desiderium Romuli apud plebem
exercitumque, facta fide immortalitatis, lenitum sit.
XVII. Patrum interim animos certamen regni ac cupido versabat: necdum a singulis, quia nemo magnopere
eminebat in novo populo, pervenerat: factionibus inter ordines certabatur. Oriundi ab Sabinis, ne, quia post Tatii
mortem ab sua parte non erat regnatum, in societate aequa
possessionem imperii amitterent, sui corporis creari regem
volebant: Romani veteres peregrinum regem aspernaban-
tur. In variis voluntatibus, regnari tamen omnes volebant, libertatis dulcedine nondum experta. Timor deinde
patres incessit, ne civitatem sine imperio, exercitum sine
duce, multarum circa civitatium irritatis animis, vis aliqua
externa adoriretur: et esse igitur aliquod caput placebat,
et nemo alteri concedere in animum inducebat. Ita rem
inter se centum patres, decem decuriis factis, singulisque
in singulas decurias creatis, qui summae rerum praeessent,
consociant. Decem imperitabant, unus cum insignibus
imperii et lictoribus erat: quinque dierum spatio finiebatur
imperium, ac per omnes in orbem ibat: annuumque inter-
vallum regni fuit. Id ab re, quod nunc quoque tenet nomen, interregnum appellatum. Fremere deinde plebs,
multiplicatam servitutem, centum pro uno dominos factos:
nec ultra nisi regem, et ab ipsis creatum, videbantur passuri. Cum sensissent ea moveri patres, offerendum ultro
rati, quod amissuri erant, ita gratiam ineunt, summa potestate populo permissa, ut non plus darent juris, quam
detinerent: decreverunt enim, ut, cum populus regem jussisset, id sic ratum esset, si patres auctores fierent. Hodie
quoque in legibus magistratibusque rogandis, usurpatur
idem jus, vi adempta: priusquam populus suffragium ineat, in incertum comitiorum eventum patres auctores fiunt. Tum interrex concione advocata, "Quod bonum,
faustum, felixque sit," inquit, "Quirites, regem create:
ita patribus visum est. Patres deinde, si dignum, qui se-
cundus ab Romulo numeretur crearitis, auctores fient."
Adeo id gratum plebi fuit, ut, ne victi beneficio viderentur,
id modo sciscerent juberentque, ut senatus decerneret, qui
Romae regnaret.
XVIII. Inclyta justitia religioque ea tempestate Numae
Pompilii erat. Curibus Sabinis habitabat consultissimus
vir, ut in illa quisquam esse aetate poterat, omnis divini

atque humani juris. Auctorem doctrinæ ejus, quia non exstat alius, falso Samium Pythagoram edunt; quem, Servio Tullio regnante Romæ, centum amplius post annos, in ultima Italiæ ora, circa Metapontum Heracleamque et Crotonam, juvenum æmulantium studia cœtus nabuisse constat. Ex quibus locis—etsi ejusdem ætatis fuisset—quæ fama in Sabinos, aut quo linguæ commercio, quemquam ad cupiditatem discendi excivisset, quove præsidio unus per tot gentes, dissonas sermone moribusque, pervenisset? Suopte igitur ingenio temperatum animum virtutibus fuisse opinor magis, instructumque non tam peregrinis artibus quam disciplina tetrica ac tristi veterum Sabinorum, quo genere nullum quondam incorruptius fuit. Audito nomine Numæ, patres Romani, quamquam inclinari opes ad Sabinos, rege inde sumpto, videbantur, tamen, neque se quisquam, nec factionis suæ alium, nec denique patrum aut civium quemquam præferre illi viro ausi, ad unum omnes Numæ Pompilio regnum deferendum decernunt. Accitus, sicut Romulus augurato urbe condenda regnum adeptus est, de se quoque deos consuli jussit. Inde ab augure, cui deinde honoris ergo publicum id perpetuumque sacerdotium fuit, deductus in arcem, in lapidem ad meridiem versus consedit: augur ad lævam ejus, capite velato, sedem cepit, dextra manu baculum sine nodo aduncum tenens, quem lituum appellarunt. Inde ubi, prospectu in urbem agrumque capto, deos precatus, regiones ab oriente ad occasum determinavit, dextras ad meridiem partes, lævas ad septemtrionem esse dixit, signum contra, quo longissime conspectum oculi ferebant, animo finivit: tum lituo in lævam manum translato, dextra in caput Numæ imposita, precatus ita est: "Juppiter pater, si est fas hunc Numam Pompilium, cujus ego caput teneo, regem Romæ esse, uti tu signa nobis certa adclarassis inter eos fines, quos feci." Tum peregit verbis auspicia, quæ mitti vellet: quibus missis, declaratus rex Numa de templo descendit.

XIX. Qui regno ita potitus, urbem novam, conditam vi et armis, jure eam legibusque ac moribus de integro condere parat. Quibus cum inter bella assuescere videret non posse, quippe efferari militia animos, mitigandum ferocem populum armorum desuetudine ratus. Janum ad infimum Argiletum, indicem pacis bellique, fecit, apertus ut in armis esse civitatem, clausus pacatos circa omnes populos, significaret. Bis deinde post Numæ regnum clausus fuit, semel T. Manlio consule, post Punicum primum perfectum bellum, iterum, quod nostræ ætati dii dederunt ut videremus, post bellum Actiacum, ab imperatore Cæsare Augusto, pace terra marique parta. Clauso eo, cum omnium circa finitimorum societate ac fœderibus junxisset animos, positis externorum periculorum curis ne luxuriarent otio animi, quos metus hostium disciplinaque militaris continuerat, omnium primum, rem ad multitudinem imperitam, et illis sæculis rudem, efficacissimam, deorum metum injiciendum ratus est. Qui cum descendere ad animos sine aliquo commento miraculi non posset, simulat sibi cum dea Egeria congressus nocturnos esse : ejus se monitu, quæ acceptissima diis essent, sacra instituere ; sacerdotes suos cuique deorum præficere. Atque omnium primum, ad cursus lunæ, in duodecim menses describit annum : quem, quia tricenos dies singulis mensibus luna non explet, desuntque dies solido anno, qui solstitiali circumagitur orbe, intercalares mensibus interponendo ita dispensavit, ut vicesimo anno ad metam eandem solis, unde orsi essent, plenis omnium annorum spatiis dies congruerent. Idem nefastos dies fastosque fecit, quia aliquando nihil cum populo agi utile futurum erat. XX. Tum sacerdotibus creandis animum adjecit, quamquam ipse plurima sacra obibat, ea maxime quæ nunc ad Dialem flaminem pertinent. Sed, quia in civitate bellicosa plures Romuli quam Numæ similes reges putabat fore, iturosque ipsos ad bella, ne sacra regiæ vicis desererentur, flaminem Jovi assiduum sacerdotem creavit, insignique eum veste et curuli regia sella adornavit : huic duos flamines adjecit, Marti unum, alterum Quirino. Virginesque Vestæ legit, Alba oriundum sacerdotium, et genti conditoris haud alienum : iis, ut assiduæ templi antistites essent, stipendium de publico statuit, virginitate aliisque cærimoniis venerabiles ac sanctas fecit. Salios item duodecim Marti Gradivo legit ; tunicæque pictæ insigne dedit, et super tunicam æneum pectori tegimen ; cælestiaque arma, quæ ancilia appellantur, ferre ac per urbem ire canentes carmina cum tripudiis sollemnique saltatu jussit. Pontificem deinde Numam Marcium, Marci filium, ex patribus legit, eique sacra omnia exscripta exsignataque attribuit ; quibus hostiis, quibus diebus, ad quæ templa, sacra fierent, atque unde in eos sumptus pecunia erogaretur. Cetera quoque omnia publica privataque sacra pontificis scitis subjecit, ut esset, quo consultum plebes veniret, ne quid divini **juris,** negligendo patrios ritus, peregrinosque adsciscendo, turbaretur. Nec cælestes modo cærimonias, sed justa quoque funebria, placandosque manes, ut idem pontifex edoceret, quæque prodigia, fulminibus aliove quo visu missa, susciperentur atque curarentur. Ad ea elicienda ex mentibus divinis Jovi Elicio aram in Aventino dicavit, deumque consuluit auguriis, quæ suscipienda essent.

XXI. Ad hæc consultanda procurandaque multitudine omni a vi et armis conversa, et animi aliquid agendo occupati erant, et deorum assidua insidens cura, cum interesse rebus humanis cæleste numen videretur, ea pietate omnium pectora imbuerat, ut fides ac jusjurandum, proximo legum ac pœnarum metu, civitatem regerent : et cum ipsi se homines in regis velut unici exempli mores formarent, tum finitimi etiam populi, qui antea castra non urbem positam in medio ad sollicitandam omnium pacem crediderant, in eam verecundiam adducti sunt, ut civitatem totam in cultum versam deorum, violare ducerent nefas. Lucus erat, quem medium ex opaco specu fons perenni rigabat aqua : quo quia se persæpe Numa sine arbitris, velut ad congressum deæ, inferebat, Camenis eum lucum sacravit; quod earum ibi concilia cum conjuge sua Egeria essent. Et soli Fidei sollemne instituit : ad id sacrarium flamines bigis, curru arcuato, vehi jussit, manuque ad digitos usque involuta rem divinam facere; significantes fidem tutandam, sedemque ejus etiam in dexteris sacratam esse. Multa alia sacrificia locaque sacris faciendis, quæ Argeos pontifices vocant, dedicavit. Omnium tamen maximum ejus operum fuit tutela, per omne regni tempus, haud minor pacis, quam regni. Ita duo deinceps reges, alius alia via, ille bello, hic pace, civitatem auxerunt. Romulus septem et triginta regnavit annos, Numa tres et quadraginta. Cum valida tum temperata et belli et pacis artibus erat civitas.

XXII. Numæ morte ad interregnum res rediit. Inde Tullum Hostilium, nepotem Hostilii, cujus in infima arce clara pugna adversus Sabinos fuerat, regem populus jussit: patres auctores facti. Hic non solum proximo regi dissimilis, sed ferocior etiam quam Romulus fuit : cum ætas viresque, tum avita quoque gloria animum stimulabat. Senescere igitur civitatem otio ratus, undique materiam excitandi belli quærebat. Forte evenit, ut agrestes Romani ex

U. C. 82.
A. C. 670.

Albano agro, Albani ex Romano, praedas in vicem age
rent. Imperitabat tum Gaius Cluilius Albae. Utrimque
legati fere sub idem tempus ad res repetendas missi. Tullus praeceperat suis, ne quid prius quam mandata agerent:
5 satis sciebat negaturum Albanum : ita pie bellum indici
posse. Ab Albanis socordius res acta : excepti hospitio
ab Tullo blande ac benigne, comiter regis convivium ce-
lebrant. Tantisper Romani et res repetiverant priores,
et neganti Albano bellum in tricesimum diem indixerant.
10 Haec renuntiant Tullo. Tum legatis Tullus dicendi potestatem, quid petentes venerint, fecit. Illi, omnium ignari,
primum purgando terunt tempus : se invitos quidquam,
quod minus placeat Tullo, dicturos, sed imperio subigi:
res repetitum se venisse : ni reddantur, bellum indicere
15 jussos. Ad haec Tullus "nuntiate" inquit "regi vestro,
regem Romanum deos facere testes, uter prius populus res
repetentes legatos aspernatus dimiserit, ut in eum omnes
expetant hujusce clades belli." XXIII. Haec nuntiant
domum Albani. Et bellum utrimque summa ope paraba-
20 tur, civili simillimum bello, prope inter parentes natosque,
Trojanam utramque prolem, cum Lavinium ab Troja, ab
Lavinio Alba, ab Albanorum stirpe regum oriundi Romani essent. Eventus tamen belli minus miserabilem
dimicationem fecit; quod nec acie certatum est, et, tectis
25 modo dirutis alterius urbis, duo populi in unum confusi
sunt. Albani priores ingenti exercitu in agrum Romanum
impetum fecere. Castra ab urbe haud plus quinque millia
passuum locant, fossa circumdant: fossa Cluilii ab nomine
ducis per aliquot saecula appellata est, donec cum re no-
30 men quoque vetustate abolevit. In his castris Cluilius
Albanus rex moritur: dictatorem Albani Mettium Fufe-
tium creant. Interim Tullus ferox, praecipue morte regis,
magnumque deorum numen, ab ipso capite orsum, in omne
nomen Albanum expetiturum poenas ob bellum impium
35 dictitans, nocte, praeteritis hostium castris, infesto exercitu
in agrum Albanum pergit. Ea res ab stativis excivit
Mettium : ducit, quam proxime ad hostem potest. Inde
legatum praemissum nuntiare Tullo jubet, priusquam dimicent, opus esse colloquio : si secum congressus sit, satis
40 scire, ea se allaturum, quae nihilo minus ad rem Romanam
quam ad Albanam pertineant. Haud aspernatus Tullus,
tametsi vana afferebantur, in aciem educit. Exeunt contra et Albani. Postquam structi utrimque stabant, cum
paucis procerum in medium duces prodeunt. Ibi infit

Albanus : "injurias et non redditas res, ex fœdere quæ repetitæ sint, et ego regem nostrum Cluilium, causam hujusce esse belli, audisse videor : nec te dubito, Tulle, eadem præ te ferre. Sed, si vera potius quam dictu speciosa, dicenda sunt, cupido imperii duos cognatos vicinosque populos ad arma stimulat. Neque, recte an perperam, interpretor : fuerit ista ejus deliberatio, qui bellum suscepit. Me Albani gerendo bello ducem creavere. Illud te, Tulle, monitum velim : Etrusca res, quanta circa nos teque maxime sit, quo propior es Tuscis, hoc magis scis. Multum illi terra, plurimum mari pollent. Memor esto, jam, cum signum pugnæ dabis, has duas acies spectaculo fore, ut fessos confectosque, simul victorem ac victum, aggrediantur. Itaque, si nos dii amant, quoniam non contenti libertate certa, in dubiam imperii servitiique aleam imus, ineamus aliquam viam, qua, utri utris imperent, sine magna clade, sine multo sanguine utriusque populi, decerni possit." Haud displicet res Tullo, quamquam, cum indole animi, tum spe victoriæ, ferocior erat. Quærentibus utrimque ratio initur, cui et fortuna ipsa præbuit materiam. XXIV. Forte in duobus tum exercitibus erant trigemini fratres, nec ætate nec viribus dispares. Horatios Curiatiosque fuisse satis constat, nec ferme res antiqua alia est nobilior : tamen in re tam clara nominum error manet, utrius populi Horatii, utrius Curiatii fuerint : auctores utroque trahunt: plures tamen invenio, qui Romanos Horatios vocent : hos ut sequar, inclinat animus. Cum trigeminis agunt reges, ut pro sua quisque patria dimicent ferro : ibi imperium fore, unde victoria fuerit. Nihil recusatur. Tempus et locus convenit. Priusquam dimicarent, fœdus ictum inter Romanos et Albanos est his legibus, ut, cujusque populi cives eo certamine vicissent, is alteri populo cum bona pace imperitaret. Fœdera alia aliis legibus, ceterum eodem modo omnia fiunt. Tum ita factum accepimus, nec ullius vetustior fœderis memoria est : fetialis regem Tullum ita rogavit : "jubesne me, rex, cum patre patrato populi Albani fœdus ferire ?" jubente rege, "sagmina" inquit "te, rex, posco." Rex ait. "puram tollito." Fetialis ex arce graminis herbam puram attulit. Postea regem ita rogavit : "rex, facisne me tu regium nuntium populi Romani Quiritium, vasa, comitesque meos ?" rex respondit : "quod sine fraude mea populique Romani Quiritium fiat, facio." Fetialis erat M. Valerius. Is patrem patratum Spurium Fusium fecit, verbena caput capillosque tangens. Pater patratus ad jusjurandum patrandum, id est, sanciendum fit fœdus, multisque id verbis, quæ longo effata carmine non operæ est referre, peragit. Legibus deinde recitatis "audi" inquit, "Juppiter, audi, pater patrate populi Albani, audi tu, populus Albanus: ut illa palam prima postrema ex illis tabulis cerave recitata sunt, sine dolo malo, utique ea hic hodie rectissime intellecta sunt, illis legibus populus Romanus prior non deficiet: si prior defexit publico consilio, dolo malo, tum tu illo die Juppiter populum Romanum sic ferito, ut ego hunc porcum hic hodie feriam, tantoque magis ferito, quanto magis potes pollesque." Id ubi dixit, porcum saxo silice percussit. Sua item carmina Albani suumque jusjurandum per suum dictatorem suosque sacerdotes peregerunt. XXV. Fœdere icto, trigemini, sicut convenerat, arma capiunt. Cum sui utrosque adhortarentur, deos patrios, patriam ac parentes, quidquid civium domi, quidquid in exercitu sit, illorum tunc arma, illorum intueri manus, feroces et suopte ingenio, et pleni adhortantium vocibus, in medium inter duas acies procedunt. Consederant utrimque pro castris duo exercitus, periculi magis præsentis, quam curæ, expertes: quippe imperium agebatur in tam paucorum virtute atque fortuna positum: itaque ergo erecti suspensique in minime gratum spectaculum animo intenduntur. Datur signum, infestisque armis, velut acies, terni juvenes, magnorum exercituum animos gerentes, concurrunt. Nec his nec illis periculum suum, publicum imperium servitiumque obversatur animo, futuraque ea deinde patriæ fortuna, quam ipsi fecissent. Ut primo statim concursu increpuere arma, micantesque fulsere gladii, horror ingens spectantes perstringit, et neutro inclinata spe, torpebat vox spiritusque. Consertis deinde manibus, cum jam non motus tantum corporum, agitatioque anceps telorum armorumque, sed vulnera quoque et sanguis spectaculo essent, duo Romani, super alium alius, vulneratis tribus Albanis, exspirantes corruerunt. Ad quorum casum cum conclamasset gaudio Albanus exercitus, Romanas legiones jam spes tota, nondum tamen cura, deseruerat, exanimes vice unius, quem tres Curiatii circumsteterant. Forte is integer fuit, ut universis solus nequaquam par, sic adversus singulos ferox. Ergo, ut segregaret pugnam eorum, capessit fugam, ita ratus secuturos, ut quemque vulnere affectum corpus sineret. Jam aliquantum spatii ex eo loco, ubi pugnatum est, aufugerat, cum respiciens videt magnis intervallis sequentes, unum haud procul ab sese abesse : in eum magno impetu rediit, et, dum Albanus exercitus inclamat Curiatiis, uti opem ferant fratri, jam Horatius, cæso hoste victor, secundam pugnam petebat. Tunc clamore, qualis ex insperato faventium solet, Romani adjuvant militem suum, et ille defungi prœlio festinat. Prius itaque, quam alter, qui nec procul aberat, consequi posset, et alterum Curiatium conficit. Jamque, æquato Marte, singuli supererant, sed nec spe nec viribus pares : alterum intactum ferro corpus, et geminata victoria, ferocem in certamen tertium dabat, alter, fessum vulnere fessum cursu trahens corpus, victusque fratrum ante se strage, victori objicitur hosti. Nec illud prœlium fuit : Romanus exsultans "duos" inquit "fratrum Manibus dedi, tertium causæ belli hujusce, ut Romanus Albano imperet, dabo :" male sustinenti arma gladium superne jugulo defigit, jacentem spoliat. Romani ovantes ac gratulantes Horatium accipiunt eo majore cum gaudio, quo prope metum res fuerat. Ad sepulturam inde suorum nequaquam paribus animis vertuntur, quippe imperio alteri aucti, alteri ditionis alienæ facti. Sepulchra exstant quo quisque loco cecidit, duo Romana uno loco propius Albam, tria Albana Romam versus sed distantia locis, ut et pugnatum est. XXVI. Priusquam inde digrederentur, roganti Mettio, ex fœdere icto quid imperaret, imperat Tullus, uti juventutem in armis habeat : usurum se eorum opera, si bellum cum Veientibus foret. Ita exercitus inde domos abducti. Princeps Horatius ibat, trigemina spolia præ se gerens : cui soror virgo, quæ desponsa uni ex Curiatiis fuerat, obvia ante portam Capenam fuit : cognitoque super humeros fratris paludamento sponsi, quod ipsa confecerat, solvit crines et flebiliter nomine sponsum mortuum appellat. Movet feroci juveni animum comploratio sororis in victoria sua tantoque gaudio publico : stricto itaque gladio, simul verbis increpans transfigit puellam : "abi hinc cum immaturo amore ad sponsum" inquit, "oblita fratrum mortuorum vivique, oblita patriæ : sic eat, quæcumque Romana lugebit hostem." Atrox visum id facinus patribus plebique : sed recens meritum facto obstabat. Tamen raptus in jus ad regem. Rex, ne ipse tam tristis ingratique ad vulgus judicii, ac secundum judicium, suppiicii auctor esset, concilio populi advocato, "duumviros" inquit, "qui Horatio perduellionem judicent, secundum legem facio."

Lex horrendi carminis erat: "duumviri perduellionem judicent: si a duumviris provocarit, provocatione certato, si vincent, caput obnubito, infelici arbori reste suspendito, verberato vel intra pomerium vel extra pomerium." Hac lege duumviri creati, qui se absolvere non rebantur ea lege, ne innoxium quidem, posse, cum condemnassent, tum alter ex his "Publi Horati, tibi perduellionem judico" inquit: "lictor, colliga manus." Accesserat lictor injiciebatque laqueum. Tum Horatius, auctore Tullo, clemente legis interprete, "provoco," inquit. Ita de provocatione certatum ad populum est. Moti homines sunt in eo judicio, maxime Publio Horatio patre proclamante, se filiam jure caesam judicare: ni ita esset, patrio jure in filium animadversurum fuisse. Orabat deinde, ne se, quem paulo ante cum egregia stirpe conspexissent, orbum liberis facerent. Inter haec senex, juvenem amplexus, spolia Curiatiorum fixa eo loco, qui nunc Pila Horatia appellatur, ostentans, "hunccine," aiebat, "quem modo decoratum ovantemque victoria incedentem vidistis, Quirites, eum sub furca vinctum inter verbera et cruciatus videre potestis, quod vix Albanorum oculi tam deforme spectaculum ferre possent? i, lictor, colliga manus, quae paulo ante armatae imperium populo Romano pepererunt: i, caput obnube liberatoris urbis hujus: arbori infelici suspende: verbera vel intra pomerium—modo inter illa pila et spolia hostium—vel extra pomerium—modo inter sepulchra Curiatiorum. Quo enim ducere hunc juvenem potestis, ubi non sua decora eum a tanta foeditate supplicii vindicent?" Non tulit populus nec patris lacrimas, nec ipsius parem in omni periculo animum, absolveruntque, admiratione magis virtutis, quam jure causae. Itaque, ut caedes manifesta aliquo tamen piaculo lueretur, imperatum patri, ut filium expiaret pecunia publica. Is quibusdam piacularibus sacrificiis factis, quae deinde genti Horatiae tradita sunt, transmisso per viam tigillo, capite adoperto, velut sub jugum misit juvenem. Id hodie quoque publice semper refectum manet, sororium tigillum vocant. Horatiae se pulchrum, quo loco corruerat icta, constructum est saxo quadrato.

XXXII. Mortuo Tullo, res, ut institutum jam inde ab initio erat, ad patres redierat, hique interregem nominaverant: quo comitia habente, Ancum Marcium regem populus creavit: patres fuere auctores. Numae Pompilii regis nepos, filia ortus, Ancus Marcius erat: qui, ut re-

gnare cœpit, et avitæ gloriæ memor, et quia proxi- U. C.
mum regnum—cetera egregium—ab una parte 114.
haud satis prosperum fuerat, aut neglectis religi- A. C.
onibus, aut prave cultis, longeque antiquissimum 638.
ratus, sacra publica, ut ab Numa instituta erant, 5
facere, omnia ea ex commentariis regis pontificem in
album elata proponere in publico jubet. Inde et civibus
otii cupidis, et finitimis civitatibus, facta spes, in avi mores
atque instituta regem abiturum. Igitur Latini, cum quibus
Tullo regnante ictum fœdus erat, sustulerant animos: et, 10
cum incursionem in agrum Romanum fecissent, repetenti-
bus res Romanis superbe responsum reddunt, desidem
Romanum regem inter sacella et aras acturum esse regnum rati. Medium erat in Anco ingenium, et Numæ et
Romuli memor: et, præterquam quod avi regno magis 15
necessariam fuisse pacem credebat, cum in novo, tum
feroci populo, etiam, quod illi contigisset otium, sine injuria
id se haud facile habiturum: tentari patientiam, et tentatam contemni, temporaque esse Tullo regi aptiora quam
Numæ. Ut tamen, quoniam Numa in pace religiones 20
instituisset, a se bellicæ cærimoniæ proderentur; nec gererentur solum, sed etiam indicerentur bella aliquo ritu, jus
ab antiqua gente Æquicolis, quod nunc fetiales habent,
descripsit, quo res repetuntur. Legatus, ubi ad fines
eorum venit, unde res repetuntur, capite velato filo—lanæ 25
velamen est—" audi, Juppiter," inquit, " audite, fines,"—
cujuscumque gentis sunt, nominat—" audiat fas: ego sum
publicus nuntius populi Romani: juste pieque legatus
venio, verbisque meis fides sit." Peragit deinde postulata.
Inde Jovem testem facit: " si ego injuste impieque illos 30
homines illasque res dedier mihi exposco, tum patriæ com-
potem me numquam siris esse." Hæc, cum fines supra-
scandit, hæc, quicumque ei primus vir obvius fuerit, hæc,
portam ingrediens, hæc, forum ingressus, paucis verbis
carminis concipiendique jurisjurandi mutatis, peragit. Si 35
non deduntur, quos exposcit, diebus tribus et triginta—tot
enim sollemnes sunt—peractis, bellum ita indicit: " Audi
Juppiter et tu Juno, Quirine diique omnes cælestes, vosque
terrestres, vosque inferni audite: ego vos testor, populum
illum"—quicumque est, nominat—" injustum esse neque 40
jus persolvere. Sed de istis rebus in patria majores natu
consulemus, quo pacto jus nostrum adipiscamur." Cum
his nuntius Romam ad consulendum redit. Confestim rex
ex his ferme verbis patres consulebat: "quarum rerum,

litium, causarum condixit pater patratus populi Romani
Quiritium patri patrato Priscorum Latinorum hominibusque Priscis Latinis, quas res nec dederunt nec solverunt
nec fecerunt, quas res dari solvi fieri oportuit, dic" inquit
5 ei, quem primum sententiam rogabat, " quid censes ?"
Tum ille : " puro pioque duello quærendas censeo, itaque
consentio consciscoque." Inde ordine alii rogabantur,
quandoque pars major eorum, qui aderant, in eandem sententiam ibat, bellum erat consensum. Fieri solitum, ut
10 fetialis hastam ferratam aut sanguineam præustam ad fines
eorum ferret, et non minus tribus puberibus præsentibus
diceret : " quod populi Priscorum Latinorum hominesque
Prisci Latini adversus populum Romanum Quiritium fecerunt, deliquerunt, quod populus Romanus Quiritium bellum
15 cum Priscis Latinis jussit esse, senatusque populi Romani
Quiritium censuit, consensit, conscivit, ut bellum cum Priscis Latinis fieret, ob eam rem ego populusque Romanus
populis Priscorum Latinorum hominibusque Priscis Latinis
bellum indico facioque." Id ubi dixisset, hastam in fines
20 eorum emittebat. Hoc tum modo ab Latinis repetitæ res
ac bellum indictum ; moremque eum posteri acceperunt.
XXXIII. Ancus, demandata cura sacrorum flaminibus
sacerdotibusque aliis, exercitu novo conscripto, profectus
Politorium urbem Latinorum vi cepit, secutusque morem
25 regum priorum, qui rem Romanam auxerant hostibus in
civitatem accipiendis, multitudinem omnem Romam traduxit : et, cum circa Palatium, sedem veterum Romanorum, Sabini Capitolium atque arcem, Cælium montem
Albani implessent, Aventinum novæ multitudini datum.
30 Additi eodem haud ita multo post, Tellenis Ficanaque
captis, novi cives. Politorium inde rursus bello repetitum,
quod vacuum occupaverant Prisci Latini : eaque causa
diruendæ urbis ejus fuit Romanis, ne hostium semper
receptaculum esset. Postremo, omni bello Latino Medul
35 liam compulso, aliquamdiu ibi Marte incerto, varia victoria, pugnatum est, nam et urbs tuta munitionibus, præsidioque firmata valido erat, et, castris in aperto positis,
aliquoties exercitus Latinus cominus cum Romanis signa
contulerat : ad ultimum, omnibus copiis connisus Ancus
40 acie primum vincit, inde, ingenti præda potens, Romam
redit, tum quoque multis millibus Latinorum in civitatem
acceptis ; quibus, ut jungeretur Palatio Aventinum, ad
Murciæ datæ sedes. Janiculum quoque adjectum, non
inopia loci, sed ne quando ea arx hostium esset. Id non

muro solum, sed etiam, ob commoditatem itineris, ponte sublicio, tum primum in Tiberi facto, conjungi urbi placuit. Quiritium quoque fossa, haud parvum munimentum a planioribus aditu locis, Anci regis opus est. Ingenti incremento rebus auctis, cum in tanta multitudine hominum, discrimine recte an perperam facti confuso, facinora clandestina fierent, carcer ad terrorem increscentis audaciæ media urbe, imminens foro ædificatur. Nec urbs tantum hoc rege crevit, sed etiam ager finesque: silva Mæsia Veientibus adempta, usque ad mare imperium prolatum, et in ore Tiberis Ostia urbs condita: salinæ circa factæ, egregieque rebus bello gestis, ædis Jovis Feretrii amplificata.

XXXIV. Anco regnante, Lucumo vir impiger ac divitiis potens, Romam commigravit, cupidine maxime ac spe magni honoris, cujus adipiscendi Tarquiniis—nam ibi quoque peregrina stirpe oriundus erat—facultas non fuerat. Demarati Corinthii filius erat, qui, ob seditiones domo profugus, cum Tarquiniis forte consedisset, uxore ibi ducta, duos filios genuit. Nomina his Lucumo atque Arruns fuerunt. Lucumo superfuit patri, bonorum omnium heres, Arruns prior quam pater moritur, uxore gravida relicta. Nec diu manet superstes filio pater: qui cum ignorans nurum ventrem ferre, immemor in testando nepotis decessisset, puero post avi mortem in nullam sortem bonorum nato, ab inopia Egerio inditum nomen. Lucumoni contra, omnium heredi bonorum, cum divitiæ jam animos facerent, auxit ducta in matrimonium Tanaquil, summo loco nata, et quæ haud facile his, in quibus nata erat, humiliora sineret ea, quibus innupsisset. Spernentibus Etruscis Lucumonem, exsule advena ortum, ferre indignitatem non potuit, oblitaque ingenitæ erga patriam caritatis, dummodo virum honoratum videret, consilium migrandi ab Tarquiniis cepit. Roma est ad id potissimum visa: in novo populo, ubi omnis repentina atque ex virtute nobilitas sit, futurum locum forti ac strenuo viro: regnasse Tatium Sabinum, arcessitum in regnum Numam a Curibus, et Ancum Sabina matre ortum, nobilemque una imagine Numæ esse. Facile persuadet, ut cupido honorum, et cui Tarquinii materna tantum patria esset: sublatis itaque rebus, commigrant Romam. Ad Janiculum forte ventum erat: ibi ei, carpento sedenti cum uxore, aquila suspensis demissa leviter alis, pileum aufert, superque carpentum cum magno clan-

gore volitans, rursus, velut ministerio divinitus missa,
capiti apte reponit: inde sublimis abit. Accepisse id
augurium læta dicitur Tanaquil, perita, ut vulgo Etrusci,
cælestium prodigiorum mulier: excelsa et alta sperare
5 complexa virum jubet: eam alitem ea regione cæli et ejus
dei nuntiam venisse, circa summum culmen hominis auspicium fecisse, levasse humano superpositum capiti decus,
ut divinitus eidem redderet. Has spes cogitationesque
secum portantes, urbem ingressi sunt, domicilioque ibi
10 comparato, L. Tarquinium Priscum edidere nomen.
Romanis conspicuum eum novitas divitiæque faciebant, et
ipse fortunam benigno alloquio, comitate invitandi, bene-
ficiisque quos poterat sibi conciliando, adjuvabat; donec
in regiam quoque de eo fama perlata est: notitiamque eam
15 brevi, apud regem liberaliter dextereque obeundo officia,
in familiaris amicitiæ adduxerat jura, ut publicis pariter ac
privatis consiliis bello domique interesset, et, per omnia
expertus, postremo tutor etiam liberis regis testamento
institueretur.
20 XXXV. Regnavit Ancus annos quattuor et viginti, cuilibet superiorum regum belli pacisque et artibus et gloria
par. Jam filii prope puberem ætatem erant: eo magis
Tarquinius instare, ut quam primum comitia regi creando
fierent. Quibus indictis, sub tempus pueros venatum
25 ablegavit: isque primus et petisse ambitiose regnum, et
orationem dicitur habuisse ad conciliandos plebis animos
compositam, cum, se non rem novam petere, quippe qui
non primus, quod quisquam indignari mirarive posset, sed
tertius Romæ peregrinus regnum affectet: et Tatium non
30 ex peregrino solum, sed etiam ex hoste, regem factum, et
Numam, ignarum urbis, non petentem, in regnum ultro
accitum: se, ex quo sui potens fuerit, Romam cum conjuge ac fortunis omnibus commigrasse: majorem partem
ætatis ejus, quam civilibus officiis fungantur homines,
35 Romæ se quam in vetere patria vixisse: domi militiæque
sub haud pænitendo magistro—ipso Anco rege—Romana
se jura, Romanos ritus didicisse: obsequio et observantia
in regem cum omnibus, benignitate erga alios cum rege
ipso certasse. Hæc eum haud falsa memorantem
40 U. C. ingenti consensu populus Romanus regnare jussit.
138. Ergo virum cetera egregium secuta, quam in
A. C. petendo habuerat, etiam regnantem ambitio est:
614. nec minus regni sui firmandi quam augendæ rei
publicæ memor, centum in patres legit, qui deinde

minorum gentium sunt appellati, factio haud dubia regis, cujus beneficio in curiam venerant. Bellum primum cum Latinis gessit, et oppidum ibi Appiolas vi cepit: prædaque inde majore, quam quanta belli fama fuerat, revecta, ludos opulentius instructiusque quam priores reges fecit. Tunc primum circo, qui nunc maximus dicitur, designatus locus est loca divisa patribus equitibusque, ubi spectacula sibi quisque facerent, fori appellati: spectavere, furcis duodenos ab terra spectacula alta sustinentibus pedes: ludicrum fuit equi pugilesque ex Etruria maxime acciti: sollemnes deinde annui mansere ludi, Romani magnique varie appellati. Ab eodem rege et circa forum privatis ædificanda divisa sunt loca, porticus tabernæque factæ.

XXXIX. Eo tempore in regia prodigium visum eventuque mirabile fuit: puero dormienti, cui Servio Tullio fuit nomen, caput arsisse ferunt multorum in conspectu. Plurimo igitur clamore inde ad tantæ rei miraculum orto excitos reges: et, cum quidam familiarium aquam ad restinguendum ferret, ab regina retentum: sedatoque jam tumultu moveri vetuisse puerum, donec sua sponte experrectus esset: mox cum somno et flammam abisse. Tum abducto in secretum viro Tanaquil "viden' tu puerum hunc" inquit, "quem tam humili cultu educamus? scire licet, hunc lumen quondam rebus nostris dubiis futurum præsidiumque regiæ afflictæ: proinde materiam ingentis publice privatimque decoris omni indulgentia nostra nutriamus." Inde puerum liberum loco cœptum haberi erudirique artibus, quibus ingenia ad magnæ fortunæ cultum excitantur. Evenit facile, quod diis cordi esset: juvenis evasit vere indolis regiæ, nec, cum quæreretur gener Tarquinio, quisquam Romanæ juventutis ulla arte conferri potuit, filiamque ei suam rex despondit. Hic, quacumque de causa, tantus illi honos habitus, credere prohibet, serva natum eum parvumque ipsum servisse. Eorum magis sententiæ sum, qui, Corniculo capto, Servii Tullii—qui princeps in illa urbe fuerat—gravidam viro occiso uxorem, cum inter reliquas captivas cognita esset, ob unicam nobilitatem ab regina Romana prohibitam ferunt servitio partum Romæ edidisse, Prisci Tarquinii domo: inde tanto beneficio et inter mulieres familiaritatem auctam et puerum, ut in domo a parvo eductum, in caritate atque honore fuisse: fortunam matris, quod capta patria in hostium manus venerit, ut serva natus crederetur, fecisse.

XL. Duodequadragesimo ferme anno, ex quo regnare

cœperat Tarquinius, non apud regem modo sed apud patres plebemque longe maximo honore Servius Tullius erat. Tum Anci filii duo, etsi antea semper pro indignissimo habuerant se patrio regno tutoris fraude pulsos,
5 regnare Romæ advenam non modo vicinæ sed ne Italicæ quidem stirpis, tum impensius iis indignitas crescere, si ne ab Tarquinio quidem ad se rediret regnum, sed præceps inde porro ad servitia caderet, ut in eadem civitate post centesimum fere annum quam Romulus, deo prognatus,
10 deus ipse, tenuerit regnum, donec in terris fuerit, id Servius serva natus possideat: cum commune Romani nominis, tum præcipue id domus suæ, dedecus fore, si, Anci regis virili stirpe salva, non modo advenis, sed servis etiam, regnum Romæ pateret. Ferro igitur eam arcere
15 contumeliam statuunt: sed et injuriæ dolor in Tarquinium ipsum magis quam in Servium eos stimulabat: et quia gravior ultor cædis, si superesset, rex futurus erat quam privatus: tum, Servio occiso, quemcumque alium generum delegisset, eundem regni heredem facturus videbatur.
20 Ob hæc ipsi regi insidiæ parantur: ex pastoribus duo ferocissimi delecti ad facinus, quibus consueti erant uterque agrestibus ferramentis, in vestibulo regiæ, quam potuere tumultuosissime, specie rixæ in se omnes apparitores regios convertunt: inde, cum ambo regem appellarent,
25 clamorque eorum penitus in regiam pervenisset, vocati ad regem pergunt. Primo uterque vociferari, et certatim alter alteri obstrepere, coerciti ab lictore, et jussi in vicem dicere, tandem obloqui desistunt: unus rem ex composito orditur: dum intentus in eum se rex totus averteret, alter
30 elatam securim in caput dejecit, relictoque in vulnere telo ambo se foras ejiciunt. XLI. Tarquinium moribundum cum, qui circa erant, excepissent, illos fugientes lictores comprehendunt. Clamor inde concursusque populi mirantium, quid rei esset. Tanaquil inter tumultum claudi
35 regiam jubet, arbitros ejecit: simul, quæ curando vulneri opus sunt, tamquam spes subesset, sedulo comparat: simul, si destituat spes, alia præsidia molitur. Servio propere accito cum pæne exsanguem virum ostendisset, dexteram tenens orat, ne inultam mortem soceri, ne socrum inimicis
40 ludibrio esse sinat: "tuum est" inquit, "Servi, si vir es, regnum, non eorum qui alienis manibus pessimum facinus fecere: erige te, deosque duces sequere, qui clarum hoc fore caput divino quondam circumfuso igni portenderunt: nunc te illa cælestis excitet flamma, nunc expergiscere

vere: et nos peregrini regnavimus: qui sis, non unde natus sis, reputa: si tua re subita consilia torpent, at tu mea consilia sequere." Cum clamor impetusque multitudinis vix sustineri posset, ex superiore parte ædium per fenestras in novam viam versus—habitabat enim rex ad Jovis Statoris—populum Tanaquil alloquitur: jubet bono animo esse: sopitum fuisse regem subito ictu, ferrum haud alte in corpus descendisse: jam ad se redisse: inspectum vulnus absterso cruore, omnia salubria esse: confidere, prope diem ipsum eos visuros. Interim Servio Tullio jubere populum dicto audientem esse: eum jura redditurum obiturumque alia regis munia esse. Servius cum trabea et lictoribus prodit, ac sede regia sedens alia decernit, de aliis consulturum se regem esse simulat: itaque per aliquot dies, cum jam exspirasset Tarquinius, celata morte, per speciem alienæ fungendæ vicis suas opes firmavit. Tum demum palam factum: et comploratione in regia orta, Servius, præsidio firmo munitus, primus injussu populi voluntate patrum regnavit. Anci liberi jam tum comprehensis sceleris ministris, ut vivere regem et tantas esse opes Servii nuntiatum est, Suessam Pometiam exsulatum ierant.

XLV. Aucta civitate magnitudine urbis, formatis omnibus domi et ad belli et ad pacis usus, ne semper armis opes acquirerentur, consilio augere imperium conatus est, simul et aliquod addere urbi decus. Jam tum erat inclytum Dianæ Ephesiæ fanum. Id communiter a civitatibus Asiæ factum fama ferebat. Eum consensum deosque consociatos laudare mire Servius inter proceres Latinorum, cum quibus publice privatimque hospitia amicitiasque de industria junxerat: sæpe iterando eadem, perpulit tandem, ut Romæ fanum Dianæ populi Latini cum populo Romano facerent. Ea erat confessio, caput rerum Romam esse, de quo toties armis certatum fuerat. Id quamquam omissum jam ex omnium cura Latinorum, ob rem toties infeliciter tentatam armis videbatur, uni se ex Sabinis fors dare visa est privato consilio imperii recuperandi. Bos in Sabinis nata cuidam patrifamiliæ dicitur, miranda magnitudine ac specie. Fixa per multas ætates cornua in vestibulo templi Dianæ monumentum ei fuere miraculo. Habita, ut erat, res prodigii loco est, et cecinere vates, cujus civitatis eam cives Dianæ immolassent, ibi fore imperium: idque carmen pervenerat ad antistitem fani

Dianæ. Sabinusque, ut prima apta dies sacrificio visa est, bovem Romam actam deducit ad fanum Dianæ et ante aram statuit. Ibi antistes Romanus, cum eum magnitudo victimæ celebrata fama movisset, memor responsi
5 Sabinum ita alloquitur: "quidnam tu, hospes, paras" inquit "inceste sacrificium Dianæ facere? quin tu ante vivo perfunderis flumine? infima valle præfluit Tiberis." Religione tactus hospes, qui omnia, ut prodigio responderet eventus, cuperet rite facta, extemplo descendit ad Tiberim:
10 interea Romanus immolat Dianæ bovem. Id mire gratum regi atque civitati fuit.

XLVI. Servius, quamquam jam usu haud dubium regnum possederat, tamen, quia interdum jactari voces a juvene Tarquinio audiebat, se injussu populi regnare,
15 conciliata prius voluntate plebis, agro capto ex hostibus viritim diviso, ausus est ferre ad populum, vellent juberentne se regnare: tantoque consensu, quanto haud quisquam alius ante, rex est declaratus. Neque ea res Tarquinio spem affectandi regni diminuit: immo eo im-
20 pensius, quia de agro plebis adversa patrum voluntate senserat agi, criminandi Servii apud patres crescendique in curia sibi occasionem datam ratus est,—et ipse juvenis ardentis animi, et domi uxore Tullia inquietum animum stimulante. Tulit enim et Romana regia sceleris tragici
25 exemplum, ut tædio regum maturior veniret libertas, ultimumque regnum esset, quod scelere partum foret. Hic L. Tarquinius—Prisci Tarquinii regis filius neposne fuerit, parum liquet: pluribus tamen auctoribus filium ediderim—fratrem habuerat Arruntem Tarquinium mitis
30 ingenii juvenem. His duobus, ut ante dictum est, duæ Tulliæ regis filiæ nupserant, et ipsæ longe dispares moribus. Forte ita inciderat, ne duo violenta ingenia matrimonio jungerentur, fortuna, credo, populi Romani, quo diuturnius Servii regnum esset, constituique civitatis mores
35 possent. Angebatur ferox Tullia, nihil materiæ in viro neque ad cupiditatem neque ad audaciam esse: tota in alterum aversa Tarquinium, eum mirari, eum virum dicere ac regio sanguine ortum, spernere sororem, quod virum nacta muliebri cessaret audacia. Contrahit celeriter
40 similitudo eos, ut fere fit malum malo aptissimum: sed initium turbandi omnia a femina ortum est: ea secretis viri alieni assuefacta sermonibus nullis verborum contumeliis parcere de viro ad fratrem, de sorore ad virum: et se rectius viduam et illum cælibem futurum fuisse con

tendere quam cum impari jungi, ut elanguescendum aliena ignavia esset: si sibi eum, quo digna esset, dii dedissent virum, domi se prope diem visuram regnum fuisse, quod apud patrem videat. Celeriter adolescentem suæ temeritatis implet: Lucius Tarquinius et Tullia minor prope continuatis funeribus cum domos vacuas novo matrimonio fecissent, junguntur nuptiis—magis non prohibente Servio quam approbante.

XLVII. Tum vero in dies infestior Tullii senectus, infestius cœpit regnum esse: jam enim ab scelere ad aliud spectare mulier scelus, nec nocte nec interdiu virum conquiescere pati, ne gratuita præterita parricidia essent: non sibi defuisse, cui innupta diceretur, nec cum quo tacita serviret: defuisse, qui se regno dignum putaret, qui meminisset se esse Prisci Tarquinii filium, qui habere quam sperare regnum mallet: "si tu is es, cui nuptam esse me arbitror, et virum et regem appello: sin minus, eo nunc pejus mutata res est, quod istic cum ignavia est scelus. Quin accingeris? non tibi ab Corintho, nec ab Tarquiniis, ut patri tuo, peregrina regna moliri necesse est: dii te penates patriique, et patris imago, et domus regia, et in domo regale solium, et nomen Tarquinium creat vocatque regem. Aut si ad hæc parum est animi— quid frustraris civitatem? quid te ut regium juvenem conspici sinis? facesse hinc Tarquinios aut Corinthum, devolvere retro ad stirpem, fratris similior quam patris." Iis aliisque increpando juvenem instigat, nec conquiescere ipsa potest, si, cum Tanaquil, peregrina mulier, tantum moliri potuisset animo, ut duo continua regna viro, ac deinceps genero, dedisset, ipsa, regio semine orta, nullum momentum in dando adimendoque regno faceret. His muliebribus instinctus furiis Tarquinius circumire et prensare, minorum maxime gentium, patres, admonere paterni beneficii ac pro eo gratiam repetere, allicere donis juvenes, cum de se ingentia pollicendo, tum regis criminibus omnibus locis crescere: postremo, ut jam agendæ rei tempus visum est, stipatus agmine armatorum, in forum irrupit: inde, omnibus perculsis pavore, in regia sede pro curia sedens, patres in curiam per præconem ad regem Tarquinium citari jussit. Convenere extemplo, alii jam ante ad hoc præparati, alii metu, ne non venisse fraudi esset, novitate ac miraculo attoniti, et jam de Servio actum rati. Ibi Tarquinius, maledicta ab stirpe ultima orsus; servum servaque natum post mortem indignam parentis sui, non interregno ut antea inito, non comitiis habitis, non per suffragium populi, non auctoribus patribus—muliebri dono regnum occupasse: ita natum ita creatum regem, fautorem infimi, generis hominum, ex quo ipse sit, odio alienæ honestatis ereptum primoribus agrum sordidissimo cuique divisisse: omnia onera, quæ communia quondam fuerint, inclinasse in primores civitatis: instituisse censum, ut insignis ad invidiam locupletiorum fortuna esset et parata, unde, ubi vellet, egentissimis largiretur. XLVIII. Huic orationi Servius cum intervenisset, trepido nuntio excitatus, extemplo a vestibulo curiæ magna voce, "quid hoc," inquit, "Tarquini, rei est? qua tu audacia, me vivo, vocare ausus es patres, aut in sede considere mea?" cum ille ferociter ad hæc, se patris sui tenere sedem, multo, quam servum, potiorem filium regis regni heredem, satis illum diu per licentiam eludentem insultasse dominis: clamor ab utriusque fautoribus oritur: et concursus populi fiebat in curiam, apparebatque regnaturum, qui vicisset. Tum Tarquinius—necessitate jam etiam ipsa cogente ultima audere—multo et ætate et viribus validior, medium arripit Servium, elatumque e curia in inferiorem partem per gradus dejecit: inde ad cogendum senatum in curiam rediit. Fit fuga regis apparitorum atque comitum: ipse prope exsanguis, cum sine regio comitatu domum se reciperet, ab iis, qui missi ab Tarquinio fugientem consecuti erant, interficitur. Creditur, quia non abhorret a cetero scelere, admonitu Tulliæ id factum: carpento certe—id quod satis constat—in forum invecta, nec reverita cœtum virorum, evocavit virum e curia, regemque prima appellavit: a quo facessere jussa ex tanto tumultu cum se domum reciperet, pervenissetque ad summum Cyprium vicum, ubi Dianium nuper fuit, flectenti carpentum dextra in Urbium clivum, ut in collem Esquiliarium eveheretur, restitit pavidus atque inhibuit frenos is, qui jumenta agebat, jacentemque dominæ Servium trucidatum ostendit. Fœdum inhumanumque inde traditur scelus, monumentoque locus est—Sceleratum vicum vocant,—quo amens, agitantibus furiis sororis ac viri, Tullia per patris corpus carpentum egisse fertur, partemque sanguinis ac cædis paternæ cruento vehiculo, contaminata ipsa respersaque, tulisse ad penates suos virique sui, quibus iratis, malo regni principio similes prope diem exitus sequerentur. Servius Tullius regnavit annos quattuor et quadraginta ita, ut bono etiam moderatoque succedenti regi difficilis æmulatio esset : ceterum id quoque ad gloriam accessit, quod cum illo simul justa ac legitima regna occiderunt: id ipsum tam mite ac tam moderatum imperium tamen, quia unius esset, deponere eum in animo habuisse, quidam auctores sunt ; ni scelus intestinum liberandæ patriæ consilia agitanti intervenisset.

XLIX. Inde L. Tarquinius regnare occepit, cui Superbo cognomen facta indiderunt, quia socerum gener sepultura prohibuit, Romulum quoque insepultum perisse, dictitans, primoresque patrum, quos Servii rebus favisse credebat, interfecit. Conscius deinde, male quærendi regni ab se ipso adversus se exemplum capi posse, armatis corpus circumsæpsit: neque enim ad jus regni quidquam præter vim habebat, ut qui neque populi jussu, neque auctoribus patribus, regnaret. Eo accedebat, ut in caritate civium nihil spei reponenti metu regnum tutandum esset: quem ut pluribus incuteret, cognitiones capitalium rerum sine consiliis per se solus exercebat, perque eam causam occidere, in exsilium agere, bonis multare poterat, non suspectos modo aut invisos, sed unde nihil aliud, quam prædam, sperare posset. Præcipue ita patrum numero imminuto, statuit nullos in patres legere, quo contemptior paucitate ipsa ordo esset, minusque per se nihil agi indignarentur. Hic enim regum primus traditum a prioribus morem de omnibus senatum consulendi solvit, domesticis consiliis rem publicam administravit: bellum, pacem, fœdera, societates per se ipse, cum quibus voluit, injussu populi ac senatus, fecit diremitque. Latinorum sibi maxime gentem conciliabat, ut peregrinis quoque opibus tutior inter cives esset, neque hospitia modo cum primoribus eorum sed affinitates quoque jungebat: Octavio Mamilio Tusculano —is longe princeps Latini nominis erat, si famæ credimus, ab Ulixe deaque Circa oriundus—ei Mamilio filiam nuptum dat, perq1e eas nuptias multos sibi cognatos amicosque ejus conciliat.

LIII. Nec, ut injustus in pace rex, ita dux belli pravus fuit: quin ea arte æquasset superiores reges, ni degeneratum in aliis huic quoque decori offecisset. Is primus Volscis bellum in ducentos amplius post suam ætatem annos movit, Suessamque Pometiam ex his vi cepit. Ubi cum divendita præda quadraginta talenta argenti refecisset, concepit animo eam amplitudinem Jovis templi, quæ digna deûm hominumque rege, quæ Romano imperio, quæ ipsius

etiam loci majestate esset: captivam pecuniam in aedifica
tionem ejus templi seposuit. . . .

LVI. Intentus perficiendo templo, fabris undique ex
Etruria accitis, non pecunia solum ad id publica est usus,
5 sed operis etiam ex plebe. Qui cum haud parvus et ipse
militiae adderetur labor, minus tamen plebs gravabatur, se
templa deum exaedificare manibus suis, quam postquam et
ad alia, ut specie minora, sic laboris aliquanto majoris,
traducebantur opera, foros in circo faciendos, cloacamque
10 maximam, receptaculum omnium purgamentorum urbis,
sub terram agendam: quibus duobus operibus vix nova
haec magnificentia quidquam adaequare potuit. His labori-
bus exercita plebe, quia et urbi multitudinem, ubi usus
non esset, oneri rebatur esse, et colonis mittendis occupari
15 latius imperii fines volebat, Signiam Circeiosque colonos
misit, praesidia urbi futura terra marique. Haec agenti
portentum terribile visum: anguis, ex columna lignea
elapsus, cum terrorem fugamque in regiam fecisset, ipsius
regis non tam subito pavore perculit pectus, quam anxiis
20 implevit curis. Itaque cum ad publica prodigia Etrusci
tantum vates adhiberentur, hoc velut domestico exterritus
visu, Delphos ad maxime inclytum in terris oraculum
mittere statuit: neque responsa sortium ulli alii committere ausus, duos filios per ignotas ea tempestate terras,
25 ignotiora maria, in Graeciam misit. Titus et Arruns profecti: comes iis additus L. Junius Brutus, Tarquinia
sorore regis natus, juvenis longe alius ingenio, quam cujus
simulationem induerat. Is, cum primores civitatis, in quibus fratrem suum ab avunculo interfectum audisset, neque
30 in animo suo quidquam regi timendum, neque in fortuna
concupiscendum relinquere statuit, contemptuque tutus
esse, ubi in jure parum praesidii esset. Ergo ex industria
factus ad imitationem stultitiae, cum se suaque praedae esse
regi sineret, Bruti quoque haud abnuit cognomen, ut, sub
35 ejus obtentu cognominis, liberator ille populi Romani animus latens opperiretur tempora sua. Is tum ab Tarquiniis ductus Delphos,—ludibrium verius quam comes—
aureum baculum, inclusum corneo cavato ad id baculo,
tulisse donum Apollini dicitur, per ambages effigiem inge-
40 nii sui. Quo postquam ventum est, perfectis patris mandatis, cupido incessit animos juvenum sciscitandi, ad quem
eorum regnum Romanum esset venturum. Ex infimo
specu vocem redditam ferunt: "imperium summum
Romae habebit, qui vestrum primus, O juvenes, osculum

matri tulerit." Tarquinius Sextus, qui Romæ relictus fuerat, ut ignarus responsi expersque imperii esset, rem summa ope taceri jubent: ipsi inter se, uter prior, cum Romam redissent, matri osculum daret, sorti permittunt. Brutus, alio ratus spectare Pythicam vocem, velut si prolapsus cecidisset, terram osculo contigit, scilicet, quod ea communis mater omnium mortalium esset. Reditum inde Romam, ubi adversus Rutulos bellum summa vi parabatur.

LVII. Ardeam Rutuli habebant, gens, ut in ea regione atque in ea ætate, divitiis præpollens: eaque ipsa causa belli fuit, quod rex Romanus cum ipse ditari, exhaustus magnificentia publicorum operum, tum præda delenire popularium animos studebat, præter aliam superbiam regno infestos etiam, quod se in fabrorum ministerio ac servili tam diu habitos opere ab rege indignabantur. Tentata res est, si primo impetu capi Ardea posset: ubi id parum processit, obsidione munitionibusque cœpti premi hostes. In his stativis—ut fit longo magis quam acri bello—satis liberi commeatus erant, primoribus tamen magis quam militibus: regii quidem juvenes interdum otium conviviis comisationibusque inter se terebant. Forte potantibus his apud Sex. Tarquinium, ubi et Collatinus cenabat Tarquinius, Egerii filius, incidit de uxoribus mentio: suam quisque laudare miris modis: inde certamine accenso, Collatinus negat, verbis opus esse, paucis id quidem horis posse sciri, quantum ceteris præstet Lucretia sua: "quin, si vigor juventæ inest, conscendimus equos invisimusque præsentes nostrarum ingenia? Id cuique spectatissimum sit, quod necopinato viri adventu occurrerit oculis." Incaluerant vino: "Age sane," omnes: citatis equis avolant Romam. Quo cum, primis se intendentibus tenebris, pervenissent, pergunt inde Collatiam, ubi Lucretiam, haudquaquam ut regias nurus, quas in convivio luxuque cum æqualibus viderant tempus terentes, sed nocte sera deditam lanæ inter lucubrantes ancillas in medio ædium sedentem inveniunt. Muliebris certaminis laus penes Lucretiam fuit. Adveniens vir Tarquiniique excepti benigne: victor maritus comiter invitat regios juvenes. Ibi Sex. Tarquinium mala libido Lucretiæ per vim stuprandæ capit: cum forma, tum spectata castitas incitat. Et tum quidem ab nocturno juvenali ludo in castra redeunt. LVIII. Paucis interjectis diebus, Sex. Tarquinius, inscio Collatino, cum comite uno Collatiam venit. Ubi

exceptus benigne ab ignaris consilii, cum post cenam in hospitale cubiculum deductu, esset, amore ardens—postquam satis tuta circa sopitique omnes videbantur—stricto gladio ad dormientem Lucretiam venit, sinistraque manu
5 mulieris pectore oppresso "tace Lucretia" inquit, "Sex. Tarquinius sum: ferrum in manu est: moriere, si emiseris vocem." Cum pavida ex somno mulier nullam opem, prope mortem imminentem, videret, tum Tarquinius fateri amorem, orare, miscere precibus minas, versare in omnes partes
10 muliebrem animum. Ubi obstinatam videbat, et ne mortis quidem metu inclinari, addit ad metum dedecus: cum mortua jugulatum servum nudum positurum ait, ut in sordido adulterio necata dicatur. Quo terrore cum vicisset obstinatam pudicitiam velut victrix libido, profectusque
15 inde Tarquinius ferox expugnato decore muliebri esset, Lucretia, maesta tanto malo, nuntium Romam eundem ad patrem Ardeamque ad virum mittit, ut cum singulis fidelibus amicis veniant: ita facto maturatoque opus esse, rem atrocem incidisse. Spurius Lucretius cum P. Valerio
20 Volesi filio, Collatinus cum L. Junio Bruto venit, cum quo forte Romam rediens ab nuntio uxoris erat conventus. Lucretiam sedentem maestam in cubiculo inveniunt. Adventu suorum lacrimae obortae: quaerentique viro "satin' salve?" "Minime" inquit: "quid enim salvi est muli-
25 eri, amissa pudicitia: vestigia viri alieni, Collatine, in lecto sunt tuo. Ceterum corpus est tantum violatum, animus insons: mors testis erit. Sed date dexteras fidemque, haud impune adultero fore: Sex. est Tarquinius, qui hostis pro hospite, priore nocte vi, armatus, mihi sibique,
30 si vos viri estis, pestiferum hinc abstulit gaudium." Dant ordine omnes fidem: consolantur aegram animi, avertendo noxam ab coacta in auctorem delicti: mentem peccare, non corpus, et, unde consilium abfuerit, culpam abesse. "Vos" inquit "videritis, quid illi debeatur: ego me etsi
35 peccato absolvo, supplicio non libero: nec ulla deinde impudica Lucretiae exemplo vivet." Cultrum, quem sub veste abditum habebat, eum in corde defigit, prolapsaque in vulnus moribunda cecidit. Conclamat vir paterque.

LIX. Brutus, illis luctu occupatis, cultrum ex vulnere
40 Lucretiae extractum, manantem cruore prae se tenens "per hunc" inquit "castissimum ante regiam injuriam sanguinem juro, vosque, dii, testes facio, me L. Tarquinium Superbum cum scelerata conjuge et omni liberorum stirpe ferro igni, quacumque dehinc vi possim, exse-

cuturum, nec illos, nec alium quemquam regnare Roma passurum." Cultrum deinde Collatino tradit, inde Lucretio ac Valerio stupentibus miraculo rei, unde novum in Bruti pectore ingenium. Ut præceptum erat, jurant, totique ab luctu versi in iram, Brutum, jam inde ad expugnandum regnum vocantem, sequuntur ducem. Elatum domo Lucretiæ corpus in forum deferunt, concientque miraculo, ut fit, rei novæ atque indignitate homines. Pro se quisque scelus regium ac vim queruntur. Movet cum patris mæstitia, tum Brutus castigator lacrimarum atque inertium querelarum auctorque, quod viros quod Romanos deceret, arma capiendi adversus hostilia ausos. Ferocissimus quisque juvenum cum armis voluntarius adest: sequitur et cetera juventus. Inde, pari præsidio relicto Collatiæ ad portas, custodibusque datis, ne quis eum motum regibus nuntiaret, ceteri armati, duce Bruto, Romam profecti. Ubi eo ventum est, quacumque incedit armata multitudo, pavorem ac tumultum facit: rursus, ubi anteire primores civitatis vident, quidquid sit, haud temere esse rentur. Nec minorem motum animorum Romæ tam atrox res facit, quam Collatiæ fecerat: ergo ex omnibus locis urbis in forum curritur. Quo simul ventum est, præco ad tribunum Celerum—in quo tum magistratu forte Brutus erat—populum advocavit: ibi oratio habita, nequaquam ejus pectoris ingeniique, quod simulatum ad eam diem fuerat, de vi ac libidine Sex. Tarquinii, de stupro infando Lucretiæ et miserabili cæde, de orbitate Tricipitini, cui morte filiæ causa mortis indignior ac miserabilior esset: addita superbia ipsius regis miseriæque et labores plebis in fossas cloacasque exhauriendas demersæ: Romanos homines, victores omnium circa populorum, opifices ac lapicidas pro bellatoribus factos: indigna Servii Tullii regis memorata cædes, et invecta corpore patris nefandoque vehiculo filia, invocatique ultores parentum dii. His atrocioribusque, credo, aliis, quæ præsens rerum indignitas haudquaquam relatu scriptoribus facilia subjicit, memoratis incensam multitudinem perpulit, ut imperium regi abrogaret exsulesque esse juberet L. Tarquinium cum conjuge ac liberis. Ipse, junioribus, qui ultro nomina dabant, lectis armatisque, ad concitandum inde adversus regem exercitum Ardeam in castra est profectus: imperium in urbe Lucretio, præfecto urbis jam ante ab rege instituto, relinquit. Inter hunc tumultum Tullia domo profugit, exsecrantibus, quacumque incede-

bat, invocantibusque parentum furias viris mulieribusque.
LX. Harum reru n nuntiis in castra perlatis, cum re nova
trepidus rex pergeret Romam ad comprimendos motus,
flexit viam Brutus—senserat enim adventum—ne obvius
5 fieret, eodemque fere tempore, diversis itineribus, Brutus
Ardeam, Tarquinius Romam venerunt. Tarquinio, clau-
sæ portæ, exsiliumque indictum: liberatorem urbis læta
castra accepere, exactique inde liberi regis. Duo patrem
secuti sunt, qui exsulatum Cære in Etruscos ierunt. Sex-
10 tus Tarquinius, Gabios, tamquam in suum regnum, profectus, ab ultoribus veterum simultatium, quas sibi ipse
cædibus rapinisque concierat, est interfectus. L. Tarquinius Superbus regnavit annos quinque et viginti. Regnatum Romæ ab condita urbe ad liberatam annos
15 U. C. ducentos quadraginta quattuor. Duo consules inde
245. comitiis centuriatis a præfecto urbis ex commen-
A. C. tariis Servii Tullii creati sunt, L. Junius Brutus et
507. L. Tarquinius Collatinus.

LIBRI SECUNDI

CAP. I–X, XII, XIII, XXXIV–XL.

ARGUMENTUM LIBRI SECUNDI.

I. Brutus jurejurando populum adstrinxit neminem regnare Romae passuros; II. Tarquinium Collatinum collegam suum, propter affinitatem Tarquiniorum suspectum, coegit consulatu se abdicare et civitate cedere; V. Bona regum diripi jussit; agrum Marti consecravit, qui Campus Martius nominatus est; adolescentes nobiles, in quibus suos quoque et sororis filios, quia conjuraverant de recipiendis regibus, securi percussit; servo indici, cui Vindicio nomen fuit, libertatem dedit: ex cujus nomine vindicta appellata; VI. Cum adversus reges, qui contractis Veientium et Tarquiniensium copiis bellum intulerant, exercitum duxisset in aciem cum Arrunte, filio Superbi, commortuus est; VII. Eumque matronae annum luxerunt. VIII. P. Valerius consul legem de provocatione ad populum tulit. Capitolium dedicatum est. IX. X. Porsina, Clusinorum Rex, bello pro Tarquiniis suscepto, cum ad Janiculum venisset, ne Tiberim transiret virtute Coclitis Horatii prohibitus est; qui, dum alii pontem sublicium rescindunt, solus Etruscos sustinuit; et, ponte rupto, armatus in flumen se misit et ad suos transnavit. XII. Alterum accessit virtutis exemplum a Mucio; qui, cum ad feriendum Porsinam castra hostium intrasset, occiso scriba quem regem esse putabat, comprehensus, impositam altaribus manum in quibus sacrificatum erat exuri passus est, dixitque esse tales trecentos conjuratos in mortem ipsius regis. Quorum admiratione coactus Porsina pacis conditiones ferre, bellum omisit, acceptis obsidibus. XIII. Ex quibus virgo una Cloelia, deceptis custodibus, per Tiberim ad suos transnavit; et, cum reddita esset, a Porsina honorifice remissa, equestri statua donata est. Ap. Claudius ex Sabinis Romam transfugit; ob hoc Claudia tribus adjecta est, numerusque tribuum ampliatus est, ut essent viginti una. Adversus Tarquinium Superbum cum Latinorum exercitu bellum inferentem, A. Postumius dictator prospere pugnavit apud lacum Regillum. Plebs, cum propter nexos ob aes alienum in Sacrum montem secessisset, consilio Menenii Agrippae a seditione revocata est. Idem Agrippa, cum decessisset, propter paupertatem publico impendio elatus est. XXXIII. Tribuni plebi. quinque creati sunt. Oppidum Volscorum Corioli captum est virtute et opera C. Marcii, qui ob hoc Coriolanus vocatus est. XXXVI, &c. Ti Latinius, vir de plebe, cum in visu admonitus ut de quibusdam religionibus ad senatum perferret et neglexisset, amisso filio, debilis factus, postquam delatus ad senatum lectica eadem illa indicaverat, usu pedum recepto domum reversus est. XXXIX, XL. Cum C. Marcius Coriolanus qui in exsilium erat pulsus, dux Volscorum factus, exercitum hostium urbi admovisset, et missi ad eum primum legati, postea sacerdotes, frustra deprecati essent ne bellum patriæ inferret, Veturia mater et Volumnia uxor impetraverunt ab eo ut recederet. Lex agraria primum lata est. Sp. Cassius consularis regni crimine damnatus est necatusque. Oppia, virgo Vestalis, ob incestum viva defossa est. Cum vicini hostes Veientes, incommodi magis quam graves, essent, familia Fabiorum id bellum gerendum depoposcit, misitque eo trecentos sex armatos, qui ad Cremeram ad unum ab hostibus cæsi sunt, uno impubere domi relicto. Ap. Claudius consul, cum adversus Volscos contumacia exercitus male pugnatum esset, decimum quemque militum fuste percussit. Res præterea adversum Volscos, et Æquos, et Veientes, et seditiones inter Patres plebemque continet.— [U. C. 245–286. A. C. 507–466.]

I. LIBERI jam hinc populi Romani res pace belloque gestas, annuos magistratus, imperiaque legum po-
U. C. tentiora quam hominum, peragam. Quæ libertas
245. ut lætior esset, proximi regis superbia fecerat: nam
5 A. C. priores ita regnarunt, ut haud immerito omnes
507. deinceps conditores partium certe urbis, quas novas ipsi sedes ab se auctæ multitudinis addiderunt, numerentur: neque ambigitur, quin Brutus idem, qui tantum gloriæ Superbo exacto rege meruit, pessimo publico
10 id facturus fuerit, si libertatis immaturæ cupidine priorum regum alicui regnum extorsisset. Quid enim futurum fuit, si illa pastorum convenarumque plebs—transfuga ex suis populis—sub tutela inviolati templi aut libertatem aut certe impunitatem adepta, soluta regio metu, agitari
15 cœpta esset tribuniciis procellis et in aliena urbe cum patribus serere certamina, priusquam pignera conjugum ac liberorum caritasque ipsius soli, cui longo tempore assuescitur, animos eorum consociasset? dissipatæ res nondum adultæ discordia forent, quas fovit tranquilla mo-
20 deratio imperii eoque nutriendo perduxit, ut bonam frugem libertatis maturis jam viribus ferre posset. Libertatis autem originem inde magis, quia annuum imperium consulare factum est, quam quod diminutum quidquam sit

ex regia potestate, numeres: omnia jura, omnia insignia primi consules tenuere: id modo cautum est, ne, si ambo fasces haberent, duplicatus terror videretur. Brutus prior concedente collega fasces habuit, qui non acrior vindex libertatis fuerat, quam deinde custos fuit. Omnium primum avidum novæ libertatis populum, ne postmodum flecti precibus aut donis regiis posset, jurejurando adegit, neminem Romæ passuros regnare. Deinde, quo plus virium in senatu frequentia etiam ordinis faceret, cædibus regis diminutum patrum numerum, primoribus equestris gradus electis, ad trecentorum summam explevit: traditumque inde fertur, ut in senatum vocarentur, qui patres, quique conscripti essent: conscriptos, videlicet, in novum senatum appellabant lectos. Id mirum quantum profuit ad concordiam civitatis, jungendosque patribus plebis animos. II. Rerum deinde divinarum habita cura: et, quia quædam publica sacra per ipsos reges factitata erant, ne ubiubi regum desiderium esset, regem sacrificulum creant: id sacerdotium pontifici subjecere, ne additus nomini honos aliquid libertati, cujus tunc prima erat cura, officeret. Ac nescio an, nimis undique eam minimisque rebus muniendo modum excesserint: consulis enim alterius, cum nihil aliud offenderit, nomen invisum civitati fuit: nimium Tarquinios regno assuesse: initium a Prisco factum, regnasse dein Ser. Tullium, ne intervallo quidem facto oblitum, tamquam alieni, regni Superbum Tarquinium, velut hereditatem gentis, scelere ac vi repetisse: pulso Superbo, penes Collatinum imperium esse: nescire Tarquinios privatos vivere: non placere nomen, periculosum libertati esse. Hinc primo sensim tentantium animos sermo per totam civitatem est datus, sollicitamque suspicione plebem Brutus ad concionem vocat. Ibi omnium primum jusjurandum populi recitat, neminem regnare passuros nec esse Romæ, unde periculum libertati foret: id summa ope tuendum esse neque ullam rem, quæ eo pertineat, contemnendam: invitum se dicere hominis causa, nec dicturum fuisse, ni caritas rei publicæ vinceret: non credere populum Romanum solidam libertatem recuperatam esse: regium genus, regium nomen non solum in civitate, sed etiam in imperio esse: id officere, id obstare libertati: "hunc tu" inquit "tua voluntate, L. Tarquini, remove metum: meminimus, fatemur, ejecisti reges: absolve beneficium tuum, aufer hinc regium nomen: res tuas tibi non solum reddent cives tui, auctore me, sed, si quid deest,

munifice augebunt: amicus abi: exonera civita ni vano
forsitan metu: ita persuasum est animis, cum gente Tarquinia regnum hinc abiturum." Consuli primo tam novæ
rei ac subitæ admiratio incluserat vocem: dicere deinde
5 incipientem primores civitatis circumsistunt, eadem multis
precibus orant. Et ceteri quidem movebant minus: postquam Spurius Lucretius, major ætate ac dignitate, socer
præterea ipsius, agere varie, rogando alternis suadendoque,
cœpit, ut vinci se consensu civitatis pateretur, timens
10 consul, ne postmodum privato sibi eadem illa cum bonorum
amissione, additaque alia insuper ignominia, acciderent,
abdicavit se consulatu, rebusque suis omnibus Lavinium
translatis civitate cessit. Brutus ex senatus consulto ad
populum tulit, ut omnes Tarquiniæ gentis exsules essent:
15 collegam sibi comitiis centuriatis creavit P. Valerium,
quo adjutore reges ejecerat.

III. Cum haud cuiquam in dubio esset, bellum ab Tarquiniis imminere, id quidem spe omnium serius fuit. Ceterum, id quod non timebant, per dolum ac proditionem
20 prope libertas amissa est. Erant in Romana juventute
adolescentes aliquot, nec hi tenui loco orti, quorum in
regno libido solutior fuerat, æquales sodalesque adolescentium Tarquiniorum, assueti more regio vivere. Eam tum,
æquato jure omnium, licentiam quærentes, libertatem alio-
25 rum in suam vertisse servitutem inter se conquerebantur:
regem hominem esse, a quo impetres, ubi jus, ubi injuria
opus sit: esse gratiæ locum, esse beneficio: et irasci et
ignoscere posse: inter amicum atque inimicum discrimen
nosse. Leges rem surdam, inexorabilem esse, salubriorem
30 melioremque inopi, quam potenti, nihil laxamenti nec
veniæ habere, si modum excesseris: periculosum esse in
tot humanis erroribus sola innocentia vivere. Ita jam sua
sponte ægris animis, legati ab regibus superveniunt, sine
mentione reditus, bona tantum repetentes. Eorum verba
35 postquam in senatu audita sunt, per aliquot dies ea con-
sultatio tenuit; ne non reddita, belli causa, reddita belli
materia et adjumentum esset. Interim legati alii alia
moliri, aperte bona repetentes, clam recuperandi regni
consilia struere: et tamquam ad id, quod agi videbatur,
40 ambientes nobilium adolescentium animos pertentant: a
quibus placide oratio accepta est, iis litteras ab Tarquiniis
reddunt, et de accipiendis clam nocte in urbem regibus
colloquuntur. IV. Vitelliis Aquiliisque fratribus primo
commissa res est. Vitelliorum soror consuli nupta Bruto

erat, jamque ex eo matrimonio adolescentes erant liberi
Titus Tiberiusque. Eos quoque in societatem consilii
avunculi assumunt. Præterea aliquot et nobiles adolescentes
conscii assumpti, quorum vetustate memoria abiit.
Interim cum in senatu vicisset sententia, quæ censebat
reddenda bona, eamque ipsam causam moræ in urbe
haberent legati, quod spatium ad vehicula comparanda a
consulibus sumpsissent, quibus regum asportarent res,
omne id tempus cum conjuratis consultando absumunt,
evincuntque instando, ut litteræ sibi ad Tarquinios darentur:
nam aliter qui credituros eos, non vana ab legatis
super rebus tantis afferri? Datæ litteræ, ut pignus fidei
essent, manifestum facinus fecerunt. Nam cum, pridie
quam legati ad Tarquinios proficiscerentur, et cenatum
forte apud Vitellios esset, conjuratique ibi, remotis arbitris
multa inter se de novo, ut fit, consilio egissent, sermonem
eorum ex servis unus excepit, qui jam antea id senserat
agi, sed eam occasionem, ut litteræ legatis darentur, quæ
deprehensæ rem coarguere possent, exspectabat: postquam
datas sensit, rem ad consules detulit. Consules ad deprehendendos
legatos conjuratosque profecti domo, sine tumultu
rem omnem oppressere: litterarum in primis habita
cura, ne interciderent. Proditoribus extemplo in vincula
conjectis, de legatis paululum addubitatum est, et, quamquam
visi sunt commisisse, ut hostium loco essent, jus
tamen gentium valuit. V. De bonis regiis, quæ reddi
ante censuerant, res integra refertur ad patres. Ibi victi
ira vetuere reddi, vetuere in publicum redigi: diripienda
plebi sunt data, ut, contacta regia præda, spem in perpetuum
cum iis pacis amitteret. Ager Tarquiniorum, qui
inter urbem ac Tiberim fuit, consecratus Marti, Martius
deinde campus fuit. Forte ibi tum seges farris dicitur
fuisse matura messi: quem campi fructum quia religiosum
erat consumere, desectam cum stramento segetem magna
vis hominum simul immissa corbibus fudere in Tiberim,
tenui fluentem aqua, ut mediis caloribus solet: ita in vadis
hæsitantis frumenti acervos sedisse illitos limo: insulam
inde paulatim, et aliis, quæ fert temere flumen, eodem
invectis, factam: postea credo additas moles, manuque
adjutum, ut tam eminens area, firmaque templis quoque
ac porticibus sustinendis esset. Direptis bonis regum,
damnati proditores, sumptumque supplicium, conspectius
eo, quod pœnæ capiendæ ministerium patri de liberis consulatus
imposuit, et, qui spectator erat amovendus eum

ipsum fortuna exactorem supplicii dedit. Stabant deligati
ad palum nobilissimi juvenes: sed a ceteris, velut ab
ignotis capitibus, consulis liberi omnium in se averterant
oculos, miserebatque non pœnæ magis homines quam
5 sceleris, quo pœnam meriti essent: illos, eo potissimum
anno patriam liberatam, patrem liberatorem, consulatum
ortum ex domo Junia, patres, plebem, quidquid deorum
hominumque Romanorum esset—induxisse in animum, ut
superbo quondam regi, tum infesto exsuli, proderent.
10 Consules in sedem processere suam, missique lictores ad
sumendum supplicium: nudatos virgis cædunt, securique
feriunt, cum inter omne tempus pater—vultusque et os
ejus—spectaculo esset, eminente animo patrio inter publicæ
pœnæ ministerium. Secundum pœnam nocentium, ut in
15 utramque partem arcendis sceleribus exemplum nobile
esset, præmium indici, pecunia ex ærario, libertas et
civitas, data. Ille primum dicitur vindicta liberatus.
Quidam vindictæ quoque nomen tractum ab illo putant:
Vindicio ipsi nomen fuisse. Post illum observatum ut,
20 qui ita liberati essent, in civitatem accepti viderentur.

VI. His, sicut acta erant, nuntiatis, incensus Tarquinius
non dolore solum tantæ ad irritum cadentis spei, sed etiam
odio iraque, postquam dolo viam obsæptam vidit, bellum
aperte moliendum ratus, circumire supplex Etruriæ urbes,
25 orare maxime Veientes Tarquiniensesque, ne se ortum
ejusdem sanguinis extorrem egentem ex tanto modo regno,
cum liberis adolescentibus ante oculos suos perire sinerent.
Alios peregre in regnum Romam accitos: se regem
augentem bello Romanum imperium a proximis scelerata
30 conjuratione pulsum. Eos inter se, quia nemo unus satis
dignus regno visus sit, partes regni rapuisse, bona sua
diripienda populo dedisse, ne quis expers sceleris esset.
Patriam se regnumque suum repetere, et persequi ingratos
cives velle: ferrent opem, adjuvarent: suas quoque ve-
35 teres injurias ultum irent, toties cæsas legiones, agrum
ademptum. Hæc moverunt Veientes, ac pro se quisque,
Romano saltem duce, ignominias demendas, belloque amissa repetenda, minaciter fremunt. Tarquinienses nomen
ac cognatio movet: pulchrum videbatur suos Romæ re-
40 gnare. Ita duo duarum civitatium exercitus, ad repeten-
dum regnum belloque persequendos Romanos, secuti Tarquinium. Postquam in agrum Romanum ventum est,
obviam hosti consules eunt: Valerius quadrato agmine
peditem ducit, Brutus ad explorandum cum equitatu ante-

cessit. Eodem modo primus eques hostium agminis fuit, præerat Arruns Tarquinius filius regis: rex ipse cum legionibus sequebatur. Arruns, ubi ex lictoribus procul consulem esse, deinde jam propius ac certius facie quoque Brutum cognovit, inflammatus ira "ille est vir" inquit "qui nos extorres expulit patria: ipse en ille, nostris decoratus insignibus, magnifice incedit: di regum ultores adeste." Concitat calcaribus equum, atque in ipsum infestus consulem dirigit. Sensit in se iri Brutus: decorum erat tum ipsis capessere pugnam ducibus, avide itaque se certamini offert: adeoque infestis animis concurrerunt, neuter, dum hostem vulneraret, sui protegendi corporis memor, ut, contrario ictu per parmam uterque transfixus, duabus hærentes hastis, moribundi ex equis lapsi sint. Simul et cetera equestris pugna cœpit, neque ita multo post et pedites superveniunt. Ibi varia victoria, et velut æquo Marte, pugnatum est: dextera utrimque cornua vicere, læva superata: Veientes, vinci ab Romano milite assueti, fusi fugatique, Tarquiniensis novus hostis non stetit solum, sed etiam ab sua parte Romanum pepulit. VII. Ita cum pugnatum esset, tantus terror Tarquinium atque Etruscos incessit, ut omissa irrita re nocte ambo exercitus, Veiens Tarquiniensisque, suas quisque abirent domos. Adjiciunt miracula huic pugnæ: silentio proximæ noctis ex silva Arsia ingentem editam vocem: Silvani vocem eam creditam: hæc dicta, uno plus Tuscorum cecidisse in acie, vincere bello Romanum. Ita certe inde abiere Romani, ut victores, Etrusci pro victis: nam, postquam illuxit, nec quisquam hostium in conspectu erat, P. Valerius consul spolia legit, triumphansque inde Romam rediit. Collegæ funus, quanto tum potuit apparatu, fecit: sed multo majus morti decus publica fuit mæstitia, eo ante omnia insignis, quia matronæ annum, ut parentem, eum luxerunt, quod tam acer ultor violatæ pudicitiæ fuisset.

Consuli deinde, qui superfuerat,—ut sunt mutabiles vulgi animi—ex favore, non invidia modo, sed suspicio etiam cum atroci crimine, orta: regnum eum affectare fama ferebat, quia nec collegam subrogaverat in locum Bruti, et ædificabat in summa Velia, ubi alto atque munito loco arcem inexpugnabilem fieri. Hæc dicta vulgo creditaque, cum indignitate angerent consulis animum, vocato ad concilium populo, submissis fascibus, in concionem escendit. Gratum id multitudini spectaculum fuit, sub-

missa sibi esse imperii insignia, confessionemque factam, populi quam consulis majestatem vimque majorem esse. Ibi audire jussis consul laudare fortunam collegæ, quod liberata patria in summo honore, pro republica dimicans,
5 matura gloria, necdum se vertente in invidiam, mortem occubuisset: se superstitem gloriæ suæ ad crimen atque invidiam superesse, ex liberatore patriæ ad Aquilios se Vitelliosque recidisse: "numquamne ergo" inquit "ulla adeo a vobis spectata virtus erit, ut suspicione violari
10 nequeat? Ego me, illum acerrimum regum hostem, ipsum cupiditatis regni crimen subiturum timerem? Ego, si in ipsa arce Capitolioque habitarem, metui me crederem posse a civibus meis? Tam levi momento mea apud vos fama pendet? Adeone est fundata leviter fides, ut, ubi
15 sim, quam qui sim, magis referat? Non obstabunt Publii Valerii ædes libertati vestræ, Quirites: tuta erit vobis Velia: deferam non in planum modo ædes sed colli etiam subjiciam, ut vos supra suspectum me civem habitetis: in Velia ædificent, quibus melius, quam P. Valerio, creditur
20 libertas." Delata confestim materia omnis infra Veliam, et, ubi nunc Vicæ Potæ est, domus in infimo clivo ædificata. VIII. Latæ deinde leges, non solum quæ regni suspicione consulem absolverent, sed quæ adeo in contrarium verterent, ut popularem etiam facerent: inde cognomen
25 factum Publicolæ est. Ante omnes de provocatione adversus magistratus ad populum sacrandoque cum bonis capite ejus, qui regni occupandi consilia inisset, gratæ in vulgus leges fuere. Quas cum solus pertulisset, ut sua unius in his gratia esset, tum deinde comitia collegæ sub-
30 rogando habuit. Creatus Sp. Lucretius consul, qui magno natu, non sufficientibus jam viribus ad consularia munera obeunda, intra paucos dies moritur: suffectus in Lucretii locum M. Horatius Pulvillus. Apud quosdam veteres auctores non invenio Lucretium consulem: Bruto
35 statim Horatium suggerunt: credo, quia nulla gesta res insignem fecerit consulatum, memoria intercidisse. Nondum dedicata erat in Capitolio Jovis ædes. Valerius Horatiusque consules sortiti, uter dedicaret. Horatio sorte evenit: Publicola ad Veientium bellum profectus. Ægri-
40 us, quam dignum erat, tulere Valerii necessarii, dedicationem tam inclyti templi Horatio dari. Id omnibus modis impedire conati, postquam alia frustra tentata erant, postem jam tenenti consuli fœdum inter precationem deum nuntium incutiunt, mortuum ejus filium esse, funestaque

familia dedicare eum templum non posse. Non credide-
rit factum an tantum animo roboris fuerit, nec traditur
certum nec interpretatio est facilis: nihil aliud ad eum
nuntium a proposito aversus, quam ut cadaver efferri
juberet, tenens postem precationem peragit et dedicat templum. Hæc post exactos reges domi militiæque gesta
primo anno: inde P. Valerius iterum, T. Lucretius consules facti.

IX. Jam Tarquinii ad Lartem Porsinam, Clusinum
regem, perfugerant. Ibi, miscendo consilium precesque,
nunc orabant, ne se oriundos ex Etruscis, ejusdem sanguinis nominisque, egentes exsulare pateretur, nunc mone-
bant etiam, ne orientem morem pellendi reges inultum
sineret: satis libertatem ipsam habere dulcedinis: nisi
quanta vi civitates eam expetant, tanta regna reges defendant, æquari summa infimis: nihil excelsum, nihil
quod supra cetera emineat, in civitatibus fore: adesse
finem regnis, rei inter deos hominesque pulcherrimæ.
Porsina, cum regem esse Romæ, tum Etruscæ gentis
regem, amplum Tuscis ratus, Romam infesto exercitu
venit. Non umquam alias ante tantus terror senatum invasit, adeo valida res tum Clusina erat magnumque Por-
sinæ nomen. Nec hostes modo timebant sed suosmet ipsi
cives, ne Romana plebs, metu perculsa, receptis in urbem
regibus, vel cum servitute pacem acciperet. Multa igitur
blandimenta plebi per id tempus ab senatu data: annonæ
in primis habita cura, et ad frumentum comparandum
missi alii in Vulscos alii Cumas: salis quoque vendendi
arbitrium, quia impenso pretio venibat, in publicum omni
sumptu, ademptum privatis: portoriisque et tributo plebes
liberata, ut divites conferrent, qui oneri ferendo essent:
pauperes satis stipendii pendere, si liberos educent. Itaque hæc indulgentia patrum, asperis postmodum rebus in
obsidione ac fame, adeo concordem civitatem tenuit, ut
regium nomen non summi magis quam infimi horrerent,
nec quisquam unus malis artibus postea tam popularis
esset, quam tum bene imperando universus senatus fuit.

X. Cum hostes adessent, pro se quisque in urbem ex
agris demigrant, urbem ipsam sæpiunt præsidiis. Alia
muris, alia Tiberi objecto videbantur tuta. Pons sublicius
iter pæne hostibus dedit, ni unus vir fuisset Horatius
Cocles: id munimentum illo die fortuna urbis Romanæ
habuit: qui positus forte in statione pontis, cum captum
repentino impetu Janiculum atque inde citatos decurrere

hostes vidisset, trepidamque turbam suorum arma ordinesque relinquere, reprehensans singulos, obsistens, obtestansque deum et hominum fidem, testabatur, nequidquam deserto præsidio eos fugere: si transitum pontem a tergo reliquissent, jam plus hostium in Palatio Capitolioque quam in Janiculo fore. Itaque monere, prædicere, ut pontem ferro igni, quacumque vi possint, interrumpant: se impetum hostium, quantum corpore uno posset obsisti, excepturum. Vadit inde in primum aditum pontis, insignisque inter conspecta cedentium pugnæ terga, obversis cominus ad ineundum prœlium armis, ipso miraculo audaciæ obstupefecit hostes. Duos tamen cum eo pudor tenuit, Sp. Larcium ac T. Herminium, ambos claros genere factisque. Cum his primam periculi procellam et quod tumultuosissimum pugnæ erat, parumper sustinuit: deinde eos quoque ipsos, exigua parte pontis relicta, revocantibus qui rescindebant, cedere in tutum coegit. Circumferens inde truces minaciter oculos ad proceres Etruscorum, nunc singulos provocare nunc increpare omnes, servitia regum superborum, suæ libertatis immemores, alienam oppugnatum venire. Cunctati aliquamdiu sunt, dum alius alium, ut prœlium incipiant, circumspectant. Pudor deinde commovit aciem, et clamore sublato undique in unum hostem tela conjiciunt. Quæ cum in objecto cuncta scuto hæsissent, neque ille minus obstinatus ingenti pontem obtineret gradu, jam impetu conabantur detrudere virum, cum simul fragor rupti pontis, simul clamor Romanorum, alacritate perfecti operis sublatus, pavore subito impetum sustinuit. Tum Cocles "Tiberine pater" inquit, "te, sancte, precor, hæc arma et hunc militem propitio flumine accipias." Ita sic armatus in Tiberim desiluit. multisque superincidentibus telis, incolumis ad suos tranavit, rem ausus plus famæ habituram ad posteros quam fidei. Grata erga tantam virtutem civitas fuit: statua in comitio posita, agri quantum uno die circumaravit datum. Privata quoque inter publicos honores studia eminebant: nam in magna inopia, pro domesticis copiis unusquisque ei aliquid, fraudans se ipse victu suo, contulit.

XII. Obsidio erat nihilominus et frumenti cum summa caritate inopia, sedendoque expugnaturum se urbem spem Porsina habebat, cum C. Mucius, adolescens nobilis, cui indignum videbatur, populum Romanum servientem, cum sub regibus esset, nullo bello nec ab hostibus ullis obsessum esse, liberum eundem populum ab iisdem Etruscis obsideri, quorum saepe exercitus fuderit; itaque, magno audacique aliquo facinore eam indignitatem vindicandam ratus, primo sua sponte penetrare in hostium castra constituit: dein metuens, ne, si consulum injussu et ignaris omnibus iret, forte deprehensus a custodibus Romanis retraheretur ut transfuga—fortuna tum urbis crimen affirmante,—senatum adit: "transire Tiberim" inquit, "patres, et intrare, si possim, castra hostium volo, non praedo nec populationum in vicem ultor: majus, si dii juvant, in animo est facinus." Approbant patres: abdito intra vestem ferro proficiscitur. Ubi eo venit, in confertissima turba prope regium tribunal constitit. Ibi cum stipendium militibus forte daretur, et scriba cum rege sedens pari fere ornatu multa ageret, eum milites vulgo adirent, timens sciscitari, uter Porsina esset, ne ignorando regem semet ipse aperiret quis esset, quo temere traxit fortuna facinus, scribam pro rege obtruncat. Vadentem inde, qua per trepidam turbam cruento mucrone sibi ipse fecerat viam, cum, concursu ad clamorem facto, comprehensum regii satellites retraxissent, ante tribunal regis destitutus—tum quoque, inter tantas fortunae minas, metuendus magis quam metuens—"Romanus sum" inquit "civis, C. Mucium vocant: hostis hostem occidere volui, nec ad mortem minus animi est quam fuit ad caedem: et facere et pati fortia Romanum est. Nec unus in te ego hos animos gessi: longus post me ordo est idem petentium decus: proinde in hoc discrimen, si juvat, accingere, ut in singulas horas capite dimices tuo; ferrum hostemque in vestibulo habeas regiae: hoc tibi juventus Romana indicimus bellum: nullam aciem, nullum proelium timueris, uni tibi et cum singulis res erit." Cum rex, simul ira infensus periculoque conterritus, circumdari ignes minitabundus juberet, nisi expromeret propere, quas insidiarum sibi minas per ambages jaceret: "en tibi" inquit, "ut sentias, quam vile corpus sit his, qui magnam gloriam vident:" dextramque accenso ad sacrificium foculo injicit. Quam cum velut alienato ab sensu torreret animo, prope attonitus miraculo rex, cum ab sede sua prosiluisset amoverique ab altaribus juvenem jussisset, "Tu vero abi," inquit, "in te magis quam in me, hostilia ausus. Juberem macte virtute esse, si pro mea patria ista virtus staret: nunc jure belli liberum te intactum inviolatumque hinc dimitto." Tunc Mucius quasi remunerans meritum "quando quidem" inquit "est apud te virtuti honos, ut beneficio tuleris a me, quod minis nequisti: trecenti conjuravimus **principes** juventutis Romanæ, ut in te hac via grassaremur: mea prima sors fuit: ceteri, utcumque ceciderit primi, quoad te opportunum fortuna dederit, suo quisque tempore aderunt."

XIII. Mucium dimissum, cui postea Scævolæ a clade dextræ manus cognomen inditum, legati a Porsina Romam secuti sunt: adeo moverat eum et primi periculi casus, quo nihil se præter errorem insidiatoris texisset, et subeunda dimicatio toties, quot conjurati superessent, ut pacis conditiones ultro ferret Romanis. Jactatum in conditionibus nequidquam de Tarquiniis in regnum restituendis, magis, quia id negare ipse nequiverat Tarquiniis, quam quod negatum iri sibi ab Romanis ignoraret: de agro Veientibus restituendo impetratum, expressaque necessitas obsides dandi Romanis, si Janiculo præsidium deduci vellent. His conditionibus composita pace, exercitum ab Janiculo deduxit Porsina, et agro Romano excessit. Patres C. Mucio, virtutis causa, trans Tiberim agrum dono dedere, quæ postea sunt Mucia prata appellata. Ergo, ita honorata virtute, feminæ quoque ad publica decora excitatæ: et Clœlia virgo, una ex obsidibus, cum castra Etruscorum forte haud procul ripa Tiberis locata essent, frustrata custodes, dux agminis virginum, inter tela hostium Tiberim tranavit, sospitesque omnes Romam ad propinquos restituit. Quod ubi regi nuntiatum est, primo incensus ira, oratores Romam misit ad Clœliam obsidem deposcendam, alias haud magni facere: deinde in admirationem versus, supra Coclites Muciosque dicere id facinus esse, et præ se ferre, quemadmodum, si non dedatur obses, pro rupto fœdus se habiturum, sic deditam inviolatamque ad suos remissurum. Utrimque constitit fides: et Romani pignus pacis ex fœdere restituerunt, et apud regem Etruscum non tuta solum, sed honorata etiam virtus fuit; laudatamque virginem parte obsidum se donare dixit, ipsa, quos vellet, legeret. Productis omnibus, elegisse impubes dicitur, quod virginitati decorum et consensu obsidum ipsorum probabile erat, eam ætatem potissimum liberari ab hoste, quæ maxime opportuna injuriæ esset. Pace redintegrata, Romani novam in femina virtutem novo inde genere honoris, statua equestri, donavere: in summa Sacra via fuit posita virgo insidens equo.

XXXIV. M. Minucio deinde et A. Sempronio consulibus, magna vis frumenti ex Sicilia advecta, agitatumque in senatu, quanti plebi daretur. Multi venisse tempus

premendæ plebis putabant recuperandique jura, quæ
extorta secessione ac vi patribus essent: in primis Marcius
Coriolanus, hostis tribuniciæ potestatis: "si annonam"
inquit "veterem volunt, jus pristinum reddant patribus.
Cur ego plebeios magistratus, cur Sicinium potentem
video—sub jugum missus, tamquam ab latronibus redemptus?
Egone has indignitates diutius patiar quam
necesse est? Tarquinium regem qui non tulerim, Sicinium feram?
Secedat nunc, avocet plebem. Patet via
in Sacrum montem aliosque colles. Rapiant frumenta ex
agris nostris, quemadmodum tertio anno rapuere: fruantur
annona, quam furore suo fecere. Audeo dicere, hoc malo
domitos, ipsos potius cultores agrorum fore quam ut
armati per secessionem coli prohibeant." Haud tam
facile dictu est, faciendumne fuerit, quam potuisse arbitror fieri,
ut conditionibus laxandi annonam, et tribuniciam
potestatem, et omnia invitis jura imposita patres demerent
sibi. XXXV. Et senatui nimis atrox visa sententia est,
et plebem ira prope armavit: fame se jam sicut hostes
peti, cibo victuque fraudari: peregrinum frumentum,
quæ sola alimenta ex insperato fortuna dederit, ab ore
rapi, nisi Gaio Marcio vincti dedantur tribuni, nisi de
tergo plebis Romanæ satisfiat: eum sibi carnificem novum
exortum, qui aut mori aut servire jubeat. In exeuntem e
curia impetus factus esset, ni peropportune tribuni diem
dixissent. Ibi ira est suppressa: se judicem quisque, se
dominum vitæ necisque inimici factum videbat. Contemptim primo
Marcius audiebat minas tribunicias: auxilii non pœnæ jus datum illi potestati,
plebisque non patrum tribunos esse. Sed adeo infensa erat coorta plebs,
ut unius pœna defungendum esset patribus. Restiterunt
tamen adversa invidia usique sunt, qua suis quisque, qua
totius ordinis viribus: ac primo tentata res est, si dispositis clientibus,
absterrendo singulos a coitionibus conciliisque disjicere rem possent:
universi deinde processere
—quidquid erat patrum reos diceres—precibus plebem
exposcentes, unum sibi civem unum senatorem, si innocentem
absolvere nollent, pro nocente donarent. Ipse
cum die dicta non adesset, perseveratum in ira est.
Damnatus absens in Volscos exsulatum abiit, minitans
patriæ hostilesque jam tum spiritus gerens. Venientem
Volsci benigni excepere, benigniusque in dies colebant,
quo major ira in suos eminebat, crebræque nunc querelæ
nunc minæ percipiebantur. Hospitio utebatur Attii Tullii:

longe is tum princeps Volsci nominis erat Romanisque semper infestus: ita, cum alterum vetus odium, alterum ira recens stimularet, consilia conferunt de Romano bello. Haud facile credebant plebem suam impelli posse, ut toties
5 infeliciter tentata arma caperent: multis sæpe bellis, pestilentia postremo amissa juventute, fractos spiritus esse: arte agendum in exoleto jam vetustate odio, ut recenti aliqua ira exacerbarentur animi. XXXVI. Ludi forte ex instauratione magni Romæ parabantur. Instaurandi hæc causa
10 fuerat: ludis mane servum quidam paterfamiliæ, nondum commisso spectaculo, sub furca cæsum medio egerat circo. Cœpti inde ludi, velut ea res nihil ad religionem pertinuisset. Haud ita multo post, Tito Latinio, de plebe homini, somnium fuit. Visus Juppiter dicere, sibi ludis præsulta-
15 torem displicuisse: nisi magnifice instaurentur ii ludi, periculum urbi fore: iret, ea consulibus nuntiaret. Quamquam haud sane liber erat religione animus, verecundia tamen majestatis magistratuum timorem vicit, ne in ora hominum pro ludibrio abiret. Magno illi ea cunctatio
20 stetit, filium namque intra paucos dies amisit. Cujus repentinæ cladis ne causa dubia esset, ægro animi eadem illa in somnis obversata species visa est rogitare, satin' magnam spreti numinis haberet mercedem: majorem instare, ni eat propere ac nuntiet consulibus. Jam præsen-
25 tior res erat. Cunctantem tamen ac prolatantem ingens vis morbi adorta est debilitate subita. Tunc enim vero deorum ira admonuit. Fessus igitur malis præteritis instantibusque, consilio propinquorum adhibito, cum visa atque audita, et obversatum toties somno Jovem, minas
30 irasque cælestes repræsentatas casibus suis exposuisset, consensu inde haud dubie omnium, qui aderant, in forum ad consules lectica defertur. Inde in curiam jussu consulum delatus, eadem illa cum patribus ingenti omnium admiratione enarrasset, ecce aliud miraculum: qui captus
35 omnibus membris delatus in curiam esset, eum functum officio pedibus suis domum redisse, traditum memoriæ est. XXXVII. Ludi quam amplissimi ut fierent, senatus decrevit. Ad eos ludos, auctore Attio Tullio, vis magna Volscorum venit. Priusquam committerentur ludi, Tul-
40 lius—ut domi compositum cum Marcio fuerat—ad consules venit, dicit esse, quæ secreto agere de republica velit. Arbitris remotis "invitus" inquit, "quod sequius sit, de meis civibus loquor. Non tamen admissum quidquam ab his criminatum venio sed cautum, ne admittant. Nimio

plus, quam velim, nostrorum ingenia sunt mobilia. Multis id cladibus sensimus, quippe qui non nostro merito sed vestra patientia incolumes simus. Magna hic nunc Volscorum multitudo est. Ludi sunt. Spectaculo intenta civitas erit. Memini, quid per eandem occasionem ab 5 Sabinorum juventute in hac urbe commissum sit. Horret animus, ne quid inconsulte ac temere fiat. Hæc nostra vestraque causa prius dicenda vobis, consules, ratus sum. Quod ad me attinet, extemplo hinc domum abire in animo est, ne cujus facti dictive contagione præsens violer." 10 Hæc locutus abiit. Consules cum ad patres rem dubiam sub auctore certo detulissent, auctor magis, ut fit, quam res ad præcavendum vel ex supervacuo movit, factoque senatus consulto, ut urbem excederent Volsci, præcones dimittuntur, qui omnes eos proficisci ante noctem juberent. 15 Ingens pavor primo discurrentes ad suas res tollendas in hospitia perculit: proficiscentibus deinde indignatio oborta, se ut consceleratos contaminatosque ab ludis, festis diebus, cœtu quodam modo hominum deorumque abactos esse.
XXXVIII. Cum prope continuato agmine irent, prægressus 20 Tullius ad caput Ferentinum, ut quisque eveniret, primores eorum excipiens querendo indignandoque, et eos ipsos sedulo audientes secunda iræ verba, et per eos multitudinem aliam in subjectum viæ campum deduxit. Ibi in concionis modum orationem exorsus "veteres populi Ro- 25 mani injurias cladesque gentis Volscorum—ut omnia" inquit "obliviscamini alia, hodiernam hanc contumeliam quo tandem animo fertis, qua per nostram ignominiam ludos commisere? An non sensistis triumphatum hodie de vobis esse? Vos omnibus—civibus, peregrinis, tot 30 finitimis populis—spectaculo abeuntes fuisse, vestras conjuges, vestros liberos traductos per ora hominum? Quid eos, qui audivere vocem præconis, quid, qui nos videre abeuntes, quid eos, qui huic ignominioso agmini fuere obvii, existimasse putatis, nisi aliquid profecto nefas esse: 35 quod, si intersimus spectaculo, violaturi simus ludos piaculumque merituri, ideo nos ab sede piorum cœtu concilioque abigi? Quid deinde illud non succurrit vivere nos, quod maturarimus proficisci?—si hoc profectio et non fuga est. Et hanc urbem vos non hostium ducitis, ubi, si 40 unum diem morati essetis, moriendum omnibus fuit? Bellum vobis indictum est magno eorum malo, qui indixere, si viri estis." Ita, et sua sponte irarum pleni et incitati,

domos inde digressi sunt, instigandoque suos quisque populos efficere, ut omne Volscum nomen deliceret.

XXXIX. Imperatores ad id bellum de omnium populorum sententia lecti Attius Tullius et C. Marcius, exsul Romanus, in quo aliquanto plus spei repositum: quam spem nequaquam fefellit, ut facile appareret, ducibus validiorem quam exercitu rem Romanam esse. Circeios profectus, primum colonos inde Romanos expulit, liberamque eam urbem Volscis tradidit: inde in Latinam viam transversis tramitibus transgressus, Satricum, Longulam, Poluscam, Coriolos, Bovillas: hæc Romanis oppida ademit: inde Lavinium recipit, tum deinceps Corbionem, Vitelliam, Trebium, Labicos, Pedum cepit: postremum ad urbem a Pedo ducit, et ad fossas Cluilias, quinque ab urbe millia passuum, castris positis, populatur inde agrum Romanum, custodibus inter populatores missis, qui patriciorum agros intactos servarent, sive infensus plebi magis, sive ut discordia inde inter patres plebemque oreretur. Quæ profecto orta esset, adeo tribuni jam ferocem per se plebem criminando in primores civitatis instigabant: sed externus timor, maximum concordiæ vinculum, quamvis suspectos infensosque inter se jungebat animos. Id modo non conveniebat, quod senatus consulesque nusquam alibi spem quam in armis ponebant, plebes omnia quam bellum malebat. Sp. Nautius jam et Sex. Furius consules erant. Eos recensentes legiones, præsidia per muros aliaque, in quibus stationes vigiliasque esse placuerat, loca distribuentes, multitudo ingens pacem poscentium primum seditioso clamore conterruit, deinde vocare senatum, referre de legatis ad C. Marcium mittendis coegit. Acceperunt relationem patres, postquam apparuit labare plebis animos: missique de pace ad Marcium oratores atrox responsum retulerunt: si Volscis ager redderetur, posse agi de pace : si prædabelli per otium frui velint, memorem se et civium injuriæ, et hospitum beneficii adnisurum ut appareat, exsilio sibi irritatos non fractos animos esse. Iterum deinde iidem missi non recipiuntur in castra. Sacerdotes quoque, suis insignibus velatos, isse supplices ad castra hostium, traditum est: nihilo magis quam legatos flexisse animum. XL. Tum matronæ ad Veturiam, matrem Coriolani, Volumniamque uxorem, frequentes coeunt. Id publicum consilium an muliebris timor fuerit, parum invenio: pervicere certe, ut et Veturia, magno natu mulier, et Volumnia duos parvos ex Marcio ferens filios, secum in castra hostium irent; et, quoniam armis viri defendere urbem non possent, mulieres precibus lacrimisque defenderent. Ubi ad castra ventum est nuntiatumque Coriolano est, adesse ingens mulierum agmen, in primo—ut qui nec publica majestate in legatis, nec in sacerdotibus tanta offusa oculis animoque religione motus esset—multo obstinatior adversus lacrimas muliebres erat. Dein familiarium quidam, qui insignem mæstitia inter ceteras cognoverat Veturiam inter nurum nepotesque stantem, " nisi me frustrantur" inquit " oculi, mater tibi conjuxque et liberi adsunt." Coriolanus, prope ut amens consternatus, ab sede sua cum ferret matri obviæ complexum, mulier in iram ex precibus versa "sine prius, quam complexum accipio, sciam," inquit, " ad hostem an ad filium venerim, captiva materne in castris tuis sim. In hoc me longa vita et infelix senecta traxit, ut exsulem te, deinde hostem viderem? Potuisti populari hanc terram, quæ te genuit atque aluit? Non tibi, quamvis infesto animo et minaci perveneras, ingredienti fines ira cecidit? Non, cum in conspectu Roma fuit, succurrit" intra illa mœnia domus ac penates mei sunt, mater, conjux, liberique? " Ergo ego nisi peperissem, Roma non oppugnaretur; nisi filium haberem, libera in libera patria mortua essem: sed ego nihil jam pati, nec tibi turpius quam mihi miserius, possum, nec, ut sum miserrima, diu futura sum : de his videris, quos, si pergis, aut immatura mors aut longa servitus manet." Uxor deinde ac liberi amplexi, fletusque ab omni turba mulierum ortus, et comploratio sui patriæque, fregere tandem virum. Complexus inde suos dimittit, et ipse retro ab urbe castra movit. Abductis deinde legionibus ex agro Romano, invidia rei oppressum perîsse tradunt, alii alio leto: apud Fabium, longe antiquissimum auctorem, usque ad senectutem vixisse eundem invenio: refert certe, hanc sæpe eum exacta ætate usurpasse vocem, multo miserius seni exsilium esse. Non inviderunt laude sua mulieribus viri Romani: adeo sine obtrectatione gloriæ alienæ vivebatur: monumento quoque quod esset, templum Fortunæ muliebri ædificatum dedicatumque est.

LIBRI TERTII

CAP. XLIV—LIX.

ARGUMENTUM LIBRI TERTII.

SEDITIONES de agrariis legibus factæ. Capitolium ab exsulibus et servis occupatum, cæsis iis receptum est. Census bis actus est. Priore lustro censa civium capita centum quattuor millia ac CXIIII, præter orbos orbasque. Sequenti, CXVIII millia CCCXVIIII. Cum adversus Æquos res male gesta esset, L. Quinctius Cincinnatus dictator factus, cum rure intentus rustico operi esset, ad bellum gerendum arcessitus est. Is victos hostes sub jugum misit. Tribunorum plebis numerus ampliatus est, ut essent decem, tricesimo sexto anno a primis tribunis plebis. Petitis per legatos et allatis Atticis legibus, ad constituendas eas proponendasque decemviri pro consulibus sine ullis aliis magistratibus creati, altero et trecentesimo anno quàm Roma condita erat; et ut a regibus ad consules, ita a consulibus ad decemviros translatum imperium. Hi, decem tabulis legum positis, cum modeste se in eo honore gessissent et ob id in alterum quoque annum eundem esse magistratum placuisset, duabus tabulis ad decem adjectis, cum complura impotenter fecissent, magistratum noluerunt deponere et in tertium annum detinuerunt; XLIV, &c., Donec inviso eorum imperio finem attulit libido Ap. Claudii, qui, cum in amorem virginis incidisset, submisso qui eam in servitutem peteret, necessitatem patri ejus Virginio imposuit rapto ex taberna proxima cultro ut filiam occideret, cum aliter eam tueri non posset ne in potestatem stuprum allaturi veniret. L–LIX. Hoc tam magnæ injuriæ exemplo plebs incitata montem Aventinum occupavit, coegitque decemviros abdicare se magistratu Ex quibus Appius qui præcipue pœnam meruerat, in carcerem conjectus est; ceteri in exsilium acti. LX, &c. Res præterea contra Sabinos, et Volscos, et Æquos prosperè gestas continet; et parum honestum populi Romani judicium, qui judex inter Ardeates et Aricinos sumptus agrum de quo ambigebant sibi adjudicavit.—[U. C. 287–309. A. C 465–443.]

XLIV. Sequitur aliud in urbe nefas, ab libidine ortum, haud minus foedo eventu, quam quod per stuprum caedemque Lucretiae urbe regnoque Tarquinios u. c. expulerat, ut non finis solum idem decemviris, qui 305. regibus, sed causa etiam eadem imperii amittendi a. c. 5 esset. Ap. Claudium virginis plebeiae stuprandae 447 libido cepit. Pater virginis L. Virginius honestum ordinem in Algido ducebat, vir exempli recti domi militiae- que : perinde uxor instituta fuerat liberique instituebantur : desponderat filiam L. Icilio tribunicio, viro acri, et pro 10 causa plebis expertae virtutis. Hanc virginem adultam, forma excellentem, Appius amore ardens pretio ac spe pellicere adortus, postquam omnia pudore saepta animad- verterat, ad crudelem superbamque vim animum convertit. M. Claudio clienti negotium dedit, ut virginem in servitu- 15 tem assereret, neque cederet secundum libertatem postu- lantibus vindicias, quod pater puellae abesset locum inju- riae esse ratus. Virgini venienti in forum—ibi namque in tabernis litterarum ludi erant—minister decemviri libidinis manum injecit, serva sua natam servamque appellans 20 sequi se jubebat, cunctantem vi abstracturum. Pavida puella stupente, ad clamorem nutricis, fidem Quiritium implorantis, fit concursus : Virginii patris sponsique Icilii populare nomen celebrabatur : notos gratia eorum, turbam indignitas rei virgini conciliat. Jam a vi tuta erat, cum 25 assertor nihil opus esse multitudine concitata ait, se jure grassari non vi : vocat puellam in jus, auctoribus, qui aderant, ut sequerentur. Ad tribunal Appii perventum est. Notam judici fabulam petitor—quippe apud ipsum auctorem argumenti—peragit : puellam domi suae natam, 30 furtoque inde in domum Virginii translatam, suppositam ei esse : id se indicio compertum afferre probaturumque vel ipso Virginio judice, ad quem major pars injuriae ejus pertineat. interim dominum sequi ancillam aequum esse. Advocati puellae, cum Virginium rei publicae causa dixis- 35 sent abesse, biduo affuturum si nuntiatum ei sit, iniquum esse absentem de liberis dimicare, postulant, ut rem inte- gram in patris adventum differat, lege ab ipso lata vindicias det secundum libertatem, neu patiatur virginem adultam famae prius quam libertatis periculum adire. **XLV.** Ap- 40 pius decreto praefatus, quam libertati faverit, eam ipsam legem declarare, quam Virginii amici postulationi suae praetendant : ceterum ita in ea firmum libertati fore praesi- dium, si nec causis nec personis variet : in his enim, qui

asserantur in libertatem, quia quivis lege agere possit, id
juris esse: in ea, quæ in patris manu sit, neminem esse
alium, cui dominus possessione cedat: placere itaque patrem arcessiri: interea juris sui jacturam assertorem non
5 facere, quin ducat puellam sistendamque in adventum
ejus, qui pater dicatur, promittat. Adversus injuriam decreti cum multi magis fremerent, quam quisquam unus
recusare auderet, P. Numitorius puellæ avunculus et
sponsus Icilius interveniunt: dataque inter turbam via,
10 cum multitudo Icilii maxime interventu resisti posse Appio
crederet, lictor decresse ait, vociferantemque Icilium sub-
movet. Placidum quoque ingenium tam atrox injuria
accendisset:—"ferro hinc tibi submovendus sum, Appi,"
inquit, "ut tacitum feras quod celari vis. Virginem ego
15 hanc sum ducturus nuptamque pudicam habiturus. Proinde omnes collegarum quoque lictores convoca, expediri
virgas et secures jube:—non manebit extra domum patris
sponsa Icilii. Non, si tribunicium auxilium et provocationem plebi Romanæ—duas arces libertatis tuendæ—ade-
20 mistis, ideo in liberos quoque nostros conjugesque regnum
vestræ libidini datum est. Sævite in tergum et in cervices
nostras: pudicitia saltem in tuto sit. Huic si vis affere-
tur, ego præsentium Quiritium pro sponsa, Virginius militum pro unica filia, omnes deorum hominumque implora-
25 bimus fidem, neque tu istud umquam decretum sine cæde
nostra referes. Postulo, Appi, etiam atque etiam consi-
deres, quo progrediare. Virginius viderit de filia, ubi
venerit, quid agat: hoc tantum sciat, sibi, si hujus vindiciis
cesserit, conditionem filiæ quærendam esse: me vindican-
30 tem sponsam in libertatem vita citius deseret quam fides."
XLVI. Concitata multitudo erat, certamenque instare
videbatur. Lictores Icilium circumsteterant: nec ultra
minas tamen processum est, cum Appius, non Virginiam
defendi ab Icilio, sed inquietum hominem et tribunatum
35 etiam nunc spirantem, locum seditionis quærere, diceret:
non præbiturum se illi eo die materiam: sed ut jam sciret,
non id petulantiæ suæ sed Virginio absenti et patrio nomini
et libertati datum, justo die se non dicturum neque decretum interpositurum: a M. Claudio petiturum, ut decede-
40 ret jure suo vindicarique puellam in posterum diem pateretur: quod nisi pater postero die affuisset, denuntiare se
Icilio similibusque Icilii, neque legi suæ latorem neque
decemviro constantiam defore: nec se utique collegarum
lictores convocaturum ad coercendos seditionis auctores,

contentum se suis lictoribus fore. Cum dilatum tempus injuriæ esset secessissentque advocati puellæ, placuit omnium primum, fratrem Icilii filiumque Numitorii, impigros juvenes, pergere inde recta ad portam et, quantum accelerari posset, Virginium acciri e castris: in eo verti puellæ salutem, si postero die vindex injuriæ ad tempus præsto esset. Jussi pergunt, citatisque equis nuntium ad patrem perferunt. Cum instaret assertor puellæ, ut vindicaret sponsoresque daret, atque id ipsum agi diceret Icilius, sedulo tempus terens, dum præciperent iter nuntii missi in castra, manus tollere undique multitudo et se quisque paratum ad spondendum Icilio ostendere. Atque ille lacrimabundus "gratum est" inquit, "crastina die vestra opera utar, sponsorum nunc satis est." Ita vindicatur Virginia spondentibus propinquis. Appius paulisper moratus, ne ejus rei causa sedisse videretur, post quam omissis rebus aliis præ cura unius nemo adibat, domum se recepit collegisque in castra scribit, ne Virginio commeatum dent atque etiam in custodia habeant. Improbum consilium serum, ut debuit, fuit, et jam commeatu sumpto profectus Virginius prima vigilia erat, cum postero die mane de retinendo eo nequidquam litteræ redduntur.

XLVII. At in urbe, prima luce, cum civitas in foro exspectatione erecta staret, Virginius sordidatus filiam secum obsoleta veste, comitantibus aliquot matronis, cum ingenti advocatione in forum deducit. Circumire ibi et prensare homines cœpit, et non orare solum precariam opem sed pro debita petere: se pro liberis eorum ac conjugibus quotidie in acie stare, nec alium virum esse, cujus strenue ac ferociter facta in bello plura memorari possent: —quid prodesse, si incolumi urbe, quæ capta ultima timeantur, liberis suis sint patienda? Hæc prope concionabundus circumibat homines. Similia his ab Icilio jactabantur. Comitatus muliebris plus tacito fletu quam ulla vox movebat. Adversus quæ omnia obstinato animo Appius—tanta vis amentiæ verius quam amoris mentem turbaverat—in tribunal escendit, et ultro querente pauca petitore, quod sibi pridie per ambitionem dictum non esset, priusquam aut ille postulatum perageret aut Virginio respondendi daretur locus, Appius interfatur. Quem decreto sermonem prætenderit, forsan aliquem verum auctores antiqui tradiderint:—quia nusquam ullum in tanta fœditate decreti veri similem invenio, id quod constat, nudum videtur proponendum, decresse vindicias secundum servitutem. Primo stupor omnes admiratione rei tam atrocis defixit, silentium inde aliquamdiu tenuit. Dein, cum M. Claudius, circumstantibus matronis, iret ad prehendendam virginem, lamentabilisque eum mulierum 5 comploratio excepisset, Virginius intentans in Appium manus "Icilio" inquit, "Appi, non tibi filiam despondi, et ad nuptias non ad stuprum educavi. Placet pecudum ferarumque ritu promisce in concubitus ruere? Passu- rine hæc isti sint, nescio : non spero esse passuros illos qu' 10 arma habent." Cum repelleretur assertor virginis a globo mulierum circumstantiumque advocatorum, silentium fa- ctum per præconem. XLVIII. Decemvir, alienatus ad libidinem animo, negat ex hesterno tantum convicio Icilii violentiaque Virginii—cujus testem populum Romanum 15 habeat—sed certis quoque indiciis compertum se habere, nocte tota cœtus in urbe factos esse ad movendam seditio- nem. Itaque se haud insciuminsscium ejus dimicationis cum armatis descendisse—non ut quemquam quietum violaret, sed ut turbantes civitatis otium pro majestate imperii coer- 20 ceret: "proinde quiesse erit melius," inquit: "lictor, submove turbam, et da viam domino ad prehendendum mancipium." Cum hæc intonuisset plenus iræ, multitudo ipsa se sua sponte dimovit, desertaque præda injuriæ puella stabat. Tum Virginius, ubi nihil usquam auxilii vidit, 25 "quæso" inquit, "Appi, primum ignosce patrio dolori, si quid inclementius in te sum invectus: deinde sinas hic coram virgine nutricem percontari, quid hoc rei sit, ut, si falso pater dictus sum, æquiore hinc animo discedam." Data venia, seducit filiam ac nutricem prope Cloacinæ ad 30 tabernas—quibus nunc novis est nomen,—atque ibi ab lanio cultro arrepto, "hoc te uno quo possum" ait "modo, filia, in libertatem vindico:" pectus deinde puellæ trans- figit, respectansque ad tribunal "te" inquit, "Appi, tuum- que caput sanguine hoc consecro." Clamore ad tam atrox 35 facinus orto excitus Appius, comprehendi Virginium jubet. Ille ferro, quacumque ibat, viam facere, donec multitudine etiam prosequentium tuente ad portam perrexit. Icilius Numitoriusque exsangue corpus sublatum ostentant po- pulo: scelus Appii, puellæ infelicem formam, necessita- 40 tem patris deplorant. Sequentes clamitant matronæ, eamne liberorum procreandorum conditionem, ea pudicitiæ præ- mia esse? cetera, quæ in tali re muliebris dolor, quo est mæstior imbecillo animo, eo miserabilia magis querentibus subjicit. Virorum, et maxime Icilii, vox tota, tribuniciæ potestatis ac provocationis ad populum ereptæ, publicarumque indignationum, erat. XLIX. Concitatur multitudo partim atrocitate sceleris, partim spe per occasionem repetendæ libertatis. Appius nunc vocari Icilium nunc retractantem arripi, postremo, cum locus adeundi apparitoribus non daretur, ipse cum agmine patriciorum juvenum per turbam vadens in vincula duci jubet. Jam circa Icilium non solum multitudo, sed duces quoque multitudinis erant L. Valerius et M. Horatius, qui repulso lictore, si jure ageret, vindicare se a privato Icilium aiebant, si vim afferre conarentur, ibi quoque haud impares fore. Hinc atrox rixa oritur. Valerium Horatiumque lictor decemviri invadit: franguntur a multitudine fasces. In concionem Appius escendit: sequuntur Horatius Valeriusque: eos concio audit, decemviro obstrepitur. Jam pro imperio Valerius discedere a privato lictores jubebat, cum, fractis animis, Appius, vitæ metuens, in domum se propinquam foro, insciis adversariis, capite obvoluto, recipit. Sp. Oppius, ut auxilio collegæ esset, in forum ex altera parte irrumpit: videt imperium vi victum: agitatus deinde consiliis—atque ex omni parte assentiendo multis auctoribus trepidaverat—senatum postremo vocari jussit. Ea res, quod magnæ parti patrum displicere acta decemvirorum videbantur, spe per senatum finiendæ potestatis ejus multitudinem sedavit. Senatus nec plebem irritandam censuit, et multo magis providendum, ne quid Virginii adventus in exercitu motus faceret. L. Itaque missi juniores patrum in castra, quæ tum in monte Vecilio erant, nuntiant decemviris, ut omni ope ab seditione milites contineant. Ibi Virginius majorem, quam reliquerat in urbe, motum excivit: nam, præterquam quod agmine prope quadringentorum hominum veniens—qui ab urbe indignitate rei accensi comites ei se dederant—conspectus est, strictum etiam telum, respersusque ipse cruore, tota in se castra convertit: et togæ, multifariam in castris visæ, majoris aliquanto, quam erat, speciem urbanæ multitudinis fecerant. Quærentibus, quid rei esset, flens diu vocem non misit: tandem, ut jam ex trepidatione concurrentium turba constitit ac silentium fuit, ordine cuncta ut gesta erant exposuit: supinas deinde tendens manus commilitones appellans orabat, ne, quod scelus Appii Claudii esset, sibi attribuerent, neu se ut parricidam liberum aversarentur: sibi vitam filiæ sua cariorem fuisse, si **libere ac pudice vivere licitum fuisset: cum velut servam** ad stuprum rapi videret, morte amitti melius ratum quam contumelia liberos, misericordia se in speciem crudelitatis lapsum: nec se superstitem filiæ futurum fuisse, nisi spem ulciscendæ mortis ejus in auxilio commilitonum habuisset: illis quoque enim filias sorores conjugesque esse, nec cum filia sua libidinem Appii Claudii exstinctam esse sed, quo impunitior sit, eo effrenatiorem fore: aliena calamitate documentum datum illis cavendæ similis injuriæ. Quod ad se attineat, uxorem sibi fato ereptam, filiam, quia non ultra pudica victura fuerit, miseram sed honestam mortem occubuisse: non esse jam Appii libidini locum in domo sua: ab alia violentia ejus eodem se animo suum corpus vindicaturum, quo vindicaverit filiæ:—ceteri sibi ac liberis consulerent. Hæc Virginio vociferanti succlamabat multitudo, nec illius dolori, nec suæ libertati se defuturos. Et immixti turbæ militum togati, cum eadem illa querendo docendoque, quanto visa quam audita indigniora potuerint videri, simul profligatam jam rem nuntiando Romæ esse— insecutisque qui Appium prope interemptum in exsilium abisse dicerent—perpulerunt, ut ad arma conclamaretur, vellerentque signa, et Romam proficiscerentur. Decemviri, simul his quæ videbant, iisque quæ acta Romæ audierant, perturbati, alius in aliam partem castrorum ad sedandos motus discurrunt. Et leniter agentibus responsum non redditur: imperium si quis inhiberet, et viros et armatos se esse, respondetur. Eunt agmine ad urbem, et Aventinum insidunt, ut quisque occurrerat, plebem ad repetendam libertatem creandosque tribunos plebis adhortantes. Alia vox nulla violenta audita est. Senatum Sp. Oppius habet. Nihil placet aspere agi, quippe ab ipsis datum locum seditionis esse. Mittuntur tres legati consulares, Sp. Tarpeius, C. Julius, P. Sulpicius, qui quærerent senatus verbis, cujus jussu castra deseruissent, aut quid sibi vellent, qui armati Aventinum obsedissent, belloque averso ab hostibus patriam suam cepissent. Non defuit quid responderetur, deerat qui daret responsum—nullo dum certo duce, nec satis audentibus singulis invidiæ se offerre. Id modo a multitudine conclamatum est, ut L. Valerium et M. Horatium ad se mitterent, iis se daturos responsum. LI. Dimissis legatis admonet milites Virginius, in re non maxima paulo ante trepidatum esse, quia sine capite multitudo fuerint, responsumque—quamquam non inutiliter, fortuito tamen magis consensu quam communi consilio esse: placere decem creari, qui summæ rei præessent, militarique honore tribunos militum appellare. Cum ad eum ipsum primum is honos deferretur, "melioribus meis vestrisque rebus reservate" inquit "ista de me judicia: nec mihi filia inulta honorem ullum jucundum esse patitur, nec in perturbata republica eos utile est præ- 5 esse vobis, qui proximi invidiæ sint: si quis usus mei est, nihilo minor ex privato capietur." Ita decem numero tribunos militares creant. Neque in Sabinis quievit exercitus: ibi quoque, auctore Icilio Numitorioque, secessio ab decemviris facta est, non minore motu animorum Siccii 10 cædis memoria renovata, quam quem nova fama de virgine adeo fœde ad libidinem petita accenderat. Icilius, ubi audivit tribunos militum in Aventino creatos, ne comitiorum militarium prærogativam urbana comitia iisdem tribunis plebis creandis sequerentur, peritus rerum popu- 15 larium, imminensque ei potestati, et ipse, priusquam iretur ad urbem, pari potestate eundem numerum ab suis creandum curat. Porta Collina urbem intravere sub signis, mediaque urbe agmine in Aventinum pergunt. Ibi, conjuncti alteri exercitui, viginti tribunis militum negotium 20 dederunt, ut ex suo numero duos crearent, qui summæ rerum præessent. M. Oppium, Sex. Manilium creant. Patres solliciti de summa rerum, cum senatus quotidie esset, jurgiis sæpius terunt tempus quam consiliis: Siccii cædes decemviris, et Appiana libido, et dedecora militiæ 25 objiciebantur: placebat Valerium Horatiumque ire in Aventinum. Illi negabant se aliter ituros, quam si decemviri deponerent insignia magistratus ejus, quo anno jam ante abissent. Decemviri, querentes se in ordinem cogi, non ante quam perlatis legibus, quarum causa creati 30 essent, deposituros imperium se aiebant.

LII. Per M. Duellium, qui tribunus plebis fuerat, certior facta plebs, contentionibus assiduis nihil transigi, in Sacrum montem ex Aventino transit, affirmante Duellio, non prius, quam deseri urbem videant, curam in animos 35 patrum descensuram: admoniturum Sacrum montem constantiæ plebis, sciturosque, quam sine restituta potestate redigi in concordiam res nequeant. Via Nomentana—cui tum Ficulensi nomen fuit—profecti, castra in monte Sacro locavere, modestiam patrum suorum nihil violando 40 imitati. Secuta exercitum plebs, nullo, qui per ætatem ire posset, retractante: prosequuntur conjuges liberique, cuinam se relinquerent in ea urbe, in qua nec pudicitia nec libertas sancta esset, miserabiliter rogitantes. Cum

vasta Romæ omnia insueta solitudo fecisset, in foro prætei
paucos seniorum nemo esset, vocatis utique in senatum
patribus desertum apparuisset forum, pluresque jam quam
Horatius ac Valerius vociferarentur:—"quid exspectabi-
tis, patres conscripti? Si decemviri finem pertinaciæ non
faciunt, ruere ac deflagrare omnia passuri estis? quod
autem istud imperium est, decemviri, quod amplexi tene-
tis? Tectis ac parietibus jura dicturi estis? non pudet,
lictorum vestrorum majorem prope numerum in foro conspici quam togatorum aliorumque? Quid, si hostes ad
urbem veniant, facturi estis? Quid, si plebs mox, ubi
parum secessione moveatur, armata veniat? Occasune
urbis vultis finire imperium?—Atqui aut plebs non est
habenda, aut habendi sunt tribuni plebis: nos citius caru-
erimus patriciis magistratibus quam illi plebeiis: novam
inexpertamque eam potestatem eripuere patribus nostris,
ne nunc, dulcedine semel capti, ferant desiderium, cum
præsertim nec nos temperemus imperiis, quo minus illi
auxilii egeant:"—cum hæc ex omni parte jactarentur,
victi consensu decemviri, futuros se—quando ita videatur—
in potestate patrum affirmant. Id modo simul orant ac
monent, ut ipsis ab invidia caveatur, nec suo sanguine ad
supplicia patrum plebem assuefaciant. LIII. Tum Valerius Horatiusque missi ad plebem conditionibus quibus
videretur revocandam componendasque res, decemviris
quoque ab ira et impetu multitudinis præcavere jubentur.
Profecti gaudio ingenti plebis in castra accipiuntur, quippe
liberatores haud dubie et motus initio et exitu rei. Ob
hæc his advenientibus gratiæ actæ. Icilius pro multitudine verba facit: idem, cum de conditionibus ageretur,
quærentibus legatis quæ postulata plebis essent, composito
jam ante adventum legatorum consilio, ea postulavit, ut
appareret in æquitate rerum plus quam in armis reponi
spei. Potestatem enim tribuniciam provocationemque repetebant, quæ ante decemviros creatos auxilia plebis fuerant, et ne cui fraudi esset concisse milites aut plebem
ad repetendam per secessionem libertatem. De decemvirorum modo supplicio atrox postulatum fuit: dedi quippe
eos æquum censebant, vivosque igni concrematuros mina-
bantur. Legati ad ea: "quæ consilii fuerunt, adeo æqua
postulastis, ut ultro vobis deferenda fuerint: libertati enim
ea præsidia petitis, non licentiæ ad impugnandos alios:
iræ vestræ magis ignoscendum quam indulgendum est,
quippe qui crudelitatis odio in crudelitatem ruitis, et prius

pæne, quam ipsi liberi sitis, dominari jam in adversarios vultis. Numquamne quiescit civitas nostra a suppliciis, aut patrum in plebem Romanam aut plebis in patres? Scuto vobis magis quam gladio opus est: satis superque humilis est, qui jure æquo in civitate vivit, nec inferendo injuriam nec patiendo: etiam, si quando metuendos vos præbituri estis, cum, recuperatis magistratibus legibusque vestris, judicia penes vos erunt de capite nostro fortunisque, tunc, ut quæque causa erit, statuetis: nunc libertatem repeti satis est." LIV. Facerent, ut vellent, permittentibus cunctis, mox redituros se legati rebus perfectis affirmant. Profecti cum mandata plebis patribus exposuissent, alii decemviri, quando quidem præter spem ipsorum supplicii sui nulla mentio fieret, haud quidquam abnuere: Appius truci ingenio et invidia præcipua, odium in se aliorum suo in eos metiens odio "haud ignaro" inquit "imminet fortuna: video, donec arma adversariis tradantur, differri adversus nos certamen: dandus invidiæ est sanguis: nihil ne ego quidem moror, quo minus decemviratu abeam." Factum senatus consultum, ut decemviri se primo quoque tempore magistratu abdicarent, Q. Furius pontifex maximus tribunos plebis crearet, et ne cui fraudi esset secessio militum plebisque. His senatus consultis perfectis, dimisso senatu, decemviri prodeunt in concionem abdicantque se magistratu, ingenti hominum lætitia. Nuntiantur hæc plebi. Legatos quidquid in urbe hominum supererat prosequitur. Huic multitudini læta alia turba ex castris occurrit: congratulantur libertatem concordiamque civitati restitutam. Legati pro concione: "quod bonum, faustum, felixque sit vobis, reique publicæ, redite in patriam ad penates conjuges liberosque vestros. Sed, qua hic modestia fuistis, ubi nullius ager in tot rerum usu necessario tantæ multitudini est violatus, eam modestiam ferte in urbem. In Aventinum ite, unde profecti estis: ibi felici loco, ubi prima initia inchoastis libertatis vestræ, tribunos plebi creabitis: præsto erit pontifex maximus, qui comitia habeat." Ingens assensus alacritasque cuncta approbantium fuit. Convellunt inde signa, profectique Romam, certant cum obviis gaudio. Armati per urbem silentio in Aventinum perveniunt. Ibi extemplo pontifice maximo comitia habente, tribunos plebis creaverunt, omnium primum L. Virginium, inde L. Icilium et P. Numitorium avunculum Virginiæ, auctores secessionis, tum C. Sicinium—progeniem ejus, quem primum tribunum plebis

creatum in Sacro monte proditum memoriæ est—et ⟨?⟩
Duellium, qui tribunatum insignem ante decemviros creatos gesserat, nec in decemviralibus certaminibus plebi
defuerat: spe deinde, magis quam meritis, electi M. Ti-
5 tinius, M. Pomponius, C. Apronius, P. Villius, C. Oppius.
Tribunatu inito, Lucius Icilius extemplo plebem rogavit:
et plebs scivit, ne cui fraudi esset secessio ab decemviris
facta. Confestim de consulibus creandis cum provocatione
Marcus Duellius rogationem pertulit. Eā omnia in pratis
10 Flaminiis concilio plebis acta, quem nunc circum Flaminium appellant.
   LV. Per interregem deinde consules creati, L. Valerius, M. Horatius, qui extemplo magistratum occe-
   u. c. perunt: quorum consulatus popularis sine ulla pa-
15 306. trum injuria, nec sine offensione fuit: quidquid
   a. c. enim libertati plebis caveretur, id suis decedere
   446. opibus credebant. Omnium primum, cum velut
         in controverso jure esset, tenerenturne patres plebi-
scitis, legem centuriatis comitiis tulere, ut, quod tributim
20 plebes jussisset, populum teneret: qua lege tribuniciis
rogationibus telum acerrimum datum est. Aliam deinde
consularem legem de provocatione—unicum præsidium
libertatis—decemvirali potestate eversam, non restituunt
modo, sed etiam in posterum muniunt, sanciendo novam
25 legem, ne quis ullum magistratum sine provocatione crearet: quis creasset, eum jus fasque esset occidi, neve ea
cædes capitalis noxæ haberetur. Et cum plebem hinc
provocatione hinc tribunicio auxilio satis firmassent, ipsis
quoque tribunis, ut sacrosancti viderentur—cujus rei
30 prope jam memoria aboleverat—relatis quibusdam ex magno intervallo cærimoniis renovarunt: et cum religione
inviolatos eos, tum lege etiam fecerunt, sanciendo ut, qui
tribunis plebis, ædilibus, judicibus, decemviris nocuisset,
ejus caput Jovi sacrum esset, familia ad ædem Cereris,
35 Liberi, Liberæque venum iret. Hac juris lege interpretes
negant quemquam sacrosanctum esse, sed eum, qui quid
eorum cuiquam nocuerit, id sacrum sanciri: itaque ædilem prehendi ducique a majoribus magistratibus, quod
etsi non jure fiat—noceri enim ei, cui hac lege non liceat
40 —tamen argumentum esse non haberi pro sacrosancto
ædilem: tribunos vetere jurejurando plebis, cum primum
eam potestatem creavit, sacrosanctos esse. Fuere qui
interpretarentur, eadem hac Horatia lege consulibus quoque et prætoribus, quia eisdem auspiciis quibus consules

crearentur, cautum esse : judicem enim consulem appellari. Quæ refellitur interpretatio, quod iis temporibus nondum consulem judicem sed prætorem appellari mos fuerat. Hæc consulares leges fuere. Institutum etiam ab iisdem consulibus, ut senatus consulta in ædem Cereris ad ædiles plebis deferrentur, quæ antea arbitrio consulum supprimebantur vitiabanturque. M. Duellius deinde tribunus plebis plebem rogavit, plebesque scivit, qui plebem sine tribunis reliquisset, quique magistratum sine provocatione creasset, tergo ac capite puniretur. Hæc omnia ut invitis, ita non adversantibus, patriciis transacta, quia nondum in quemquam unum sæviebatur.

LVI. Fundata deinde et potestate tribunicia, et plebis libertate, tum tribuni, aggredi singulos tutum maturumque jam rati, accusatorem primum Virginium et Appium reum deligunt. Cum diem Appio Virginius dixisset, et Appius, stipatus patriciis juvenibus, in forum descendisset, redintegrata extemplo est omnibus memoria fœdissimæ potestatis, cum ipsum satellitesque ejus vidissent. Tum Virginius "oratio" inquit "rebus dubiis inventa est: itaque neque ego accusando apud vos eum tempus teram, a cujus crudelitate vosmet ipsi armis vindicastis, nec istum ad cetera scelera impudentiam in defendendo se adjicere patiar. Omnium igitur tibi, Appi Claudi, quæ impie nefarieque per biennium alia super alia es ausus, gratiam facio: unius tantum criminis nisi judicem dices, te ab libertate in servitutem contra leges vindicias non dedisse, in vincula te duci jubebo." Nec in tribunicio auxilio Appius, nec in judicio populi ullam spem habebat: attamen et tribunos appellavit, et nullo morante arreptus a viatore "provoco" inquit. Audita vox una vindex libertatis ex eo missa ore, quo vindiciæ nuper ab libertate dictæ erant, silentium fecit: et, dum pro se quisque deos tandem esse, et non negligere humana fremunt, et superbiæ crudelitatique etsi seras non leves tamen venire pœnas, provocare, qui provocationem sustulisset, et implorare præsidium populi, qui omnia jura populi obtrisset, rapique in vincula egentem jure libertatis, qui liberum corpus in servitutem addixisset,—ipsius Appii inter concionis murmur fidem populi Romani implorantis vox exaudiebatur. Majorum merita in rempublicam domi militiæque commemorabat, suum infelix erga plebem Romanam studium, quo æquandarum legum causa cum maxima offensione patrum consulatu abisset, suas leges, quibus manentibus lator earum in vincula ducatur. Ceterum sua propria bona malaque, cum causæ dicendæ data facultas sit, tum se experturum: in præsentia se communi jure civitatis civem Romanum die dicta postulare, ut dicere liceat, ut 5 judicium populi Romani experiri. Non ita se invidiam pertimuisse, ut nihil in æquitate et misericordia civium suorum spei habeat. Quod si indicta causa in vincula ducatur, iterum se tribunos plebei appellare et monere, ne imitentur quos oderint. Quod si tribuni eodem fœdere 10 obligatos se fateantur tollendæ appellationis causa, in quam conspirasse decemviros criminati sint, at se provocare ad populum, implorare leges de provocatione, et consulares, et tribunicias eo ipso anno latas. Quem enim provocaturum, si hoc indemnato indicta causa non liceat? 15 Cui plebeio et humili præsidium in legibus fore, si Ap. Claudio non sit? Se documento futurum, utrum novis legibus dominatio an libertas firmata sit, et appellatio provocatioque adversus injuriam magistratuum ostentata tantum inanibus litteris, an vere data sit. LVII. Contra ea 20 Virginius unum Ap. Claudium et legum expertem et civilis et humani fœderis esse aiebat. Respicerent tribunal homines castellum omnium scelerum, ubi decemvir ille perpetuus, bonis, tergo, sanguini civium infestus, virgas securesque omnibus minitans, deorum hominumque con- 25 temptor, carnificibus non lictoribus stipatus, jam ab rapinis et cædibus animo ad libidinem verso, virginem ingenuam in oculis populi Romani, velut bello captam, ab complexu patris abreptam, ministro cubiculi sui clienti dono dederit, ubi crudeli decreto nefandisque vindiciis dextram patris in 30 filiam armaverit, ubi tollentes corpus semianime virginis sponsum avunculumque in carcerem duci jusserit, stupro interpellato magis quam cæde motus. Et illi carcerem ædificatum esse, quod domicilium plebis Romanæ vocare sit solitus. Proinde, ut ille iterum ac sæpius provocet, sic 35 se iterum ac sæpius judicem illi ferre, ni vindicias ab libertate in servitutem dederit. Si ad judicem non eat, pro damnato in vincula duci jubere. Ut haud quoquam improbante, sic magno motu animorum, cum tanti viri supplicio suamet plebi jam nimia libertas videretur, in carce- 40 rem est conjectus. Tribunus ei diem prodixit.

Inter hæc ab Latinis et Hernicis legati gratulatum de concordia patrum ac plebis Romam venerunt, donumque ob eam Jovi optimo maximo coronam auream in Capitolium tulere parvi ponderis, prout res haud opulentæ erant, colebanturque religiones pie magis quam magnifice. Iisdem auctoribus cognitum est, Æquos Volscosque summa vi bellum apparare. Itaque partiri provincias consules jussi: Horatio Sabini, Valerio Æqui evenere. Cum ad ea bella dilectum edixissent, favore plebis non juniores modo, sed emeritis etiam stipendiis, pars magna voluntariorum ad nomina danda præsto fuere, eoque non copia modo, sed genere etiam militum, veteranis admixtis, firmior exercitus fuit. Priusquam urbem egrederentur, leges decemvirales—quibus tabulis duodecim est nomen—in æs incisas in publico proposuerunt. Sunt, qui jussu tribunorum ædiles functos eo ministerio scribant.

LVIII. C. Claudius, qui perosus decemvirorum scelera et ante omnes fratris filii superbiæ infestus, Regillum, antiquam in patriam se contulerat, is magno jam natu cum ad pericula ejus deprecanda redisset, cujus vitia fugerat, sordidatus cum gentilibus clientibusque in foro prensabat singulos orabatque, ne Claudiæ genti eam inustam maculam vellent, ut carcere et vinculis viderentur digni: virum honoratissimæ imaginis futurum ad posteros, legum latorem conditoremque Romani juris—jacere vinctum inter fures nocturnos ac latrones! Averterent ab ira parumper ad cognitionem cogitationemque animos, et potius unum tot Claudiis deprecantibus condonarent, quam propter unius odium multorum preces aspernarentur. Se quoque id generi ac nomini dare, nec cum eo in gratiam redisse, cujus adversæ fortunæ velit succursum. Virtute libertatem recuperatam esse, clementia concordiam ordinum stabiliri posse. Erant, quos moveret sua magis pietate, quam ejus, pro quo agebat, causa: sed Virginius sui potius misererentur orabat filiæque, nec gentis Claudiæ regnum in plebem sortitæ sed necessariorum Virginiæ—trium tribunorum—preces audirent, qui, ad auxilium plebis creati, ipsi plebis fidem atque auxilium implorarent. Justiores hæ lacrimæ videbantur: itaque spe incisa, priusquam prodicta dies adesset, Appius mortem sibi conscivit. Subinde arreptus a P. Numitorio Sp. Oppius, proximus invidiæ, quod in urbe fuerat, cum injustæ vindiciæ a collega dicerentur. Plus tamen facta injuria Oppio quam non prohibita invidiæ fecit: testis productus, qui septem et viginti enumeratis stipendiis octies extra ordinem donatus, donaque ea gerens in conspectu populi—scissa veste tergum laceratum virgis ostendit, nihilum deprecans, quin, si quam suam noxam reus dicere posset, **privatus**

iterum in se sæviret. Oppius quoque ductus in vincula est, et ante judicii diem finem ibi vitæ fecit. Bona Claudii Oppiique tribuni publicavere. Collegæ eorum exsilii causa solum verterunt, bona publicata sunt. Et M. Claudius
5 assertor Virginiæ die dicta damnatus, ipso remittente Virginio ultimam pœnam dimissus, Tibur exsulatum abiit: manesque Virginiæ—mortuæ quam vivæ felicioris—per tot domos ad petendas pœnas vagati, nullo relicto sonte, tandem quieverunt.
10 LIX. Ingens metus incesserat patres, vultusque jam inde tribunorum erant, qui decemvirorum fuerant, cum M. Duellius, tribunus plebis, inhibito salubriter modo nimiæ potestatis, "et libertatis" inquit "nostræ, et pœnarum ex inimicis, satis est: itaque hoc anno nec diem dici
15 cuiquam nec in vincula duci quemquam sum passurus: nam neque vetera peccata repeti jam obliterata placet, cum nova expiata sint decemvirorum suppliciis, et nihil admissum iri, quod vim tribuniciam desideret, spondet perpetua consulum amborum in libertate vestra tuenda
20 cura." Ea primum moderatio tribuni metum patribus dempsit, eademque auxit consulum invidiam; quod adeo toti plebis fuissent, ut patrum salutis libertatisque prior plebeio magistratui quam patricio cura fuisset, et ante inimicos satietas pœnarum suarum cepisset, quam obviam
25 ituros licentiæ eorum consules appareret: multique erant, qui mollius consultum dicerent, quod legum ab iis latarum patres auctores fuissent, neque erat dubium, quin turbato reipublicæ statu tempori succubuissent

LIBRI QUARTI

CAP. I—VI.

ARGUMENTUM LIBRI QUARTI.

I, &c. Lex de connubio Patrum et plebis a tribunis plebis contentione magna, Patribus repugnantibus, perlata est. VI. Tribuni militares. Aliquot annis res populi Romani domi militiæque per hoc genus magistratus administratæ sunt. Item censores tunc primum creati sunt. Ager Ardeatinus Romani populi judicio ablatus, missis in eum colonis restitutus est. Cum fame populus Romanus laboraret, Sp. Mælius, eques populo Romano frumentum sua impensa largitus est; et ob id factum conciliata sibi, plebe, regnum affectans a C. Servilio Ahala, magistro equitum, jussu Quinctii Cincinnati dictatoris occisus est. L. Minucius index bove aurata donatus est. Legatis Romanis a Fidenatibus occisis, quoniam ob rempublicam occubuerant, statuæ in Rostris positæ sunt. Cossus Cornelius tribunus militum, occiso Tolumnio rege Veientium, opima spolia secunda retulit. Mam. Æmilius dictator, censuræ honore, qui antea per quinquennium gerebatur, anni et sex mensium spatio finito, ob eam rem a censoribus notatus est. Fidenæ in potestatem redactæ eoque coloni missi sunt: quibus occisis, Fidenates cum defecissent a Mam. Æmilio dictatore victi sunt, et Fidenæ captæ. Conjuratio servorum oppressa est. Postumius, tribunus militum, propter crudelitatem ab exercitu occisus est Stipendium ex ærario tum primum militibus datum est. Res præterea gestas adversus Volscos, e Fidenates, et Faliscos continet.—[u. c. 310-351. a. c. 442-401.]

I. Hos secuti M. Genucius et C. Curtius consules. Fuit annus domi forisque infestus. Nam anni principio et de connubio patrum et plebis C. Canuleius, tribunus plebis, rogationem promulgavit, qua contaminari sanguinem suum patres, confundique jura gentium rebantur: et mentio, primo sensim illata a tribunis, ut alterum ex plebe consulem liceret fieri, eo rocessit deinde, ut rogationem novem tribuni promulgarent, ut populo potestas esset, seu de plebe, seu de patribus vellet, consules faciendi. Id vero si fieret, non vulgari modo cum infimis, sed prorsus auferri a primoribus ad plebem, summum imperium credebant. Læti ergo audiere patres, Ardeatium populum ob injuriam agri abjudicati descisse, et Veientes depopulatos extrema agri Romani, et Volscos Æquosque ob communitam Verruginem fremere:—adeo vel infelix bellum ignominiosæ paci præferebant. His itaque in majus etiam acceptis, ut inter strepitum tot bellorum conticiscerent actiones tribuniciæ, dilectus haberi, bellum armaque vi summa apparari jubent, si quo intentius possit, quam T. Quinctio consule apparatum sit. Tum C. Canuleius pauca in senatu vociferatus, nequidquam territando consules avertere plebem a cura novarum legum, nunquam eos se vivo dilectum habituros, antequam ea, quæ promulgata ab se collegisque essent, plebes scivisset: et confestim ad concionem advocavit. II. Eodem tempore et consules senatum in tribunum, et tribunus populum in consules incitabat. Negabant consules jam ultra ferri posse furores tribunicios, ventum jam ad finem esse, domi plus belli concitari quam foris. Id non adeo plebis quam patrum, neque tribunorum magis quam consulum, culpa accidere. Cujus rei præmium sit in civitate, eam maximis semper auctibus crescere: sic pace bonos, sic bello fieri. Maximum Romæ præmium seditionum esse, id et singulis universisque semper honori fuisse. Reminiscerentur, quam majestatem senatus ipsi a patribus accepissent, quam liberis tradituri essent: ut—quemadmodum plebs gloriari posset—auctiorem amplioremque esse? Finem ergo non fieri, nec futuram, donec, quam felices seditiones, tam honorati seditionum auctores essent. Quas quantasque res C. Canuleium aggressum! Colluvionem gentium, perturbationem auspiciorum publicorum privatorumque afferre, ne quid sinceri, ne quid incontaminati sit, ut, discrimine omni sublato, nec se quisquam, nec suos noverit. Quam enim aliam vim connubia promiscua habere, nisi ut ferarum prope ritu vulgentur concubitus plebis patrumque? Ut, qui natus sit, ignoret, cujus sanguinis, quorum sacrorum sit, dimidius patrum sit, dimidius plebis, ne secum quidem ipse concors. Parum id videri, quod omnia divina humanaque turbentur: jam ad consulatum vulgi turbatores accingi. Et primo, ut alter consul ex plebe fieret, id modo sermonibus tentasse: nunc rogari,

seu ex patribus, seu ex plebe velit, populus consules creet.
Et creaturos haud dubie ex plebe seditiosissimum quemque: Canuleios igitur Iciliosque consules fore. Ne id
Juppiter optimus maximus sineret, regiæ majestatis imperium eo recidere : et se millies morituros potius, quam ut 5
tantum dedecoris admitti patiantur. Certum habere, majores quoque, si divinassent, concedendo omnia non mitiorem in se plebem, sed asperiorem alia ex aliis iniquiora
postulando, cum prima impetrasset, futuram, primo quamlibet dimicationem subituros fuisse potius, quam eas leges 10
sibi imponi paterentur. Quia tum concessum sit de tribunis, iterum concessum esse : finem non fieri : non posse
in eadem civitate tribunos plebis et patres esse : aut hunc
ordinem, aut illum magistratum tollendum esse, potiusque
sero, quam nunquam obviam eundum audaciæ temeritati- 15
que. Illine ut impune primo discordias serentes concitent
finitima bella, deinde adversus ea, quæ concitaverint,
armari civitatem defendique prohibeant, et, cum hostes tantum non arcessierint, exercitus conscribi adversus hostes
non patiantur, sed audeat Canuleius in senatu proloqui 20
se, nisi suas leges, tamquam victoris, patres accipi sinant,
dilectum haberi prohibiturum! Quid esse aliud, quam
minari, se proditurum patriam, oppugnari atque capi passurum? Quid eam vocem animorum, non plebi Romanæ,
sed Volscis et Æquis et Veientibus allaturam! Nonne, 25
Canuleio duce, se speraturos Capitolium atque arcem
scandere posse, si patribus tribuni, cum jure ac majestate
adempta, animos etiam eripuerint? Consules paratos esse
duces prius adversus scelus civium, quam adversus hostium arma. 30

III. Cum maxime hæc in senatu agerentur, Canuleius
pro legibus suis et adversus consules ita disseruit : "quantopere vos, Quirites, contemnerent patres, quam indignos
ducerent, qui una secum urbe intra eadem mœnia viveretis, sæpe equidem et ante videor animadvertisse : nunc 35
tamen maxime, quod adeo atroces in has rogationes nostras
coorti sunt; quibus quid aliud quam admonemus, cives
nos eorum esse et, si non easdem opes habere, eandem
tamen patriam incolere? Altera connubium petimus,
quod finitimis externisque dari solet—nos quidem civita- 40
tem, quæ plus quam connubium est, hostibus etiam victis
dedimus :—altera nihil novi ferimus, sed id, quod populi
est, repetimus atque usurpamus, ut, quibus velit, populus
Romanus honores mandet. Quid tandem est, cur cælum

ac terras misceant, cur in me impetus modo pæne in **senatu** sit factus, negent se manibus temperaturos violaturosque denuntient sacrosanctam potestatem? Si populo Romano liberum suffragium datur, ut, quibus velit, consulatum mandet, et non præciditur spes plebeio quoque—si dignus summo honore erit—apiscendi summi honoris, stare urbs hæc non poterit? De imperio actum est? Et perinde hoc valet "plebeius ne consul fiat" tamquam servum aut libertinum aliquis consulem futurum dicat? Ecquid sentitis, in quanto contemptu vivatis? Lucis vobis hujus partem, si liceat, adimant: quod spiratis, quod vocem mittitis, quod formas hominum habetis, indignantur: quin etiam—si dis placet—nefas aiunt esse, consulem plebeium fieri. Obsecro vos, si non ad fastos, non ad commentarios pontificum admittimur,—nec ea quidem scimus, quæ omnes peregrini etiam sciunt, consules in locum regum successisse, nec aut juris aut majestatis quidquam habere, quod non in regibus ante fuerit? En unquam creditis fando auditum esse, Numam Pompilium non modo non patricium, sed ne civem quidem Romanum, ex Sabino agro accitum, populi jussu, patribus auctoribus, Romæ regnasse? L. deinde Tarquinium, non modo Romanæ, sed ne Italicæ quidem gentis—Demarati Corinthii filium —incolam ab Tarquiniis, vivis liberis Anci, regem factum? Servium Tullium post hunc, captiva Corniculana natum—patre nullo, matre serva—ingenio, virtute regnum tenuisse? Quid enim de T. Tatio Sabino dicam, quem ipse Romulus, parens urbis, in societatem regni accepit? Ergo, dum nullum fastiditur genus, in quo eniteret virtus, crevit imperium Romanum. Pæniteat nunc vos plebeii consulis, cum majores nostri advenas reges non fastidierint, et ne regibus quidem exactis clausa urbs fuerit peregrinæ virtuti? Claudiam certe gentem, post reges exactos, ex Sabinis non in civitatem modo accepimus, sed etiam in patriciorum numerum. Ex peregrinone patricius, deinde consul fiat—civis Romanus si sit ex plebe, præcisa consulatus spes erit? Utrum tandem non credimus fieri posse, ut vir fortis ac strenuus, pace belloque bonus, ex plebe, sit Numæ, L. Tarquinio, Ser. Tullio, similis: an, ne si sit quidem, ad gubernacula rei publicæ accedere eum patiemur, potiusque decemviris—teterrimis mortalium, qui tamen omnes ex patribus erant—quam optimis regum novis hominibus, similes consules **sumus** habituri?" IV. "At enimvero nemo, post reges **exactos,** de plebe consul fuit. Quid postea? Nullane res nova institui debet, et, quod nondum est factum—multa enim nondum sunt facta in novo populo—ea, ne si utilia quidem sunt, fieri oportet? Pontifices, augures, Romulo regnante, nulli erant: ab Numa Pompilio creati sunt. Census in civitate, et descriptio centuriarum classiumque non erat: ab Ser. Tullio est facta. Consules nunquam fuerunt: regibus exactis, creati sunt. Dictatoris nec imperium nec nomen fuerat: apud patres esse coepit. Tribuni plebi, ædiles, quæstores, nulli erant: institutum est, ut fierent. Decemviros legibus scribendis intra decem hos annos et creavimus, et e republica sustulimus. Quis dubitat, quin, in æternum urbe condita, in immensum crescente, nova imperia, sacerdotia, jura gentium hominumque instituantur? Hoc ipsum, ne connubium patribus cum plebe esset—non decemviri tulerunt paucis his annis pessimo exemplo publico, cum summa injuria plebis? An esse ulla major aut insignitior contumelia potest, quam partem civitatis, velut contaminatam, indignam connubio haberi? Quid est aliud, quam exsilium intra eadem moenia, quam relegationem, pati? Ne affinitatibus, ne propinquitatibus immisceamur, caveant, ne societur sanguis! Quid—hoc si polluit nobilitatem istam vestram, quam plerique oriundi ex Albanis et Sabinis, non genere nec sanguine, sed per cooptationem in patres habetis, aut ab regibus lecti, aut post reges exactos jussu populi—sinceram servare privatis consiliis non poteratis, nec ducendo ex plebe, neque vestras filias sororesque enubere sinendo e patribus? Nemo plebeius patriciæ virgini vim afferret: patriciorum ista libido est: nemo invitum pactionem nuptialem quemquam facere coegisset. Verum enimvero lege id prohiberi, et connubium tolli patrum ac plebis, id demum contumeliosum plebi est. Cur enim non confertis, ne sit connubium divitibus ac pauperibus? Quod privatorum consiliorum ubique semper fuit, ut, in quam cuique feminæ convenisset domum, nuberet; ex qua pactus esset vir domo, in matrimonium duceret; id vos sub legis superbissimæ vincula conjicitis, qua dirimatis societatem civilem, duasque ex una civitate faciatis. Cur non sancitis, ne vicinus patricio sit plebeius nec eodem itinere eat, ne idem convivium ineat, ne in foro eodem consistat? Quid enim in re est aliud, si plebeiam patricius duxerit, si patriciam plebeius? Quid juris tandem immutatur? Nempe patrem sequuntur liberi. Nec,

quod nos ex connubio vestro petamus, quidquam est præterquam ut hominum, ut civium numero simus: nec vos, nisi in contumeliam ignominiamque nostram certare juvat, quod contendatis, quidquam est." V. "Denique, utrum
5 tandem populi Romani, an vestrum, summum imperium est? Regibus exactis, utrum vobis dominatio, an omnibus æqua libertas parta est? Oportet licere populo Romano, si velit, jubere legem, an, ut quæque rogatio promulgata erit, vos dilectum pro pœna decernetis? Et,
10 simul ego tribunus vocare tribus in suffragium cœpero, tu statim consul sacramento juniores adiges, et in castra educes, et minaberis plebi, minaberis tribuno? Quid—si non, quantum istæ minæ adversus plebis consensum valerent, bis jam experti essetis? Scilicet, quia vobis consul
15 tum volebatis, certamine abstinuistis:—an ideo non est dimicatum, quod, quæ pars firmior, eadem modestior fuit? Nec nunc erit certamen, Quirites. Animos vestros illi tentabunt semper, vires non experientur. Itaque ad bella ista—seu falsa seu vera sunt,—consules, parata vobis
20 plebes est, si, connubiis redditis, unam hanc civitatem tandem facitis, si coalescere, si jungi miscerique vobis privatis necessitudinibus possunt, si spes, si aditus ad honores viris strenuis et fortibus datur, si in consortio, si in societate reipublicæ esse, si—quod æquæ libertatis est—invicem
25 annuis magistratibus parere atque imperitare licet. Si hæc impediet aliquis, ferte sermonibus, et multiplicate fama bella—nemo est nomen daturus, nemo arma capturus, nemo dimicaturus pro superbis dominis, cum quibus nec in re publica honorum, nec in privata connubii socie
30 tas est."

VI. Cum in concionem et consules processissent, et res a perpetuis orationibus in altercationem vertisset, interroganti tribuno, cur plebeium consulem fieri non oporteret, ut fortasse vere, sic parum utiliter in præsens certamen
35 respondit, quod nemo plebeius auspicia haberet, ideoque decemviros connubium diremisse, ne incerta prole auspicia turbarentur. Plebes ad id maxime indignatione exarsit, quod auspicari, tamquam invisi diis immortalibus, negarentur posse: nec ante finis contentionum fuit, cum et
40 tribunum acerrimum auctorem plebes nacta esset, et ipsa cum eo pertinacia certaret, quam victi tandem patres, ut de connubio ferretur, concessere, ita maxime rati contentionem de plebeiis consulibus tribunos aut totam deposituros, aut post bellum dilaturos esse, contentamque interim

connubio plebem paratam dilectui fore. Cum Canuleius victoria de patribus et plebis favore ingens esset, accensi alii tribuni ad certamen pro rogatione sua summa vi pugnant, et, crescente in dies fama belli, dilectum impediunt. Consules, cum per senatum, intercedentibus tribunis, nihil agi posset, consilia principum domi habebant: apparebat, aut hostibus aut civibus de victoria concedendum esse. Soli ex consularibus Valerius atque Horatius non intererant consiliis. C. Claudii sententia consules armabat in tribunos, Quinctiorum—Cincinnatique et Capitolini—sententiae abhorrebant a caede violandisque, quos, foedere icto cum plebe, sacrosanctos accepissent. Per haec consilia eo deducta est res, ut tribunos militum consulari potestate promiscue ex patribus ac plebe creari sinerent, de consulibus creandis nihil mutaretur: eoque contenti tribuni, contenta plebs fuit. Comitia tribunis consulari potestate tribus creandis indicuntur. Quibus indictis, extemplo, quicumque aliquid seditiose dixerat aut fecerat, quam maxime tribunicii, et prensare homines, et concursare toto foro candidati coepere, ut patricios desperatio primo, irritata plebe, apiscendi honoris, deinde indignatio, si cum his gerendus esset honos, deterreret: postremo coacti tamen a primoribus petiere, ne cessisse possessione reipublicae viderentur. Eventus eorum comitiorum docuit, alios animos in contentione libertatis dignitatisque, alios, secundum deposita certamina, incorrupto judicio esse: tribunos enim omnes patricios creavit populus, contentus eo, quod ratio habita plebeiorum esset. Hanc modestiam aequitatemque et altitudinem animi ubi nunc in uno inveneris, quae tum populi universi fuit!

LIBRI QUINTI

CAP. XXXV—XLIX.

ARGUMENTUM LIBRI QUINTI.

In obsidione Veiorum hibernacula militibus facta sunt. Ea res, cum esset nova, indignationem tribunorum plebis movit, querentium non dari plebi nec per hiemem militiæ requiem. Equites tum primum equis suis merere cœperunt. Cum inundatio ex lacu Albano facta esset, vates, qui eam rem interpretaretur, de hostibus captus est. Furius Camillus dictator decem annos obsessos Veios cepit, simulacrum Junonis Romam transtulit. Decimam partem prædæ Delphos Apollini misit. Idem tribunus militum, cum Faliscos obsideret, proditos hostium filios parentibus remisit, statimque deditione facta, Faliscorum victoriam justitia consecutus est. Cum alter ex censoribus C. Julius decessisset, in locum ejus M. Cornelius suffectus est, nec id postea factum est, quoniam eo lustro a Gallis Roma capta est. Furius Camillus, cum ei dies a L. Apuleio tribuno plebis dicta esset, in exsilium abiit. XXXIII, &c. Cum Senones Galli Clusium obsiderent, et legati a senatu missi ad componendum inter eos et Clusinos pacem pugnantes contra Gallos in acie Clusinorum stetissent, hoc facto eorum concitati Senones urbem infesto exercitu petierunt, XXXVIII, XXXIX, &c., fusisque ad Aliam flumen Romanis, cepere urbem, præter Capitolium, quo se juventus contulerant. XLI. Majores natu, cum insignibus honorum quos quisque gesserat, in vestibulis ædium sedentes occiderunt; XLVII. Et cum per aversam partem Capitolii jam in summum evasissent, proditi clangore anserum, M. Manlii præcipue opera dejecti sunt. XLVIII. Coactis deinde propter famem Romanis eo descendere, ut mille pondo auri darent, et hoc pretio finem obsidionis emerent, XLIX. Furius Camillus, dictator absens creatus, inter pendendum aurum cum exercitu venit, et Gallos post sextum mensem urbe expulit cecidditque. L. Ædes Aio Locutio facta, quo ante urbem captam vox audita erat, adventare Gallos. Dictum est, ad Veios migrandum esse propter incensam et dirutam urbem. Quod consilium Camillo auctore discussum est. Movit populum vocis quoque omen ex centurione auditæ, qui, cum in forum venisset, manipulariis suis dixerat, "Sta miles; hic optime manebimus."—[u. c. 352 -365. A c. 400–387.]

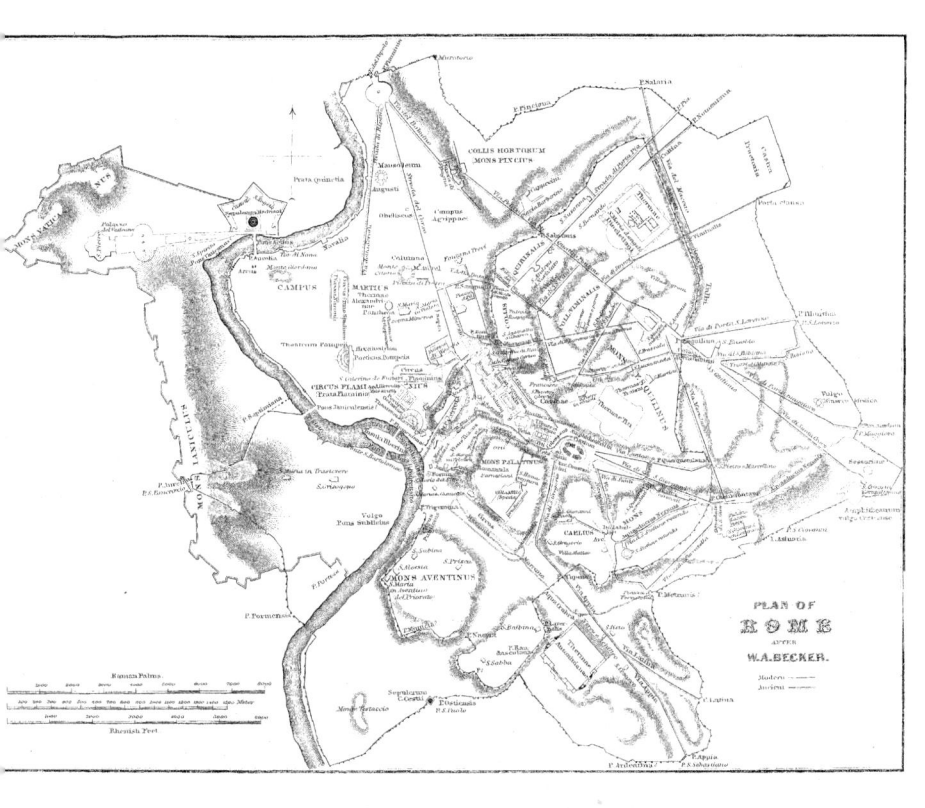

XXXV. . . . Tum Senones, recentissimi advenarum, ab Utente flumine usque ad Æsim fines habuere. Hanc gentem Clusium Romamque inde venisse comperio: id parum certum est, solamne, an ab omnibus Cisalpinorum Gallorum populis adjutam. Clusini novo bello exterriti, cum multitudinem, cum formas hominum invisitatas cernerent, et genus armorum, audirentque sæpe ab iis, cis Padum ultraque, legiones Etruscorum fusas, quamquam adversus Romanos nullum eis jus societatis amicitiæve erat, nisi quod Veientes consanguineos adversus populum Romanum non defendissent, legatos Romam, qui auxilium ab senatu peterent, misere. De auxilio nihil impetratum: legati M. Fabii Ambusti filii missi, qui senatus populi Romani nomine agerent cum Gallis, ne, a quibus nullam injuriam accepissent, socios populi Romani atque amicos oppugnarent: Romanis eos bello quoque, si res cogat, tuendos esse, sed melius visum, bellum ipsum amoveri, si posset, et Gallos, novam gentem, pace potius cognosci quam armis. XXXVI. Mitis legatio, ni præferoces legatos, Gallisque magis quam Romanis similes, habuisset. Quibus, postquam mandata ediderunt in concilio Gallorum, datur responsum: etsi novum nomen audiant Romanorum, tamen credere viros fortes esse, quorum auxilium a Clusinis in re trepida sit imploratum: et, quoniam legatione adversus se maluerint quam armis tueri socios, ne se quidem pacem quam illi afferant aspernari, si Gallis egentibus agro, quem latius possideant quam colant Clusini, partem finium concedant: aliter pacem impetrari non posse: et responsum coram Romanis se accipere velle et, si negetur ager, coram iisdem Romanis dimicaturos, ut nuntiare domum possent, quantum Galli virtute ceteros mortales præstarent. Quodnam id jus esset, agrum a possessoribus petere aut minari arma, Romanis quærentibus, et quid in Etruria rei Gallis esset, cum illi, se in armis, jus ferre, et omnia fortium virorum esse, ferociter dicerent, accensis utrimque animis ad arma discurritur, et prœlium conseritur. Ibi—jam urgentibus Romanam urbem fatis—legati contra jus gentium arma capiunt. Nec id clam esse potuit, cum ante signa Etruscorum tres nobilissimi fortissimique Romanæ juventutis pugnarent: tantum eminebat peregrina virtus. Quin etiam Q. Fabius, evectus extra aciem equo, ducem Gallorum ferociter in ipsa signa Etruscorum incursantem, per latus transfixum hasta, occidit: spoliaque ejus legentem Galli agnovere,

perque totam aciem Romanum legatum esse signum **datum**
est. Omissa inde in Clusinos ira, receptui canunt, minantes Romanis. Erant, qui extemplo Romam eundum
censerent: vicere seniores, ut legati prius mitterentur
5 questum injurias postulatumque, ut, pro jure gentium violato, Fabii dederentur. Legati Gallorum cum ea sicut
erant mandata exposuissent, senatui nec factum placebat
Fabiorum, et jus postulare barbari videbantur : sed, ne id
quod placebat decerneret in tantæ nobilitatis viris, ambi-
10 tio obstabat. Itaque, ne penes ipsos culpa esset cladis
forte Gallico bello acceptæ, cognitionem de postulatis
Gallorum ad populum rejiciunt: ubi tanto plus gratia atque opes valuere, ut, quorum de pœna agebatur,
u. c. tribuni militum consulari potestate in insequentem
15 365. annum crearentur. Quo facto, haud secus quam
A. C. dignum erat, infensi Galli, bellum propalam mi-
387. nantes, ad suos redeunt. Tribuni militum cum
tribus Fabiis creati Q. Sulpicius Longus, Q. Servilius quarto, P. Cornelius Maluginensis.
20 XXXVII. Cum tanta moles mali instaret—adeo obcæcat animos fortuna, ubi vim suam ingruentem refringi non
vult,—civitas, quæ adversus Fidenatem ac Veientem hostem aliosque finitimos populos, ultima experiens auxilia,
dictatorem multis tempestatibus dixisset, ea tunc, invisi-
25 tato atque inaudito hoste ab Oceano terrarumque ultimis
oris bellum ciente, nihil extraordinarii imperii aut auxilii
quæsivit. Tribuni, quorum temeritate bellum contractum
erat, summæ rerum præerant, dilectumque nihilo accuratiorem, quam ad media bella haberi solitus erat, extenu-
30 antes etiam famam belli habebant. Interim Galli, postquam accepere ultro honorem habitum violatoribus juris
humani elusamque legationem suam esse, flagrantes ira—
cujus impotens est gens—confestim signis convulsis, citato
agmine iter ingrediuntur. Ad quorum prætereuntium
35 raptim tumultum cum exterritæ urbes ad arma concurrerent, fugaque agrestium fieret, Romam se ire magno clamore significabant, quacumque ibant, equis virisque longe
ac late fuso agmine immensum obtinentes loci. Sed, antecedente fama nuntiisque Clusinorum, deinceps inde
40 aliorum populorum, plurimum terroris Romam celeritas
hostium tulit, quippe quibus, velut tumultuario exercitu
raptim ducto, ægre ad undecimum lapidem occursum est,
qua flumen Alia, Crustuminis montibus præalto defluens
alveo, haud multum infra viam Tiberino amni miscetur.

Jam omnia contra circaque hostium plena erant, et nata in vanos tumultus gens, truci cantu clamoribusque variis, horrendo cuncta compleverant sono. XXXVIII. Ibi tribuni militum, non loco castris ante capto, non præmunito vallo quo receptus esset, non deorum saltem—si non ho- 5 minum—memores, nec auspicato, nec litato, instruunt aciem diductam in cornua, ne circumveniri multitudine hostium possent. Nec tamen æquari frontes poterant, cum extenuando infirmam et vix cohærentem mediam aciem haberent. Paulum erat ab dextera editi loci, quem 10 subsidiariis repleri placuit, eaque res, ut initium pavoris ac fugæ, sic una salus fugientibus fuit. Nam Brennus, regulus Gallorum, in paucitate hostium artem maxime timens, ratus ad id captum superiorem locum, ut, ubi Galli cum acie legionum recta fronte concucurrissent, subsidia 15 in aversos transversosque impetum darent, ad subsidiarios signa convertit, si eos loco depulisset, haud dubius facilem in æquo campi tantum superanti multitudini victoriam fore. Adeo non fortuna modo, sed ratio etiam cum barbaris stabat. In altera acie nihil simile Romanis, non 20 apud duces, non apud milites, erat: pavor fugaque occupaverat animos et tanta omnium oblivio, ut multo major pars Veios in hostium urbem, cum Tiberis arceret, quam recto itinere Romam ad conjuges ac liberos fugerent. Parumper subsidiarios tutatus est locus: in reliqua acie 25 simul est clamor, proximis ab latere, ultimis ab tergo, auditus, ignotum hostem prius pæne quam viderent, non modo non tentato certamine, sed ne clamore quidem reddito, integri intactique fugerunt. Nec ulla cædes pugnantium fuit: terga cæsa suomet ipsorum certamine in turba 30 impedientium fugam. Circa ripam Tiberis, quo armis abjectis totum sinistrum cornu defugit, magna strages facta est, multosque imperitos nandi aut invalidos, graves loricis aliisque tegminibus, hausere gurgites. Maxima tamen pars incolumis Veios perfugit; unde non modo 35 præsidii quidquam, sed ne nuntius quidem cladis, Romam est missus. Ab dextro cornu, quod procul a flumine et magis sub monte steterat, Romam omnes petiere, et, ne clausis quidem portis urbis, in arcem confugerunt. XXXIX. Gallos quoque velut obstupefactos miraculum 40 victoriæ tam repentinæ tenuit. Et ipsi pavore defixi primum steterunt, velut ignari, quid accidisset: deinde insidias vereri; postremo cæsorum spolia legere, armorumque cumulos, ut mos eis est, coacervare. Tum demum,

postquam nihil usquam hostile cernebatur, viam ingressi,
haud multo ante solis occasum ad urbem Romam perveniunt. Ubi cum praegressi equites, non portas clausas,
non stationem pro portis excubare, non armatos esse in
5 muris, retulissent, aliud priori simile miraculum eos sustinuit, noctemque veriti et ignotae situm urbis inter Romam
atque Anienem consedere, exploratoribus missis circa
moenia aliasque portas, quaenam hostibus in perdita re consilia essent. Romani, cum pars major ex acie Veios pe-
10 tisset quam Romam, nemo superesse quemquam praeter
eos, qui Romam refugerant, crederent, complorati omnes,
pariter vivi mortuique, totam prope urbem lamentis impleverunt. Privatos deinde luctus stupefecit publicus pavor, postquam hostes adesse nuntiatum est. Mox ululatus
15 cantusque dissonos, vagantibus circa moenia turmatim
barbaris, audiebant. Omne inde tempus suspensos ita
tenuit animos usque ad lucem alteram, ut identidem jam
in urbem futurus videretur impetus; primo adventu, quo
accesserant ad urbem—mansuros enim ad Aliam fuisse,
20 nisi hoc consilii foret:—deinde sub occasum solis, quia
haud multum diei supererat, ante noctem rati se invasuros; tum in noctem dilatum consilium esse, quo plus
pavoris inferrent: postremo lux appropinquans exani-
mare: timorique perpetuo ipsum malum continens fuit,
25 cum signa infesta portis sunt illata. Nequaquam tamen ea
nocte, neque insequenti die, similis illi, quae ad Aliam tam
pavide fugerat, civitas fuit: nam cum defendi urbem posse,
tam parva relicta manu, spes nulla esset, placuit, cum conjugibus ac liberis, juventutem militarem senatusque robur
30 in arcem Capitoliumque concedere; armisque et frumento
collato, ex loco inde munito deos hominesque et Romanum
nomen defendere; flaminem sacerdotesque Vestales sacra
publica a caede ab incendiis procul auferre; nec ante deseri cultum eorum, quam non superessent, qui colerent.
35 Si arx Capitoliumque sedes deorum, si senatus caput pu-
blici consilii, si militaris juventus superfuerit imminenti
ruinae urbis, facilem jacturam esse seniorum relictae in
urbe utique periturae turbae. Et quo id aequiore animo de
plebe multitudo ferret, senes triumphales consularesque
40 simul se cum illis palam dicere obituros, nec his corporibus, quibus non arma ferre non tueri patriam possent,
oneraturos inopiam armatorum. XL. Haec inter seniores
morti destinatos, jactata solatia. Versae inde adhortationes
ad agmen juvenum, quos in Capitolium atque in arcem

prosequebantur, commendantes virtuti eorum juventæque urbis per trecentos sexaginta annos omnibus bellis victricis, quæcumque reliqua esset, fortunam. Digredientibus, qui spem omnem atque opem secum ferebant, ab his, qui captæ urbis non superesse statuerant exitio, cum ipsa res speciesque miserabilis erat, tum muliebris fletus et concursatio incerta, nunc hos nunc illos sequentium rogitantiumque viros natosque, cui se fato darent, nihil, quod humanis superesset malis, relinquebant. Magna pars tamen earum in arcem suos persecutæ sunt, nec prohibente ullo nec vocante, quia, quod utile obsessis ad minuendam imbellem multitudinem, id parum humanum erat. Alia maxime plebis turba, quam nec capere tam exiguus collis nec alere in tanta inopia frumenti poterat, ex urbe effusa velut agmine jam uno petiit Janiculum: inde pars per agros dilapsi, pars urbes petunt finitimas, sine ullo duce aut consensu, suam quisque spem, sua consilia, communibus deploratis, exsequentes. Flamen interim Quirinalis virginesque Vestales omissa rerum suarum cura, quæ sacrorum secum ferenda, quæ—quia vires ad omnia ferenda deerant—relinquenda essent consultantes, quisve ea locus fideli asservaturus custodia esset, optimum ducun condita in doliolis sacello proximo ædibus flaminis Quirinalis—ubi nunc despui religio est—defodere: cetera inter se onere partito ferunt via, quæ sublicio ponte ducit ad Janiculum. In eo clivo eas cum L. Albinius de plebe Romana homo conspexisset, plaustro conjugem ac liberos habens, inter ceteram turbam, quæ inutilis bello urbe excedebat—salvo etiam tum discrimine divinarum humanarumque rerum,—irreligiosum ratus sacerdotes publicos sacraque populi Romani pedibus ire ferrique, se ac suos in vehiculo conspici, descendere uxorem ac pueros jussit, virgines sacraque in plaustrum imposuit et Cære, quo iter sacerdotibus erat, pervexit.

XLI. Romæ interim, satis jam omnibus ut in tali re ad tuendam arcem compositis, turba seniorum domos regressa adventum hostium obstinato ad mortem animo exspectabat. Qui eorum curules gesserant magistratus, ut in fortunæ pristinæ honorumque aut virtutis insignibus morerentur, quæ augustissima vestis est tensas ducentibus triumphantibusve, ea vestiti medio ædium eburnis sellis sedere. Sunt qui, M. Fabio pontifice maximo præfante carmen, devovisse eos se pro patria Quiritibusque Romanis, tradant. Galli, et quia interposita nocte a contentione pugnæ remi-

serant animos, et quod nec in acie ancipiti usquam certaverant prœlio, nec tum impetu aut vi capiebant urbem,
sine ira, sine ardore animorum, ingressi postero die urbem
patente Collina porta, in forum perveniunt, circumferentes
5 oculos ad templa deum, arcemque solam belli speciem
tenentem. Inde, modico relicto præsidio, ne quis in dissipatos ex arce aut Capitolio impetus fieret, dilapsi ad prædam vacuis occursu hominum viis, pars in proxima quæque tectorum agmine ruunt, pars ultima, velut ea demum
10 intacta et referta præda, petunt. Inde rursus ipsa solitudine absterriti, ne qua fraus hostilis vagos exciperet, in
forum ac propinqua foro loca conglobati redibant, ubi eos
—plebis ædificiis obseratis, patentibus atriis principum,—
major prope cunctatio tenebat aperta quam clausa inva-
15 dendi : adeo haud secus quam venerabundi intuebantur in
ædium vestibulis sedentes viros, præter ornatum habitumque humano augustiorem, majestatem etiam, quam vultus
gravitasque oris præ se ferebat, simillimos diis. Ad eos,
velut simulacra, versi cum starent, M. Papirius unus ex
20 his dicitur Gallo barbam suam—ut tum omnibus promissa
erat—permulcenti, scipione eburneo in caput incusso iram
movisse : atque ab eo initium cædis ortum, ceteros in sedi-
bus suis trucidatos. Post principum cædem, nulli deinde
mortalium parci, diripi tecta, exhaustis injici ignes.
25 XLII. Ceterum—seu non omnibus delendi urbem libido
erat, seu ita placuerat principibus Gallorum, et ostentari
quædam incendia terroris causa, si compelli ad deditionem
caritate sedium suarum obsessi possent, et non omnia con-
cremari tecta, ut, quodcumque superesset urbis, id pignus
30 ad flectendos hostium animos haberent,—nequaquam perinde atque in capta urbe prima die aut passim aut late
vagatus est ignis. Romani ex arce plenam hostium urbem
cernentes vagosque per vias omnes cursus, cum alia atque
alia parte nova aliqua clades oreretur, non mentibus solum
35 concipere, sed ne auribus quidem atque oculis satis con-
stare poterant. Quocumque clamor hostium, mulierum
puerorumque ploratus, sonitus flammæ et fragor ruentium
tectorum avertisset, paventes ad omnia animos oraque et
oculos flectebant, velut ad spectaculum a fortuna positi
40 occidentis patriæ, nec ullius rerum suarum relicti præterquam corporum vindices ; tanto ante alios miserandi
magis, qui unquam obsessi sunt, quod interclusi a patria
obsidebantur, omnia sua cernentes in hostium potestate.
Nec tranquillior nox diem tam fœde actum excepit : lux

deinde noctem inquietam insecuta est, nec ullum erat tempus, quod a novæ semper cladis alicujus spectaculo cessaret. Nihil tamen, tot onerati atque obruti malis, flexerunt animos, quin, etsi omnia flammis ac ruinis æquata vidissent, quamvis inopem parvumque, quem tenebant, collem libertati relictum, virtute defenderent. Et jam, cum eadem quotidie acciderent, velut assueti malis, abalienaverant ab sensu rerum suarum animos, arma tantum ferrumque in dextris, velut solas reliquias spei suæ, intuentes.

XLIII. Galli quoque, per aliquot dies in tecta modo urbis nequidquam bello gesto, cum inter incendia ac ruinas captæ urbis nihil superesse præter armatos hostes viderent, nec quidquam tot cladibus territos nec flexuros ad deditionem animos, ni vis adhiberetur, experiri ultima et impetum facere in arcem statuunt. Prima luce, signo dato, multitudo omnis in foro instruitur: inde clamore sublato ac testudine facta subeunt. Adversus quos Romani nihil temere nec trepide, ad omnes aditus stationibus firmatis, qua signa ferri videbant, ea robore virorum opposito scandere hostem sinunt, quo successerint magis in arduum, eo pelli posse per proclive facilius rati. Medio fere clivo restitere, atque inde ex loco superiore, qui prope sua sponte in hostem inferebat, impetu facto, strage ac ruina fudere Gallos, ut nunquam postea nec pars nec universi tentaverint tale pugnæ genus. Omissa itaque spe per vim atque arma subeundi, obsidionem parant, cujus ad id tempus immemores et, quod in urbe fuerat, frumentum incendiis urbis absumpserant, et ex agris per ipsos dies raptum omne Veios erat: igitur, exercitu diviso, partim per finitimos populos prædari placuit, partim obsideri arcem, ut obsidentibus frumentum populatores agrorum præberent. Proficiscentes Gallos ab urbe, ad Romanam experiendam virtutem fortuna ipsa Ardeam, ubi Camillus exsulabat, duxit: qui mæstior ibi fortuna publica quam sua, cum diis hominibusque accusandis senesceret, indignando mirandoque, ubi illi viri essent, qui secum Veios Faleriosque cepissent, qui alia bella fortius semper quam felicius gessissent, repente audit Gallorum exercitum adventare, atque de eo pavidos Ardeates consultare: nec secus quam divino spiritu tactus, cum se in mediam concionem intulisset, abstinere suetus ante talibus conciliis. XLIV, "Ardeates," inquit, "veteres amici, novi etiam cives mei—quando et vestrum beneficium ita tulit et fortuna hoc egit mea,—nemo vestrum conditionis meæ

oblitum me huc processisse putet: sed res ac periculum commune cogit, quod quisque possit in re trepida praesidii, in medium conferre. Et quando ego vobis pro tantis vestris in me meritis gratiam referam, si nunc cessavero?
5 Aut ubi usus erit mei vobis, si in bello non fuerit? Hac arte in patria steti, et invictus bello in pace ab ingratis civibus pulsus sum. Vobis autem, Ardeates, fortuna oblata est et pro tantis pristinis populi Romani beneficiis, quanta ipsi meministis—nec enim exprobranda ea apud
10 memores sunt,—gratiae referendae, et huic urbi decus ingens belli ex hoste communi pariendi. Qui effuso agmine adventant, gens est cui natura corpora animosque magna magis quam firma dederit: eo in certamen omne plus terroris, quam virium, ferunt. Argumento sit clades
15 Romana: patentem cepere urbem, ex arce Capitolioque his exigua resistitur manu. Jam obsidionis taedio victi abscedunt, vagique per agros palantur: cibo vinoque raptim hausto repleti, ubi nox appetit, prope rivos aquarum, sine munimento, sine stationibus ac custodiis, passim fera-
20 rum ritu sternuntur, nunc ab secundis rebus magis etiam solito incauti. Si vobis in animo est tueri moenia vestra, nec pati haec omnia Galliam fieri, prima vigilia capite arma frequentes, me sequimini ad caedem, non ad pugnam: nisi vinctos somno, velut pecudes, trucidandos tradidero,
25 non recuso eundem Ardeae rerum mearum exitum, quem Romae habui." XLV. Aequis iniquisque persuasum erat, tantum bello virum neminem usquam ea tempestate esse: concione dimissa, corpora curant, intenti, quam mox signum daretur: quo dato, primae silentio noctis ad portas Camillo
30 praesto fuere. Egressi, haud procul urbe, sicut praedictum erat, castra Gallorum, intuta neglectaque ab omni parte nacti, cum ingenti clamore invadunt: nusquam proelium, omnibus locis caedes est: nuda corpora et soluta somno trucidantur. Extremos tamen pavor e cubilibus suis
35 excitos—quae aut unde vis esset, ignaros—in fugam et quosdam in hostem ipsum improvidos tulit: magna pars in agrum Antiatem delati, incursione ab oppidanis in palatos facta, circumveniuntur. Similis in agro Veienti Tuscorum facta strages est, qui urbis, jam prope quadrin-
40 gentesimum annum vicinae, oppressae ab hoste invisitato inaudito, adeo nihil miseriti sunt, ut in agrum Romanum eo tempore incursiones facerent, plenique praedae Veios etiam praesidiumque et spem ultimam Romani nominis, in animo habuerint oppugnare. Viderant eos milites Romani,

vagantes per agros et congregatos agmine, prædam præ
se agentes, et castra cernebant haud procul Veiis posita.
Inde primum miseratio sui, deinde indignitas atque ex ea
ira animos cepit: Etruscisne etiam, a quibus bellum
Gallicum in se avertissent, ludibrio esse clades suas? 5
Vix temperavere animis, quin extemplo impetum facerent,
compressique a Cædicio centurione, quem sibimet ipsi
præfecerant, rem in noctem sustinuere. Tantum par
Camillo defuit auctor, cetera eodem ordine eodemque
fortunæ eventu gesta. Quin etiam ducibus captivis, qui 10
cædi nocturnæ superfuerant, ad aliam manum Tuscorum
ad Salinas profecti, nocte insequente ex improviso majorem
cædem edidere, duplicique victoria ovantes Veios redeunt.

XLVI. Romæ interim plerumque obsidio segnis et
utrimque silentium esse, ad id tantum intentis Gallis, ne 15
quis hostium evadere inter stationes posset, cum repente
juvenis Romanus admiratione in se cives hostesque convertit. Sacrificium erat statum in Quirinali colle genti
Fabiæ: ad id faciendum C. Fabius Dorso, Gabino cinctus,
sacra manibus gerens cum de Capitolio descendisset, per 20
medias hostium stationes egressus, nihil ad vocem cujusquam terroremve motus, in Quirinalem collem pervenit,
ibique omnibus sollemniter peractis eadem revertens similiter constanti vultu graduque—satis sperans propitios
esse deos, quorum cultum ne mortis quidem metu prohi- 25
bitus deseruisset—in Capitolium ad suos rediit, seu atto-
nitis Gallis miraculo audaciæ, seu religione etiam motis,
cujus haudquaquam negligens gens est. Veiis interim
non animi tantum in dies sed etiam vires crescebant; nec
Romanis solum eo convenientibus ex agris, qui aut prœlio 30
adverso aut clade captæ urbis palati fuerant, sed etiam ex
Latio voluntariis confluentibus, ut in parte prædæ essent.
Maturum jam videbatur, repeti patriam, eripique ex hostium manibus, sed corpori valido caput deerat. Locus
ipse admonebat Camilli, et magna pars militum erat qui 35
ductu auspicioque ejus res prospere gesserant: et Cædi-
cius negare se commissurum, cur sibi aut deorum aut
nominum quisquam imperium finiret potius, quam ipse
memor ordinis sui posceret imperatorem. Consensu omnium placuit ab Ardea Camillum acciri, sed antea con- 40
sulto senatu, qui Romæ esset: adeo regebat omnia pudor,
discriminaque rerum prope perditis rebus servabant. Ingenti periculo transeundum per hostium custodias erat:
ad eam rem Pontius Cominius, impiger juvenis, operam

pollicitus, incubans cortici, secundo Tiberi ad urbem
defertur : inde, qua proximum fuit a ripa, per præruptum
eoque neglectum hostium custodiæ, saxum in Capitolium
evadit, et ad magistratus ductus mandata exercitus edit.
5 Accepto inde senatus consulto, uti comitiis curiatis revocatus de exsilio jussu populi Camillus dictator extemplo
diceretur, militesque haberent imperatorem quem vellent,
eadem digressus nuntius Veios contendit : missique Ardeam legati ad Camillum, Veios eum perduxere, seu—
10 quod magis credere libet, non prius profectum ab Ardea,
quam comperit legem latam, quod nec injussu populi
mutari finibus posset, nec nisi dictator dictus, auspicia in
exercitu habere—lex curiata lata est, dictatorque absens
dictus.
15 XLVII. Dum hæc Veiis agebantur, interim arx Romæ
Capitoliumque in ingenti periculo fuit. Namque Galli,
seu vestigio notato humano, qua nuntius a Veiis pervenerat, seu sua sponte animadverso ad Carmentis saxorum
ascensu æquo, nocte sublustri, cum primo inermem, qui
20 tentaret viam, præmisissent, tradentes inde arma, ubi quid
iniqui esset, alterni innixi sublevantesque invicem et trahentes alii alios, prout postularet locus, tanto silentio in
summum evasere, ut non custodes solum fallerent, sed ne
canes quidem—sollicitum animal ad nocturnos strepitus
25 —excitarent. Anseres non fefellere, quibus, sacris Junoni, in summa inopia cibi tamen abstinebatur : quæ res
saluti fuit : namque clangore eorum alarumque crepitu
excitus M. Manlius, qui triennio ante consul fuerat, vir
bello egregius, armis arreptis, simul ad arma ceteros ciens
30 vadit : et, dum ceteri trepidant, Gallum, qui jam in
summo constiterat, umbone ictum deturbat. Cujus casus
prolapsi cum proximos sterneret, trepidantes alios, armisque omissis saxa, quibus adhærebant, manibus amplexos,
trucidant. Jamque et alii congregati telis missilibusque
35 saxis proturbare hostes, ruinaque tota prolapsa acies in
præceps deferri. Sedato deinde tumultu reliquum noctis
—quantum in turbatis mentibus poterat, cum præteritum
quoque periculum sollicitaret—quieti datum est. Luce
orta, vocatis classico ad concilium militibus ad tribunos,
40 cum et recte et perperam facto pretium deberetur, Manlius
primum ob virtutem laudatus donatusque non ab tribunis
solum militum, sed consensu etiam militari, cui universi
selibras farris et quartarios vini ad ædes ejus, quæ in arce
erant, contulerunt,—rem dictu parvam, ceterum inopia

fecerat eam argumentum ingens caritatis, cum se quisque victu suo fraudans, detractum corpori atque usibus necessariis ad honorem unius viri conferret. Tum vigiles ejus loci, qua fefellerat ascendens hostis, citati: et cum in omnes more militari se animadversurum Q. Sulpicius tribunus militum pronuntiasset, consentiente clamore militum in unum vigilem conjicientium culpam, deterritus, a ceteris abstinuit, reum haud dubium ejus noxæ, approbantibus cunctis, de saxo dejecit. Inde intentiores utrimque custodiæ esse, et apud Gallos, quia vulgatum erat inter Veios Romamque nuntios commeare, et apud Romanos, ab nocturni periculi memoria. XLVIII. Sed, ante omnia obsidionis bellique mala, fames utrimque exercitum urgebat, Gallos pestilentia etiam, cum loco jacente inter tumulos castra habentes, tum ab incendiis torrido et vaporis pleno, cineremque non pulverem modo, ferente, cum quid venti motum esset: quorum intolerantissima gens, humorique ac frigori assueta, cum, æstu et angore vexata, vulgatis velut in pecua morbis, morerentur, jam pigritia singulos sepeliendi, promiscue acervatos cumulos hominum urebant, bustorumque inde Gallicorum nomine insignem locum fecere. Induciæ deinde cum Romanis factæ, et colloquia permissu imperatorum habita: in quibus, cum identidem Galli famem objicerent, eaque necessitate ad deditionem vocarent, dicitur, avertendæ ejus opinionis causa, multis locis panis de Capitolio jactatus esse in hostium stationes. Sed jam neque dissimulari neque ferri ultra fames poterat: itaque,—dum dictator dilectum per se Ardeæ habet, magistrum equitum L. Valerium a Veiis abducere exercitum jubet, parat, instruitque, quibus haud impar adoriatur hostes,—interim Capitolinus exercitus, stationibus vigiliisque fessus, superatis tamen humanis omnibus malis, cum famem unam natura vinci non sineret, diem de die prospectans, ecquod auxilium ab dictatore appareret, postremo spe quoque jam, non solum cibo deficiente, et, cum stationes procederent, prope obruentibus infirmum corpus armis, vel dedi, vel redimi se quacumque pactione possent jussit; jactantibus non obscure Gallis, haud magna mercede se adduci posse, ut obsidionem relinquant. Tum senatus habitus, tribunisque militum negotium datum, ut paciscerentur. Inde inter Q. Sulpicium tribunum militum et Brennum regulum Gallorum colloquio transacta res est, et mille pondo auri pretium populi gentibus mox imperaturi fa-

ctum. Rei, fœdissimæ per se, adjecta indignitas est pondera ab Gallis allata iniqua, et, tribuno recusante, additus ab insolente Gallo ponderi gladius, auditaque intoleranda Romanis vox " væ victis esse." XLIX. Sed
5 diique et homines prohibuere redemptos vivere Romanos. Nam forte quadam, prius quam infanda merces perficeretur, per altercationem nondum omni auro appenso, dictator intervenit, auferrique aurum de medio et Gallos submoveri jubet. Cum illi renitentes pactos dicerent sese,
10 negat eam pactionem ratam esse, quæ, postquam ipse dictator creatus esset, injussu suo ab inferioris juris magistratu facta esset, denuntiatque Gallis ut se ad prœlium expediant. Suos in acervum conjicere sarcinas, et arma aptare, ferroque, non auro recuperare patriam jubet, in
15 conspectu habentes fana deûm, et conjuges, et liberos, et solum patriæ deforme belli malis et omnia, quæ defendi repetique et ulcisci fas sit. Instruit deinde aciem, ut loci natura patiebatur, in semirutæ solo urbis, et natura inæquali, et omnia, quæ arte belli secunda suis eligi præ-
20 pararive poterant, providit. Galli, nova re trepidi, arma capiunt, iraque magis, quam consilio, in Romanos incurrunt. Jam verterat fortuna, jam deorum opes humanaque consilia rem Romanam adjuvabant. Igitur primo concursu haud majore momento fusi Galli sunt quam ad
25 Aliam vicerant. Justiore altero deinde prœlio ad octavum lapidem Gabina via, quo se ex fuga contulerant, ejusdem ductu auspicioque Camilli vincuntur. Ibi cædes omnia obtinuit: castra capiuntur et ne nuntius quidem cladis relictus. Dictator, recuperata ex hostibus patria, trium-
30 phans in urbem redit, interque jocos militares, quos inconditos jaciunt, Romulus ac parens patriæ, conditorque alter urbis, haud vanis laudibus appellabatur

LIBER VICESIMUS PRIMUS

ARGUMENTUM.

I, &c. In Italiam belli Punici secundi ortus narratur, V, &c., et Hannibalis, Pœnorum ducis, contra fœdus per Iberum flumen transitus, XIV, a quo Saguntum, sociorum populi Romani civitas, obsessa, octavo mense capta est. XVIII. De quibus injuriis, missi legati ad Karthaginienses, qui quererentur: cum satisfacere nollent, bellum iis indictum est. XXIV, &c. Hannibal, superato Pyrenæo saltu, per Gallias, fusis Volscis, qui obsistere conati erant, ad Alpes venit; et laborioso per eas transitu (cum montanos quoque Gallos obvios aliquot prœliis repulisset), XXXVII, XXXVIII, descendit in Italiam, et ad Ticinum flumen Romanos equestri prœlio fudit: XLV, XLVI, in quo vulneratum P. Cornelium Scipionem protexit filius, qui Africani postea nomen accepit. LV, LVI, &c. Iterumque exercitu Romano ad flumen Trebiam fuso Hannibal Apenninum quoque, per magnam militum vexationem propter vim tempestatum, transiit. LX, &c. Cn. Cornelius Scipio in Hispania contra Pœnos prospere pugnavit, duce hostium Hannone capto.—[u. c. 534–535. A. c. 218–217.]

I. In parte operis mei licet mihi præfari, (quod in principio summæ totius professi plerique sunt rerum scriptores,) bellum maxime omnium memorabile, quæ unquam gesta sint, me scripturum, quod Hannibale duce Carthaginienses cum populo Romano gessere. Nam neque 5 validiores opibus ullæ inter se civitates gentesque contulerunt arma, neque his ipsis tantum unquam virium aut roboris fuit: et haud ignotas belli artes inter sese, sed expertas primo Punico conserebant bello: et adeo varia fortuna belli ancepsque Mars fuit, ut propius periculum 10 fuerint, qui vicerunt: odiis etiam prope majoribus certarunt quam viribus, Romanis indignantibus, quod victoribus victi ultro inferrent arma, Pœnis, quod superbe avareque crederent imperitatum victis esse. Fama est etiam, Hannibalem annorum ferme novem, pueriliter blandientem 15 patri Hamilcari, ut duceretur in Hispaniam, cum, per-

fecto Africo bello, exercitum eo trajecturus sacrificaret, altaribus admotum, tactis sacris jurejurando adactum, se, cum primum posset, hostem fore populo Romano. Angebant ingentis spiritus virum Sicilia Sardiniaque amissæ:
5 nam et Siciliam nimis celeri desperatione rerum concessam, et Sardiniam inter motum Africæ fraude Romanorum, stipendio etiam insuper imposito, interceptam. II. His anxius curis ita se Africo bello, quod fuit sub recentem Romanam pacem, per quinque annos, ita deinde novem
10 annis in Hispania augendo Punico imperio gessit, ut appareret, majus eum, quam quod gereret, agitare in animo bellum, et, si diutius vixisset, Hamilcare duce Pœnos arma Italiæ illaturos fuisse, qui Hannibalis ductu intulerunt. Mors Hamilcaris peropportuna et pueritia Hanni-
15 balis distulerunt bellum. Medius Hasdrubal inter patrem ac filium octo ferme annos imperium obtinuit, flore ætatis, uti ferunt, primo Hamilcari conciliatus, gener inde ob aliam indolem profecto animi ascitus, et, quia gener erat, factionis Barcinæ opibus, quæ apud milites plebemque
20 plus quam modicæ erant, haud sane voluntate principum in imperio positus. Is, plura consilio quam vi gerens, hospitiis magis regulorum conciliandisque per amicitiam principum novis gentibus quam bello aut armis rem Carthaginiensem auxit. Ceterum nihilo ei pax tutior fuit:
25 barbarus eum quidam palam ob iram interfecti ab eo domini obtruncat; comprehensusque ab circumstantibus haud alio, quam si evasisset vultu, tormentis quoque cum laceraretur, eo fuit habitu oris, ut, superante lætitia dolores, ridentis etiam speciem præbuerit. Cum hoc Has-
30 drubale, quia miræ artis in sollicitandis gentibus imperioque suo jungendis fuerat, fœdus renovaverat populus Romanus, ut finis utriusque imperii esset amnis Iberus, Saguntinisque mediis inter imperia duorum populorum libertas servaretur.
35   III. In Hasdrubalis locum haud dubia res fuit, quin prærogativam militarem, qua extemplo juvenis Hannibal in prætorium delatus imperatorque ingenti omnium clamore atque assensu appellatus erat, favor plebis sequeretur. Hunc vixdum puberem Hasdrubal litteris ad se
40 arcessierat: actaque res etiam in senatu fuerat, Barcinis nitentibus, ut assuesceret militiæ Hannibal atque in paternas succederet opes: Hanno, alterius factionis princeps, "et æquum postulare videtur," inquit, "Hasdrubal, et ego tamen non censeo, quod petit, tribuendum." Cum admi-

ratione tam ancipitis sententiæ in se omnes convertisset, "florem ætatis," inquit, "Hasdrubal, quem ipse patri Hannibalis fruendum præbuit, justo jure eum a filio repeti censet: nos tamen minime decet, juventutem nostram pro militari rudimento assuefacere libidini prætorum. An hoc timemus, ne Hamilcaris filius nimis sero imperia immodica et regni paterni speciem videat, et, cujus regis genero hereditarii sint relicti exercitus nostri, ejus filio parum mature serviamus? Ego, istum juvenem domi tenendum, sub legibus sub magistratibus docendum vivere æquo jure cum ceteris censeo, ne quandoque parvus hic ignis incendium ingens exsuscitet." IV. Pauci, ac ferme optimus quisque, Hannoni assentiebantur: sed, ut plerumque fit, major pars meliorem vicit. Missus Hannibal in Hispaniam primo statim adventu omnem exercitum in se convertit. Hamilcarem juvenem redditum sibi veteres milites credere; eundem vigorem in vultu vimque in oculis, habitum oris lineamentaque intueri: dein brevi effecit, ut pater in se minimum momentum ad favorem conciliandum esset. Nunquam ingenium idem ad res diversissimas, parendum atque imperandum, habilius fuit. Itaque haud facile discerneres, utrum imperatori an exercitui carior esset: neque Hasdrubal alium quemquam præficere malle, ubi quid fortiter ac strenue agendum esset, neque milites alio duce plus confidere aut audere. Plurimum audaciæ ad pericula capessenda, plurimum consilii inter ipsa pericula erat: nullo labore aut corpus fatigari aut animus vinci poterat. Caloris ac frigoris patientia par: cibi potionisque desiderio naturali, non voluntate, modus finitus. Vigiliarum somnique nec die nec nocte discriminata tempora: id, quod gerendis rebus superesset, quieti datum: ea neque molli strato neque silentio arcessita. Multi sæpe militari sagulo opertum humi jacentem inter custodias stationesque militum conspexerunt. Vestitus nihil inter æquales excellens: arma atque equi conspiciebantur. Equitum peditumque idem longe primus erat: princeps in prœlium ibat, ultimus conserto prœlio excedebat. Has tantas viri virtutes ingentia vitia æquabant, inhumana crudelitas, perfidia plus quam Punica, nihil veri, nihil sancti, nullus deum metus, nullum jusjurandum, nulla religio. Cum hac indole virtutum atque vitiorum triennio sub Hasdrubale imperatore meruit, nulla re, quæ agenda videndaque magno futuro duci esset, prætermissa.

V. Ceterum ex quo die dux est declaratus, velut Italia ei provincia decreta, bellumque Romanum mandatum esset, nihil prolatandum ratus, ne se quoque, ut patrem Hamilcarem, deinde Hasdrubalem, cunctantem casus ali-
5 quis opprimeret, Saguntinis inferre bellum statuit. Quibus oppugnandis quia haud dubie Romana arma movebantur, in Olcadum prius fines—ultra Iberum ea gens in parte magis quam in ditione Carthaginiensium erat—induxit exercitum, ut non petisse Saguntinos, sed rerum serie,
10 finitimis domitis gentibus jungendoque, tractus ad id bellum videri posset. Cartalam, urbem opulentam, caput gentis ejus, expugnat diripitque, quo metu perculsæ minores civitates, stipendio imposito, imperium accepere: victor exercitus opulentusque præda Carthaginem novam
15 in hiberna est deductus. Ibi large partiendo prædam, stipendioque præterito cum fide exsolvendo cunctis civium sociorumque animis in se firmatis, vere primo in Vaccaeos promotum bellum. Hermandica et Arbocala eorum urbes vi captæ. Arbocala et virtute et multitudine oppidanorum
20 diu defensa. Ab Hermandica profugi, exsulibus Olcadum, —priore æstate domitæ gentis—cum se junxissent, concitant Carpetanos, adortique Hannibalem, regressum ex Vaccæis, haud procul Tago flumine agmen grave præda turbavere. Hannibal prœlio abstinuit, castrisque super
25 ripam positis, cum prima quies silentiumque ab hostibus fuit, amnem vado trajecit, valloque ita producto, ut locum ad transgrediendum hostes haberent, invadere eos transeuntes statuit. Equitibus præcepit, ut, cum ingressos aquam viderent, adorirentur. Peditum agmen in ripa, ele-
30 phantos—quadraginta autem erant—disposuit. Carpetanorum cum appendicibus Olcadum Vaccæorumque centum millia fuere, invicta acies, si æquo dimicaretur campo. Itaque et ingenio feroces et multitudine freti, et, quod metu cessisse credebant hostem, id morari victoriam rati,
35 quod interesset amnis, clamore sublato, passim sine ullius imperio, qua cuique proximum est, in amnem ruunt. Et ex parte altera ripæ vis ingens equitum in flumen immissa, medioque alveo haudquaquam pari certamine concursum, quippe ubi pedes instabilis ac vix vado fidens vel ab inermi
40 equite, equo temere acto, perverti posset, eques, corpore armisque liber,—equo vel per medios gurgites stabili— comminus eminusque rem gereret. Pars magna flumine absumpta, quidam, verticoso amni delati in hostes, ab elephantis obtriti sunt: postremi, quibus regressus in

suam ripam tutior fuit, ex varia trepidatione cum in unum colligerentur, priusquam tanto pavore reciperent animos, Hannibal, agmine quadrato amnem ingressus, fugam ex ripa fecit, vastatisque agris, intra paucos dies Carpetanos quoque in deditionem accepit. 5
Et jam omnia trans Iberum præter Saguntinos Carthaginiensium erant. VI. Cum Saguntinis bellum nondum erat, ceterum jam belli causa certamina cum finitimis serebantur, maxime Turdetanis. Quibus cum adesset idem, qui litis erat sator, nec certamen juris, sed vim 10 quæri appareret, legati a Saguntinis Romam missi, auxilium ad bellum jam haud dubie imminens orantes. Consules tunc Romæ erant P. Cornelius Scipio et Tib. Sempronius Longus: qui cum, legatis in senatum introductis, de republica retulissent, placuissetque mitti legatos in 15 Hispaniam ad res sociorum inspiciendas, quibus si videretur digna causa, et Hannibali denuntiarent, ut ab Saguntinis, sociis populi Romani, abstineret, et Carthaginem in Africam trajicerent ac sociorum populi Romani querimonias deferrent,—hac legatione decreta necdum missa, 20 omnium spe celerius Saguntum oppugnari allatum est. Tunc relata de integro res ad senatum; et alii, provincias consulibus Hispaniam atque Africam decernentes, terra marique rem gerendam censebant, alii totum in Hispaniam Hannibalemque intenderant bellum. Erant, qui non te- 25 mere movendam rem tantam, exspectandosque ex Hispania legatos censerent. Hæc sententia, quæ tutissima videbatur, vicit: legatique eo maturius missi, P. Valerius Flaccus et Q. Bæbius Tamphilus, Saguntum ad Hannibalem atque inde Carthaginem, si non absisteretur bello, 30 ad ducem ipsum in pœnam fœderis rupti deposcendum.
VII. Dum ea Romani parant consultantque, jam Saguntum summa vi oppugnabatur. Civitas ea longe opulentissima ultra Iberum fuit, sita passus mille ferme a mari. Oriundi a Zacyntho insula dicuntur, mixtique etiam ab Ardea 35 Rutulorum quidam generis: ceterum in tantas brevi creverant opes seu maritimis seu terrestribus fructibus, seu multitudinis incremento seu disciplinæ sanctitate, qua fidem socialem usque ad perniciem suam coluerunt. Hannibal infesto exercitu ingressus fines, pervastatis passim 40 agris, urbem tripertito aggreditur. Angulus muri erat in planiorem patentioremque, quam cetera circa, vallem vergens: adversus eum vineas agere instituit, per quas aries mœnibus admoveri posset. Sed ut locus procul

muro satis æquus agendis vineis fuit, ita haudquaquam prospere, postquam ad effectum operis ventum est, cœptis succedebat : et turris ingens imminebat, et murus, ut in suspecto loco, supra ceteræ modum altitudinis emunitus
5 erat ; et juventus delecta, ubi plurimum periculi ac timoris ostendebatur, ibi vi majore obsistebant. Ac primo missilibus submovere hostem, nec quidquam satis tutum munientibus pati. Deinde jam non pro mœnibus modo atque turri tela micare, sed ad erumpendum etiam in stationes
10 operaque hostium animus erat : quibus tumultuariis certaminibus haud ferme plures Saguntini cadebant quam Pœni. Ut vero Hannibal ipse, dum murum incautius subit, adversum femur tragula graviter ictus cecidit, tanta circa fuga ac trepidatio fuit, ut non multum abesset, quin
15 opera ac vineæ desererentur. VIII. Obsidio deinde per paucos dies magis quam oppugnatio fuit, dum vulnus ducis curaretur : per quod tempus ut quies certaminum erat, ita ab apparatu operum ac munitionum nihil cessatum. Itaque acrius de integro coortum est bellum, plu-
20 ribusque partibus—vix accipientibus quibusdam opera locis—vineæ cœptæ agi admoverique aries. Abundabat multitudine hominum Pœnus—ad centum quinquaginta millia habuisse in armis satis creditur :—oppidani ad omnia tuenda atque obeunda multifariam distineri cœpti
25 sunt. Non sufficiebant : itaque jam feriebantur arietibus muri, quassatæque multæ partes erant. Una continentibus ruinis nudaverat urbem : tres deinceps turres, quantumque inter eas muri erat, cum fragore ingenti prociderunt. Captum oppidum ea ruina crediderant Pœni ; qua,
30 velut si pariter utrosque murus texisset, ita utrimque in pugnam procursum est. Nihil tumultuariæ pugnæ simile erat, quales in oppugnationibus urbium per occasionem partis alterius conciri solent : sed justæ acies, velut patenti campo, inter ruinas muri tectaque urbis modico distantia
35 intervallo constiterant. Hinc spes, hinc desperatio animos irritat ; Pœno cepisse jam se urbem, si paulum annitatur, credente ; Saguntinis pro nudata mœnibus patria corpora opponentibus, nec ullo pedem referente, ne in relictum a se locum hostem immitteret. Itaque quo acrius et con-
40 fertim magis utrimque pugnabatur, eo plures vulnerabantur, nullo inter arma corporaque vano intercidente telo. Phalarica erat Saguntinis, missile telum hastili abiegno et cetero tereti præterquam ad extremum, unde ferrum exstabat. Id, sicut in pilo, quadratum stuppa circumligabant

linebantque pice: ferrum autem tres longum habebat pedes, ut cum armis transfigere corpus posset. Sed id maxime, etiam si hæsisset in scuto nec penetrasset in corpus, pavorem faciebat, quod, cum medium accensum mitteretur conceptumque ipso motu multo majorem ignem ferret, arma omitti cogebat nudumque militem ad insequentes ictus præbebat. IX. Cum diu anceps fuisset certamen, et Saguntinis, quia præter spem resisterent, crevissent animi, Pœnus, quia non vicisset, pro victo esset, clamorem repente oppidani tollunt, hostemque in ruinas muri expellunt, inde impeditum trepidantemque exturbant, postremo fusum fugatumque in castra redigunt.

Interim ab Roma legatos venisse nuntiatum est: quibus obviam ad mare missi ab Hannibale, qui dicerent, nec tuto eos adituros inter tot tam effrenatarum gentium arma, nec Hannibali in tanto discrimine rerum operæ esse legationes audire. Apparebat, non admissos protinus Carthaginem ituros. Litteras igitur nuntiosque ad principes factionis Barcinæ præmittit, ut præpararent suorum animos, ne quid pars altera gratificari pro Romanis posset. X. Itaque præterquam quod admissi auditique sunt, ea quoque vana atque irrita legatio fuit. Hanno unus adversus senatum causam fœderis, magno silentio propter auctoritatem suam, non cum assensu audientium egit, per deos, fœderum arbitros ac testes, senatum obtestans, ne Romanum cum Saguntino suscitarent bellum. Monuisse, prædixisse se, ne Hamilcaris progeniem ad exercitum mitterent: non manes, non stirpem ejus conquiescere viri, nec unquam, donec sanguinis nominisque Barcini quisquam supersit, quietura Romana fœdera: "juvenem flagrantem cupidine regni viamque unam ad id cernentem, si ex bellis bella serendo succinctus armis legionibusque vivat, velut materiam igni præbentes, ad exercitus misistis. Aluistis ergo hoc incendium, quo nunc ardetis. Saguntum vestri circumsedent exercitus, unde arcentur fœdere: mox Carthaginem circumsedebunt Romanæ legiones ducibus iisdem diis, per quos priore bello rupta fœdera sunt ulti. Utrum hostem an vos an fortunam utriusque populi ignoratis? Legatos, ab sociis et pro sociis venientes, bonus imperator vester in castra non admisit, jus gentium sustulit: hi tamen, unde ne hostium quidem legati arcentur, pulsi ad vos venerunt. Res ex fœdere repetuntur: publica fraus absit, auctorem culpæ et reum criminis deposcunt. Quo lenius agunt, segnius incipiunt, eo, cum cœpe-

rint, vereor, ne perseverantius sæviant. Ægates insulas
Erycemque ante oculos proponite, quæ terra marique per
quattuor et viginti annos passi sitis. Nec puer hic dux
erat, sed pater ipse Hamilcar, Mars alter, ut isti volunt.
5 Sed Tarento, id est Italia, non abstinueramus ex fœdere,
sicut nunc Sagunto non abstinemus. Vicerunt ergo dii
hominesque, et id, de quo verbis ambigebatur, uter populus fœdus rupisset, eventus belli, velut æquus judex, undo
jus stabat, ei victoriam dedit. Carthagini nunc Hannibal
10 vineas turresque admovet, Carthaginis mœnia quatit ari-
ete : Sagunti ruinæ—falsus utinam vates sim—nostris
capitibus incident, susceptumque cum Saguntinis bellum
habendum cum Romanis est. Dedemus ergo Hannibalem ? dicet aliquis. Scio, meam levem esse in eo aucto-
15 ritatem propter paternas inimicitias : sed et Hamilcarem
eo perisse lætatus sum, quod, si ille viveret, bellum jam
haberemus cum Romanis, et hunc juvenem tamquam
furiam facemque hujus belli odi ac detestor : nec deden-
dum solum ad piaculum rupti fœderis ; sed, si nemo de-
20 poscit, devehendum in ultimas maris terrarumque oras,
ablegandum eo, unde nec ad nos nomen famaque ejus accedere, neque ille sollicitare quietæ civitatis statum possit.
Ego ita censeo, legatos exemplo Romam mittendos, qui
senatui satisfaciant; alios, qui Hannibali nuntient, u.
25 exercitum ab Sagunto abducat, ipsumque Hannibalem ex
fœdere Romanis dedant : tertiam legationem ad res Saguntinis reddendas decerno." XI. Cum Hanno peroras-
set, nemini omnium certare oratione cum eo necesse fuit,
adeo prope omnis senatus Hannibalis erat ; infestiusque
30 locutum arguebant Hannonem quam Flaccum Valerium,
legatum Romanum. Responsum inde legatis Romanis est,
bellum ortum ab Saguntinis non ab Hannibale esse : populum Romanum injuste facere, si Saguntinos vetustissimæ
Carthaginiensium societati præponat.
35 Dum Romani tempus terunt legationibus mittendis,
Hannibal, quia fessum militem prœliis operibusque habebat, paucorum his dierum quietem dedit, stationibus ad
custodiam vinearum aliorumque operum dispositis. Interim animos eorum nunc ira, in hostes stimulando, nunc
40 spe præmiorum accendit : ut vero pro concione prædam
captæ urbis edixit militum fore, adeo accensi omnes sunt,
ut, si exemplo signum datum esset, nulla vi resisti videretur posse. Saguntini ut a prœliis quietem habuerant,
nec lacessentes nec lacessiti per aliquot dies, ita non nocte,

non die unquam cessaverant ab opere, ut novum murum ab ea parte, qua patefactum oppidum ruinis erat, reficerent. Inde oppugnatio eos aliquanto atrocior quam ante adorta est, nec, qua primum aut potissimum parte ferrent opem, cum omnia variis clamoribus streperent, satis scire 5 poterant. Ipse Hannibal, qua turris mobilis, omnia munimenta urbis superans altitudine, agebatur, hortator aderat. Quæ cum admota, catapultis balistisque per omnia tabulata dispositis, muros defensoribus nudasset, tum Hannibal, occasionem ratus, quingentos ferme Afros cum dolabris ad 10 subruendum ab imo murum mittit. Nec erat difficile opus, quod cæmenta non calce durata erant, sed interlita luto, structuræ antiquæ genere. Itaque latius, quam qua cæderetur, ruebat, perque patentia ruinis agmina armatorum in urbem vadebant. Locum quoque editum capiunt, 15 collatisque eo catapultis balistisque, ut castellum in ipsa urbe velut arcem imminentem haberent, muro circumdant. Et Saguntini murum interiorem ab nondum capta parte urbis ducunt. Utrimque summa vi et muniunt et pugnant: sed interiora tuendo minorem in dies urbem Saguntini 20 faciunt. Simul crescit inopia omnium longa obsidione, et minuitur exspectatio externæ opis, cum tam procul Romani, unica spes, circa omnia hostium essent. Paulisper tamen affectos animos recreavit repentina profectio Hannibalis in Oretanos Carpetanosque, qui duo populi, dilectus 25 acerbitate consternati, retentis conquisitoribus, metum defectionis cum præbuissent, oppressi celeritate Hannibalis, omiserunt mota arma. XII. Nec Sagunti oppugnatio segnior erat, Maharbale Himilconis filio—eum præfecerat Hannibal—ita impigre rem agente, ut ducem abesse nec 30 cives nec hostes sentirent. Is et prœlia aliquot secunda fecit, et tribus arietibus aliquantum muri discussit, strataque omnia recentibus ruinis advenienti Hannibali ostendit. Itaque ad ipsam arcem extemplo ductus exercitus atroxque prœlium cum multorum utrimque cæde initum, et pars 35 arcis capta est.

Tentata deinde per duos est exigua pacis spes, Alconem Saguntinum et Alorcum Hispanum. Alco, insciis Saguntinis—precibus aliquid moturum ratus—cum ad Hannibalem noctu transisset, postquam nihil lacrimæ move- 40 bant, conditionesque tristes, ut ab irato victore, ferebantur, transfuga ex oratore factus, apud hostem mansit, moriturum affirmans, qui sub conditionibus iis de pace ageret. Postulabatur autem, redderent res Turdetanis, traditoque omni auro atque argento, egressi urbem cum singulis vestimentis ibi habitarent, ubi Pœnus jussisset. Has pacis leges abnuente Alcone accepturos Saguntinos, Alorcus, vinci animos, ubi alia vincantur, affirmans, se pacis ejus interpretem fore pollicetur. Erat autem tum miles Hannibalis, ceterum publice Saguntinis amicus atque hospes. Tradito palam telo custodibus hostium, transgressus munimenta, ad prætorem Saguntinum—et ipse ita jubebat—est deductus. Quo cum extemplo concursus omnis generis hominum esset factus, submota cetera multitudine, senatus Alorco datus est, cujus talis oratio fuit: XIII. "Si civis vester Alco, sicut ad pacem petendam aa Hannibalem venit, ita pacis conditiones ab Hannibale ad vos retulisset, supervacaneum hoc mihi fuisset iter, quo nec orator Hannibalis nec transfuga ad vos venissem. Cum ille aut vestra aut sua culpa manserit apud hostem—sua, si metum simulavit, vestra, si periculum est apud vos vera referentibus—ego, ne ignoraretis esse aliquas et salutis et pacis vobis conditiones, pro vetusto hospitio, quod mihi vobiscum est, ad vos veni. Vestra autem causa me, nec ullius alterius, loqui quæ loquor apud vos, vel ea fides sit, quod neque dum vestris viribus restitistis, neque dum auxilia ab Romanis sperastis, pacis unquam apud vos mentionem feci. Postquam nec ab Romanis vobis ulla est spes nec vestra vos jam aut arma aut mœnia satis defendunt, pacem affero ad vos magis necessariam quam æquam. Cujus ita aliqua spes est, si eam, quemadmodum ut victor fert Hannibal, sic vos ut victi audiatis, si non id, quod amittitur, in damno, cum omnia victoris sint, sed, quidquid relinquitur, pro munere habituri estis. Urbem vobis, quam ex magna parte dirutam captam fere totam habet, adimit, agros relinquit, locum assignaturus, in quo novum oppidum ædificetis: aurum et argentum omne publicum privatumque, ad se jubet deferri: corpora vestra conjugum ac liberorum vestrorum servat inviolata, si inermes cum binis vestimentis velitis ab Sagunto exire. Hæc victor hostis imperat, hæc, quamquam sunt gravia atque acerba, fortuna vestra vobis suadet. Equidem haud despero, cum omnium potestas ei facta sit, aliquid ex his rebus remissurum: sed vel hæc patienda censeo potius quam trucidari corpora vestra, rapi trahique ante ora vestra conjuges ac liberos belli jure sinatis."

XIV. Ad hæc audienda cum circumfusa paulatim multitudine permixtum senatui esset populi concilium, repente primores, secessione facta, priusquam responsum daretur, argentum aurumque omne, ex publico privatoque in forum collatum, in ignem ad id raptim factum conjicientes, eodem plerique semet ipsi præcipitaverunt. Cum ex eo pavor ac trepidatio totam urbem pervasisset, alius insuper tumultus ex arce auditur: turris diu quassata prociderat, perque ruinam ejus cohors Pœnorum impetu facto cum signum imperatori dedisset, nudatam stationibus custodiisque solitis hostium esse urbem, non cunctandum in tali occasione ratus Hannibal, totis viribus aggressus urbem momento cepit, signo dato ut omnes puberes interficerentur. Quod imperium crudele, ceterum prope necessarium cognitum ipso eventu est: cui enim parci potuit ex his, qui aut inclusi cum conjugibus ac liberis domos super se ipsos concremaverunt, aut armati nullum ante finem pugnæ quam morientes fecerunt? XV. Captum oppidum est cum ingenti præda. Quamquam pleraque ab dominis de industria corrupta erant, et in cædibus vix ullum discrimen ætatis ira fecerat, et captivi militum præda fuerant, tamen et ex pretio rerum venditarum aliquantum pecuniæ redactum esse constat, et multam pretiosam supellectilem vestemque missam Carthaginem.

Octavo mense, quam cœptum oppugnari, captum Saguntum quidam scripsere: inde Carthaginem novam in hiberna Hannibalem concessisse, quinto deinde mense, quam ab Carthagine profectus sit, in Italiam pervenisse. Quæ si ita sunt, fieri non potuit, ut P. Cornelius, Tib. Sempronius consules fuerint, ad quos et principio oppugnationis legati Saguntini missi sint, et qui in suo magistratu cum Hannibale, alter ad Ticinum amnem, ambo aliquanto post ad Trebiam, pugnaverint. Aut omnia breviora aliquanto fuere, aut Saguntum principio anni, quo P. Cornelius, Tib. Sempronius consules fuerunt, non cœptum oppugnari est, sed captum. Nam excessisse pugna ad Trebiam in annum Cn. Servilii et C. Flaminii non potest, quia C. Flaminius Arimini consulatum iniit, creatus a Tib. Sempronio consule, qui post pugnam ad Trebiam ad creandos consules Romam cum venisset, comitiis perfectis ad exercitum in hiberna rediit.

XVI. Sub idem fere tempus et legati, qui redierant ab Carthagine, Romam retulerunt, omnia hostilia esse, et Sagunti excidium nuntiatum est: tantusque simul mæror patres misericordiaque sociorum peremptorum indigne et pudor non lati auxilii et ira in Carthaginienses metusque de summa rerum cepit, velut si jam ad portas hostis esset, ut, tot uno tempore motibus animi turbati, trepidarent magis quam consulerent. Nam neque hostem acriorem bellicosioremque secum congressum, nec rem Romanam tam desidem unquam fuisse atque imbellem. Sardos Corsosque et Istros atque Illyrios lacessisse magis quam exercuisse Romana arma, et cum Gallis tumultuatum verius quam belligeratum: Pœnum hostem veteranum, trium et viginti annorum militia durissima inter Hispanas gentes semper victorem, duci acerrimo assuetum, recentem ab excidio opulentissimæ urbis Iberum transire, trahere secum tot excitos Hispanorum populos, conciturum avidas semper armorum Gallicas gentes: cum orbe terrarum bellum gerendum in Italia ac pro mœnibus Romanis esse.

XVII. Nominatæ jam antea consulibus provinciæ erant, tum sortiri jussi: Cornelio Hispania, Sempronio Africa cum Sicilia evenit. Sex in eum annum decretæ legiones, et socium quantum ipsis videretur, et classis quanta parari posset. Quattuor et viginti peditum Romanorum millia sunt scripta et mille octingenti equites, sociorum quadraginta millia peditum, quattuor millia et quadringenti equites: naves ducentæ viginti quinqueremes, celoces viginti deductæ. Latum inde ad populum, vellent juberent populo Carthaginiensi bellum indici: ejusque belli causa supplicatio per urbem habita, atque adorati dii, ut bene ac feliciter eveniret, quod bellum populus Romanus jussisset. Inter consules ita copiæ divisæ: Sempronio datæ legiones duæ—ea quaterna millia erant peditum et treceni equites—et sociorum sexdecim millia peditum, equites mille octingenti, naves longæ centum sexaginta, celoces duodecim. Cum his terrestribus maritimisque copiis Tib. Sempronius missus in Siciliam, ita in Africam transmissurus, si ad arcendum Italia Pœnum consul alter satis esset. Cornelio minus copiarum datum, quia L. Manlius prætor et ipse cum haud invalido præsidio in Galliam mittebatur. Navium maxime Cornelio numerus deminutus: sexaginta quinqueremes datæ—neque enim mari venturum aut ea parte belli dimicaturum hostem credebant—et duæ Romanæ legiones cum suo justo equitatu et quattuordecim millibus sociorum peditum, equitibus mille sexcentis. Duas legiones Romanas et decem millia sociorum peditum, mille equites socios, sexcentos Romanos Gallia provincia eodem versa in Punicum bellum habuit.

XVIII. His ita comparatis, ut omnia justa ante bellum fierent, legatos majores natu, Q. Fabium, M. Livium, L. Æmilium, C. Licinium, Q. Bæbium, in Africam mittunt ad percunctandos Carthaginienses, publicone consilio Hannibal Saguntum oppugnasset, et si, id quod facturi videbantur, faterentur ac defenderent publico consilio factum, ut indicerent populo Carthaginiensi bellum. Romani postquam Carthaginem venerunt, cum senatus datus esset, et Q. Fabius nihil ultra quam unum, quod mandatum erat, percunctatus esset, tum ex Carthaginiensibus unus: "præceps vestra, Romani, et prior legatio fuit, cum Hannibalem tamquam suo consilio Saguntum oppugnantem deposcebatis: ceterum hæc legatio verbis adhuc lenior est, re asperior: tunc enim Hannibal et insimulabatur et deposcebatur, nunc ab nobis et confessio culpæ exprimitur, et, ut a confessis, res extemplo repetuntur. Ego autem non, privato publicone consilio Saguntum oppugnatum sit, quærendum censeam, sed utrum jure an injuria. Nostra enim hæc quæstio atque animadversio in civem nostrum est, quid nostro aut suo fecerit arbitrio: vobiscum una disceptatio est, licueritne per fœdus fieri. Itaque quoniam discerni placet, quid publico consilio, quid sua sponte imperatores faciant, nobis vobiscum fœdus est a C. Lutatio consule ictum, in quo cum caveretur utrorumque sociis, nihil de Saguntinis—necdum enim erant socii vestri—cautum est. At enim eo fœdere, quod cum Hasdrubale ictum est, Saguntini excipiuntur. Adversus quod ego nihil dicturus sum, nisi quod a vobis didici: vos enim, quod C. Lutatius consul primo nobiscum fœdus icit, quia neque auctoritate patrum nec populi jussu ictum erat, negastis vos eo teneri: itaque aliud de integro fœdus publico consilio ictum est. Si vos non tenent fœdera vestra nisi ex auctoritate aut jussu vestro icta, ne nos quidem Hasdrubalis fœdus, quod nobis insciis icit, obligare potuit. Proinde omittite Sagunti atque Iberi mentionem facere, et, quod diu parturit animus vester, aliquando pariat." Tum Romanus, sinu ex toga facto, "hic," inquit, "vobis bellum et pacem portamus: utrum placet, sumite." Sub hanc vocem haud minus ferociter, daret, utrum vellet, subclamatum est. Et cum is iterum sinu effuso bellum dare dixisset, accipere se omnes responderunt, et, quibus acciperent animis, iisdem se gesturos.

XIX. Hæc directa percunctatio ac denuntiatio belli magis ex dignitate populi Romani visa est, quam de fœderum

jure verbis disceptare, cum ante, tum maxime **Sagunto** excisa. Nam si verborum disceptationis res esset, quid fœdus Hasdrubalis cum Lutatii priore fœdere, quod mutatum est, comparandum erat, cum in Lutatii fœdere diserte
5 additum esset, ita id ratum fore, si populus censuisset: in Hasdrubalis fœdere nec exceptum tale quidquam fuerit, et tot annorum silentio ita vivo eo comprobatum sit fœdus, ut ne mortuo quidem auctore quidquam mutaretur. Quamquam, et si priore fœdere staretur, satis cautum erat Sa·
10 guntinis, sociis utrorumque exceptis: nam neque additum erat iis qui tunc essent, nec ne qui postea assumerentur: et cum assumere novos liceret socios, quis æquum censeret aut ob nulla quemquam merita in amicitiam recipi, aut receptos in fidem non defendi? Tantum ne Carthagini
15 ensium socii aut sollicitarentur ad defectionem, aut sua sponte desciscentes reciperentur.

Legati Romani ab Carthagine, sicuti iis Romæ imperatum erat, in Hispaniam, ut adirent civitates, ut in societatem pellicerent aut averterent a Pœnis, trajecerunt. Ad
20 Bargusios primum venerunt, a quibus benigne excepti, quia tædebat imperii Punici, multos trans Iberum populos ad cupidinem novæ fortunæ erexerunt. Inde est ventum ad Volcianos, quorum celebre per Hispaniam responsum ceteros populos ab societate Romana avertit. Ita
25 enim maximus natu ex iis in concilio respondit: " quæ verecundia est, Romani, postulare vos uti vestram Carthaginiensium amicitiæ præponamus, cum, qui id fecerunt, Saguntinos crudelius, quam Pœnus hostis prodidit, vos socii prodideritis? Ibi quæratis socios censeo, ubi Sagun
30 tina clades ignota est: Hispanis populis, sicut lugubre, ita insigne documentum Sagunti ruinæ erunt, ne quis fidei Romanæ aut societati confidat." Inde extemplo abire finibus Volcianorum jussi ab nullo deinde concilio Hispaniæ benigniora verba tulere. Ita nequidquam peragrata
35 Hispania in Galliam transeunt. XX. In iis nova terribilisque species visa est, quod armati—ita mos gentis erat— in concilium venerunt. Cum verbis extollentes gloriam virtutemque populi Romani ac magnitudinem imperii pe tissent, ne Pœno bellum Italiæ inferenti per agros urbes
40 que suas transitum darent, tantus cum fremitu risus dici tur ortus, ut vix a magistratibus majoribusque natu juven tus sedaretur: adeo stolida impudensque postulatio visa est, censere, ne in Italiam transmittant Galli bellum, ipsos id avertere in se agrosque suos pro alienis populandos obji

cere. Sedato tandem fremitu responsum legatis est, neque Romanorum in se meritum esse neque Carthaginiensium injuriam, ob quæ aut pro Romanis aut adversus Pœnos sumant arma : contra ea audire sese, gentis suæ homines agro finibusque Italiæ pelli a populo Romano stipendiumque pendere et cetera indigna pati. Eadem ferme in ceteris Galliæ conciliis dicta auditaque, nec hospitale quidquam pacatumve satis prius auditum quam Massiliam venere. Ibi omnia ab sociis inquisita cum cura ac fide cognita, præoccupatos jam ante ab Hannibale Gallorum animos esse : sed ne illi quidem ipsi satis mitem gentem fore—adeo ferocia atque indomita ingenia esse,—ni subinde auro, cujus avidissima gens est, principum animi concilientur. Ita peragratis Hispaniæ et Galliæ populis legati Romam redeunt, haud ita multo post quam consules in provincias profecti erant. Civitatem omnem in expectationem belli erectam invenerunt, satis constante fama, jam Iberum Pœnos transmisisse.

XXI. Hannibal, Sagunto capto, Carthaginem novam in hiberna concesserat, ibique auditis, quæ Romæ quæque Carthagine acta decretaque forent, seque non ducem solum sed etiam causam esse belli, partitis divenditisque reliquiis prædæ, nihil ultra differendum ratus, Hispani generis milites convocat. "Credo ego vos," inquit, "socii, et ipsos cernere, pacatis omnibus Hispaniæ populis, aut finiendam nobis militiam exercitusque dimittendos esse, aut in alias terras transferendum bellum : ita enim hæ gentes non pacis solum sed etiam victoriæ bonis florebunt, si ex aliis gentibus prædam et gloriam quæremus. Itaque cum longinqua a domo instet militia, incertumque sit, quando domos vestras et quæ cuique ibi cara sunt visuri sitis, si quis vestrum suos invisere vult, commeatum do. Primo vere edico adsitis, ut diis bene juvantibus bellum ingentis gloriæ prædæque futurum incipiamus." Omnibus fere visendi domos oblata ultro potestas grata erat, et jam desiderantibus suos et longius in futurum providentibus desiderium. Per totum tempus hiemis quies inter labores aut jam exhaustos aut mox exhauriendos renovavit corpora animosque ad omnia de integro patienda. Vere primo ad edictum convenere.

Hannibal, cum recensuisset omnium gentium auxilia, Gades profectus Herculi vota exsolvit, novisque se obligat votis, si cetera prospera evenissent. Inde partiens curas simul in inferendum atque arcendum bellum, ne, dum ipse terrestri per Hispaniam Galliasque itinere Italiam peteret, nuda apertaque Romanis Africa ab Sicilia esset, valido præsidio firmare eam statuit. Pro eo supplementum ipse ex Africa, maxime jaculatorum, levium armis, petiit, ut Afri in Hispania, in Africa Hispani, melior procul ab domo futurus uterque miles, velut mutuis pignoribus obligati stipendia facerent. Tredecim millia octingentos quinquaginta pedites cetratos misit in Africam, et funditores Baleares octingentos septuaginta, equites mixtos ex multis gentibus mille ducentos. Has copias partim Carthagini præsidio esse, partim distribui per Africam jubet. Simul conquisitoribus in civitates missis quattuor millia conscripta delectæ juventutis, præsidium eosdem et obsides, duci Carthaginem jubet. XXII. Neque Hispaniam negligendam ratus, atque ideo haud minus, quod haud ignarus erat circumitam ab Romanis eam legatis ad sollicitandos principum animos, Hasdrubali fratri, viro impigro, eam provinciam destinat, firmatque eum Africis maxime præsidiis, peditum Afrorum undecim millibus octingentis quinquaginta, Liguribus trecentis, Balearibus quingentis. Ad hæc peditum auxilia additi equites Libyphœnices—mixtum Punicum Afris genus—quadringenti, et Numidæ Maurique accolæ Oceani ad mille octingenti, et parva Ilergetum manus ex Hispania, ducenti equites, et, ne quid terrestris deesset auxilii genus, elephanti quattuordecim. Classis præterea data ad tuendam maritimam oram, quia, qua parte belli vicerant, ea tum quoque rem gesturos Romanos credi poterat, quinquaginta quinqueremes, quadriremes duæ, triremes quinque: sed aptæ instructæque remigio triginta et duæ quinqueremes erant et triremes quinque.

Ab Gadibus Carthaginem ad hiberna exercitus redit. Atque inde profectus præter Etovissam urbem ad Iberum maritimamque oram ducit. Ibi fama est in quiete visum ab eo juvenem divina specie, qui se ab Jove diceret ducem in Italiam Hannibali missum: proinde sequeretur, neque usquam a se deflecteret oculos. Pavidum primo, nusquam circumspicientem aut respicientem, secutum, deinde cura ingenii humani, cum, quidnam id esset quod respicere vetitus esset, agitaret animo, temperare oculis nequivisse eum: vidisse post sese serpentem mira magnitudine cum ingenti arborum ac virgultorum strage ferri, ac post insequi cum fragore cæli nimbum. Tum, quæ moles ea quidve prodigii esset, quærentem audisse vastitatem Italiæ esse: pergeret porro ire, nec ultra inquireret, sineretque fata in occulto esse.

XXIII. Hoc visu lætus tripartito Iberum copias trajecit, præmissis qui Gallorum animos, qua traducendus exercitus erat, donis conciliarent Alpiumque transitus specularentur. Nonaginta millia peditum, duodecim millia equitum Iberum traduxit. Ilergetes inde Bargusiosque et Ausetanos et Lacetaniam, quæ subjecta Pyrenæis montibus est, subegit, oræque huic omni præfecit Hannonem, ut fauces quæ Hispanias Galliis jungunt in potestate essent. Decem millia peditum Hannoni ad præsidium obtinendæ regionis data et mille equites. Postquam per Pyrenæum saltum traduci exercitus est cœptus, rumorque per barbaros manavit certior de bello Romano, tria millia inde Carpetanorum peditum iter averterunt. Constabat non tam bello motos quam longinquitate viæ insuperabilique Alpium transitu. Hannibal, quia revocare aut vi retinere eos anceps erat, ne ceterorum etiam feroces animi irritarentur, supra septem millia hominum domos remisit, quos et ipse gravari militia senserat, Carpetanos quoque ab se dimissos simulans. XXIV. Inde, ne mora atque otium animos sollicitaret, cum reliquis copiis Pyrenæum transgreditur et ad oppidum Iliberri castra locat. Galli quamquam Italiæ bellum inferri audiebant, tamen, quia vi subactos trans Pyrenæum Hispanos fama erat præsidiaque valida imposita, metu servitutis ad arma consternati, Ruscinonem aliquot populi conveniunt. Quod ubi Hannibali nuntiatum est, moram magis quam bellum metuens, oratores ad regulos eorum misit, colloqui semet ipsum cum iis velle, et vel illi propius Iliberrim accederent, vel se Ruscinonem processurum, ut ex propinquo congressus facilior esset: nam et accepturum eos in castra sua se lætum, nec cunctanter se ipsum ad eos venturum: hospitem enim se Galliæ, non hostem advenisse, nec stricturum ante gladium, si per Gallos liceat, quam in Italiam venisset. Et per nuntios quidem hæc. Ut vero reguli Gallorum, castris ad Iliberrim extemplo motis, haud gravanter ad Pœnum venerunt, capti donis cum bona pace exercitum per fines suos præter Ruscinonem oppidum transmiserunt.

XXV. In Italiam interim nihil ultra, quam Iberum transisse Hannibalem a Massiliensium legatis Romam perlatum erat, cum, perinde ac si Alpes jam transisset, Boii sollicitatis Insubribus defecerunt, nec tam ob veteres in populum Romanum iras quam quod nuper circa Padum

Placentiam Cremonamque colonias in agrum Gallicum deductas aegre patiebantur. Itaque armis repente arreptis in eum ipsum agrum impetu facto tantum terroris ac tumultus fecerunt, ut non agrestis modo multitudo sed ipsi triumviri Romani, qui ad agrum venerant assignandum, diffisi Placentiae moenibus Mutinam confugerint, C. Lutatius, C. Servilius, M. Annius. Lutatii nomen haud dubium est: pro C. Servilio et M. Annio Q. Acilium et C. Herennium habent quidam annales, alii P. Cornelium Asinam et C. Papirium Masonem. Id quoque dubium est, legati ad expostulandum missi ad Boios violati sint, an in triumviros agrum metantes impetus sit factus. Mutinae cum obsiderentur, et gens ad oppugnandarum urbium artes rudis, pigerrima eadem ad militaria opera, segnis intactis assideret muris, simulari coeptum de pace agi, evocatique ab Gallorum principibus legati ad colloquium non contra jus modo gentium sed violata etiam, quae data in id tempus erat, fide, comprehenduntur, negantibus Gallis, nisi obsides sibi redderentur, eos dimissuros. Cum haec de legatis nuntiata essent, et Mutina praesidiumque in periculo esset, L. Manlius praetor ira accensus effusum agmen ad Mutinam ducit. Silvae tunc circa viam erant, plerisque incultis: ibi inexplorato profectus, in insidias praecipitatus, multaque cum caede suorum aegre in apertos campos emersit. Ibi castra communita; et quia Gallis ad tentanda ea defuit spes, refecti sunt militum animi, quamquam ad quingentos cecidisse satis constabat. Iter deinde de integro coeptum, nec, dum per patentia loca ducebatur agmen, apparuit hostis: ubi rursus silvae intratae, tum postremos adorti cum magna trepidatione ac pavore omnium septingentos milites occiderunt, sex signa ademere. Finis et Gallis territandi et pavendi fuit Romanis, ut e saltu invio atque impedito evasere. Inde apertis locis facile tutantes agmen Romani Tannetum, vicum propinquum Pado, contendere. Ibi se munimento ad tempus commeatibusque fluminis et Brixianorum etiam Gallorum auxilio adversus crescentem in dies multitudinem hostium tutabantur. XXVI. Qui tumultus repens postquam est Romam perlatus, et Punicum insuper Gallico bellum auctum patres acceperunt, C. Atilium praetorem cum una legione Romana et quinque millibus sociorum, dilectu novo a consule conscriptis, auxilium ferre Manlio jubent, qui sine ullo certamine—abscesserant enim metu hostes—Tannetum pervenit.

Et P. Cornelius, in locum ejus, quæ missa cum prætore erat, transcripta legione nova, profectus ab urbe sexaginta longis navibus, præter oram Etruriæ Ligurumque et inde Saluviûm montes pervenit Massiliam, et ad proximum ostium Rhodani—pluribus enim divisus amnis in mare decurrit—castra locat, vixdum satis credens Hannibalem superasse Pyrenæos montes. Quem ut de Rhodani quoque transitu agitare animadvertit, incertus quonam ei loco occurreret, necdum satis refectis ab jactatione maritima militibus, trecentos interim delectos equites ducibus Massiliensibus et auxiliaribus Gallis ad exploranda omnia visendosque ex tuto hostes præmittit. Hannibal, ceteris metu aut pretio pacatis, jam in Volcarum pervenerat agrum, gentis validæ: colunt autem circa utramque ripam Rhodani: sed, diffisi citeriore agro arceri Pœnum posse, ut flumen pro munimento haberent, omnibus ferme suis trans Rhodanum trajectis ulteriorem ripam amnis armis obtinebant. Ceteros accolas fluminis Hannibal et eorum ipsorum, quos sedes suæ tenuerant, simul pellicit donis ad naves undique contrahendas fabricandasque; simul et ipsi trajici exercitum levarique quamprimum regionem suam tanta hominum urgente turba cupiebant. Itaque ingens coacta vis navium est lintriumque temere ad vicinalem usum paratarum: novasque alias primum Galli inchoantes cavabant ex singulis arboribus, deinde et ipsi milites, simul copia materiæ simul facilitate operis inducti, alveos informes, nihil, dummodo innare aquæ et capere onera possent, curantes raptim, quibus se suaque transveherent, faciebant. XXVII. Jamque omnibus satis comparatis ad trajiciendum, terrebant ex adverso hostes, omnem ripam equites virique obtinentes; quos ut averteret, Hannonem Bomilcaris filium vigilia prima noctis cum parte copiarum, maxime Hispanis, adverso flumine ire iter unius diei jubet, et, ubi primum possit, quam occultissime trajecto amni, circumducere agmen, ut, cum opus facto sit, adoriatur ab tergo hostem. Ad id dati duces Galli edocent, inde millia quinque et viginti ferme supra parvæ insulæ circumfusum amnem latiorem, ubi dividebatur, eoque minus alto alveo transitum ostendere. Ibi raptim cæsa materia ratesque fabricatæ, in quibus equi virique et alia onera trajicerentur. Hispani sine ulla mole, in utres vestimentis conjectis, ipsi cætris superpositis incubantes flumen tranavere. Et alius exercitus ratibus junctis trajectus, castris prope flumen positis, nocturno itinere atque operis labore fessus quiete unius diei reficitur intento duce ad consilium opportune exsequendum. Postero die profecti ex loco prodito fumo significant transisse et haud procul abesse. Quod ubi accepit Hannibal, ne 5 tempori deesset, dat signum ad trajiciendum. Jam paratas aptatasque habebat pedes lintres. Equites fere propter eo-uos nantes navium agmen ad excipiendum adversi impetum fluminis parte superiore transmittens, tranquillitatem infra trajicientibus lintribus præbebat. Equorum pars 10 magna nantes loris a puppibus trahebantur, præter eos, quos instratos frenatosque, ut extemplo egresso in ripam equiti usui essent, imposuerant in naves. XXVIII. Galli occursant in ripam cum variis ululatibus cantuque moris sui, quatientes scuta super capita vibrantesque dexteris 15 tela, quamquam ex adverso terrebat tanta vis navium cum ingenti sono fluminis et clamore vario nautarum et militum, et qui nitebantur perrumpere impetum fluminis, et qui ex altera ripa trajicientes suos hortabantur. Jam satis paventes adverso tumultu terribilior ab tergo adortus clamor, 20 castris ab Hannone captis: mox et ipse aderat, ancepsque terror circumstabat, et e navibus tanta vi armatorum in terram evadente, et ab tergo improvisa premente acie. Galli postquam utroque vim facere conati pellebantur, qua patere visum maxime iter, perrumpunt, trepidique in 25 vicos passim suos diffugiunt. Hannibal ceteris copiis per otium trajectis, spernens jam Gallicos tumultus, castra locat.

Elephantorum trajiciendorum varia consilia fuisse credo, certe variata memoria actæ rei. Quidam congregatis ad 30 ripam elephantis tradunt ferocissimum ex iis irritatum ab rectore suo, cum refugientem in aquam nantem sequeretur, traxisse gregem, ut quemque timentem altitudinem destitueret vadum, impetu ipso fluminis in alteram ripam rapiente. Ceterum magis constat ratibus trajectos: id ut 35 tutius consilium ante rem foret, ita acta re ad fidem pronius est. Ratem unam ducentos longam pedes, quinquaginta latam, a terra in amnem porrexerunt; quam, ne secunda aqua deferretur, pluribus validis retinaculis parte superiore ripæ religatam pontis in modum humo injecta 40 constraverunt, ut belluæ audacter velut per solum ingrederentur. Altera ratis æque lata, longa pedes centum, ad trajiciendum flumen apta, huic copulata est; et, cum elephanti per stabilem ratem tamquam viam, prægredientibus feminis, acti ubi in minorem applicatam transgressi sunt, extemplo resolutis, quibus leviter annexa erat, vinculis, ab actuariis aliquot navibus ad alteram ripam pertrahitur. Ita primis expositis alii deinde repetiti ac trajecti sunt. Nihil sane trepidabant, donec continenti velut ponte agerentur: primus erat pavor, cum soluta ab ceteris rate in altum raperentur: ibi urgentes inter se, cedentibus extremis ab aqua, trepidationis aliquantum edebant, donec quietem ipse timor circumspectantibus aquam fecisset. Excidere etiam sævientes quidam in flumen, sed pondere ipso stabiles, dejectis rectoribus, quærendis pedetentim vadis in terram evasere.

XXIX. Dum elephanti trajiciuntur, interim Hannibal Numidas equites quingentos ad castra Romana miserat speculatum, ubi et quantæ copiæ essent et quid pararent. Huic alæ equitum missi, ut ante dictum est, ab ostio Rhodani trecenti Romanorum equites occurrunt. Prœlium atrocius quam pro numero pugnantium editur: nam præter multa vulnera cædes etiam prope par utrimque fuit, fugaque et pavor Numidarum Romanis jam admodum fessis victoriam dedit. Victores ad centum sexaginta, nec omnes Romani sed pars Gallorum, victi amplius ducenti ceciderunt. Hoc principium simul omenque belli, ut summæ rerum prosperum eventum, ita haud sane incruentam ancipitisque certaminis victoriam Romanis portendit. Ut, re ita gesta, ad utrumque ducem sui rediêrunt, nec Scipioni stare sententia poterat, nisi ut ex consiliis cœptisque hostis et ipse conatus caperet; et Hannibalem incertum, utrum cœptum in Italiam intenderet iter, an cum eo, qui primus se obtulisset Romanus exercitus, manus consereret, avertit a præsenti certamine Boiorum legatorum regulique Magali adventus, qui se duces itinerum, socios periculi fore affirmantes,integro bello, nusquam ante libatis viribus Italiam aggrediendam censent. Multitudo timebat quidem hostem, nondum oblitterata memoria superioris belli; sed magis iter immensum Alpesque— rem fama utique inexpertis horrendam—metuebat.

XXX. Itaque Hannibal, postquam ipsi sententia stetit pergere ire atque Italiam petere, advocata concione, varie militum versat animos castigando adhortandoque: mirari se, quinam pectora semper impavida repens terror invaserit: per tot annos vincentes eos stipendia facere, neque ante Hispania excessisse quam omnes gentesque et terræ, quas duo diversa maria amplectantur, Carthaginiensium essent: indignatos deinde, quod, quicumque Saguntum

obsedissent, velut ob noxam sibi dedi postularet populus
Romanus, Iberum trajecisse ad delendum nomen Romanorum liberandumque orbem terrarum. Tum nemini
visum id longum, cum ab occasu solis ad exortus intende-
5 rent iter: nunc, postquam multo majorem partem itineris
emensam cernant, Pyrenæum saltum inter ferocissimas
gentes superatum, Rhodanum, tantum amnem, tot millibus
Gallorum prohibentibus, domita etiam ipsius fluminis vi
trajectum, in conspectu Alpes habeant, quarum alterum
10 latus Italiæ sit, in ipsis portis hostium fatigatos subsistere
—quid Alpes aliud esse credentes quam montium altitu-
dines? Fingerent altiores Pyrenæi jugis:—nullas profecto terras cælum contingere nec inexsuperabiles humano
generi esse. Alpes quidem habitari, coli, gignere atque
15 alere animantes. Pervias paucis esse—et exercitibus?
Eos ipsos, quos cernant, legatos non pennis sublime elatos
Alpes transgressos: ne majores quidem eorum indigenas,
sed advenas Italiæ cultores has ipsas Alpes ingentibus
sæpe agminibus cum liberis ac conjugibus, migrantium
20 modo, tuto transmisisse. Militi quidem armato, nihil
secum præter instrumenta belli portanti, quid invium aut
inexsuperabile esse? Saguntum ut caperetur, quid per
octo menses periculi, quid laboris exhaustum esse? Romam—caput orbis terrarum—petentibus quidquam adeo
25 asperum atque arduum videri, quod inceptum moretur?
Cepisse quondam Gallos ea—quæ adiri posse Pœnus de-
speret? Proinde aut cederent animo atque virtute genti
per eos dies toties ab se victæ, aut itineris finem speren'
campum interjacentem Tiberi ac mœnibus Romanis.
30 XXXI. His adhortationibus incitatos corpora curare
atque ad iter se parare jubet. Postero die profectus
adversa ripa Rhodani mediterranea Galliæ petit, non quia
rectior ad Alpes via esset, sed quantum a mari recessisset,
minus obvium fore Romanum credens, cum quo, prius-
35 quam in Italiam ventum foret, non erat in animo manus
conserere. Quartis castris ad Insulam pervenit. Ibi
Isara Rhodanusque amnes diversis ex Alpibus decurrentes,
agri aliquantum amplexi confluunt in unum: mediis campis Insulæ nomen inditum. Incolunt prope Allobroges,
40 gens jam inde nulla Gallica gente opibus aut fama inferior.
Tum discors erat: regni certamine ambigebant fratres:
major, et qui prius imperitarat, Brancus nomine, minore
ab fratre et cœtu juniorum, qui jure minus, vi plus poterat,
pellebatur. Hujus seditionis peropportuna disceptatio cum

ad Hannibalem delata esset, arbiter regni factus, quud ea senatus principumque sententia fuerat, imperium majori restituit. Ob id meritum commeatu copiaque rerum omnium, maxime vestis, est adjutus, quam infames frigoribus Alpes præparari cogebant. Sedatis Hannibal certaminibus Allobrogum, cum jam Alpes peteret, non recta regione iter instituit sed ad lævam in Tricastinos flexit; inde per extremam oram Vocontiorum agri tendit in Tricorios, haud usquam impedita via, priusquam ad Druentiam flumen pervenit. Is et ipse Alpinus amnis longe omnium Galliæ fluminum difficillimus transitu est : nam, cum aquæ vim vehat ingentem, non tamen navium patiens est, quia nullis coercitus ripis, pluribus simul neque iisdem alveis fluens, nova semper vada novosque gurgites—et ob eadem pediti quoque incerta via est—ad hoc saxa glareosa volvens, nihil stabile nec tutum ingredienti præbet. Et tum, forte imbribus auctus, ingentem transgredientibus tumultum fecit, cum super cetera trepidatione ipsi sua atque incertis clamoribus turbarentur.

XXXII. P. Cornelius consul, triduo fere postquam Hannibal a ripa Rhodani movit, quadrato agmine ad castra hostium venerat, nullam dimicandi moram facturus. Ceterum ubi deserta munimenta nec facile se tantum progressos assecuturum videt, ad mare ac naves rediit, tutius faciliusque ita descendenti ab Alpibus Hannibali occursurus. Ne tamen nuda auxiliis Romanis Hispania esset, quam provinciam sortitus erat, Cn. Scipionem fratrem cum maxima parte copiarum adversus Hasdrubalem misit, non ad tuendos tantummodo veteres socios conciliandosque novos, sed etiam ad pellendum Hispania Hasdrubalem : ipse cum admodum exiguis copiis Genuam repetit, eo, qui circa Padum erat, exercitu Italiam defensurus.

Hannibal ab Druentia campestri maxime itinere ad Alpes cum bona pace incolentium ea loca Gallorum pervenit. Tum, quamquam fama prius, qua incerta in majus vero ferri solent, præcepta res erat, tamen ex propinquo visa montium altitudo nivesque cælo prope immixtæ, tecta informia imposita rupibus, pecora jumentaque torrida frigore, homines intonsi et inculti, animalia inanimaliaque omnia rigentia gelu, cetera visu quam dictu fœdiora, terrorem renovarunt. Erigentibus in primos agmen clivos apparuerunt imminentes tumulos insidentes montani, qui, si valles occultiores insedissent, coorti ad pugnam repente

ingentem fugam stragemque dedissent. Hannibal consistere signa jussit; Gallisque ab visenda loca praemissis postquam comperit transitum ea non esse, castra inter confragosa omnia praeruptaque, quam extentissima potest valle,
5 locat. Tum per eosdem Gallos, haud sane multum lingua moribusque abhorrentes, cum se immiscuissent colloquiis montanorum, edoctus, interdiu tantum obsideri saltum, nocte in sua quemque dilabi tecta, luce prima subiit tumulos, ut ex aperto atque interdiu vim per angustias
10 facturus. Die deinde simulando aliud, quam quod parabatur consumpto, cum eodem quo constiterant loco castra communissent, ubi primum digressos tumulis montanos laxatasque sensit custodias, pluribus ignibus quam pro numero manentium in speciem factis, impedimentisque
15 cum equite relictis et maxima parte peditum, ipse cum expeditis—acerrimo quoque viro—raptim angustias evadit, iisque ipsis tumulis, quos hostes tenuerant, consedit. XXXIII. Prima deinde luce castra mota, et agmen reliquum incedere coepit. Jam montani signo dato ex castellis
20 ad stationem solitam conveniebant, cum repente conspiciunt alios, arce occupata sua, super caput imminentes, alios via transire hostes. Utraque simul objecta res oculis animisque immobiles parumper eos defixit: deinde, ut trepidationem in angustiis suoque ipsum tumultu mi-
25 sceri agmen videre, equis maxime consternatis, quidquid adjecissent ipsi terroris satis ad perniciem fore rati, perversis rupibus, juxta invia ac devia assueti, decurrunt. Tum vero simul ab hostibus simul ab iniquitate locorum Poeni oppugnabantur, plusque inter ipsos, sibi quoque
30 tendente, ut periculo prius evaderet, quam cum hostibus certaminis erat. Et equi maxime infestum agmen faciebant, qui et clamoribus dissonis, quos nemora etiam repercussaeque valles augebant, territi trepidabant, et icti forte aut vulnerati adeo consternabantur, ut stragem in-
35 gentem simul hominum ac sarcinarum omnis generis facerent. Multosque turba, cum praecipites diruptaeque utrimque angustiae essent, in immensum altitudinis dejecit, quosdam et armatos: sed ruinae maxime modo jumenta cum oneribus devolvebantur. Quae quamquam foeda visu
40 erant, stetit parumper tamen Hannibal ac suos continuit, ne tumultum ac trepidationem augeret: deinde, postquam interrumpi agmen vidit, periculumque esse, ne exutum impedimentis exercitum nequidquam incolumem tradu-xisset, decurrit ex superiore loco, et, cum impetu ipso

fudisset hostem, suis quoque tumultum auxit. Sed is tumultus momento temporis, postquam liberata itinera fuga montanorum erant, sedatur; nec per otium modo, sed prope silentio mox omnes traducti. Castellum inde, quod caput ejus regionis erat, viculosque circumjectos capit, et captivo ac pecoribus per triduum exercitum aluit; et quia nec montanis primo perculsis nec loco magnopere impediebantur, aliquantum eo triduo viæ confecit. XXXIV. Perventum inde ad frequentem cultoribus alium, ut inter montanos, populum. Ibi non bello aperto, sed suis artibus—fraude et insidiis—est prope circumventus. Magno natu principes castellorum oratores ad Pœnum veniunt, alienis malis—utili exemplo—doctos, memorantes, amicitiam malle quam vim experiri Pœnorum, itaque obedienter imperata facturos, commeatum itinerisque duces et ad fidem promissorum obsides acciperet. Hannibal nec temere credendum nec aspernandum ratus, ne repudiati aperte hostes fierent, benigne cum respondisset, obsidibus quos dabant acceptis et commeatu quem in viam ipsi detulerant usus, nequaquam ut inter pacatos, composito agmine duces eorum sequitur: primum agmen elephanti et equites erant, ipse post cum robore peditum circumspectans sollicitusque omnia incedebat. Ubi in angustiorem viam et parte altera subjectam jugo insuper imminenti ventum est, undique ex insidiis barbari a fronte, ab tergo coorti, comminus eminus petunt, saxa ingentia in agmen devolvunt. Maxima ab tergo vis hominum urgebat: in eos versa peditum acies haud dubium fecit, quin, nisi firmata extrema agminis fuissent, ingens in eo saltu accipienda clades fuerit. Tunc quoque ad extremum periculi ac prope perniciem ventum est: nam dum cunctatur Hannibal dimittere agmen in angustias, quia non, ut ipse equitibus præsidio erat, ita peditibus quidquam ab tergo auxilii reliquerat, occursantes per obliqua montani interrupto medio agmine viam insedere, noxque una Hannibali sine equitibus atque impedimentis acta est. XXXV. Postero die jam segnius intercursantibus barbaris junctæ copiæ, saltusque haud sine clade, majore tamen jumentorum quam hominum pernicie, superatus. Inde montani pauciores jam et latrocinii magis quam belli more, concursabant modo in primum modo in novissimum agmen, utcumque aut locus opportunitatem daret, aut progressi morative aliquam occasionem fecissent. Elephanti, sicut per artas præcipites vias magna mora agebantur, ita **tutum** ab hostibus, quacumque incederent, quia insuetis adeundi propius metus erat, agmen praebebant.

Nono die in jugum Alpium perventum est, per invia pleraque et errores, quos aut ducentium fraus, aut, ubi fides iis non esset, temere initae valles a conjectantibus iter faciebant. Biduum in jugo stativa habita, fessisque labore ac pugnando quies data militibus: jumentaque aliquot, quae prolapsa in rupibus erant, sequendo vestigia agminis in castra pervenere. Fessis taedio tot malorum nivis etiam casus, occidente jam sidere Vergiliarum, ingentem terrorem adjecit. Per omnia nive oppleta, cum signis prima luce motis segniter agmen incederet, pigritiaque et desperatio in omnium vultu emineret, praegressus signa Hannibal in promontorio quodam, unde longe ac late prospectus erat, consistere jussis militibus Italiam ostentat subjectosque Alpinis montibus Circumpadanos campos: moeniaque eos tum transcendere non Italiae modo, sed etiam urbis Romanae. Cetera plana, proclivia fore, uno aut summum altero proelio arcem et caput Italiae in manu ac potestate habituros. Procedere inde agmen coepit, jam nihil ne hostibus quidem praeter parva furta per occasionem tentantibus. Ceterum iter multo quam in ascensu fuerat, ut pleraque Alpium ab Italia sicut breviora ita arrectiora sunt, difficilius fuit. Omnis enim ferme via praeceps, angusta, lubrica erat, ut neque sustinere se a lapsu possent, nec, qui paulum titubassent, haerere afflicti vestigio suo, aliique super alios, et jumenta et homines, occiderent.

XXXVI. Ventum deinde ad multo angustiorem rupem, atque ita rectis saxis, ut aegre expeditus miles tentabundus manibusque retinens virgulta ac stirpes circa eminentes demittere sese posset. Natura locus jam ante praeceps recenti lapsu terrae in pedum mille admodum altitudinem abruptus erat. Ibi cum velut ad finem viae equites constitissent, miranti Hannibali, quae res moraretur agmen, nuntiatur rupem inviam esse. Digressus deinde ipse ad locum visendum: haud dubia res visa quin per invia circa nec trita antea, quamvis longo ambitu, circumduceret agmen. Ea vero via insuperabilis fuit: nam, cum super veterem nivem intactam nova modicae altitudinis esset, molli nec peraltae facile pedes ingredientium insistebant: ut vero tot hominum jumentorumque incessu dilapsa est, per nudam infra glaciem fluentemque tabem liquescentis nivis ingrediebantur. Tetra ibi luctatio erat, ut a lubrica glacie non recipiente vestigium, et in prono citius pede se fallente, ut, seu manibus in assurgendo seu genu se adjuvissent, ipsis adminiculis prolapsis iterum corruerent: nec stirpes circa radicesve, ad quas pede aut manu quisquam eniti posset, erant; ita in levi tantum glacie tabidaque nive volutabantur. Jumenta secabant interdum etiam tamen infimam ingredientia nivem, et prolapsa jactandis gravius in connitendo ungulis penitus perfringebant, ut pleraque, velut pedica capta, hærerent in dura et alta concreta glacie. XXXVII. Tandem nequidquam jumentis atque hominibus fatigatis, castra in jugo posita, ægerrime ad id ipsum loco purgato, tantum nivis fodiendum atque egerendum fuit. Inde ad rupem muniendam, per quam unam via esse poterat, milites ducti, cum cædendum esset saxum, arboribus circa immanibus dejectis detruncatisque struem ingentem lignorum faciunt, eamque, cum et vis venti apta faciendo igni coorta esset, succendunt, ardentiaque saxa infuso aceto putrefaciunt. Ita torridam incendio rupem ferro pandunt, molliuntque anfractibus modicis clivos, ut non jumenta solum sed elephanti etiam deduci possent. Quadriduum circa rupem consumptum, jumentis prope fame absumptis: nuda enim fere cacumina sunt, et, si quid est pabuli, obruunt nives. Inferiora valles et apricos quosdam colles habent, rivosque prope silvas et jam humano cultu digniora loca. Ibi jumenta in pabulum missa, et quies muniendo fessis hominibus data triduo. Inde ad planum descensum, et jam locis mollioribus et accolarum ingeniis.

XXXVIII. Hoc maxime modo in Italiam perventum est, quinto mense a Carthagine nova, ut quidam auctores sunt, quinto decimo die Alpibus superatis. Quantæ copiæ transgresso in Italiam Hannibali fuerint, nequaquam inter auctores constat. Qui plurimum, centum millia peditum, viginti equitum fuisse scribunt: qui minimum, viginti millia peditum, sex equitum. L. Cincius Alimentus, qui captum se ab Hannibale scribit, maxime auctor moveret, nisi confunderet numerum Gallis Liguribusque additis: cum his octoginta millia peditum, decem equitum adducta in Italiam—magis affluxisse verisimile est, et ita quidam auctores sunt:—ex ipso autem audisse Hannibale, postquam Rhodanum transierit, triginta sex millia hominum ingentemque numerum equorum et aliorum jumentorum amisisse. E Taurinis, quæ Galliæ proxima gens erat, in Italiam digressum cum inter omnes constet, eo magis miror ambigi, quanam Alpes transierit, et vulgo credere

Penino—atque inde nomen ei jugo Alpium inditum—
transgressum, Coelium per Cremonis jugum dicere transisse: qui ambo saltus eum non in Taurinos, sed per
Salassos montanos ad Libuos Gallos deduxerint: nec veri-
5 simile est ea tum ad Galliam patuisse itinera, utique quæ
ad Peninum ferunt, obsæpta gentibus semigermanis fuissent: neque hercule montibus his, si quem forte id movet,
ab transitu Poenorum ullo Seduni Veragri, incolæ jugi
ejus, norunt nomen inditum, sed ab eo, quem, in summo
10 sacratum vertice, Peninum montani appellant.

XXXIX. Peropportune ad principia rerum Taurinis,
proximæ genti, adversus Insubres motum bellum erat.
Sed armare exercitum Hannibal, ut parti alteri auxilio
esset, in reficiendo maxime sentientem contracta ante
15 mala, non poterat: otium enim ex labore, copia ex inopia,
cultus ex illuvie tabeque, squalida et prope efferata corpora varie movebat. Ea P. Cornelio consuli causa fuit,
cum Pisas navibus venisset, exercitu a Manlio Atilioque
accepto tirone et in novis ignominiis trepido, ad Padum
20 festinandi, ut cum hoste nondum refecto manus consereret.
Sed cum Placentiam consul venit, jam ex stativis moverat
Hannibal, Taurinorumque unam urbem, caput gentis
ejus, quia volentis in amicitiam non veniebat, vi expugna-
rat: et junxisset sibi, non metu solum sed etiam voluntate,
25 Gallos accolas Padi, ni eos circumspectantes defectionis
tempus subito adventus consulis oppressisset. Et Hannibal movit ex Taurinis, incertos, quæ pars sequenda esset,
Gallos præsentem secuturos ratus. Jam prope in conspectu erant exercitus, convenerantque duces sicuti inter
30 se nondum satis noti, ita jam imbutus uterque quadam
admiratione alterius. Nam Hannibalis et apud Romanos
jam ante Sagunti excidium celeberrimum nomen erat, et
Scipionem Hannibal eo ipso, quod adversus se dux potissimum lectus esset, præstantem virum credebat. Et auxe-
35 rant inter se opinionem, Scipio, quod relictus in Gallia
obvius fuerat in Italiam transgresso Hannibali, Hannibal
et conatu tam audaci trajiciendarum Alpium et effectu.

Occupavit tamen Scipio Padum trajicere, et ad Ticinum amnem motis castris, priusquam educeret in aciem,
40 adhortandorum militum causa talem orationem est exorsus: XL. "Si eum exercitum, milites, educerem in aciem,
quem in Gallia mecum habui, supersedissem loqui apud
vos: quid enim adhortari referret aut eos equites, qui
equitatum hostium ad Rhodanum flumen egregie vicissent,

LIBER XXI. CAP. XLI.

aut eas legiones, cum quibus fugientem hunc ipsum hostem secutus confessionem cedentis ac detractantis certamen pro victoria habui? Nunc, quia ille exercitus Hispaniæ provinciæ scriptus ibi cum fratre Cn. Scipione meis auspiciis rem gerit, ubi eum gerere senatus populus- 5 que Romanus voluit, egi. ut consulem ducem adversus Hannibalem ac Pœnos haberetis, ipse me huic voluntario certamini obtuli, novo imperatori apud novos milites pauca verba facienda sunt. Ne genus belli neve hostem ignoretis, cum iis est vobis, milites, pugnandum, quos terra mari- 10 que priore bello vicistis, a quibus stipendium per viginti annos exegistis, a quibus capta belli præmia Siciliam ac Sardiniam habetis. Erit igitur in hoc certamine is vobis illisque animus, qui victoribus et victis esse solet. Nec nunc illi, quia audent, sed quia necesse est, pu- 15 gnaturi sunt, nisi creditis, qui exercitu incolumi pugnam detractavere, eos, duabus partibus peditum equitumque in transitu Alpium amissis, cum plures pæne perierint quam supersint, plus spei nactos esse. At enim pauci quidem sunt, sed vigentes animis corporibusque, quorum robora 20 ac vires vix sustinere vis ulla possit. Effigies, immo umbræ hominum, fame, frigore, illuvie, squalore enecti, contusi ac debilitati inter saxa rupesque: ad hoc præusti artus, nive rigentes nervi, membra torrida gelu, quassata fractaque arma, claudi ac debiles equi: cum hoc equite, 25 cum hoc pedite pugnaturi estis, reliquias extremas hostium, non hostem, habebitis. Ac nihil magis vereor quam ne cui, vos cum pugnaveritis, Alpes vicisse Hannibalem videantur: sed ita forsitan decuit, cum fœderum ruptore duce ac populo deos ipsos, sine ulla humana ope, commit- 30 tere ac profligare bellum, nos, qui secundum deos violati sumus, commissum ac profligatum conficere. XLI. Non vereor, ne quis me hæc vestri adhortandi causa magnifice loqui existimet, ipsum aliter animo affectum esse: licuit in Hispaniam provinciam meam, quo jam profectus eram, 35 cum exercitu ire meo, ubi et fratrem consilii participem ac periculi socium haberem, et Hasdrubalem potius quam Hannibalem hostem, et minorem haud dubie molem belli: tamen, cum præterveherer navibus Galliæ oram, ad famam hujus hostis in terram egressus, præmisso equitatu, 40 ad Rhodanum movi castra. Equestri prœlio, qua parte copiarum conserendi manum fortuna data est, hostem fudi: peditum agmen, quod in modum fugientium raptim agebatur, quia assequi terra non poteram, regressus ad

naves, quanta maxime potui celeritate, tanto maris terrarumque circuitu in radicibus prope Alpium huic timenda
hosti obvius fui. Utrum, cum declinarem certamen, im-
provisus incidisse videor an occurrere in vestigiis ejus,
5 lacessere ac trahere ad decernendum ? Experiri juvat,
utrum alios repente Carthaginienses per viginti annos
terra ediderit, an iidem sint, qui ad Ægates pugnaverint
insulas, et quos ab Eryce duodevicenis denariis æstimatos
emisistis: et utrum Hannibal hic sit æmulus itinerum
10 Herculis, ut ipse fert, an vectigalis stipendiariusque et
servus populi Romani a patre relictus : quem nisi Saguntinum scelus agitaret, respiceret profecto, si non patriam
victam, domum certe patremque et fœdera Hamilcaris
scripta manu, qui jussus ab consule nostro præsidium de-
15 duxit ab Eryce ; qui graves impositas victis Carthaginiensibus leges fremens mærensque accepit ; qui decedens
Sicilia stipendium populo Romano dare pactus est. Itaque vos ego, milites, non eo solum animo, quo adversus
alios hostes soletis, pugnare velim, sed cum indignatione
20 quadam atque ira, velut si servos videatis vestros arma
repente contra vos ferentes. Licuit ad Erycem clausos,
ultimo supplicio humanorum, fame interficere, licuit victri-
cem classem in Africam trajicere atque intra paucos dies
sine ullo certamine Carthaginem delere. Veniam dedi-
25 mus precantibus, emisimus ex obsidione, pacem cum victis fecimus, tutelæ deinde nostræ duximus, cum Africo
bello urgerentur. Pro his impertitis, furiosum juvenem
sequentes, oppugnatum patriam nostram veniunt. Atque
utinam pro decore tantum hoc vobis et non pro salute
30 esset certamen ! Non de possessione Siciliæ ac Sardiniæ,
de quibus quondam agebatur, sed pro Italia vobis est pugnandum : nec est alius ab tergo exercitus, qui, nisi nos
vincimus, hosti obsistat, nec Alpes aliæ sunt, quas dum
superant, comparari nova possint præsidia. Hic est ob-
35 standum, milites, velut si ante Romana mœnia pugnemus.
Unusquisque se non corpus suum, sed conjugem ac liberos
parvos armis protegere putet ; nec domesticas solum agitet
curas, sed identidem hoc animo reputet, nostras nunc intueri manus senatum populumque Romanum ; qualis nostra
40 vis virtusque fuerit, talem deinde fortunam illius urbis ac
Romanis imperii fore." XLII. Hæc apud Romanos consul.

Hannibal, rebus prius quam verbis adhortandos milites
ratus, circumdato ad spectaculum exercitu, captivos mon-

tanos vinctos in medio statuit, armisque Gallicis ante
pedes eorum projectis, interrogare interpretem jussit, ecquis,
si vinculis levaretur armaque et equum victor acciperet,
decertare ferro vellet. Cum ad unum omnes ferrum pu-
gnamque poscerent, et dejecta in id sors esset, se quisque 5
eum optabat, quem fortuna in id certamen legeret, et,
cujusque sors exciderat, alacer, inter gratulantes gaudio
exsultans, cum sui moris tripudiis arma raptim capiebat.
Ubi vero dimicarent, is habitus animorum non inter ejusdem modo conditionis homines erat, sed etiam inter spe- 10
ctantes vulgo, ut non vincentium magis quam bene mori-
entium fortuna laudaretur. XLIII. Cum sic aliquot spe-
ctatis paribus affectos dimisisset, concione inde advocata,
ita apud eos locutus fertur: "si, quem animum in alienæ
sortis exemplo paulo ante habuistis, eundem mox in æsti- 15
manda fortuna vestra habueritis, vicimus, milites. Neque
enim spectaculum modo illud, sed quædam veluti imago
vestræ conditionis erat. Ac nescio an majora vincula
majoresque necessitates vobis quam captivis vestris fortuna circumdederit. Dextra lævaque duo maria claudunt, 20
nullam ne ad effugium quidem navem habentibus; circa
Padus amnis—major Padus ac violentior Rhodano,—
ab tergo Alpes urgent, vix integris vobis ac vigentibus
transitæ. Hic vincendum aut moriendum, milites, est,
ubi primum hosti occurristis. Et eadem fortuna, quæ 25
necessitatem pugnandi imposuit, præmia vobis ea victoribus proponit, quibus ampliora homines ne ab diis quidem
immortalibus optare solent. Si Siciliam tantum ac Sardiniam, parentibus nostris ereptas, nostra virtute recuperaturi
essemus satis tamen ampla pretia essent: quidquid Ro- 30
mani tot triumphis partum congestumque possident, id
omne vestrum cum ipsis dominis futurum est. In hanc
tam opimam mercedem agite, cum diis bene juvantibus
arma capite. Satis adhuc in vastis Lusitaniæ Celtiberiæ-
que montibus pecora consectando nullum emolumentum 35
tot laborum periculorumque vestrorum vidistis: tempus
est jam opulenta vos ac ditia stipendia facere et magna
operæ pretia mereri, tantum itineris per tot montes flumi-
naque et tot armatas gentes emensos. Hic vobis termi-
num laborum fortuna dedit, hic dignam mercedem emeri- 40
tis stipendiis dabit. Nec quam magni nominis bellum est,
tam difficilem existimaritis victoriam fore: sæpe et con-
temptus hostis cruentum certamen edidit, et inclyti populi
regesque perlevi momento victi sunt. Nam, dempto hoc

uno fulgore nominis Romani, quid est, cur illi vobis com
parandi sint? Ut viginti annorum militiam vestram cum
illa virtute, cum illa fortuna taceam, ab Herculis colum-
nis, ab Oceano terminisque ultimis terrarum, per tot fero-
cissimos Hispaniæ et Galliæ populos vincentes huc perve-
nistis: pugnabitis cum exercitu tirone, hac ipsa æstate
cæso, victo, circumsesso a Gallis, ignoto adhuc duci suo
ignorantique ducem. An me in prætorio patris, clarissimi
imperatoris, prope natum, certe eductum, domitorem Hispaniæ Galliæque, victorem eundem non Alpinarum modo
gentium sed ipsarum—quod multo majus est—Alpium,
cum semestri hoc conferam duce, desertore exercitus sui?
Cui si quis demptis signis Pœnos Romanosque hodie osten-
dat, ignoraturum certum habeo, utrius exercitus sit consul. Non ego illud parvi æstimo, milites, quod nemo est
vestrum, cujus non ante oculos ipse sæpe militare aliquod
ediderim facinus, cui non idem ego virtutis spectator ac
testis notata temporibus locisque referre sua possim decora.
Cum laudatis a me millies donatisque, alumnus prius
omnium vestrum quam imperator, procedam in aciem
adversus ignotos inter se ignorantesque. XLIV. Quocumque circumtuli oculos, plena omnia video animorum ac
roboris, veteranum peditem, generosissimarum gentium
equites frenatos infrenatosque, vos socios fidelissimos for-
tissimosque, vos Carthaginienses, cum ob patriam tum ob
iram justissimam pugnaturos. Inferimus bellum, infestisque signis descendimus in Italiam, tanto audacius fortius-
que pugnaturi quam hostis, quanto major spes, major est
animus inferentis vim quam arcentis. Accendit præterea
et stimulat animos dolor, injuria, indignitas: ad supplicium
depoposcerunt me ducem primum, deinde vos omnes qui
Saguntum oppugnassetis; deditos ultimis cruciatibus
affecturi fuerunt. Crudelissima ac superbissima gens sua
omnia suique arbitrii facit: cum quibus bellum, cum quibus pacem habeamus, se modum imponere æquum censet:
circumscribit includitque nos terminis montium fluminum-
que, quos non excedamus, neque eos quos statuit terminos
observat. "Ne transieris Iberum, ne quid rei tibi sit cum
Saguntinis." Ad Iberum est Saguntum: "nusquam te
vestigio moveris!" Parum est quod veterrimas provincias
meas Siciliam ac Sardiniam adimis? Etiam Hispanias?
Et inde cessero: in Africam transcendes. Transcendes
autem dico? Duos consules hujus anni, unum in Africam, alterum in Hispaniam miserunt. Nihil unquam

nobis relictum est, nisi quod armis vindicaremus. Illis timidis et ignavis esse licet, qui respectum habent, quod sua terra, suus ager per tuta ac pacata itinera fugientes accipient: vobis necesse est fortibus viris esse, et omnibus inter victoriam mortemve certa desperatione abruptis, aut vincere aut, si fortuna dubitabit, in proelio potius quam in fuga mortem oppetere. Si hoc bene fixum omnibus destinatum in animo est, iterum dicam, vicistis: nullum enim telum ad vincendum homini ab diis immortalibus acrius datum est."

XLV. Iis adhortationibus cum utrimque ad certamen accensi militum animi essent, Romani ponte Ticinum jungunt, tutandique pontis causa castellum insuper imponunt; Poenus hostibus opere occupatis Maharbalem cum ala Numidarum, equitibus quingentis, ad depopulandos sociorum populi Romani agros mittit: Gallis parci quam maxime jubet, principumque animos ad defectionem sollicitari. Ponte perfecto, traductus Romanus exercitus in agrum Insubrium, quinque millia passuum a Victumulis consedit. Ibi Hannibal castra habebat; revocatoque propere Maharbali atque equitibus, cum instare certamen cerneret, nihil unquam satis dictum praemonitumque ad cohortandos milites ratus, vocatis ad concionem certa praemia pronuntiat, in quorum spem pugnarent: agrum sese daturum esse in Italia, Africa, Hispania, ubi quisque velit, immunem ipsi qui accepisset liberisque: qui pecuniam quam agrum maluisset, ei se argento satisfacturum: qui sociorum cives Carthaginienses fieri vellent, potestatem facturum: qui domos redire mallent, daturum se operam, ne cujus suorum popularium mutatam secum fortunam esse vellent. Servis quoque dominos prosecutis libertatem proponit, binaque pro his mancipia dominis se redditurum. Eaque ut rata scirent fore, agnum laeva manu, dextera silicem retinens, si falleret, Jovem ceterosque precatus deos, ita se mactarent, quemadmodum ipse agnum mactasset, et secundum precationem capu: pecudis saxo elisit. Tum vero omnes—velut diis auctoribus in spem suam quisque acceptis—id morae quod nondum pugnarent ad potienda sperata rati, proelium uno animo et voce una poscunt.

XLVI. Apud Romanos haudquaquam tanta alacritas erat, super cetera recentibus etiam territos prodigiis: nam et lupus intraverat castra, laniatisque obviis ipse intactus evaserat, et examen apum in arbore praetorio imminente consederat. Quibus procuratis, Scipio cum equitatu jaculatoribusque expeditis profectus ad castra hostium ex propinquo copiasque, quantæ et cujus generis essent, speculandas, obvius fit Hannibali et ipsi cum equitibus ad exploranda circa loca progresso. Neutri alteros primo cernebant, densior deinde incessu tot hominum equorumque oriens pulvis signum propinquantium hostium fuit. Consistit utrumque agmen, et ad prœlium sese expediebant: Scipio jaculatores et Gallos equites in fronte locat, Romanos sociorumque quod roboris fuit, in subsidiis: Hannibal frenatos equites in medium accipit, cornua Numidis firmat. Vixdum clamore sublato jaculatores fugerunt inter subsidia ad secundam aciem: inde equitum certamen erat aliquamdiu anceps: dein, quia turbabant equos pedites intermixti, multis labentibus ex equis aut desilientibus, ubi suos premi circumventos vidissent, jam magna ex parte ad pedes pugna iverat, donec Numidæ, qui in cornibus erant, circumvecti paulum ab tergo se ostenderunt. Is pavor perculit Romanos, auxitque pavorem consulis vulnus periculumque intercursu tum primum pubescentis filii propulsatum. Hic erat juvenis penes quem perfecti hujusce belli laus est, Africanus ob egregiam victoriam de Hannibale Pœnisque appellatus. Fuga tamen effusa jaculatorum maxime fuit, quos primos Numidæ invaserunt. Alius confertus equitatus consulem in medium acceptum, non armis modo sed etiam corporibus suis protegens, in castra, nusquam trepide neque effuse cedendo, reduxit. Servati consulis decus Cœlius ad servum natione Ligurem delegat: malim equidem de filio verum esse, quod et plures tradidere auctores et fama obtinuit.

XLVII. Hoc primum cum Hannibale prœlium fuit; quo facile apparuit et equitatu meliorem Pœnum esse, et ob id campos patentes, quales sunt inter Padum Alpesque, bello gerendo Romanis aptos non esse. Itaque proxima nocte, jussis militibus vasa silentio colligere, castra ab Ticino mota festinatumque ad Padum est, ut ratibus, quibus junxerat flumen, nondum resolutis, sine tumultu atque insectatione hostis, copias trajiceret. Prius Placentiam pervenere quam satis sciret Hannibal ab Ticino profectos: tamen ad sexcentos moratorum in citeriore ripa Padi, segniter ratem solventes, cepit. Transire pontem non potuit, ut extrema resoluta erant, tota rate in secundam aquam labente. Cœlius auctor est Magonem cum equitatu et Hispanis peditibus flumen extemplo transnasse, ipsum Hannibalem per superiora Padi vada exercitum traduxisse, elephantis in ordinem ad sustinendum impetum fluminis oppositis. Ea peritis amnis ejus vix fidem fecerint; nam neque equites armis equisque salvis tantam vim fluminis superasse verisimile est, ut jam Hispanos omnes inflati transvexerint utres; et multorum dierum circuitu Padi vada petenda fuerint, qua exercitus gravis impedimentis traduci posset. Potiores apud me auctores sunt, qui biduo vix locum rate jungendo flumini inventum tradunt; ea cum Magone equites Hispanorum expeditos præmissos. Dum Hannibal, circa flumen legationibus Gallorum audiendis moratus, trajicit gravius peditum agmen, interim Mago equitesque ab transitu fluminis diei unius itinere Placentiam ad hostes contendunt. Hannibal paucis post diebus sex millia a Placentia castra communivit, et postero die, in conspectu hostium acie directa, potestatem pugnæ fecit.

XLVIII. Insequenti nocte cædes in castris Romanis, tumultu tamen quam re major, ab auxiliaribus Gallis facta est. Ad duo millia peditum et ducenti equites, vigilibus ad portas trucidatis, ad Hannibalem transfugiunt; quos Pœnus benigne allocutus, et spe ingentium donorum accensos, in civitates quemque suas ad sollicitandos popularium animos dimisit. Scipio, cædem eam signum defectionis omnium Gallorum esse ratus, contactosque eo scelere velut injecta rabie ad arma ituros, quamquam gravis adhuc vulnere erat, tamen quarta vigilia noctis insequentis tacito agmine profectus ad Trebiam fluvium, jam in loca altiora collesque impeditiores equiti castra movet. Minus quam ad Ticinum fefellit; missisque Hannibal primum Numidis, deinde omni equitatu, turbasset utique novissimum agmen, ni aviditate prædæ in vacua Romana castra Numidæ devertissent. Ibi dum, perscrutantes loca omnia castrorum, nullo satis digno moræ pretio tempus terunt, emissus hostis est de manibus; et cum jam transgressos Trebiam Romanos metantesque castra conspexissent, paucos moratorum occiderunt citra flumen interceptos. Scipio nec vexationem vulneris in via jactanti ultra patiens, et collegam—jam enim et revocatum ex Sicilia audierat—ratus exspectandum, locum, qui prope flumen tutissimus stativis est visus, delectum communiit. Nec procul inde Hannibal cum consedisset, quantum victoria equestri elatus, tantum anxius inopia, quæ per hostium agros euntem, nusquam præparatis commeatibus, major in dies excipiebat, ad Clastidium vicum, quo magnum frumenti numerum congesserant Romani, mittit. Ibi cum vim pararent, spes facta proditionis; nec sane magno pretio, nummis aureis quadringentis, Dasio Brundisino præfecto præsidii corrupto, traditur Hannibali Clastidium. Id horreum fuit Pœnis sedentibus ad Trebiam. In captivos ex tradito præsidio, ut fama clementiæ in principio rerum colligeretur, nihil sævitum est.

XLIX. Cum ad Trebiam errestre constitisset bellum, interim circa Siciliam insulasque Italiæ imminentes, et a Sempronio consule, et ante adventum ejus, terra marique res gestæ. Viginti quinqueremes cum mille armatis ad depopulandam oram Italiæ a Carthaginiensibus missæ, novem Liparas, octo ad insulam Vulcani tenuerunt, tres in fretum avertit æstus. Ad eas conspectas a Messana duodecim naves ab Hierone rege Syracusanorum missæ, qui tum forte Messanæ erat, consulem Romanum opperiens, nullo repugnante captas naves Messanam in portum deduxerunt. Cognitum ex captivis, præter viginti naves, cujus ipsi classis essent, in Italiam missas, quinque et triginta alias quinqueremes Siciliam petere ad sollicitandos veteres socios: Lilybæi occupandi præcipuam curam esse: credere eadem tempestate, qua ipsi disjecti forent, eam quoque classem ad Ægates insulas dejectam. Hæc, sicut audita erant, rex M. Æmilio prætori, cujus Sicilia provincia erat, præscribit, monetque ut Lilybæum firmo teneret præsidio. Extemplo et circa a prætore ad civitates missi legati tribunique: suos ad curam custodiæ intenderent; ante omnia Lilybæum teneri, ad paratum belli edicto proposito, ut socii navales decem dierum cocta cibaria ad naves deferrent, et, ubi signum datum esset, ne quis moram conscendendi faceret; perque omnem oram, qui ex speculis prospicerent adventantem hostium classem. Simul itaque, quamquam de industria morati cursum navium erant Carthaginienses, ut ante lucem accederent Lilybæum, præsensum tamen est, quia et luna pernox erat, et sublatis armamentis veniebant, extemplo signum datum ex speculis, et in oppido ad arma conclamatum est et in naves conscensum. Pars militum in muris portarumque in stationibus, pars in navibus erant. Et Carthaginienses, quia rem fore haud cum imparatis cernebant, usque ad lucem portu se abstinuerunt, demendis armamentis eo tempore aptandaque ad pugnam classe absumpto. Ubi illuxit, recepere classem in altum, ut spatium pugnæ esset exitumque liberum e portu naves hostium haberent. Nec Romani detractavere pugnam, et memoria circa ea ipsa loca gestarum rerum freti et militum multitudine ac virtute. L. Ubi in altum evecti sunt, Romanus conserere pugnam et ex propinquo vires conferre velle: contra eludere Pœnus, et arte, non vi rem gerere, naviumque quam virorum aut armorum malle certamen facere. Nam ut sociis navalibus affatim instructam classem, ita inopem milite habebant; et, sicubi conserta navis esset, haudquaquam par numerus armatorum ex ea pugnabat. Quod ubi animadversum est, et Romanis multitudo sua auxit animum, et paucitas illis minuit: extemplo septem naves Punicæ circumventæ, fugam ceteræ ceperunt. Mille et septingenti fuere in navibus captis milites nautæque, in his tres nobiles Carthaginiensium. Classis Romana incolumis, una tantum perforata navi, sed ea quoque ipsa reduce, in portum rediit.

Secundum hanc pugnam—nondum gnaris ejus qui Messanæ erant—Tib. Sempronius consul Messanam venit. Ei fretum intranti rex Hiero classem armatam ornatamque obviam duxit, transgressusque ex regia in prætoriam navem, gratulatus sospitem cum exercitu et navibus advenisse, precatusque prosperum ac felicem in Siciliam transitum: statum deinde insulæ et Carthaginiensium conata exposuit, pollicitusque est, quo animo priore bello populum Romanum juvenis adjuvisset, eo senem adjuturum, frumentum vestimentaque sese legionibus consulis sociisque navalibus gratis præbiturum: grande periculum Lilybæo maritimisque civitatibus esse, et quibusdam volentibus novas res fore. Ob hæc consuli nihil cunctandum visum, quin Lilybæum classe peteret: et rex regiaque classis una profecti. Navigantes inde pugnatum ad Lilybæum fusasque et captas hostium naves, accipere. LI. A Lilybæo consul, Hierone cum classe regia dimisso, relictoque prætore ad tuendam Siciliæ oram, ipse in insulam Melitam, quæ a Carthaginiensibus tenebatur, trajecit: advenienti Hamilcar Gisgonis filius, præfectus præsidii, cum paulo minus duobus millibus militum, oppidumque cum insula traditur. Inde post paucos dies reditum Lilybæum, captivique et a consule et a prætore, præter insignes nobilitate viros, sub corona venierunt. Postquam ab ea parte satis tutam Siciliam censebat consul, ad insulas Vulcani, quia fama erat stare ibi Punicam classem, trajecit, nec quisquam hostium circa eas insulas inventus.

Jam forte transmiserant ad vastandam Italiæ oram, depo
pulatoque Viboniensi agro, urbem etiam terrebant. Repe
tenti Siciliam consuli exscensio hostium in agrum Viboniensem facta nuntiatur, litteræque ab senatu de transitu
5 in Italiam Hannibalis, et ut primo quoque tempore collegæ
ferret auxilium, missæ traduntur. Multis simul anxius
curis exercitum extemplo in naves impositum Ariminum
supero mari misit, Sexto Pomponio legato cum viginti
quinque longis navibus Viboniensem agrum maritimam-
10 que oram Italiæ tuendam attribuit, M. Æmilio prætori
quinquaginta navium classem explevit. Ipse compositis
Siciliæ rebus, decem navibus oram Italiæ legens, Ariminum pervenit: inde cum exercitu suo profectus ad Trebiam flumen collegæ conjungitur.
15   LII. Jam ambo consules, et quidquid Romanarum virium erat, Hannibali oppositum aut illis copiis defendi posse
Romanum imperium aut spem nullam aliam esse satis
declarabat. Tamen consul alter, equestri prœlio uno et
vulnere suo minutus, trahi rem malebat: recentis animi
20 alter eoque ferocior nullam dilationem patiebatur. Quod
inter Trebiam Padumque agri est, Galli tum incolebant,
in duorum præpotentium populorum certamine per ambi-
guum favorem haud dubie gratiam victoris spectantes.
Id Romani, modo ne quid moverint, æquo satis, Pœnus
25 periniquo animo ferebat, ab Gallis accitum se venisse ad
liberandos eos dictitans. Ob eam iram simul ut præda
militem aleret, duo millia peditum et mille equites, Numidas plerosque, mixtos quosdam et Gallos, populari omnem
deinceps agrum usque ad Padi ripas jussit. Egentes ope
30 Galli, cum ad id dubios servassent animos, coacti ab auctoribus injuriæ ad vindices futuros declinant, legatisque
ad consulem missis auxilium Romanorum terræ ob nimiam
cultorum fidem in Romanos laboranti orant. Cornelio nec
causa nec tempus agendæ rei placebat; suspectaque ei gens
35 erat cum ob infida multa facinora, tum, ut alia vetustate
abolevissent, ob recentem Boiorum perfidiam: Sempronius contra continendis in fide sociis maximum vinculum
esse primos quosque qui eguissent ope defensos censebat.
Tum collega cunctante equitatum suum, mille peditum
40 jaculatoribus ferme admixtis, ad defendendum Gallicum
agrum trans Trebiam mittit. Sparsos et incompositos, ad
hoc graves præda plerosque, cum inopinatos invasissent,
ingentem terrorem cædemque ac fugam usque ad castra
stationesque hostium fecere; unde multitudine effusa

pulsi rursus subsidio suorum proelium restituere: varia inde pugna sequentes cedentesque cum ad extremum æquassent certamen, major tamen quam hostium Romanorum fama victoriæ fuit.

LIII. Ceterum nemini omnium major justiorque quam ipsi consuli videri: gaudio efferri, qua parte copiarum alter consul victus foret, ea se vicisse: restitutos ac refectos militibus animos, nec quemquam esse præter collegam qui dilatam dimicationem vellet: eum animo magis quam corpore ægrum memoria vulneris aciem ac tela horrere: sed non esse cum ægro senescendum: quid enim ultra differri aut teri tempus? Quem tertium consulem, quem alium exercitum exspectari? Castra Carthaginiensium in Italia ac prope in conspectu urbis esse: non Siciliam ac Sardiniam victis ademptas, nec cis Iberum Hispaniam peti sed solo patrio terraque, in qua geniti forent, pelli Romanos: "quantum ingemiscant" inquit "patres nostri circa moenia Carthaginis bellare soliti, si videant nos, progeniem suam, duos consules consularesque exercitus, in media Italia paventes intra castra; Poenum, quod inter Alpes Apenninumque agri sit, suæ ditionis fecisse!" Hæc assidens ægro collegæ, hæc in prætorio prope concionabundus agere. Stimulabat et tempus propinquum comitiorum, ne in novos consules bellum differretur, et occasio in se unum vertendæ gloriæ, dum æger collega erat: itaque nequidquam dissentiente Cornelio parari ad propinquum certamen milites jubet.

Hannibal cum, quid optimum foret hosti, cerneret, vix ullam spem habebat temere atque improvide quidquam consules acturos. Cum alterius ingenium, fama prius deinde re cognitum, percitum ac ferox sciret esse, ferociusque factum prospero cum prædatoribus suis certamine crederet, adesse gerendæ rei fortunam haud diffidebat. Cujus ne quod prætermitteret tempus, sollicitus intentusque erat, dum tiro hostium miles esset, dum meliorem ex ducibus inutilem vulnus faceret, dum Gallorum animi vigerent, quorum ingentem multitudinem sciebat segnius secuturam, quanto longius ab domo traherentur. Cum ob hæc taliaque speraret propinquum certamen, et facere, si cessaretur, cuperet, speculatoresque Galli—ad ea exploranda, quæ vellent, tutiores, quia in utriusque castris militabant—paratos pugnæ esse Romanos retulissent, locum insidiis circumspectare Poenus coepit. LIV. Erat in medio rivus peraltis utrimque clausus ripis, et circa obsitus

palustribus herbis et, quibus inculta ferme vestiuntur, virgultis vepribusque. Quem ubi equites quoque tegendo satis latebrosum locum circumvectus ipse oculis perlustravit, "hic erit locus" Magoni fratri ait "quem teneas:
5 delige centenos viros ex omni pedite atque equite, cum quibus ad me vigilia prima venias : nunc corpora curare tempus est." Ita prætorium missum. Mox cum delectis Mago aderat. " Robora virorum cerno," inquit Hannibal; " sed uti numero etiam, non animis modo valeatis, singulis
10 vobis novenos ex turmis manipulisque vestri similes eligite : Mago locum monstrabit quem insideatis: hostem cæcum ad has belli artes habetis." Ita mille equitibus Magoni, mille peditibus dimissis, Hannibal prima luce Numidas equites transgressos Trebiam flumen obequitare jubet
15 hostium portis, jaculandoque in stationes elicere ad pugnam hostem, injecto deinde certamine cedendo sensim citra flumen pertrahere. Hæc mandata Numidis : ceteris ducibus peditum equitumque præceptum ut prandere omnes juberent, armatos deinde instratisque equis signum ex-
20 spectare. Sempronius ad tumultum Numidarum primum omnem equitatum—ferox ea parte virium—deinde sex millia peditum, postremo omnes copias ad destinatum jam ante consilio, avidus certaminis, eduxit. Erat forte brumæ
25 tempus et nivalis dies in locis Alpibus Apenninoque interjectis, propinquitate etiam fluminum ac paludium prægelidis. Ad hoc raptim eductis hominibus atque equis, non capto ante cibo, non ope ulla ad arcendum frigus adhibita, nihil caloris inerat, et quidquid auræ fluminis appropin-
30 quabant, afflabat acrior frigoris vis : ut vero refugientes Numidas insequentes aquam ingressi sunt—et erat pectoribus tenus aucta nocturno imbri—tum utique egressis rigere omnibus corpora, ut vix armorum tenendorum potentia esset, et simul lassitudine et procedente jam die
35 fame etiam deficere. LV. Hannibalis interim miles, ignibus ante tentoria factis, oleoque per manipulos, ut mollirent artus, misso, et cibo per otium capto, ubi transgressos flumen hostes nuntiatum est, alacer animis coriporibusque arma capit atque in aciem procedit. Baleares
40 locat ante signa, levem armaturam, octo ferme millia hominum; dein graviorem armis peditem, quod virium, quod roboris erat. In cornibus circumfudit decem millia equitum, et ab cornibus in utramque partem divisos elephantos statuit. Consul effusos sequentes equites, cum ab

resistentibus subito Numidis incauti exciperentur, signo receptui dato, revocatos circumdedit peditibus. Duodeviginti millia Romani erant, socium nominis Latini viginti; auxilia præterea Cenomanorum : ea sola in fide manserat Gallica gens. His copiis concursum est. Prœlium a Balearibus ortum est : quibus cum majore robore legiones obsisterent, deductæ propere in cornua leves armaturæ sunt, quæ res effecit, ut equitatus Romanus extemplo urgeretur : nam cum vix jam per se resisterent decem millibus equitum quattuor millia, et fessi integris plerisque, obruti sunt insuper velut nube jaculorum a Balearibus conjecta : ad hoc elephanti, eminentes ab extremis cornibus, equis maxime non visu modo, sed odore insolito territis, fugam late faciebant. Pedestris pugna par animis magis quam viribus erat, quas recentes Pœnus paulo ante curatis corporibus in prœlium attulerat : contra jejuna fessaque corpora Romanis et rigentia gelu torpebant. Restitissent tamen animis, si cum pedite solum foret pugnatum : sed et Baleares pulso equite jaculabantur in latera, et elephanti jam in mediam peditum aciem sese tulerant, et Mago Numidæque, simul latebras eorum improvida præterlata acies est, exorti ab tergo ingentem tumultum ac terrorem fecere. Tamen in tot circumstantibus malis mansit aliquamdiu immota acies, maxime præter spem omnium adversus elephantos : eos velites ad id ipsum locati verrutis conjectis et avertere, et insecuti aversos sub caudis, qua maxime molli cute vulnera accipiunt, fodiebant : LVI. trepidantesque et prope jam in suos consternatos media acie in extremam, ad sinistrum cornu, adversus Gallos auxiliares agi jussit Hannibal : ii extemplo haud dubiam fecere fugam, quo novus terror additus Romanis, ut fusa auxilia sua viderunt. Itaque cum jam in orbem pugnarent, decem millia ferme hominum, cum alia evadere nequissent, media Afrorum acie, quæ Gallicis auxiliis firmata erat, cum ingenti cæde hostium perrupere : et cum neque in castra reditus esset flumine interclusis, neque præ imbri satis decernere possent, qua suis opem ferrent, Placentiam recto itinere perrexere. Plures deinde in omnes partes eruptiones factæ ; et qui flumen petiere, aut gurgitibus absumpti sunt, aut inter cunctationem ingrediendi ab hostibus oppressi : qui passim per agros fuga sparsi erant, vestigia cedentis sequentes agminis, Placentiam contendere : aliis timor hostium audaciam ingrediendi flumen fecit, transgressique in castra pervenerunt. Imber

nive mixtus et intoleranda vis frigoris et homines multos et jumenta et elephantos prope omnes absumpsit. Finis insequendi hostis Pœnis flumen Trebia fuit; et ita torpentes gelu in castra rediere, ut vix lætitiam victoriæ senti-
5 rent: itaque nocte insequenti, cum præsidium castrorum, et quod reliquum ex magna parte militum erat, ratibus Trebiam trajicerent, aut nihil sensere, obstrepente pluvia, aut, quia jam moveri nequibant præ lassitudine ac vulneribus, sentire sese dissimularunt; quietisque Pœnis, tacito
10 agmine ab Scipione consule exercitus Placentiam est perductus, inde Pado trajectus Cremonam, ne duorum exercituum hibernis una colonia premeretur.

LVII. Romam tantus terror ex hac clade perlatus est, ut jam ad urbem Romanam crederent infestis signis ho-
15 stem venturum, nec quidquam spei aut auxilii esse, quo portis mœnibusque vim arcerent: uno consule ad Ticinum victo, altero ex Sicilia revocato, duobus consulibus, duobus consularibus exercitibus victis—quos alios duces, quas alias legiones esse, quæ arcessantur? Ita territis Sempro-
20 nius consul advenit, ingenti periculo per effusos passim ad prædandum hostium equites, audacia magis quam consilio aut spe fallendi resistendive, si non falleret, transgressus. Id quod unum maxime in præsentia desiderabatur, comitiis consularibus habitis, in hiberna rediit: creati consules
25 Cn. Servilius et C. Flaminius.

Ceterum ne hiberna quidem Romanis quieta erant, vagantibus passim Numidis equitibus et, quæque iis impeditiora erant, Celtiberis Lusitanisque: omnes igitur undique clausi commeatus erant, nisi quos Pado naves sub-
30 veherent. Emporium prope Placentiam fuit, et opere magno munitum et valido firmatum præsidio: ejus castelli expugnandi spe cum equitibus ac levi armatura profectus Hannibal, cum plurimum in celando incepto ad effectum spei habuisset, nocte adortus, non fefellit vigiles: tantus
35 repente clamor est sublatus, ut Placentiæ quoque audiretur. Itaque sub lucem cum equitatu consul aderat, jussis quadrato agmine legionibus sequi. Equestre interim prœlium commissum, in quo, quia saucius Hannibal pugna excessit, pavore hostibus injecto defensum egregie præsi-
40 dium est. Paucorum inde dierum quiete sumpta, et vixdum satis percurato vulnere, ad Victumvias oppugnandas ire pergit. Id emporium Romanis Gallico bello fuerat munitum; inde locum frequentaverant accolæ mixti undique ex finitimis populis; et tum terror populationum eo

plerosque ex agris compulerat. Hujus generis multitudo, fama impigre defensi ad Placentiam præsidii accensa, armis arreptis obviam Hannibali procedit. Magis agmina quam acies in via concurrerunt; et, cum ex altera parte nihil præter inconditam turbam esset, in altera et dux militi et duci miles fidens, ad triginta quinque millia hominum a paucis fusa. Postero die, deditione facta, præsidium intra mœnia accepere; jussique arma tradere cum dicto paruissent, signum repente victoribus datur, ut tamquam vi captam urbem diriperent: neque ulla, quæ in tali re memorabilis scribentibus videri solet, prætermissa clades est; adeo omnis libidinis crudelitatisque et inhumanæ superbiæ editum in miseros exemplum est. Hæ fuere hibernæ expeditiones Hannibalis.

LVIII. Haud longi inde temporis, dum intolerabilia frigora erant, quies militi data est, et ad prima ac dubia signa veris profectus ex hibernis in Etruriam ducit, eam quoque gentem, sicut Gallos Liguresque, aut vi aut voluntate adjuncturus. Transeuntem Apenninum adeo atrox adorta tempestas est, ut Alpium prope fœditatem superaverit. Vento mixtus imber cum ferretur in ipsa ora, primo, quia aut arma omittenda erant, aut contra enitentes vertice intorti affligebantur, constitere; dein, cum jam spiritum includeret nec reciprocare animam sineret, aversi a vento parumper consedere. Tum vero ingenti sono cælum strepere, et inter horrendos fragores micare ignes: captis auribus et oculis metu omnes torpere: tandem effuso imbre, cum eo magis accensa vis venti esset, ipso illo, quo deprehensi erant, loco castra ponere necessarium visum est. Id vero laboris velut de integro initium fuit: nam nec explicare quidquam nec statuere poterant, nec quod statutum esset manebat, omnia perscindente vento et rapiente. Et mox aqua levata vento, cum super gelida montium juga concreta esset, tantum nivosæ grandinis dejecit, ut, omnibus omissis, procumberent homines, tegminibus suis magis obruti quam tecti: tantaque vis frigoris insecuta est, ut ex illa miserabili hominum jumentorumque strage cum se quisque extollere ac levare vellet, diu nequiret, quia torrentibus rigore nervis vix flectere artus poterant: deinde, ut tandem agitando sese movere ac recipere animos, et raris locis ignis fieri est cœptus, ad alienam opem quisque inops tendere. Biduum eo loco velut obsessi mansere: multi homines, multa ju-

menta, elepnanti quoque ex iis, qui prœlio ad Trebiam
facto superfuerant, septem absumpti.

LIX. Digressus Apennino retro ad Placentiam castra
movit, et ad decem millia progressus consedit: postero
die duodecim millia peditum, quinque equitum adversus
hostem ducit. . Nec Sempronius consul—jam enim redierat ab Roma—detractavit certamen: atque eo die tria
millia passuum inter bina castra fuere. Postero die
ingentibus animis, vario eventu, pugnatum est. Primo
concursu adeo res Romana superior fuit, ut non acie
vincerent solum, sed pulsos hostes in castra persequeren-
tur, mox castra quoque oppugnarent. Hannibal, paucis
propugnatoribus in vallo portisque positis, ceteros confertos
in media castra recepit, intentosque signum ad erumpendum
spectare jubet. Jam nona ferme diei hora erat, cum
Romanus, nequidquam fatigato milite, postquam nulla spes
erat potiundi castris, signum receptui dedit. Quod ubi
Hannibal accepit, laxatamque pugnam et recessum a castris vidit, extemplo equitibus dextra lævaque emissis in
hostem, ipse cum peditum robore mediis castris erupit.
Pugna raro magis ulla ea et utriusque partis pernicie
clarior fuisset, si extendi eam dies in longum spatium
sivisset: nox accensum ingentibus animis prœlium dire-
mit. Itaque acrior concursus fuit quam cædes; et sicut
æquata ferme pugna erat, ita clade pari discessum est.
Ab neutra parte sexcentis plus peditibus, et dimidium
ejus equitum cecidit: sed major Romanis quam pro numero jactura fuit, quia equestris ordinis aliquot et tribuni
militum quinque et præfecti sociorum tres sunt interfecti.
Secundum eam pugnam Hannibal in Ligures, Sempronius
Lucam concessit. Venienti in Ligures Hannibali per
insidias intercepti duo quæstores Romani, C. Fulvius
et L. Lucretius, cum duobus tribunis militum et quinque equestris ordinis senatorum ferme liberis, quo magis
ratam fore cum iis pacem societatemque crederet, traduntur.

LX. Dum hæc in Italia geruntur, Cn. Cornelius Scipio
in Hispaniam cum classe et exercitu missus, cum ab ostio
Rhodani profectus Pyrenæosque montes circumvectus, Em-
poriis appulisset classem, exposito ibi exercitu, orsus a
Lacetanis, omnem oram usque ad Iberum flumen, partim
renovandis societatibus partim novis instituendis, Romanæ
ditionis fecit. Inde conciliata clementiæ fama non ad
maritimos modo populos, sed in mediterraneis quoque ac

montanis ad ferociores jam gentes valuit; nec pax modo apud eos, sed societas etiam armorum parata est, validæque aliquot auxiliorum cohortes ex iis conscriptæ sunt. Hannonis cis Iberum provincia erat : eum reliquerat Hannibal ad regionis ejus præsidium : itaque, priusquam alienarentur omnia, obviam eundum ratus, castris in conspectu hostium positis, in aciem eduxit. Nec Romano differendum certamen visum, quippe qui sciret cum Hannone et Hasdrubale sibi dimicandum esse, malletque adversus singulos separatim quam adversus duos simul rem gerere. Nec magni certaminis ea dimicatio fuit : sex millia hostium cæsa, duo capta cum præsidio castrorum : nam et castra expugnata sunt, atque ipse dux cum aliquot principibus capiuntur; et Scissis, propinquum castris oppidum, expugnatur. Ceterum præda oppidi parvi pretii rerum fuit, supellex barbarica ac vilium mancipiorum : castra militem ditavere, non ejus modo exercitus qui victus erat, sed et ejus, qui cum Hannibale in Italia militabat, omnibus fere caris rebus, ne gravia impedimenta ferentibus essent, citra Pyrenæum relictis.

LXI. Priusquam certa hujus cladis fama accideret, transgressus Iberum Hasdrubal cum octo millibus peditum, mille equitum, tamquam ad primum adventum Romanorum occursurus, postquam perditas res ad Scissim amissaque castra accepit, iter ad mare convertit. Haud procul Tarracone classicos milites navalesque socios, vagos palantesque per agros, quod ferme fit, ut secundæ res negligentiam creent, equite passim dimisso cum magna cæde, majore fuga ad naves compellit. Nec diutius circa ea loca morari ausus, ne ab Scipione opprimeretur, trans Iberum sese recepit. Et Scipio, raptim ad famam novorum hostium agmine acto, cum in paucos præfectos navium animadvertisset, præsidio Tarracone modico relicto, Emporias cum classe rediit. Vixdum digresso eo, Hasdrubal aderat; et, Ilergetum populo, qui obsides Scipioni dederat, ad defectionem impulso, cum eorum ipsorum juventute agros fidelium Romanis sociorum vastat : excito deinde Scipione hibernis, hostico cis Iberum rursus cedit agro. Scipio, relictam ab auctore defectionis Ilergetum gentem cum infesto exercitu invasisset, compulsis omnibus Atanagrum, urbem, quæ caput ejus populi erat, circumsedit, intraque dies paucos, pluribus quam ante obsidibus imperatis, Ilergetes, pecunia etiam multatos, in jus ditionemque recepit. Inde in Ausetanos prope Iberum, socios et ipsos

Pœnorum, procedit, atque, urbe eorum obsessa, Lacetanos auxilium finitimis ferentes nocte, haud procul jam urbe, cum intrare vellent, excepit insidiis: cæsa ad duodecim millia, exuti prope omnes armis domos passim palantes per agros diffugere. Nec obsessos alia ulla res quam iniqua oppugnantibus hiems tutabatur: triginta dies obsidio fuit, per quos raro unquam nix minus quattuor pedes alta jacuit: adeoque pluteos ac vineas Romanorum operuerat, ut ea sola, ignibus aliquoties conjectis, ab hoste etiam tutamentum fuerit. Postremo, cum Amusicus princeps eorum ad Hasdrubalem profugisset, viginti argenti talentis pacti deduntur. Tarraconem in hiberna reditum est.

LXII. Romæ ac circa urbem multa ea hieme prodigia facta, aut, quod evenire solet motis semel in religionem animis, multa nuntiata et temere credita sunt: in quis ingenuum infantem semestrem in foro olitorio triumphum clamasse; et foro boario bovem in tertiam contignationem sua sponte escendisse, atque inde tumultu habitatorum territum sese dejecisse; et navium speciem de cælo affulsisse; et ædem Spei, quæ est in foro olitorio, fulmine ictam; et Lanuvii hastam se commovisse, et corvum in ædem Junonis devolasse atque in ipso pulvinario consedisse; et in agro Amiternino multis locis hominum specie procul candida veste visos, nec cum ullo congressos; et in Piceno lapidibus pluvisse; et Cære sortes extenuatas; et in Gallia lupum vigili gladium ex vagina raptum abstulisse. Ob cetera prodigia libros adire decemviri jussi: quod autem lapidibus pluvisset in Piceno, novemdiale sacrum edictum, et subinde aliis procurandis prope tota civitas operata fuit. Jam primum omnium urbs lustrata est, hostiæque majores, quibus editum est, diis cæsæ, et donum ex auri pondo quadraginta Lanuvium ad Junonis portatum est; et signum æneum matronæ Junoni in Aventino dedicaverunt; et lectisternium Cære, ubi sortes attenuatæ erant, imperatum; et supplicatio Fortunæ in Algido; Romæ quoque et lectisternium Juventati et supplicatio ad ædem Herculis nominatim, deinde universo populo circa omnia pulvinaria indicta; et Genio majores hostiæ cæsæ quinque; et C. Atilius Serranus prætor vota suscipere jussus, si in decem annos res publica eodem stetisset statu. Hæc procurata votaque ex libris Sibyllinis magna ex parte levaverant religione animos.

LXIII. Corsulum designatorum alter Flaminius, cu'

eæ legiones, quæ Placentiæ hibernabant, sorte evenerant, edictum et litteras ad consulem misit, ut is exercitus idibus Martiis Arimini adesset in castris. Huic in provincia consulatum inire consilium erat, memori veterum certaminum cum patribus, quæ tribunus plebis et quæ postea consul, prius de consulatu qui abrogabatur, dein de triumpho habuerat: invisus etiam patribus ob novam legem, quam Q. Claudius tribunus plebis adversus senatum, atque, uno patrum adjuvante C. Flaminio, tulerat, ne quis senator cuive senator pater fuisset, maritimam navem, quæ plus quam trecentarum amphorarum esset, haberet. Id satis habitum ad fructus ex agris vectandos: quæstus omnis patribus indecorus visus. Res, per summam contentionem acta, invidiam apud nobilitatem suasori legis Flaminio, favorem apud plebem alterumque inde consulatum peperit. Ob hæc ratus auspiciis ementiendis Latinarumque feriarum mora et consularibus aliis impedimentis retenturos se in urbe, simulato itinere, privatus clam in provinciam abiit. Ea res ubi palam facta est, novam insuper iram infestis jam ante patribus movit: non cum senatu modo, sed jam cum diis immortalibus C. Flaminium bellum gerere: consulem ante inauspicato factum revocantibus ex ipsa acie diis atque hominibus non paruisse, nunc conscientia spretorum et Capitolium et sollemnem votorum nuncupationem fugisse, ne die initi magistratus Jovis optimi maximi templum adiret; ne senatum invisus ipse et sibi uni invisum videret consuleretque; ne Latinas indiceret, Jovique Latiari sollemne sacrum in monte faceret; ne auspicato profectus in Capitolium ad vota nuncupanda, paludatis inde cum lictoribus in provinciam iret: lixæ modo sine insignibus, sine lictoribus profectum clam, furtim, haud aliter quam si exsilii causa solum vertisset: magis pro majestate videlicet imperii Arimini quam Romæ magistratum initurum, et in diversorio hospitali quam apud penates suos prætextam sumpturum. Revocandum universi retrahendumque censuerunt, et cogendum omnibus prius præsentem in deos hominesque fungi officiis, quam ad exercitum et in provinciam iret. In eam legationem— legatos enim mitti placuit—Q. Terentius et M. Antistius, profecti, nihilo magis eum moverunt, quam priore consulatu litteræ moverant ab senatu missæ: paucos post dies magistratum iniit, immolantique ei vitulus jam ictus e manibus sacrificantium sese cum proripuisset, multos cir**cumstantes** cruore respersit: **fuga procul etiam major**

apud ignaros, quid trepidaretur, et concursatio fuit: id a
plerisque in omen magni terroris acceptum. Legionibus
inde duabus a Sempronio prioris anni consule, duabus a
C. Atilio praetore acceptis, in Etruriam per Apennini
tramites exercitus duci est coeptus.

LIBER VICESIMUS SECUNDUS.

ARGUMENTUM.

II, III. HANNIBAL, per continuas vigilias in paludibus oculo amisso, venit in Etruriam: per quas paludes quadriduo et tribus noctibus sine ulla requie iter fecit. III, IV, &c. C. Flaminius consul, vir temerarius, contra auspicia profectus, signis militaribus effossis, quæ tolli non poterant, et ab equo, quem conscenderat, per caput devolutus, insidiis ab Hannibale circumventus, ad Trasimenum lacum cum exercitu cæsus est. VI. Sex millia, quæ eruperant, fide ab Maharbale data, perfidia Hannibalis vincta sunt. VII. Cum ad nuntium cladis Romæ luctus esset, duæ matres, ex insperato receptis filiis, gaudio mortuæ sunt. X. Ob hanc cladem ex Sibyllinis libris ver sacrum votum. XII. Cum deinde Q. Fabius Maximus dictator, adversus Hannibalem missus, nollet acie cum eo confligere, ne, contra ferocem tot victoriis hostem, territum adversis prœliis militem pugnæ committeret, et opponendo se tantum conatus Hannibalis impediret; XIV, XXVI, M. Minucius, magister equitum, ferox et temerarius, criminando dictatorem tamquam segnem et timidum, effecit, ut populi jussu æquaretur ei cum dictatore imperium: XXVII, divisoque exercitu, cum iniquo loco conflixisset, et in magno discrimine legiones ejus essent, XXIX, superveniente cum exercitu Fabio Maximo, discrimine liberatus est. Quo beneficio victus, castra cum eo conjunxit, et *patrem* eum salutavit; idemque facere milites jussit. Hannibal, vastata Campania, inter Casilinum oppidum et Calliculam montem a Fabio clausus, sarmentis ad cornua boum alligatis et incensis, præsidium Romanorum, quod Calliculam insidebat, fugavit: et sic transgressus est saltum. Idemque Q. Fabii Maximi dictatoris, cum circumposita ureret, agro pepercit, ut illum tamquam proditorem suspectum faceret. XLVII. Æmilio deinde Paulo et Terentio Varrone consulibus et ducibus, cum maxima clade adversus Hannibalem ad Cannas pugnatum est: XLIX, cæsaque eo prœlio Romanorum quadraginta quinque millia, cum Paulo consule et senatoribus octoginta, et consularibus atque pretoriis et ædiliciis triginta. LIII. Post quam cladem, cum a nobilibus adolescentibus propter desperationem consilium de relinquenda Italia iniretur, P. Cornelius Scipio, tribunus militum, qui Africanus postea nominatus est, stricto super capita deliberantium ferro, juravit, pro hoste eum se habiturum qui in verba sua non jurasset; effecitque ut omnes non relictum iri a se Italiam jurejurando astringerentur Præterea trepidationem urbis et luctum, et res in Hispania meliore eventu gestas continet. LVII. Opimia et Floronia, Vestales virgines, incesti damnatæ sunt. Propter paucitatem militum, servorum octc millia armata sunt. LX, LXI. Captivi, cum potestas esset redimendi, redempti non sunt. Varroni obviam itum est, et gratiæ actæ, quod de republica non desperasset.—[u. c. 535–536. A. c. 217–216.]

I. JAM ver appetebat, cum Hannibal ex hibernis movit, et nequidquam ante conatus transcendere Apenninum intolerandis frigoribus, et cum ingenti periculo moratus ac metu. Gallis, quos prædæ populationumque conciverat
5 spes, postquam pro eo, ut ipsi ex alieno agro raperent agerentque, suas terras sedem belli esse premique utriusque partis exercituum hibernis viderent, verterunt retro in Hannibalem ab Romanis odia; petitusque sæpe principium insidiis, ipsorum inter se fraude, eadem levitate
10 qua consenserant consensum indicantium, servatus erat, et mutando nunc vestem nunc tegumenta capitis, errore etiam sese ab insidiis munierat. Ceterum hic quoque ei timor causa fuit maturius movendi ex hibernis.

Per idem tempus Cn. Servilius consul Romæ idibus
15 Martiis magistratum iniit. Ibi cum de republica retulisset, redintegrata in C. Flaminium invidia est: duos se consules creasse, unum habere:—quod enim illi justum imperium, quod auspicium esse ? Magistratus id a domo —publicis privatisque penatibus—Latinis feriis actis, sa-
20 crificio in monte perfecto, votis rite in Capitolio nuncupatis secum ferre : nec privatum auspicia sequi, nec sine auspiciis profectum in externo ea solo nova atque integra concipere posse. Augebant metum prodigia ex pluribus simul locis nuntiata : in Sicilia militibus aliquot spicula, in Sar-
25 dinia autem in muro circumeunti vigilias equiti scipionem, quem manu tenuerat, arsisse, et litora crebris ignibus fulsisse, et scuta duo sanguine sudasse, et milites quosdam ictos fulminibus, et solis orbem minui visum : et Præneste ardentes lapides cælo cecidisse ; et Arpis parmas in cælo
30 visas pugnantemque cum luna solem; et Capenæ duas interdiu lunas ortas, et aquas Cæretes sanguine mixtas fluxisse, fontemque ipsum Herculis cruentis manasse respersum maculis ; et Antii metentibus cruentas in corbem spicas cecidisse ; et Faleriis cælum findi velut
35 magno hiatu visum, quaque patuerit, ingens lumen efful-

sisse; sortes sua sponte attenuatas, unamque excidisse ita
scriptam "Mavors telum suum concutit:" et per idem
tempus Romæ signum Martis Appia via ac simulacra
luporum sudasse, et Capuæ speciem cæli ardentis fuisse
lunæque inter imbrem cadentis. Inde minoribus etiam 5
dictu prodigiis fides habita: capras lanatas quibusdam
factas, et gallinam in marem, gallum in feminam sese
vertisse. Iis, sicut erant nuntiata, expositis, auctoribus-
que in curiam introductis, consul de religione patres consuluit: decretum ut ea prodigia partim majoribus hostiis 10
partim lactentibus procurarentur, et uti supplicatio per
triduum ad omnia pulvinaria haberetur: cetera, cum
decemviri libros inspexissent, ut ita fierent, quemadmodum
cordi esse dii divinis carminibus præfarentur. Decemvirorum monitu decretum est, Jovi primum donum fulmen 15
aureum pondo quinquaginta fieret, Junoni Minervæque ex
argento dona darentur, et Junoni reginæ in Aventino
Junonique Sospitæ Lanuvii majoribus hostiis sacrificaretur;
matronæque pecunia collata, quantum conferre cuique
commodum esset, donum Junoni reginæ in Aventinum 20
ferrent, lectisterniumque fieret; quin et ut libertinæ et
ipsæ—unde Feroniæ donum daretur—pecuniam pro fa-
cultatibus suis conferrent: hæc ubi facta, decemviri
Ardeæ in foro majoribus hostiis sacrificarunt: postremo
Decembri jam mense ad ædem Saturni Romæ immolatum 25
est, lectisterniumque imperatum—et eum lectum senatores
straverunt—et convivium publicum; ac per urbem Saturnalia diem ac noctem clamata, populusque eum diem
festum habere ac servare in perpetuum jussus.

II. Dum consul placandis Romæ dis habendoque dilectu 30
dat operam, Hannibal profectus ex hibernis, quia jam
Flaminium consulem Arretium prævenisse fama erat,
cum aliud longius, ceterum commodius ostenderetur iter,
propiorem viam per paludem petit, qua fluvius Arnus per
eos dies solito magis inundaverat. Hispanos et Afros et 35
omne veterani robur exercitus, admixtis ipsorum impedimentis, necubi consistere coactis necessaria ad usus deessent, primos ire jussit; sequi Gallos, ut id agminis medium
esset; novissimos ire equites; Magonem inde cum expeditis Numidis cogere agmen, maxime Gallos, si tædio 40
laboris longæque viæ—ut est mollis ad talia gens—dila-
berentur aut subsisterent, cohibentem. Primi, qua modo
præirent duces, per præaltas fluvii ac profundas voragines,
hausti pæne limo immergentesque se tamen signa seque-

bantur : Galli neque sustinere se prolapsi neque assurgere ex voraginibus poterant, aut corpora animis aut animos spe sustinebant, alii fessa ægre trahentes membra, alii, ubi semel victis tædio animis procubuissent, inter jumenta et 5 ipsa jacentia passim morientes. Maximeque omnium vigiliæ conficiebant per quadriduum, jam et tres noctes toleratæ. Cum omnia obtinentibus aquis nihil, ubi in sicco fessa sternerent corpora, inveniri posset, cumulatis in aquas sarcinis insuper incumbebant: jumentorum itinere 10 toto prostratorum passim acervi tantum, quod exstaret aqua, quærentibus ad quietem parvi temporis necessarium cubile dabant. Ipse Hannibal, æger oculis ex verna primum intemperie variante calores frigoraque, elephanto, qui unus superfuerat—quo altius ab aqua exstaret— 15 vectus, vigiliis tamen et nocturno humore palustrique cælo gravante caput, et quia medendi nec locus nec tempus erat, altero oculo capitur.

III. Multis hominibus jumentisque fœde amissis cum tandem de paludibus emersisset, ubi primum in sicco 20 potuit, castra locat, certumque per præmissos exploratores habuit exercitum Romanum circa Arretii mœnia esse. Consulis deinde consilia atque animum et situm regionum itineraque et copias ad commeatus expediendos, et cetera, quæ cognosse in rem erant, summa omnia cum cura 25 inquirendo exsequebatur. Regio erat in primis Italiæ fertilis, Etrusci campi, qui Fæsulas inter Arretiumque jacent, frumenti ac pecoris et omnium copia rerum opulenti. Consul ferox ab consulatu priore, et non modo legum aut patrum majestatis, sed ne deorum quidem satis 30 metuens: hanc insitam ingenio ejus temeritatem fortuna prospero civilibus bellicisque rebus successu aluerat: itaque satis apparebat, nec deos nec homines consulentem ferociter omnia ac præpropere acturum. Quoque pronior esset in vitia sua, agitare eum atque irritare Pœnus parat ; 35 et, læva relicto hoste, Fæsulas petens, medio Etruriæ agro prædatum profectus, quantam maximam vastitatem potest, cædibus incendiisque consuli procul ostendit. Flaminius, qui nec quieto quidem hoste ipse quieturus erat, tum vero, postquam res sociorum ante oculos prope suos ferri agique 40 vidit, suum id dedecus ratus, per mediam jam Italiam vagari Pœnum, atque obsistente nullo, ad ipsa Romana mœnia ire oppugnanda, ceteris omnibus in consilio salutaria magis quam speciosa suadentibus, collegam exspectandum, ut conjunctis exercitibus, communi animo con

silioque rem gererent; interim equitatu auxiliisque levium
armorum ab effusa prædandi licentia hostem cohibendum,
iratus se ex consilio proripuit, signumque simul itineris
pugnæque cum dedisset, "immo Arretii ante mœnia
sedeamus" inquit, "hic enim patria et penates sunt: Hannibal emissus e manibus perpopuletur Italiam, vastandoque et urendo omnia ad Romana mœnia perveniat; nec
ante nos hinc moverimus quam, sicut olim Camillum ab
Veiis, C. Flaminium ab Arretio patres acciverint." Hæc
simul increpans, cum ocius signa convelli juberet et ipse
in equum insiluisset, equus repente corruit consulemque
lapsum super caput effudit. Territis omnibus, qui circa
erant, velut fœdo omine incipiendæ rei, insuper nuntiatur,
signum, omni vi moliente signifero, convelli nequire. Conversus ad nuntium "num litteras quoque" inquit "ab
senatu affers, quæ me rem gerere vetent? Abi nuntia,
effodiant signum, si ad convellendum manus præ metu
obtorpuerit." Incedere inde agmen cœpit primoribus—
superquam quod dissenserant ab consilio—territis etiam
duplici prodigio, milite in vulgus læto ferocia ducis, cum
spem magis ipsam quam causam spei intueretur.

IV. Hannibal, quod agri est inter Cortonam urbem
Trasimenumque lacum, omni clade belli pervastat, quo
magis iram. hosti ad vindicandas sociorum injurias acuat.
Et jam pervenerant ad loca nata insidiis, ubi maxime
montes Cortonenses Trasimenus subit: via tantum interest
perangusta, velut ad id ipsum de industria relicto spatio:
deinde paulo latior patescit campus; inde colles assurgunt.
Ibi castra in aperto locat, ubi ipse cum Afris modo Hispanisque consideret: Baleares ceteramque levem armaturam
post montes circumducit; equites ad ipsas fauces saltus,
tumulis apte tegentibus, locat, ut, ubi intrassent Romani,
objecto equitatu, clausa omnia lacu ac montibus essent.

Flaminius cum pridie solis occasu ad lacum pervenisset,
inexplorato, postero die, vixdum satis certa luce, angustiis
superatis, postquam in patentiorem campum pandi agmen
cœpit, id tantum hostium, quod ex adverso erat, conspexit:
ab tergo ac super caput decepere insidiæ. Pœnus ubi, id
quod petierat, clausum lacu ac montibus et circumfusum
suis copiis habuit hostem, signum omnibus dat simul
invadendi. Qui ubi, qua cuique proximum fuit, decucurrerunt, eo magis Romanis subita atque improvisa res
fuit, quod orta ex lacu nebula campo quam montibus
densior sederat, agminaque hostium ex pluribus collibus

ipsa inter se satis conspecta eoque magis pariter decucur-
rerant. Romanus clamore prius undique orto, quam satis
cerneret, se circumventum esse sensit, et ante in frontem
lateraque pugnari cœptum est, quam satis instrueretur
5 acies, aut expediri arma stringique gladii possent. V.
Consul, perculsis omnibus, ipse satis, ut in re trepida,
impavidus, turbatos ordines—vertente se quoque ad dissonos clamores—instruit, ut tempus locusque patitur; et,
quacumque adire audirique potest, adhortatur ac stare ac
10 pugnare jubet: nec enim inde votis aut imploratione
deum, sed vi ac virtute, evadendum esse: per medias
acies ferro viam fieri, et, quo timoris minus sit, eo minus
ferme periculi esse. Ceterum præ strepitu ac tumultu
nec consilium nec imperium accipi poterat; tantumque
15 aberat, ut sua signa atque ordinem miles et locum nosceret,
ut vix ad arma capienda aptandaque pugnæ competeret
animus, opprimerenturque quidam, onerati magis his quam
tecti. Et erat in tanta calligine major usus aurium quam
oculorum: ad gemitus vulnerum ictusque corporum aut
20 armorum et mixtos strepentium paventiumque clamores
circumferebant ora oculosque: alii fugientes pugnantium
globo illati hærebant; alios redeuntes in pugnam avertebat
fugientium agmen. Deinde, ubi in omnes partes nequidquam impetus capti, et ab lateribus montes ac lacus, a
25 fronte et ab tergo hostium acies claudebat, apparuitque,
nullam, nisi in dextera ferroque, salutis spem esse, tum
sibi quisque dux adhortatorque factus ad rem gerendam,
et nova de integro exorta pugna est, non illa ordinata per
principes hastatosque ac triarios, nec ut pro signis ante-
30 signani, post signa alia pugnaret acies, nec ut in sua
legione miles aut cohorte aut manipulo esset: fors con-
globat, et animus suus cuique ante aut post pugnandi
ordinem dabat: tantusque fuit ardor armorum, adeo intentus pugnæ animus, ut eum motum terræ, qui multarum
35 urbium Italiæ magnas partes prostravit avertitque cursu
rapidos amnes, mare fluminibus invexit, montes lapsu
ingenti proruit, nemo pugnantium senserit.
VI. Tres ferme horas pugnatum est, et ubique atrociter.
Circa consulem tamen acrior infestiorque pugna est: eum
40 et robora virorum sequebantur, et ipse, quacumque in
parte premi ac laborare senserat suos, impigre ferebat
opem: insignemque armis et hostes summa vi petebant,
et tuebantur cives, donec Insuber eques—Ducario nomen
erat—facie quoque noscitans, "consul en" inquit "hic

est," popularibus suis, "qui legiones nostras cecidit agrosque et urbem est depopulatus! Jam ego hanc victimam Manibus peremptorum fœde civium dabo:" subditisque calcaribus equo, per confertissimam hostium turbam impetum facit; obtruncatoque prius armigero, qui se infesto venienti obviam objecerat, consulem lancea transfixit. Spoliare cupientem triarii objectis scutis arcuere. Magnæ partis fuga inde primum cœpit: et jam nec lacus nec montes pavori obstabant. Per omnia arta præruptaque velut cæci evadunt, armaque et viri super alium alii præcipitantur. Pars magna, ubi locus fugæ deest, per prima vada paludis in aquam progressi, quoad capitibus humerisque exstare possunt, sese immergunt: fuere, quos inconsultus pavor nando etiam capessere fugam impulerit, quæ ubi immensa ac sine spe erat, aut deficientibus animis hauriebantur gurgitibus, aut nequidquam fessi vada retro ægerrime repetebant, atque ibi ab ingressis aquam hostium equitibus passim trucidabantur. Sex milia ferme primi agminis, per adversos hostes eruptione impigre facta, ignari omnium, quæ post se agerentur, ex saltu evasere, et, cum in tumulo quodam constitissent, clamorem modo ac sonum armorum audientes, quæ fortuna pugnæ esset, neque scire nec perspicere præ caligine poterant. Inclinata denique re, cum incalescente sole dispulsa nebula aperuisset diem, tum liquida jam luce montes campique perditas res stratamque ostendere fœde Romanam aciem. Itaque, ne in conspectos procul immitteretur eques, sublatis raptim signis, quam citatissimo poterant agmine, sese abripuerunt. Postero die, cum super cetera extrema fames etiam instaret, fidem dante Maharbale, qui cum omnibus equestribus copiis nocte consecutus erat, si arma tradidissent, abire cum singulis vestimentis passurum, sese dediderunt: quæ Punica religione servata fides ab Hannibale est, atque in vincula omnes conjecit.

VII. Hæc est nobilis ad Trasimenum pugna atque inter paucas memorata populi Romani clades. Quindecim millia Romanorum in acie cæsa sunt: decem millia, sparsa fuga per omnem Etruriam, diversis itineribus urbem petiere: duo millia quingenti hostium in acie, multi postea utrimque ex vulneribus periere. Multiplex cædes utrimque facta traditur ab aliis: ego, præterquam quod nihil haustum ex vano velim, quo nimis inclinant ferme scribentium animi, Fabium æqualem temporibus hujusce belli **potissimum auctorem habui. Hannibal captivorum, qui**

Latini nominis essent, sine pretio dimissis, Romanis in vincula datis, segregata ex hostium coacervatorum cumulis corpora suorum cum sepeliri jussisset, Flaminii quoque corpus funeris causa magna cum cura inquisitum non invenit.

Romæ ad primum nuntium cladis ejus cum ingenti terrore ac tumultu concursus in forum populi est factus: matronæ vagæ per vias, quæ repens clades allata, quæve fortuna exercitus esset, obvios percunctantur: et cum frequentis concionis modo turba in comitium et curiam versa magistratus vocaret, tandem haud multo ante solis occasum M. Pomponius prætor, "pugna," inquit, "magna victi sumus:" et quamquam nihil certius ex eo auditum est, tamen alius ab alio impleti rumoribus domos referunt, consulem cum magna parte copiarum cæsum; superesse paucos, aut fuga passim per Etruriam sparsos aut captos ab hoste. Quot casus exercitus victi fuerant, tot in curas dispertiti animi eorum erant, quorum propinqui sub C. Flaminio consule meruerant, ignorantium, quæ cujusque suorum fortuna esset: nec quisquam satis certum habet, quid aut speret aut timeat. Postero ac deinceps aliquot diebus ad portas major prope mulierum quam virorum multitudo stetit, aut suorum aliquem aut nuntios de iis opperiens: circumfundebanturque obviis sciscitantes, neque avelli, utique ab notis, priusquam ordine omnia inquisissent, poterant. Inde varios vultus digredientium ab nuntiis cerneres, ut cuique læta aut tristia nuntiabantur, gratulantesque aut consolantes redeuntibus domos circumfusos. Feminarum præcipue et gaudia insignia erant et luctus: unam in ipsa porta sospiti filio repente oblatam in conspectu ejus exspirasse ferunt; alteram, cui mors filii falso nuntiata erat, mæstam sedentem domi, ad primum conspectum redeuntis filii gaudio nimio exanimatam. Senatum prætores per dies aliquot ab orto usque ad occidentem solem in curia retinent, consultantes, quonam duce aut copiis quibus resisti victoribus Pœnis posset.

VIII. Priusquam satis certa consilia essent, repens alia nuntiatur clades; quattuor millia equitum, cum C. Centenio proprætore missa ad collegam ab Servilio consule, in Umbria, quo post pugnam ad Trasimenum auditam averterant iter, ab Hannibale circumventa. Ejus rei fama varie homines affecit: pars occupatis majore ægritudine animis, levem ex comparatione priorum ducere recentem equitum jacturam; pars non id, quod acciderat, per se æstimare, sed, ut in affecto corpore quamvis levis causa magis quam valido gravior sentiretur, ita tum ægræ et affectæ civitati quodcumque adversi inciderit, non rerum magnitudine, sed viribus extenuatis, quæ nihil, quod aggravaret, pati possent, æstimandum esse. Itaque ad remedium, jam diu neque desideratum nec adhibitum, dictatorem dicendum, civitas confugit: et quia et consul aberat, a quo uno dici posse videbatur, nec per occupatam armis Punicis Italiam facile erat aut nuntium aut litteras mitti, nec dictatorem populus creare poterat, quod nunquam ante cam diem factum erat, prodictatorem populus creavit Q. Fabium Maximum et magistrum equitum M. Minucium Rufum: hisque negotium ab senatu datum, ut muros turresque urbis firmarent et præsidia disponerent, quibus locis videretur, pontesque rescinderent fluminum: pro urbe ac penatibus dimicandum esse, quando Italiam tueri nequissent.

IX. Hannibal recto itinere per Umbriam usque ad Spoletium venit. Inde, cum perpopulato agro urbem oppugnare adortus esset, cum magna cæde suorum repulsus, conjectans ex unius coloniæ haud nimis prospere tentatæ viribus, quanta moles Romanæ urbis esset, in agrum Picenum avertit iter, non copia solum omnis generis frugum abundantem, sed refertum præda, quam effuse avidi atque egentes rapiebant. Ibi per dies aliquot stativa habita, refectusque miles hibernis itineribus ac palustri via prœlioque, magis ad eventum secundo quam levi aut facili, affectus. Ubi satis quieti datum, præda ac populationibus magis quam otio aut requie gaudentibus, profectus Prætutianum Hadrianum agrum, Marsos inde Marrucinosque et Pelignos devastat, circaque Arpos et Luceriam proximam Apuliæ regionem. Cn. Servilius consul, levibus prœliis cum Gallis actis et uno oppido ignobili expugnato, postquam de collegæ exercitusque cæde audivit, jam mœnibus patriæ metuens, ne abesset in discrimine extremo, ad urbem iter intendit.

Q. Fabius Maximus dictator iterum, quo die magistratum iniit, vocato senatu, ab diis orsus, cum edocuisset patres, plus negligentia cærimoniarum auspiciorumque quam temeritate atque inscitia peccatum a C. Flaminio consule esse, quæque piacula iræ deum essent, ipsos deos consulendos esse, pervicit, ut, quod non ferme decernitur, nisi cum tetra prodigia nuntiata sunt, decemviri libros Sibyllinos adire juberentur. Qui, inspectis fatalibus

libris, retulerunt patribus, quod ejus belli causa votum Marti foret, id non rite factum, de integro atque amplius faciendum esse; et Jovi ludos magnos et aedes Veneri Erycinae ac Menti vovendas esse, et supplicationem lecti-
5 sterniumque habendum, et ver sacrum vovendum, si bellatum prospere esset, resque publica in eodem, quo ante bellum fuisset, statu permansisset. Senatus, quoniam Fabium belli cura occupatura esset, M. Æmilium praetorem, ex collegii pontificum sententia omnia ea ut mature
10 fiant, curare jubet. X. His senatus consultis perfectis, L. Cornelius Lentulus pontifex maximus, consulente collegio praetorum, omnium primum populum consulendum de vere sacro censet; injussu populi voveri non posse. Rogatus in haec verba populus: "velitis jubeatisne haec
15 sic fieri? Si res publica populi Romani Quiritium ad quinquennium proximum, sicut velim eam, sic salva servata erit hisce duellis—quod duellum populo Romano cum Carthaginiensi est, quaeque duella cum Gallis sunt, qui cis Alpes sunt,—datum donum duit populus Romanus Quiri-
20 tium, quod ver attulerit ex suillo, ovillo, caprino, bovillo grege, quaeque profana erunt, Jovi fieri, ex qua die senatus populusque jusserit: qui faciet, quando volet, quaque lege volet, facito: quo modo faxit, probe factum esto: si id moritur quod fieri oportebit, profanum esto, neque sce-
25 lus esto: si quis rumpet occidetve insciens, ne fraus esto: si quis clepset, ne populo scelus esto, neve cui cleptum erit: si atro die faxit insciens, probe factum esto: si nocte sive luce, si servus sive liber faxit, probe factum esto: si anteidea senatus populusque jusserit fieri ac faxit, eo popu-
30 lus solutus liber esto." Ejusdem rei causa ludi magni voti aeris trecentis triginta tribus millibus, trecentis triginta tribus, triente; praeterea bubus Jovi trecentis, multis aliis divis bubus albis atque ceteris hostiis. Votis rite nuncupatis, supplicatio edicta, supplicatumque iere cum conju-
35 gibus ac liberis non urbana multitudo tantum, sed agrestium etiam, quos in aliqua sua fortuna publica quoque contingebat cura. Tum lectisternium per triduum habitum, decemviris sacrorum curantibus: sex pulvinaria in conspectu fuerunt, Jovi ac Junoni unum, alterum Neptuno
40 ac Minervae, tertium Marti ac Veneri, quartum Apollini ac Dianae, quintum Vulcano ac Vestae, sextum Mercurio et Cereri. Tum aedes votae: Veneri Erycinae aedem Q. Fabius Maximus dictator vovit, quia ita ex fatalibus libris edictum erat, ut is voveret, cujus maximum impe

rium in civitate esset. Menti aedem T. Otacilius praetor vovit.

XI. Ita rebus divinis peractis, tum de bello reque de publica dictator retulit, quibus quotve legionibus victori hosti obviam eundum esse patres censerent. Decretum, ut ab Cn. Servilio consule exercitum acciperet: scriberet praeterea ex civibus sociisque, quantum equitum ac peditum videretur: cetera omnia ageret faceretque, ut e republica duceret. Fabius duas legiones se adjecturum ad Servilianum exercitum dixit: iis, per magistrum equitum scriptis, Tibur diem ad conveniendum edixit: edictoque proposito ut, quibus oppida castellaque immunita essent, uti commigrarent in loca tuta: ex agris quoque demigrarent omnis regionis ejus, qua iturus Hannibal esset, tectis prius incensis ac frugibus corruptis, ne cujus rei copia esset. Ipse, via Flaminia profectus obviam consuli exercituique, cum ad Tiberim circa Ocriculum prospexisset agmen consulemque cum equitibus ad se prodeuntem, viatorem misit, qui consuli nuntiaret, ut sine lictoribus ad dictatorem veniret. Qui cum dicto paruisset, congressusque eorum ingentem speciem dictaturae apud cives sociosque, vetustate jam prope oblitos ejus imperii, fecisset, litterae ab urbe allatae sunt, naves onerarias commeatum ab Ostia in Hispaniam ad exercitum portantes, a classe Punica circa portum Cosanum captas esse. Itaque extemplo consul Ostiam proficisci jussus, navibusque, quae ad urbem Romanam aut Ostiae essent, completis milite ac navalibus sociis, persequi hostium classem ac litora Italiae tutari. Magna vis hominum conscripta Romae erat: libertini etiam, quibus liberi essent et aetas militaris, in verba juraverant: ex hoc urbano exercitu, qui minores quinque et triginta annis erant, in naves impositi; alii, ut urbi praesiderent, relicti.

XII. Dictator, exercitu consulis accepto a Fulvio Flacco legato, per agrum Sabinum Tibur, quo diem ad conveniendum edixerat novis militibus, venit. Inde Praeneste ac transversis limitibus in viam Latinam est egressus, unde, itineribus summa cum cura exploratis, ad hostem ducit, nullo loco, nisi quantum necessitas cogeret, fortunae se commissurus. Quo primum die haud procul Arpis in conspectu hostium posuit castra, nulla mora facta, quin Poenus educeret in aciem copiamque pugnandi faceret: sed ubi quieta omnia apud hostes, nec castra ullo tumultu mota videt, increpans quidem, victos tandem suos Martios

animos Romanis, debellatumque concessumque propalam
de virtute ac gloria esse, in castra rediit : ceterum tacita
cura animum incessit, quod cum duce haudquaquam
Flaminio Sempronioque simili futura sibi res esset, ac
5 tum demum edocti malis Romani parem Hannibali ducem
quæsissent. Et prudentiam quidem, non vim, dictatoris
extemplo timuit : constantiam hauddum expertus, agitare
ac tentare animum movendo crebro castra populandoque
in oculis ejus agros sociorum cœpit : et modo citato agmi-
10 ne ex conspectu abibat, modo repente in aliquo flexu viæ,
si excipere digressum in æquum posset, occultus obsiste-
bat. Fabius per loca alta agmen ducebat, modico ab
hoste intervallo, ut neque omitteret eum neque congrede-
retur : castris, nisi quantum usus necessario cogeret,
15 tenebatur miles. Pabulum et ligna nec pauci petebant
nec passim. Equitum levisque armaturæ statio, composita instructaque in subitos tumultus, et suo militi tuta
omnia et infesta effusis hostium populatoribus præbebat :
neque universo periculo summa rerum committebatur, et
20 parva momenta levium certaminum ex tuto cœptorum,
finitimoque receptu, assuefaciebant territum pristinis cladibus militem minus jam tandem aut virtutis aut fortunæ
pænitere suæ. Sed non Hannibalem magis infestum tam
sanis consiliis habebat quam magistrum equitum ; qui
25 nihil aliud, quam quod impar erat imperio, moræ ad rem
publicam præcipitandam habebat, ferox rapidusque in
consiliis ac lingua immodicus. Primo inter paucos, dein
propalam in vulgus pro cunctatore segnem, pro cauto
timidum, affingens vicina virtutibus vitia, compellabat,
30 premendoque superiorem, quæ pessima ars nimis prosperis
multorum successibus crevit, sese extollebat.

XIII. Hannibal ex Hirpinis in Samnium transit, Bene-
ventanum depopulatur agrum, Telesiam urbem capit,
irritat etiam de industria ducem, si forte accensum tot
35 indignitatibus cladibus sociorum detrahere ad æquum
certamen possit. Inter multitudinem sociorum Italici
generis, qui ad Trasimenum capti ab Hannibale dimissi-
que fuerant, tres Campani equites erant, multis jam tum
illecti donis promissisque Hannibalis ad conciliandos popu-
40 larium animos. Hi nuntiantes, si in Campaniam exercitum admovisset, Capuæ potiendæ copiam fore, cum res
major quam auctores esset, dubium Hannibalem alternis-
que fidentem ac diffidentem, tamen, ut Campanos ex Samnio peteret, moverunt : monitos, ut etiam atque etiam

promissa rebus affirmarent, jussosque, cum pluribus et
aliquibus principum redire ad se, dimisit. Ipse imperat
duci, ut se in agrum Casinatem ducat, edoctus a peritis
regionum, si eum saltum occupasset, exitum Romano ad
opem ferendam sociis interclusurum. Sed Punicum ab- 5
horrens ab Latino nomine, Casilinum pro Casino dux ut
acciperet, fecit; aversusque ab suo itinere, per Allifanum
Calatinumque et Calenum agrum in campum Stellatem
descendit. Ubi cum montibus fluminibusque clausam
regionem circumspexisset, vocatum ducem percunctatur, 10
ubi terrarum esset. Cum is Casilini eo die mansurum
eum dixisset, tum demum cognitus est error, et Casinum
longe inde alia regione esse: virgisque cæso duce et ad
reliquorum terrorem in crucem sublato, castris communitis, Maharbalem cum equitibus in agrum Falernum præ- 15
datum dimisit. Usque ad aquas Sinuessanas populatio ea
pervenit: ingentem cladem, fugam tamen terroremque
latius Numidæ fecerunt: nec tamen is terror, cum omnia
bello flagrarent, fide socios dimovit, videlicet quia justo et
moderato regebantur imperio, nec abnuebant, quod unum 20
vinculum fidei est, melioribus parere.

XIV. Ut vero, postquam ad Vulturnum flumen castra
sunt posita, exurebatur amœnissimus Italiæ ager, villæque
passim incendiis fumabant, per juga Massici montis Fabio
ducente, tum prope de integro seditio accensa. Quieti 25
fuerant enim per paucos dies, quia, cum celerius solito
ductum agmen esset, festinari ad prohibendam populationibus Campaniam crediderant: ut vero in extrema juga
Massici montis ventum, et hostes sub oculis erant, Falerni
agri colonorumque Sinuessæ tecta urentes, nec ulla erat 30
mentio pugnæ, " spectatumne huc," inquit Minucius, " ad
rem fruendam oculis, sociorum cædes et incendia venimus? Nec si nullius alterius, nos ne civium quidem
horum pudet, quos Sinuessam colonos patres nostri miserunt, ut ab Samnite hoste tuta hæc ora esset, quam nunc 35
non vicinus Samnis urit sed Pœnus advena, ab extremis
orbis terrarum terminis nostra cunctatione et socordia jam
huc progressus? Tantum pro degeneramus a patribus
nostris, ut, præter quam oram illi suam Punicas vagari
classes, dedecus esse imperii sui duxerint, eam nunc ple- 40
nam hostium Numidarumque ac Maurorum jam factam
videamus? Qui modo, Saguntum oppugnari indignando,
non homines tantum, sed fœdera et deos ciebamus, scan-
dentem mœnia Romanæ coloniæ Hannibalem læti specta-

mus. Fumus ex incendiis villarum agrorumque in oculos atque ora venit; strepunt aures clamoribus plorantium sociorum, saepius nos quam deorum invocantium opem: nos hic pecorum modo per aestivos saltus deviasque calles exercitum ducimus, conditi nubibus silvisque. Si hoc modo peragrando cacumina saltusque. M. Furius recipere a Gallis urbem voluisset, quo hic novus Camillus, nobis dictator unicus in rebus affectis quaesitus, Italiam ab Hannibale recuperare parat, Gallorum Roma esset; quam vereor, ne, sic cunctantibus nobis, Hannibali ac Poenis toties servaverint majores nostri. Sed vir ac vere Romanus, quo die, dictatorem eum ex auctoritate patrum jussuque populi dictum, Veios allatum est, cum esset satis altum Janiculum, ubi sedens prospectaret hostem, descendit in aequum, atque illo ipso die media in urbe, qua nunc busta Gallica sunt, et postero die citra Gabios cecidit Gallorum legiones. Quid? Post multos annos, cum ad Furculas Caudinas ab Samnite hoste sub jugum missi sumus, utrum tandem L. Papirius Cursor juga Samnii perlustrando, an Luceriam premendo obsidendoque et lacessendo victorem hostem depulsum ab Romanis cervicibus jugum superbo Samniti imposuit? Modo C. Lutatio quae alia res quam celeritas victoriam dedit, quod postero die quam hostem vidit, classem gravem commeatibus, impeditam suomet ipsam instrumento atque apparatu, oppressit? Stultitia est sedendo aut votis debellari credere posse: armari copias oportet, et deducendas in aequum, ut vir cum viro congrediaris: audendo atque agendo res Romana crevit, non iis segnibus consiliis, quae timidi cauta vocant." Haec velut concionanti Minucio circumfundebatur tribunorum equitumque Romanorum multitudo, et ad aures quoque militum dicta ferocia evolvebantur; ac, si militaris suffragii res esset, haud dubie ferebant, Minucium Fabio duci praelaturos.

XV. Fabius, pariter in suos haud minus quam in hostes intentus, prius ab illis invictum animum praestat. Quamquam probe scit, non in castris modo suis, sed jam etiam Romae infamem suam cunctationem esse, obstinatus tamen tenore eodem consiliorum aestatis reliquum extraxit, ut Hannibal, destitutus ab spe summa ope petiti certaminis, jam hibernis locum circumspectaret, quia ea regio praesentis erat copiae, non perpetuae, arbusta vineaeque et consita omnia magis amoenis quam necessariis fructibus. Haec per exploratores relata Fabio. Cum satis sciret per em angustias, quibus intraverat Falernum agrum, rediturum, Calliculam montem et Casilinum occupat modicis præsidiis, quæ urbs Vulturno flumine dirempta, Falernum a Campano agro dividit: ipse jugis iisdem exercitum reducit, misso exploratum cum quadringentis equitibus sociorum L. Hostilio Mancino. Qui ex turba juvenum audientium sæpe ferociter concionantem magistrum equitum, progressus primo exploratoris modo, ut ex tuto specularetur hostem, ubi vagos passim per vicos Numidas vidit, per occasionem etiam paucos occidit, extemplo occupatus certamine est animus, excideruntque præcepta dictatoris, qui, quantum tuto posset, progressum prius recipere sese jusserat, quam in conspectum hostium veniret. Numidæ, alii atque alii occursantes refugientesque, ad castra prope ipsum cum fatigatione equorum atque hominum pertrahere: inde Carthalo, penes quem summa equestris imperii erat, concitatis equis invectus, cum, priusquam ad conjectum teli veniret, avertisset hostes, quinque ferme millia continenti cursu secutus est fugientes. Mancinus, postquam nec hostem desistere sequi, nec spem vidit effugiendi esse, cohortatus suos in prœlium rediit, omni parte virium impar: itaque ipse et delecti equitum circumventi occiduntur: ceteri effuso rursus cursu Cales primum, inde prope inviis callibus ad dictatorem perfugerunt.

Eo forte die Minucius se conjunxerat Fabio, missus ad firmandum præsidio saltum, qui super Tarracinam, in artas coactus fauces, imminet mari, ne ab Sinuessa Pœnus Appiæ limite pervenire in agrum Romanum posset. Conjunctis exercitibus dictator ac magister equitum castra in viam deferunt, qua Hannibal ducturus erat. Duo inde millia hostes aberant. XVI. Postero die Pœni, quod viæ inter bina castra erat, agmine complevere. Cum Romani sub ipso constitissent vallo, haud dubie æquiore loco, successit tamen Pœnus cum expeditis equitibus, atque ad lacessendum hostem carptim Pœni et procursando recipiendoque sese pugnavere. Restitit suo loco Romana acies: lenta pugna et ex dictatoris magis quam Hannibalis fuit voluntate: ducenti ab Romanis, octingenti hostium cecidere. Inclusus inde videri Hannibal, via ad Casilinum obsessa; cum Capua et Samnium et tantum ab tergo divitum sociorum Romanis commeatus subveheret, Pœnus inter Formiana saxa ac Liternas arenas stagnaque perhorrida situ hibernaturus esset. Nec Hannibalem fefellit, suis se artibus peti: itaque, cum per Casilinum evadere

non posset, petendique montes et jugum Calliculæ supe
randum esset, necubi Romanus inclusum vallibus agmen
aggrederetur, ludibrium oculorum, specie terribile, ad
frustrandum hostem commentus, principio noctis furtim
5 succedere ad montes statuit. Fallacis consilii talis appa-
ratus fuit : faces undique ex agris collectæ fascesque
virgarum atque aridi sarmenti præliganturque cornibus
boum, quos domitos indomitosque multos inter ceteram
agrestem prædam agebat : ad duo millia ferme boum
10 effecta, Hasdrubalique negotium datum, ut primis tenebris
noctis id armentum accensis cornibus ad montes ageret,
maxime, si posset, super saltus ab hoste insessos. XVII.
Primis tenebris silentio mota castra, boves aliquanto ante
signa acti. Ubi ad radices montium viasque angustas
15 ventum est, signum extemplo datur, ut accensis cornibus
armenta in adversos concitentur montes. Et metus ipse
relucentis flammæ ex capite calorque jam ad vivum diu
ad imaque cornuum adveniens velut stimulatos furore
agebat boves. Quo repente discursu, haud secus quam
20 silvis montibusque accensis, omnia circum virgulta ardere;
capitumque irrita quassatio, excitans flammam, hominum
passim discurrentium speciem præbebat. Qui ad transitum saltus insidendum locati erant, ubi in summis montibus
ac super se quosdam ignes conspexere, circumventos se
25 esse rati, præsidio excessere : qua minime densæ micabant
flammæ, velut tutissimum iter petentes summa montium
juga, tamen in quosdam boves palatos a suis gregibus
inciderunt : et primo cum procul cernerent, veluti flammas
spirantium miraculo attoniti constiterunt, deinde, ut hu-
30 mana apparuit fraus, tum vero insidias rati esse, cum
majore metu concitant se in fugam, levi quoque armaturæ
hostium incurrere. Ceterum nox æquato timore neutros
pugnam incipientes ad lucem tenuit : interea toto agmine
Hannibal transducto per saltum, et quibusdam in ipso
35 saltu hostium oppressis, in agro Allifano posuit castra.
XVIII. Hunc tumultum sensit Fabius : ceterum et
insidias esse ratus, et ab nocturno utique abhorrens certamine, suos munimentis tenuit. Luce prima sub jugo
montis prœlium fuit ; quo interclusam ab suis levem
40 armaturam facile—etenim numero aliquantum præstabant
—Romani superassent, nisi Hispanorum cohors, ad id
ipsum remissa ab Hannibale, pervenisset. Ea assuetior
montibus et ad concursandum inter saxa rupesque aptior
ac leviorque, cum velocitate corporum tum armorum habitu

campestrem hostem—gravem armis statariumque—pugnæ genere facile elusit. Ita haudquaquam pari certamine digressi, Hispani fere omnes incolumes, Romani, aliquot suis amissis, in castra contenderunt.

Fabius quoque movit castra, transgressusque saltum, super Allifas loco alto ac munito consedit. Tum, per Samnium Romam se petere simulans, Hannibal usque in Pelignos populabundus rediit : Fabius medius inter hostium agmen urbemque Romam jugis ducebat, nec absistens nec congrediens. Ex Pelignis Pœnus flexit iter, retroque Apuliam repetens, Geronium pervenit, urbem metu, quia collapsa ruinis pars mœnium erat, ab suis desertam. Dictator in Larinate agro castra communiit. Inde sacrorum causa Romam revocatus, non imperio modo, sed consilio etiam ac prope precibus agens cum magistro equitum, ut plus consilio quam fortunæ confidat, et se potius ducem quam Sempronium Flaminiumque imitetur : ne nihil actum censeret, extracta prope æstate per ludificationem hostis: medicos quoque plus interdum quiete quam movendo atque agendo proficere : haud parvam rem esse, ab toties victore hoste vinci desisse, ab continuis cladibus ac respirasse ; hæc nequidquam præmonito magistro equitum, Romam est profectus.

XIX. Principio æstatis, qua hæc gerebantur, in Hispania quoque terra marique cœptum bellum est. Hasdrubal ad eum navium numerum, quem a fratre instructum paratumque acceperat, decem adjecit : quadraginta navium classem Himilconi tradit, atque ita Carthagine profectus navibus prope terram, exercitum in litore ducebat, paratus confligere, quacumque parte copiarum hostis occurrisset. Cn. Scipioni, postquam movisse ex hibernis hostem audivit, primo idem consilii fuit : deinde minus terra propter ingentem famam novorum auxiliorum concurrere ausus, delecto milite ad naves imposito, quinque et triginta navium classe ire obviam hosti pergit : altero ab Tarracone die ad stationem, decem millia passuum distantem ab ostio Iberi amnis, pervenit. Inde duæ Massiliensium speculatoriæ præmissæ retulere, classem Punicam stare in ostio fluminis, castraque in ripa posita : itaque, ut improvidos incautosque universo simul effuso terrore opprimeret, sublatis anchoris ad hostem vadit. Multas et locis altis positas turres Hispania habet, quibus et speculis et propugnaculis adversus latrones utuntur. Inde primo, conspectis hostium navibus, datum signum Hasdrubali est;

tumultusque prius in terra et castris quam ad mare et ad
naves est ortus, nondum aut pulsu remorum strepi..uque
alio nautico exaudito, aut aperientibus classem promonto
riis: cum repente eques alius super alium ab Hasdrubale
5 missus vagos in litore quietosque in tentoriis suis, nihil
minus quam hostem aut prœlium eo die exspectantes,
conscendere naves propere atque arma capere jubet:
classem Romanam jam haud procul portu esse. Hæc
equites dimissi passim imperabant. Mox Hasdrubal ipse
10 cum omni exercitu aderat; varioque omnia tumultu strepunt, ruentibus in naves simul remigibus militibusque
fugientium magis e terra quam in pugnam euntium modo.
Vixdum omnes conscenderant, cum alii, resolutis oris, in
anchoras evehuntur, alii, ne quid teneat, anchoralia inci-
15 dunt, raptimque omnia præpropere agendo militum apparatu nautica ministeria impediuntur, trepidatione nautarum
capere et aptare arma miles prohibentur. Et jam Romanus
non appropinquabat modo, sed direxerat etiam in pugnam
naves. Itaque non ab hoste et prœlio magis Pœni, quam
20 suomet ipsi tumultu turbati, et tentata verius pugna quam
inita, in fugam averterunt classem: et cum adversi amnis
os lato agmini et tam multis simul venientibus haud sane
intrabile esset, in litus passim naves egerunt, atque alii
vadis, alii sicco litore excepti, partim armati partim iner-
25 mes, ad instructam per litus aciem suorum perfugere.
Duæ tamen primo concursu captæ erant Punicæ naves,
quattuor suppressæ. XX. Romani, quamquam terra
hostium erat, armatamque aciem toto prætentam in litore
cernebant, haud cunctanter insecuti trepidam hostium
30 classem, naves omnes, quæ non aut perfregerant proras
litori illisas aut carinas fixerant vadis, religatas puppibus
in altum extraxere, ad quinque et viginti naves e quadraginta cepere. Neque id pulcherrimum ejus victoriæ fuit,
sed quod una levi pugna toto ejus oræ mari potiti erant.
35 Itaque ad Onusam classe provecti, exscensio ab navibus
in terram facta, cum urbem vi cepissent captamque diri-
puissent, Carthaginem inde petunt, atque, omnem agrum
circa depopulati, postremo tecta quoque injuncta muro
portisque incenderunt. Inde jam præda gravis ad Lon-
40 gunticam pervenit classis, ubi vis magna sparti ad rem
nauticam congesta ab Hasdrubale: quod satis in usum
fuit, sublato, ceterum omne incensum est. Nec in con-
tinentis modo projectas oras, sed in Ebusum insulam
transmissum. Ubi urbe, quæ caput insulæ est, biduum

nequidquam summo labore oppugnata, ubi in spem irritam frustra teri tempus animadversum est, ad populationem agri versi, direptis aliquot incensisque vicis, majore quam ex continenti præda parta, cum in naves se recepissent, ex Balearibus insulis legati pacem petentes ad Scipionem venerunt. Inde flexa retro classis, reditumque in citeriora provinciæ; quo omnium populorum, qui Iberum accolunt, multorum et ultimæ Hispaniæ legati concurrerunt. Sed qui vere ditionis imperiique Romani facti sint, obsidibus datis, populi amplius fuerunt centum viginti. Igitur terrestribus quoque copiis satis fidens Romanus usque ad saltum Castulonensem est progressus. Hasdrubal in Lusitaniam ac propius Oceanum concessit.

XXI. Quietum inde fore videbatur reliquum æstatis tempus, fuissetque per Pœnum hostem: sed, præterquam quod ipsorum Hispanorum inquieta invidaque in novas res sunt ingenia, Mandonius Indebilisque, qui antea Ilergetum regulus fuerat, postquam Romani ab saltu recessere ad maritimam oram, concitis popularibus in agrum pacatum sociorum Romanorum ad populandum venerunt. Adversus eos tribunus militum cum expeditis auxiliis, a Scipione missi, levi certamine, ut tumultuariam manum, fudere omnes; occisis quibusdam captisque, magnaque parte armis exuta. Hic tamen tumultus cedentem ad Oceanum Hasdrubalem cis Iberum ad socios tutandos retraxit. Castra Punica in agro Ilergavonensium, castra Romana ad Novam classem erant, cum fama repens alio avertit bellum. Celtiberi, qui principes regionis suæ legatos miserant obsidesque dederant Romanis, nuntio misso a Scipione exciti, arma capiunt provinciamque Carthaginiensium valido exercitu invadunt; tria oppida vi expugnant. Inde, cum ipso Hasdrubale duobus prœliis egregie pugnant: ac quindecim millia hostium occiderunt, quattuor millia cum multis militaribus signis capiunt.

XXII. Hoc statu rerum in Hispania, P. Scipio in provinciam venit, prorogato post consulatum imperio ab senatu missus, cum triginta longis navibus et octo millibus militum magnoque commeatu advecto. Ea classis ingens agmine onerariarum procul visa, cum magna lætitia civium sociorumque portum Tarraconis ex alto tenuit. Ibi milite exposito, profectus Scipio fratri se conjungit, ac deinde communi animo consilioque gerebant bellum. Occupatis igitur Carthaginiensibus Celtiberico bello, haud cunctanter Iberum transgrediuntur; nec ullo viso hoste

Saguntum pergunt ire, quod ibi obsides totius Hispaniæ traditos ab Hannibale fama erat modico in arce custodiri præsidio. Id unum pignus inclinatos ad Romanam societatem omnium Hispaniæ populorum animos morabatur, ne sanguine liberum suorum culpa defectionis lueretur. Eo vinculo Hispaniam vir unus sollerti magis quam fideli consilio exsolvit. Abelux erat Sagunti nobilis Hispanus, fidus ante Pœnis, tum, qualia plerumque sunt barbarorum ingenia, cum fortuna mutaverat fidem. Ceterum transfugam, sine magnæ rei proditione venientem ad hostes, nihil aliud quam unum vile atque infame corpus esse ratus, id agebat, ut quam maximum emolumentum novis sociis esset. Circumspectis igitur omnibus, quæ fortuna potestatis ejus poterat facere, obsidibus potissimum tradendis animum adjecit, eam unam rem maxime ratus conciliaturam Romanis principum Hispaniæ amicitiam. Sed cum injussu Bostaris præfecti satis sciret nihil obsidium custodes facturos esse, Bostarem ipsum arte aggreditur. Castra extra urbem in ipso litore habebat Bostar, ut aditum ex ea parte intercluderet Romanis. Ibi eum in secretum abductum velut ignorantem monet, quo statu sit res: metum continuisse ad eam diem Hispanorum animos, quia procul Romani abessent: nunc cis Iberum castra Romana esse, arcem tutam perfugiumque novas volentibus res: itaque, quos metus non teneat, beneficio et gratia devinciendos esse. Miranti Bostari percunctantique, quodnam id subitum tantæ rei donum posset esse, "obsides" inquit "in civitates remitte: id et privatim parentibus, quorum maximum nomen in civitatibus est suis, et publice populis gratum erit: vult sibi quisque credi, et habita fides ipsam plerumque obligat fidem · ministerium restituendorum domos obsidium mihimet deposco ipse, ut opera quoque impensa consilium adjuvem meum et rei suapte natura gratæ, quantam insuper gratiam possim, adjiciam." Homini non ad cetera Punica ingenia callido ut persuasit, nocte clam progressus ad hostium stationes, conventis quibusdam auxiliaribus Hispanis, et ab his ad Scipionem perductus, quid afferret, exprimit: et fide accepta dataque, ac loco et tempore constituto ad obsides tradendos, Saguntum redit; diem insequentem absumpsit cum Bostare, mandatis ad rem agendam accipiendis. Dimissus, cum se nocte iturum, ut custodias hostium falleret, constituisset, ad compositam cum iis horam excitatis custodibus puerorum profectus, veluti ignarus in præparatas sua fraude insidias ducit. In castra Romana perducti: cetera omnia de reddendis obsidibus, sicut cum Bostare constitutum erat, acta per eundem ordinem, quo si Carthaginiensium nomine sic ageretur. Major aliquanto Romanorum gratia fuit in re pari, quam quanta futura Carthaginiensium fuerat. Illos enim, graves superbosque in rebus secundis expertos, fortuna et timor mitigasse videri poterat. Romanus primo adventu, incognitus ante, ab re clementi liberalique initium fecerat: et Abelux, vir prudens, haud frustra videbatur socios mutasse. Itaque ingenti consensu defectionem omnes spectare; armaque extemplo mota forent, ni hiems, quæ Romanos quoque et Carthaginienses concedere in tecta coegit, intervenisset.

XXIII. Hæc in Hispania quoque secunda æstate Punici belli gesta, cum in Italia paulum intervalli cladibus Romanis sollers cunctatio Fabii fecisset: quæ ut Hannibalem non mediocri sollicitum cura habebat, tandem eum militiæ magistrum delegisse Romanos cernentem, qui bellum ratione, non fortuna, gereret, ita contempta erat inter cives, armatos pariter togatosque; utique postquam, absente eo, temeritate magistri equitum, læto verius dixerim quam prospero eventu, pugnatum fuerat. Accesserant duæ res ad augendam invidiam dictatoris: una fraude ac dolo Hannibalis, quod, cum a perfugis ei monstratus ager dictatoris esset, omnibus circa solo æquatis, ab uno eo ferrum ignemque et vim omnem hostium abstineri jussit, ut occulti alicujus pacti ea merces videri posset; altera ipsius facto, primo forsitan dubio, quia non exspectata in eo senatus auctoritas est, ad extremum haud ambigue in maximam laudem verso, in permutandis captivis: quod, sicut primo Punico bello factum erat, convenerat inter duces Romanum Pœnumque, ut, quæ pars plus reciperet quam daret, argenti pondo bina et selibras in militem præstaret. Ducentos quadraginta septem cum plures Romanus quam Pœnus recepisset, argentumque pro eis debitum, sæpe jactata in senatu re, quoniam non consuluisset patres, tardius erogaretur, inviolatum ab hoste agrum, misso Romam Quinto filio, vendidit fidemque publicam impendio privato exsolvit.

Hannibal pro Geronii mœnibus, cujus urbis, captæ atque incensæ ab se, in usum horreorum pauca reliquerat tecta, in stativis erat. Inde frumentatum duas exercitus partes mittebat; cum tertia ipse expedita in statione erat,

simul castris præsidio et circumspectans, necunde impet-
in frumentatores fieret. XXIV. Romanus tunc exerciti
in agro Larinati erat. Præerat Minucius magister equi
tum, profecto, sicut ante dictum est, ad urbem dictatore.
5 Ceterum castra, quæ in monte alto ac tuto loco posita
fuerant, jam in planum deferuntur, agitabanturque pro
ingenio ducis consilia calidiora, ut impetus aut in frumentatores palatos aut in castra, relicta cum levi præsidio,
fieret. Nec Hannibalem fefellit, cum duce mutatam esse
10 belli rationem, et ferocius quam consultius rem hostes
gesturos. Ipse autem—quod minime quis crederet—cum
hostis propius esset, tertiam partem militum frumentatum,
duabus in castris retentis, dimisit; dein castra ipsa propius
hostem movit, duo ferme a Geronio millia, in tumulum
15 hosti conspectum, ut intentum sciret esse ad frumentatores, si qua vis fieret, tutandos. Propior inde ei atque
ipsis imminens Romanorum castris tumulus apparuit; ad
quem capiendum si luce palam iretur, quia haud dubie
hostis breviore via præventurus erat, nocte clam missi
20 Numidæ ceperunt. Quos tenentes locum, contempta paucitate, Romani postero die cum dejecissent, ipsi eo trans-
ferunt castra. Tum itaque, ut exiguum spatii vallum a
vallo aberat, et id ipsum tota prope compleverat Romana
acies, simul et per aversa castra equitatus, cum levi
25 armatura emissus in frumentatores, late cædem fugamque
hostium palatorum fecit. Nec acie certare Hannibal
ausus, quia tanta paucitate vix castra, si oppugnarentur,
tutari poterat. Jamque artibus Fabii—pars exercitus
aberat jam ferme—sedendo et cunctando bellum gerebat
30 receperatque suos in priora castra, quæ pro Geronii mœnibus erant. Justa quoque acie et collatis signis dimicatum, quidam auctores sunt: primo concursu Pœnum
usque ad castra fusum, inde eruptione facta repente versum
terrorem in Romanos; Numerii Decimii Samnitis deinde
35 interventu prœlium restitutum. Hunc, principem genere
ac divitiis non Boviani modo, unde erat, sed toto Samnio,
jussu dictatoris octo millia peditum mille equites addu-
centem in castra, ab tergo cum apparuisset Hannibali,
speciem parti utrique præbuisse novi præsidii cum Q.
40 Fabio ab Roma venientis. Hannibalem insidiarum quoque aliquid timentem recepisse suos; Romanum insecu-
tum, adjuvante Samnite, duo castella eo die expugnasse.
Sex millia hostium cæsa, quinque admodum Romanorum:
tamen in tam pari prope clade famam egregiæ victoriæ

cum vanioribus litteris magistri equitum Romam perlatam.

XXV. De iis rebus persæpe et in senatu et in concione actum est. Cum, læta civitate, dictator unus nihil nec famæ nec litteris crederet; ut vera omnia essent, secunda se magis quam adversa timere diceret: tum M. Metellus tribunus plebis, id enim ferendum esse negat: non præsentem solum dictatorem obstitisse rei bene gerendæ, sed absentem etiam gestæ obstare, et in ducendo bello ac sedulo tempus terere, quo diutius in magistratu sit solusque et Romæ et in exercitu imperium habeat: quippe consulum alterum in acie cecidisse, alterum specie classis Punicæ persequendæ procul ab Italia ablegatum: duos prætores Sicilia atque Sardinia occupatos, quorum neutra hoc tempore provincia prætore egeat: M. Minucium magistrum equitum, ne hostem videret, ne quid rei bellicæ gereret, prope in custodiam habitum: itaque hercule non Samnium modo, quo jam tamquam trans Iberum agro Pœnis concessum sit, sed et Campanum Calenumque et Falernum agrum pervastatos esse, sedenti Casilini dictatore et legionibus populi Romani agrum suum tutante. Exercitum cupientem pugnare et magistrum equitum clausos prope intra vallum retentos, tamquam hostibus captivis arma adempta: tandem, ut abscesserit inde dictator, ut obsidione liberatos, extra vallum egressos fudisse ac fugasse hostes. Quas ob res, si antiquus animus plebei Romanæ esset, audaciter se laturum fuisse de abrogando Q. Fabii imperio: nunc modicam rogationem promulgaturum de æquando magistri equitum et dictatoris jure. Nec tamen ne ita quidem prius mittendum ad exercitum Q. Fabium, quam consulem in locum C. Flaminii suffecisset. Dictator concionibus se abstinuit in actione minime popularis: ne in senatu quidem satis æquis auribus audiebatur tunc, cum hostem verbis extolleret, bienniique clades per temeritatem atque inscitiam ducum acceptas referret, magistroque equitum, quod contra dictum suum pugnasset, rationem diceret reddendam esse. Si penes se summa imperii consiliique sit, propediem effecturum, ut sciant homines, bono imperatore haud magni fortunam momenti esse, mentem rationemque dominari, et in tempore et sine ignominia servasse exercitum, quam multa millia hostium occidisse, majorem gloriam esse. Hujus generis orationibus frustra habitis, et consule creato M. Atilio Regulo, ne præsens de jure imperii dimicaret,

pridie quam rogationis ferendæ dies adesset, nocte ad exercitum abiit. Luce orta, cum plebis concilium esset, magis tacita invidia dictatoris favorque magistri equitum animos versabat, quam satis audebant homines ad sua-
5 dendum, quod vulgo placebat prodire, et, favore superante, auctoritas tamen rogationi deerat. Unus inventus est suasor legis C. Terentius Varro, qui priore anno prætor fuerat, loco non humili solum, sed etiam sordido, ortus. Patrem lanium fuisse ferunt, ipsum institorem mercis,
10 filioque hoc ipso in servilia ejus artis ministeria usum. XXVI. Is juvenis, ut primum ex eo genere quæstus pecunia a patre relicta animos ad spem liberalioris fortunæ fecit, togaque et forum placuere, proclamando pro sordidis hominibus causisque adversus rem et famam bonorum
15 primum in notitiam populi, deinde ad honores pervenit: quæsturaque et duabus ædilitatibus—plebeia et curuli— postremo et prætura perfunctus, jam ad consulatus spem cum attolleret animos, haud parum callide auram favoris popularis ex dictatoria invidia petiit, scitique plebis unus
20 gratiam tulit. Omnes eam rogationem, quique Romæ quique in exercitu erant, æqui atque iniqui, præter ipsum dictatorem, in contumeliam ejus latam acceperunt. Ipse, qua gravitate animi criminantes se ad multitudinem inimicos tulerat, eadem et populi in se sævientem injuriam
25 tulit, acceptisque in ipso itinere litteris senatus consulti de æquato imperio, satis fidens, haudquaquam cum imperii jure artem imperandi æquatam, cumque invicto a civibus hostibusque animo ad exercitum rediit.

XXVII. Minucius vero, cum jam ante vix tolerabilis
30 fuisset secundis rebus ac favore vulgi, tum utique immodice immodesteque non Hannibale magis victo ab se quam Q. Fabio gloriari: illum in rebus asperis unicum ducem ac parem quæsitum Hannibali, majorem minori, dictatorem magistro equitum, quod nulla memoria habeat anna-
35 lium, jussu populi æquatum in eadem civitate, in qua magistri equitum virgas ac secures dictatoris tremere atque horrere soliti sint: in tantum suam felicitatem virtutemque enituisse: ergo secuturum se fortunam suam, si dictator in cunctatione ac segnitie, deorum hominumque
40 judicio damnata, perstaret. Itaque, quo die primum congressus est cum Q. Fabio, statuendum omnium primum ait esse, quemadmodum imperio æquato utantur: se optimum ducere, aut diebus alternis, aut, si majora intervalla placerent, partitis temporibus, alterius summum jus impe-

riumque esse, ut par hosti non solum consilio, sed viribus etiam esset, si quam occasionem rei gerendæ habuisset. Q. Fabio haudquaquam id placere : omnia fortunam enim habituram, quæcumque temeritas collegæ habuisset : sibi communicatum cum illo, non ademptum, imperium esse : itaque se nunquam volentem parte, qua posset, rerum consilio gerendarum cessurum ; nec se tempora aut dies imperii cum eo, exercitum divisurum, suisque consiliis, quoniam omnia non liceret, quæ posset servaturum. Ita obtinuit, ut legiones, sicut consulibus mos esset, inter se dividerent : prima et quarta Minucio, secunda et tertia Fabio evenerunt : item equites pari numero, sociûmque et Latini nominis auxilia diviserunt : castris se quoque separari magister equitum voluit.

XXVIII. Duplex inde Hannibali gaudium fuit:—neque enim quidquam eorum, quæ apud hostes agerentur, eum fallebat, et perfugis multa indicantibus, et per suos explorantem :—nam et liberam Minucii temeritatem se suo modo captaturum, et sollertiæ Fabii dimidium virium decessisse. Tumulus erat inter castra Minucii et Pœnorum, quem qui occupasset, haud dubie iniquiorem erat hosti locum facturus. Eum non tam capere sine certamine volebat Hannibal, quamquam id operæ pretium erat, quam causam certaminis cum Minucio, quem semper occursurum ad obsistendum satis sciebat, contrahere. Ager omnis medius erat prima specie inutilis insidiatori, quia non modo silvestre quidquam, sed ne vepribus quidem vestitum habebat ; re ipsa natus tegendis insidiis, eo magis, quod in nuda valle nulla talis fraus timeri poterat : et erant in anfractibus cavæ rupes, ut quædam earum ducenos armatos possent capere. In has latebras, quot quemque locum apte insidere poterant, quinque millia conduntur peditum equitumque. Necubi tamen aut motus alicujus temere egressi aut fulgor armorum fraudem in valle tam aperta detegeret, missis paucis prima luce ad capiendum quem ante diximus tumulum, avertit oculos hostium. Primo statim conspectu contempta paucitas, ac sibi quisque deposcere pellendos inde hostes ac locum capiendum. Dux ipse inter stolidissimos ferocissimosque ad arma vocat, et vanis animis et minis increpat hostem : principio levem armaturam dimittit, deinde conserto agmine mittit equites ; postremo, cum hostibus quoque subsidia mitti videret, instructis legionibus procedit. Et Hannibal, laborantibus suis alia atque alia, ut crescente certamine, mittens auxilia peditum equitumque, jam justam expleverat aciem, ac totis utrimque viribus certatur. Prima levis armatura Romanorum, præoccupatum inferiore loco succedens tumulum, pulsa detrusaque terrorem in succedentem intulit 5 equitem et ad signa legionum refugit. Peditum acies inter perculsos impavida sola erat, videbaturque, si justa ac si recta pugna esset, haudquaquam impar futura: tantum animorum fecerat prospere ante paucos dies res gesta. Sed exorti repente insidiatores eum tumultum terroremque, 10 in latera utrimque ab tergoque incursantes, fecerunt, ut neque animus ad pugnam, neque ad fugam spes cuiquam superesset. XXIX. Tum Fabius, primo clamore paventium audito, dein conspecta procul turbata acie, "ita est," inquit, "non celerius quam timui, deprehendit 15 fortuna temeritatem: Fabio æquatus imperio Hannibalem et virtute et fortuna superiorem videt. Sed aliud jurgandi succensendique tempus erit: nunc signa extra vallum proferte: victoriam hosti extorqueamus, confessionem erroris civibus." Jam magna ex parte cæsis aliis, aliis cir-20 cumspectantibus fugam, Fabiana se acies repente, velut cælo dimissa, ad auxilium ostendit: itaque, priusquam ad conjectum teli veniret aut manum consereret, et suos a fuga effusa et ab nimis feroci pugna hostes continuit. Qui solutis ordinibus vage dissipati erant, undique confu-25 gerunt ad integram aciem: qui plures simul terga dederant, conversi in hostem volventesque orbem, nunc sensim referre pedem, nunc conglobati restare: ac jam prope una acies facta erat victi atque integri exercitus, inferebantque signa in hostem, cum Pœnus receptui cecinit, palam fe-30 rente Hannibale, ab se Minucium, se ab Fabio victum.

Ita per variam fortunam diei majore parte exacta, cum in castra reditum esset, Minucius, convocatis militibus, "sæpe ego," inquit "audivi, milites, eum primum esse virum, qui ipse consulat, quid in rem sit, secundum eum, 35 qui bene monenti obediat: qui nec ipse consulere nec alteri parere sciat, eum extremi ingenii esse. Nobis quoniam prima animi ingeniique negata sors est, secundam ac mediam teneamus, et, dum imperare discimus, parere prudenti in animum inducamus. Castra cum Fabio jun-40 gamus: ad prætorium ejus signa cum tulerimus, ubi ego eum patrem appellavero, quod beneficio ejus erga nos ac majestate ejus dignum est, vos, milites, eos, quorum vos modo arma dexteræque texerunt, patronos salutabitis, et —si nihil aliud—gratorum certe nobis animorum gloriam dies hic dederit." XXX. Signo dato, conclamatur inde, ut colligantur vasa. Profecti et agmine incedentes dictatoris castra in admirationem et ipsum et omnes, qui circa erant, converterunt. Ut constituta sunt ante tribunal signa, progressus ante alios magister equitum, cum patrem Fabium appellasset, circumfusosque militum ejus totum agmen patronos consalutasset, "parentibus," inquit, "meis, dictator, quibus te modo nomine, quo fando possum, æquavi, vitam tantum debeo, tibi cum meam salutem tum omnium horum: itaque plebeiscitum, quo oneratus magis quam honoratus sum, primus antiquo abrogoque; et, quod tibi mihique, quod exercitibusque his tuis—servato ac conservatori—sit felix, sub imperium auspiciumque tuum redeo et signa hæc legionesque restituo. Tu, quæso, placatus me magistri equitum, hos ordines suos quemque tenere jubeas." Tum dextræ interjunctæ, militesque, concione dimissa, ab notis ignotisque benigne atque hospitaliter invitati, lætusque dies ex admodum tristi paulo ante ac prope exsecrabili factus. Romæ, ut est perlata fama rei gestæ, dein litteris non magis ipsorum imperatorum quam vulgo militum ex utroque exercitu affirmata, pro se quisque Maximum laudibus ad cælum ferre. Par gloria apud Hannibalem hostesque Pœnos erat; ac tum demum sentire, cum Romanis atque in Italia bellum esse. Nam biennio ante adeo et duces Romanos et milites spreverant, ut vix cum eadem gente bellum esse crederent, cujus terribilem eam famam a patribus accepissent. Hannibalem quoque ex acie redeuntem dixisse ferunt, tandem eam nubem, quæ sedere in jugis montium solita sit, cum procella imbrem dedisse.

XXXI. Dum hæc geruntur in Italia, Cn. Servilius Geminus consul cum classe, centum viginti navium, circumvectus Sardiniæ et Corsicæ oram, et obsidibus utrimque acceptis, in Africam transmisit; et priusquam in continentem exscensionem faceret, Menige insula vastata, et ab incolentibus Cercinam, ne et ipsorum ureretur diriperetur que ager, decem talentis argenti acceptis, ad litora Africæ accessit copiasque exposuit. Inde ad populandum agrum ducti milites, navalesque socii juxta effusi, ac si insulis cultorum egentibus prædarentur. Itaque in insidias temere illati, cum a frequentibus palantes, et ignari ab locorum gnaris circumvenirentur, cum multa cæde ac fœda fuga retro ad naves compulsi sunt. Ad mille hominum, cum iis Sempronio Blæso quæstore amisso, **classis,**

ab litoribus hostium plenis trepide soluta, in Siciliam cursum tenuit, traditaque Lilybæi T. Otacilio prætori, ut ab legato ejus P. Sura Romam reduceretur. Ipse, per Siciliam pedibus profectus, freto in Italiam trajecit, litteris Q.
5 Fabii accitus et ipse et collega ejus M. Atilius, ut exercitus ab se, exacto jam prope semestri imperio, acciperent.

Omnium prope annales Fabium dictatorem adversus Hannibalem rem gessisse tradunt; Cœlius etiam eum primum a populo creatum dictatorem scribit: sed et Cœ-
10 lium et ceteros fugit, uni consuli Cn. Servilio, qui tum procul in Gallia provincia aberat, jus fuisse dicendi dictatoris; quam moram quia exspectare territa jam clade civitas non poterat, eo decursum esse, ut a populo crearetur, qui pro dictatore esset: res inde gestas gloriamque
15 insignem ducis et augentes titulum imaginis posteros, ut, qui pro dictatore, dictator crederetur, facile obtinuisse.

XXXII. Consules, Atilius Fabiano, Geminus Servilius Minuciano exercitu accepto, hibernaculis mature communitis—medium autumni erat—Fabii artibus cum summa
20 inter se concordia bellum gesserunt: frumentatum exeunti Hannibali diversis locis opportuni aderant, carpentes agmen palatosque excipientes: in casum universæ dimicationis, quam omnibus artibus petebat hostis, non veniebant: adeoque inopiæ est coactus Hannibal, ut, nisi cum
25 fugæ specie abeundum timuisset, Galliam repetiturus fuerit, nulla relicta spe alendi exercitus in eis locis, si insequentes consules eisdem artibus bellum gererent.

Cum ad Geronium jam hieme impediente constitisset bellum, Neapolitani legati Romam venere. Ab iis qua-
30 draginta pateræ aureæ magni ponderis in curiam illatæ, atque ita verba facta, ut dicerent: scire sese, populi Romani ærarium bello exhauriri; et, cum juxta pro urbibus agrisque sociorum ac pro capite atque arce Italiæ, urbe Romana atque imperio, geratur, æquum censuisse Neapo-
35 litanos, quod auri sibi cum ad templorum ornatum tum ad subsidium fortunæ a majoribus relictum foret, eo juvare populum Romanum. Si quam opem in sese crederent, eodem studio fuisse oblaturos. Gratum sibi patres Romanos populumque facturum, si omnes res Neapolitanorum
40 suas duxissent, dignosque judicaverint, ab quibus donum, animo ac voluntate eorum, qui libentes darent, quam re majus ampliusque, acciperent. Legatis gratiæ actæ pro munificentia curaque; patera, quæ ponderis minimi fuit, **accepta**.

XXXIII. Per eosdem dies speculator Carthaginiensis, qui per biennium fefellerat, Romæ deprehensus præcisisque manibus dimissus; et servi quinque et viginti in crucem acti, quod in campo Martio conjurassent: indici data libertas et æris gravis viginti millia. Legati et ad Philippum Macedonum regem missi ad deposcendum Demetrium Pharium, qui, bello victus, ad eum fugisset; et alii in Ligures ad expostulandum, quod Pœnum opibus auxiliisque suis juvissent; simul ad visendum ex propinquo, quæ in Boiis atque Insubribus gererentur. Ad Pineum quoque regem in Illyrios legati missi ad stipendium, cujus dies exierat, poscendum aut, si diem proferre vellet, obsides accipiendos. Adeo, etsi bellum ingens in cervicibus erat, nullius usquam terrarum rei cura Romanos, ne longinqua quidem, effugiebat. In religionem etiam venit, ædem Concordiæ, quam per seditionem militarem biennio ante L. Manlius prætor in Gallia vovisset, locatam ad id tempus non esse. Itaque duumviri ad eam rem creati a M. Æmilio prætore urbis, C. Pupius et Cæso Quinctius Flaminius, ædem in arce faciendam locaverunt.

Ab eodem prætore ex senatus consulto litteræ ad consules missæ, ut, si iis videretur, alter eorum ad consules creandos Romam veniret; se in eam diem, quam jussissent, comitia edicturum. Ad hæc consulibus rescriptum, sine detrimento rei publicæ abscedi non posse ab hoste: itaque per interregem comitia habenda esse potius, quam consul alter a bello avocaretur. Patribus rectius visum est, dictatorem a consule dici comitiorum habendorum causa: dictus L. Veturius Philo M'. Pomponium Mathonem magistrum equitum dixit. Iis vitio creatis jussisque die quarto decimo se magistratu abdicare, res ad interregnum rediit. XXXIV. Consulibus prorogatum in annum imperium. Interreges proditi sunt a patribus C. Claudius, Appii filius, Cento, inde P. Cornelius Asina. In ejus interregno comitia habita magno certamine patrum ac plebis. C. Terentio Varroni—quem, sui generis hominem, plebi insectatione principum popularibusque artibus conciliatum, ab Q. Fabii opibus et dictatorio imperio concusso aliena invidia splendentem, vulgus et extrahere ad consulatum nitebatur—patres summa ope obstabant, ne se insectando sibi æquari assuescerent homines. Q. Bæbius Herennius tribunus plebis, cognatus C. Terentii, criminando non senatum modo, sed etiam augures, quod dictatorem prohibuissent comitia perficere, per invidiam eorum

favorem candidato suo conciliabat: ab hominibus nobilibus, per multos annos bellum quaerentibus, Hannibalem in
Italiam adductum; ab iisdem, cum debellari possit, fraude
bellum trahi: cum quattuor legionibus universis pugnari
posse apparuisse eo, quod M. Minucius, absente Fabio,
prospere pugnasset; duas legiones hosti ad caedem obje-
ctas, deinde ex ipsa caede ereptas, ut pater patronusque
appellaretur, qui prius vincere prohibuisset Romanos quam
vinci: consules deinde Fabianis artibus, cum debellare
possent, bellum traxisse: id foedus inter omnes nobiles
ictum; nec finem ante belli habituros, quam consulem
vere plebeium, id est hominem novum, fecissent: nam
plebeios nobiles jam eisdem initiatos esse sacris et con-
temnere plebem, ex quo contemni patribus desierint, coe-
pisse: cui non id apparere, id actum et quaesitum esse,
ut interregnum iniretur, ut in patrum potestate comitia
essent? Id consules ambos ad exercitum morando quae-
sisse; id postea, quia invitis iis dictator esset dictus comitiorum causa, expugnatum esse, ut vitiosus dictator per
augures fieret: habere igitur interregnum eos; consulatum unum certe plebis Romanae esse: populum liberum
habiturum ac daturum ei, qui magis vere vincere quam
diu imperare malit.

XXXV. Cum his orationibus accensa plebs esset, tribus
patriciis petentibus, P. Cornelio Merenda, L. Manlio Vul-
sone, M. Aemilio Lepido, duobus nobilibus jam familiarum
plebei, C. Atilio Serrano et Q. Aelio Paeto, quorum alter
pontifex, alter augur erat, C. Terentius consul unus crea-
tur, ut in manu ejus essent comitia rogand; collegae.
Tum experta nobilitas, parum fuisse virium in competito-
ribus ejus, L. Aemilium Paulum, qui cum M. Livio consul
fuerat et damnatione collegae et sua prope ambustus
evaserat, infestum plebei, diu ac multum recusantem, ad
petitionem compellit: is proximo comitiali die, concedenti-
bus omnibus, qui cum Varrone certaverant, par magis in
adversandum quam collega datur consuli. Inde praetoria
comitia habita: creati M'. Pomponius Matho et P. Furius
Philus: Philo Romae juri dicundo urbana sors, Pomponio
inter cives Romanos et peregrinos evenit: additi duo prae-
tores, M. Claudius Marcellus in Siciliam, L. Postumius
Albinus in Galliam: omnes absentes creati sunt, nec cui
quam eorum praeter Terentium consulem mandatus honos,
quem jam non antea gessisset, praeteritis aliquot fortibus
ac strenuis viris, quia in tali tempore nullis novus magi

stratus videbatur mandandus. XXXVI. Exercitus quoque multiplicati sunt. Quantæ autem peditum equitumque additæ sint copiæ, adeo et numero et genere copiarum variant auctores, ut vix quidquam satis certum affirmare ausus sim: decem millia novorum militum alii scripta in supplementum; alii novas quattuor legiones, ut octo legionibus rem gererent: numero quoque peditum equitumque legiones auctas, millibus peditum et centenis equitibus in singulas adjectis, ut quina millia peditum quadringeni equites essent, socii duplicem numerum equitum darent, peditis æquarent: septem et octoginta millia armatorum et ducentos in castris Romanis, cum pugnatum ad Cannas est, quidam auctores sunt. Illud haudquaquam discrepat, majore conatu atque impetu rem actam quam prioribus annis, quia spem posse vinci hostem dictator præbuerat. Ceterum priusquam signa ab urbe novæ legiones moverent, decemviri libros adire atque inspicere jussi propter territos vulgo homines novis prodigiis. Nam et Romæ in Aventino et Ariciæ nuntiatum erat sub idem tempus lapidibus pluvisse; et multo cruore signa in Sabinis, Cæretes aquas fonte calido gelidas manasse: id quidem etiam, quod sæpius acciderat, magis terrebat: et in via Fornicata, quæ ad Campum erat, aliquot homines de cælo tacti exanimatique fuerant: ea prodigia ex libris procurata. Legati a Pæsto pateras aureas Romam, attulerunt: iis, sicut Neapolitanis, gratiæ actæ, aurum non acceptum.

XXXVII. Per eosdem dies ab Hierone classis Ostia cum magno commeatu accessit. Legati in senatum introducti nuntiarunt: cædem C. Flaminii consulis exercitusque allatam adeo ægre tulisse regem Hieronem, ut nulla sua propria regnique sui clade moveri magis potuerit. Itaque, quamquam probe sciat, magnitudinem populi Romani admirabiliorem prope adversis rebus quam secundis esse, tamen se omnia, quibus a bonis fidelibusque sociis bella juvari soleant, misisse, quæ ne accipere abnuant, magno opere se patres conscriptos orare. Jam omnium primum ominis causa Victoriam auream pondo ducentum ac viginti afferre sese: acciperent eam tenerentque et haberent propriam et perpetuam. Advexisse etiam trecenta millia modium tritici, ducenta hordei, ne commeatus deessent, et, quantum præterea opus esset, quo jussissent, subvecturos. Milite atque equite scire, nisi Romano Latinique nominis, non uti populum Romanum; levium armorum auxilia etiam externa vidisse in castris Romanis.

Itaque misisse mille sagittariorum ac funditorum, aptam manum adversus Baleares ac Mauros pugnacesque alias missili telo gentes. Ad ea dona consilium quoque addebant, ut prætor, cui provincia Sicilia evenisset, classem in 5 Africam trajiceret, ut et hostes in terra sua bellum haberent, minusque laxamenti daretur his ad auxilia Hannibali submittenda. Ab senatu ita responsum regi est; virum bonum egregiumque socium Hieronem esse, atque uno tenore, ex quo in amicitiam populi Romani venerit, fidem 10 coluisse ac rem Romanam omni tempore ac loco munifice adjuvisse: id, perinde ac deberet, gratum populo Romano esse. Aurum et a civitatibus quibusdam allatum, gratia rei accepta, non accepisse populum Romanum: Victoriam omenque accipere, sedemque ei se divæ dare dicare Capi-15 tolium, templum Jovis optimi maximi: in ea arce urbis Romanæ sacratam, volentem propitiamque, firmam ac stabilem fore populo Romano. Funditores sagittariique et frumentum traditum consulibus: quinqueremes ad navium classem, quæ cum T. Otacilio proprætore in Sicilia erant, 20 quinque et viginti additæ, permissumque est, ut, si e re publica censeret esse, in Africam trajicerent.

XXXVIII. Dilectu perfecto, consules paucos morati dies, dum socii ab nomine Latino venirent. Milites tum, quod nunquam antea factum erat, jurejurando ab tribunis 25 militum adacti, jussu consulum conventuros neque injussu abituros. Nam ad eam diem nihil præter sacramentum fuerat, et, ubi ad decuriatum aut centuriatum convenissent, sua voluntate ipsi inter sese decuriati equites, centuriati pedites conjurabant, sese fugæ atque formidinis ergo non 30 abituros, neque ex ordine recessuros, nisi teli sumendi aut petendi et aut hostis feriendi aut civis servandi causa. Id ex voluntario inter ipsos fœdere ad tribunos ad legitimam juris jurandi adactionem translatum.

Conciones, priusquam ab urbe signa moverentur, con-35 sulis Varronis multæ ac feroces fuere, denuntiantis, bellum arcessitum in Italiam ab nobilibus mansurumque in visceribus reipublicæ, si plures Fabios imperatores haberet: se, quo die hostem vidisset, perfecturum. Collegæ ejus Pauli una, pridie quam ex urbe proficisceretur, concio 40 fuit, verior quam gratior populo, qua nihil inclementer in Varronem dictum, nisi id modo; mirari se, quodne qui dux, priusquam aut suum aut hostium exercitum, locorum situm, naturam regionis nosset, jam nunc togatus in urbe sciret, quæ sibi agenda armato forent, et diem quoque prædicere posset, qua cum hoste signis collatis esset dimicaturus. Se, quæ consilia magis res dent hominibus, quam homines rebus, ea ante tempus immatura non præcepturum: optare ut, quæ caute ac consulte gesta essent, satis prospere evenirent: temeritatem, præterquam quod stulta sit, infelicem etiam ad id locorum fuisse. Id sua sponte apparebat, tuta celeribus consiliis præpositurum, et, quo id constantius perseveraret, Q. Fabius Maximus sic eum proficiscentem allocutus fertur: XXXIX. "Si aut collegam, id quod mallem, tui similem, L. Æmili, haberes, aut tu collegæ tui esses similis, supervacanea esset oratio mea: nam et duo boni consules, etiam me indicente, omnia e re publica fide vestra faceretis, et mali nec mea verba auribus vestris nec consilia animis acciperetis. Nunc et collegam tuum et te talem virum intuenti mihi tecum omnis oratio est, quem video nequidquam et virum bonum et civem fore, si altera parte claudet res publica, malis consiliis idem ac bonis juris et potestatis erit. Erras enim, L. Paule, si tibi minus certaminis cum C. Terentio quam cum Hannibale futurum censes; nescio an infestior hic adversarius quam ille hostis maneat, et, cum illo in acie tantum, cum hoc omnibus locis ac temporibus si certaturus es, adversus Hannibalem legionesque ejus tuis equitibus ac peditibus pugnandum tibi sit, Varro dux tuis militibus te sit oppugnaturus. Ominis etiam tibi causa absit C. Flaminii memoria: tamen ille consul demum et in provincia et ad exercitum cœpit furere: hic priusquam peteret consulatum, deinde in petendo consulatum, nunc quoque consul, priusquam castra videat aut hostem, insanit. Et, qui tantas jam nunc procellas, prœlia atque acies jactando, inter togatos ciet, quid inter armatam juventutem censes facturum, et ubi extemplo res verba sequitur? Atqui si hic, quod facturum se denuntiat, extemplo pugnaverit, aut ego rem militarem, belli hoc genus, hostem hunc ignoro, aut nobilior alius Trasimeno locus nostris cladibus erit. Nec gloriandi tempus adversus unum est, et ego contemnendo potius quam appetendo gloriam modum excesserim: sed ita res se habet; una ratio belli gerendi adversus Hannibalem est, qua ego gessi, nec eventus modo hoc docet—stultorum iste magister est—sed eadem ratio, quæ fuit futuraque, donec res eædem manebunt, immutabilis est. In Italia bellum gerimus in sede ac solo nostro, omnia circa plena civium ac sociorum sunt, armis, viris, equis, commeatibus juvant juvabuntque ; id jam fidei documentum in adversis rebus nostris dederunt ; meliores, prudentiores, constantiores nos tempus diesque facit. Hannibal contra in aliena, in hostili est terra, inter omnia inimica infestaque, procul ab domo, ab patria ; neque illi terra neque mari est pax ; nullæ eum urbes accipiunt, nulla mœnia ; nihil usquam sui videt, in diem capto vivit : partem vix tertiam exercitus ejus habet, quem Iberum amnem trajecit : plures fame quam ferro absumpsit, nec his paucis jam victum suppeditat. Dubitas ergo, quin sedendo superaturi simus eum, qui senescat in dies, non commeatus, non supplementum, non pecuniam habeat ? Quamdiu pro Geronii, castelli Apuliæ inopis, tamquam pro Carthaginis mœnibus! —sed ne adversus te quidem de me gloriabor. Cn. Servilius atque Atilius, proximi consules, vide quemadmodum eum ludificati sint. Hæc una salutis est via, L. Paule, quam difficilem infestamque cives tibi magis quam hostes facient. Idem enim tui, quod hostium milites, volent ; idem Varro, consul Romanus, quod Hannibal, Pœnus imperator, cupiet : duobus ducibus unus resistas oportet : resistes autem, adversus famam rumoresque hominum satis si firmus steteris, si te neque collegæ vana gloria neque tua falsa infamia moverit. Veritatem laborare nimis sæpe aiunt, exstingui nunquam : gloriam qui spreverit, veram habebit. Sine, timidum pro cauto, tardum pro considerato, imbellem pro perito belli vocent : malo te sapiens hostis metuat, quam stulti cives laudent : omnia audentem contemnet Hannibal, nihil temere agentem metuet. Nec ego, ut nihil agatur, sed ut agentem te ratio ducat, non fortuna : tuæ potestatis semper tu tuaque omnia sint, armatus intentusque sis, neque occasioni tuæ desis neque suam occasionem hosti des : omnia non properanti clara certaque erunt, festinatio improvida est et cæca."

XL. Adversus ea oratio consulis haud sane læta fuit, magis fatentis, ea, quæ diceret, vera quam facilia factu, esse : dictatori magistrum equitum intolerabilem fuisse ; quid consuli adversus collegam seditiosum ac temerarium virium atque auctoritatis fore ? Se populare incendium priore consulatu semiustum effugisse : optare, ut omnia prospere evenirent ; et, si quid adversi caperet, hostium se telis potius quam suffragiis iratorum civium caput objecturum. Ab hoc sermone profectum Paulum tradunt, prosequentibus primoribus patrum : **plebeium consulem sua plebes prosecuta, turba conspectior, cum dignitates deessent.**

Ut in castra venerunt, permixto novo exercitu ac vetere, castris bifariam factis, ut nova minora essent propius Hannibalem, in veteribus major pars et omne robur virium esset, consulum anni prioris M. Atilium, ætatem excusantem, Romam miserunt, Geminum Servilium in minoribus castris legioni Romanæ et socium peditum equitumque duobus millibus præficiunt. Hannibal, quamquam parte dimidia auctas hostium copias cernebat, tamen adventu consulum mire gaudere. Non solum enim nihil ex raptis in diem commeatibus superabat, sed ne, unde raperet, quidem quidquam reliqui erat, omni undique frumento, postquam ager parum tutus erat, in urbes munitas convecto, ut vix decem dierum, quod compertum postea est, frumentum superesset, Hispanorumque ob inopiam transitio parata fuerit, si maturitas temporum exspectata foret. XLI. Ceterum temeritati consulis ac præpropero ingenio materiam etiam fortuna dedit, quod in prohibendis prædatoribus tumultuario prœlio ac procursu magis militum quam ex præparato aut jussu imperatorum orto, haudquaquam par Pœnis dimicatio fuit. Ad mille et septingenti cæsi, non plus centum Romanorum sociorumque occisis. Ceterum victoribus effuse sequentibus metu insidiarum obstitit Paulus consul, cujus eo die—nam alternis imperitabant—imperium erat, Varrone indignante ac vociferante, emissum hostem e manibus, debellarique, ni cessatum foret, potuisse. Hannibal id damnum haud ægerrime pati ; quin potius credere, velut inescatam temeritatem ferocioris consulis ac novorum maxime militum esse. Et omnia ei hostium haud secus quam sua nota erant : dissimiles discordesque imperitare ; duas prope partes tironum militum in exercitu esse. Itaque, locum et tempus insidiis aptum se habere ratus, nocte proxima nihil præter arma secum ferentes educit milites, castra plena omnis fortunæ publicæ privatæque relinquit, transque proximos montes læva pedites instructos condit, dextra equites, impedimenta per convallem medium agmen traducit, ut diripiendis velut desertis fuga dominorum castris occupatum impeditumque hostem opprimeret. Crebri relicti in castris ignes, ut fides fieret, dum ipse longius spatium fuga præciperet, falsa imagine castrorum, sicut Fabium priore anno frustratus esset, tenere in locis consules voluisse. XLII. Ubi illuxit, subductæ primo stationes, deinde propius adeuntibus insolitum silentium admirationem fecit. Jam satis comperta solitudine in castris, concursus fit ad prætoria con-

sulum nuntiantium fugam hostium adeo trepidam, ut taber‑
naculis stantibus castra reliquerint ; quoque fuga obscurior
esset, crebros etiam relictos ignes. Clamor inde ortus, ut
signa proferri ju'erent ducerentque ad persequendos ho‑
5 stes ac protinus castra diripienda. Et consul alter velut
unus turbæ militaris erat ; Paulus etiam atque etiam dicere
providendum præcavendumque esse : postremo, cum aliter
neque seditionem neque ducem seditionis sustinere posset,
Marium Statilium præfectum cum turma Lucana explo‑
10 ratum mittit. Qui, ubi adequitavit portis, subsistere extra
munimenta ceteris jussis, ipse cum duobus equitibus val‑
lum intravit, speculatusque omnia cum cura. Renuntiant
insidias profecto esse : ignes in parte castrorum, qua
vergant ad hostem, relictos ; tabernacula aperta et omnia
15 cara in promptu relicta, argentum quibusdam locis temere
per vias, vel objectum ad prædam, vidisse. Quæ ad
deterrendos a cupiditate animos nuntiata erant, ea accen‑
derunt ; et, clamore orto a militibus, ni signum detur,
sine ducibus ituros, haudquaquam dux defuit : nam ex‑
20 templo Varro signum dedit proficiscendi. Paulus, cum ei
sua sponte cunctanti pulli quoque auspicio non addixissent,
obnuntiari jam efferenti porta signa collegæ jussit. Quod
quamquam Varro ægre est passus, Flaminii tamen recens
casus Claudiique consulis primo Punico bello memorata
25 navalis clades religionem animo incussit. Dii prope ipsi
eo die magis distulere quam prohibuere imminentem pe‑
stem Romanis : nam forte ita evenit, ut, cum referri
signa in castra jubenti consuli milites non parerent, servi
duo, Formiani unus, alter Sidicini equitis, qui, Servilio
30 atque Atilio consulibus, inter pabulatores excepti a Nu‑
midis fuerant, profugerent eo die ad dominos : deductique
ad consules nuntiant, omnem exercitum Hannibalis trans
proximos montes sedere in insidiis. Horum opportunus
adventus consules imperii potentes fecit, cum ambitio
35 alterius suam primum apud eos prava indulgentia maje‑
statem solvisset.

XLIII. Hannibal, postquam motos magis inconsulte
Romanos quam ad ultimum temere evectos vidit, nequid‑
quam, detecta fraude, in castra rediit. Ibi plures dies
40 propter inopiam frumenti manere nequit ; novaque consilia
in dies non apud milites solum, mixtos ex colluvione
omnium gentium, sed etiam apud ducem ipsum, oriebantur.
Nam cum initio fremitus, deinde aperta vociferatio fuissent
exposcentium stipendium debitum querentiumque anno‑

nam primo, postremo famem, et mercenarios milites, maxime Hispani generis, de transitione cepisse consilium fama esset, ipse etiam interdum Hannibal de fuga in Galliam dicitur agitasse, ita ut, relicto peditatu omni, cum equitibus se proriperet. Cum hæc consilia atque hic habitus animorum esset in castris, movere inde statuit in calidiora atque eo maturiora messibus Apuliæ loca, simul quod, quo longius ab hoste recessisset, transfugia impeditiora levibus ingeniis essent. Profectus est nocte, ignibus similiter factis, tabernaculisque paucis in speciem relictis, ut insidiarum par priori metus contineret Romanos. Sed per eundem Lucanum Statilium omnibus ultra castra transque montes, exploratis, cum relatum esset, visum procul hostium agmen, tum de insequendo eo consilia agitari cœpta. Cum utriusque consulis eadem, quæ ante semper, fuisset sententia, ceterum Varroni fere omnes, Paulo nemo præter Servilium prioris anni consulem assenuretur, majoris partis sententia ad nobilitandas clade Romana Cannas, urgente fato, profecti sunt. Prope eum vicum Hannibal castra posuerat aversa a Vulturno vento, qui campis torridis siccitate nubes pulveris vehit. Id cum ipsis castris percommodum fuit, tum salutare præcipue futurum erat, cum aciem dirigerent, ipsi aversi—terga tantum afflante vento—in occæcatum pulvere offuso hostem pugnaturi.

XLIV. Consules, satis exploratis itineribus, sequentes Pœnum, ut ventum ad Cannas est, ut in conspectu Pœnum habebant, bina castra communiunt, eodem ferme intervallo, quo ad Geronium, sicut ante, copiis divisis. Aufidus amnis, utrisque castris affluens, aditum aquatoribus ex sua cujusque opportunitate haud sine certamine dabat: ex minoribus tamen castris, quæ posita trans Aufidum erant, liberius aquabantur Romani, quia ripa ulterior nullum habebat hostium præsidium. Hannibal spem nactus, locis natis ad equestrem pugnam, qua parte virium invictus erat, facturos copiam pugnandi consules, dirigit aciem lacessitque Numidarum procursatione hostes. Inde rursus sollicitari seditione militari ac discordia consulum Romana castra; cum Paulus Semproniique et Flaminii temeritatem Varroni, Varro speciosum timidis ac segnibus ducibus exemplum Fabium objiceret; testareturque deos hominesque hic, nullam penes se culpam esse, quod Hannibal jam vel usu cepisset Italiam, se constrictum a collega teneri, ferrum atque arma iratis et pugnare cupi-

entibus adimi militibus; ille, si quid projectis ac proa..is
ad inconsultam atque improvidam pugnam legionibus accideret, se, omnis culpæ exsortem, omnis eventus participem fore, diceret: videret, ut, quibus lingua tam prompta
ac temeraria, æque in pugna vigerent manus.

XLV. Dum altercationibus magis quam consiliis tempus teritur, Hannibal ex acie, quam ad multum diei tenuerat instructam, cum in castra ceteras reciperet copias,
Numidas ad invadendos ex minoribus castris Romanorum
aquatores trans flumen mittit. Quam inconditam turbam
cum vixdum in ripam egressi clamore ac tumultu fugassent,
in stationem quoque pro vallo locatam atque ipsas prope
portas evecti sunt. Id vero indignum visum, ab tumultuario auxilio jam etiam castra Romana terreri; ut ea modo
una causa, ne extemplo transirent flumen dirigerentque
aciem, tenuerit Romanos, quod summa imperii eo die
penes Paulum fuerit. Itaque Varro postero die, cui sors
ejus diei imperii erat, nihil consulto collega, signum proposuit instructasque copias flumen traduxit, sequente Paulo,
quia magis non probare quam non adjuvare consilium
poterat. Transgressi flumen eas quoque, quas in castris
minoribus habuerant, copias suis adjungunt; atque ita
instructa acie, in dextro cornu—id erat flumini propius—
Romanos equites locant, deinde pedites: lævum cornu
extremi equites sociorum, intra pedites ad medium juncti
legionibus Romanis tenuerunt: jaculatores cum ceteris
levium armorum auxiliis prima acies facta: consules
cornua tenuere, Terentius lævum, Æmilius dextrum;
Gemino Servilio media pugna tuenda data. XLVI. Hannibal luce prima, Balearibus levique alia armatura præ-
missa, transgressus flumen, ut quosque traduxerat, ita in
acie locabat: Gallos Hispanosque equites prope ripam
lævo in cornu adversus Romanum equitatum; dextrum
cornu Numidis equitibus datum, media acie peditibus
firmata, ita ut Afrorum utraque cornua essent, interpone-
rentur his medii Galli atque Hispani. Afros Romanam
magna ex parte crederes aciem; ita armati erant, armis
et ad Trebiam, ceterum magna ex parte ad Trasimenum
captis. Gallis Hispanisque scuta ejusdem formæ fere
erant, dispares ac dissimiles gladii, Gallis prælongi ac
sine mucronibus, Hispano—punctim magis quam cæsim
assueto petere hostem—brevitate habiles et cum mucronibus. Sane et alius habitus gentium harum cum magnitudine corporum tum specie terribilis erat. Galli super

umbilicum erant nudi: Hispani linteis prætextis purpura tunicis, candore miro fulgentibus, constiterant. Numerus omnium peditum, qui tum steterunt in acie, millium fuit quadraginta, decem equitum. Duces cornibus præerant, sinistro Hasdrubal, dextro Maharbal, mediam aciem Hannibal ipse cum fratre Magone tenuit. Sol, seu de industria ita locatis, seu quod forte ita stetere, peropportune utrique parti obliquus erat, Romanis in meridiem, Pœnis in septemtrionem versis: ventus—Vulturnum regionis incolæ vocant—adversus Romanis coortus, multo pulvere in ipsa ora volvendo prospectum ademit.

XLVII. Clamore sublato, procursum auxiliis, et pugna levibus primum armis commissa: deinde equitum Gallorum Hispanorumque lævum cornu cum dextro Romano concurrit, minime equestris more pugnæ: frontibus enim adversis concurrendum erat, quia, nullo circa ad evagandum relicto spatio, hinc amnis, hinc peditum acies claudebant in directum utrimque nitentes. Stantibus ac confertis postremo turba equis, vir virum amplexus detrahebat equo. Pedestre magna jam ex parte certamen factum erat: acrius tamen quam diutius pugnatum est, pulsique Romani equites terga vertunt. Sub equestris finem certaminis coorta est peditum pugna. Primo et viribus et animis pares constabant ordines Gallis Hispanisque: tandem Romani, diu ac sæpe connisi, æqua fronte acieque densa impulere hostium cuneum nimis tenuem eoque parum validum, a cetera prominentem acie: impulsis deinde ac trepide referentibus pedem insistere; ac tenore uno per præceps pavore fugientium agmen in mediam primum aciem illati, postremo, nullo resistente, ad subsidia Afrorum pervenerunt, qui utrimque reductis alis constiterant, media, qua Galli Hispanique steterant, aliquantum prominente acie. Qui cuneus ut pulsus æquavit frontem primum, deinde cedendo etiam sinum in medio dedit, Afri circa jam cornua fecerant, irruentibusque incaute in medium Romanis circumdedere alas, mox cornua extendendo clausere et ab tergo hostes. Hinc Romani, defuncti nequidquam prœlio uno, omissis Gallis Hispanisque, quorum terga ceciderant, et adversus Afros integram pugnam ineunt, non tantum in eo iniquam quod inclusi adversus circumfusos, sed etiam quod fessi cum recentibus ac vegetis pugnabant. XLVIII. Jam et sinistro cornu Romanis, ubi sociorum equites adversus Numidas steterant, consertum prœlium erat, segne primo et a Pu-

nica cœptum fraude. Quingenti ferme Numidæ, præter
cetera arma telaque gladios occultos sub loricis habentes,
specie transfugarum cum ab suis, parmas post terga
habentes, adequitassent, repente ex equis desiliunt, par-
5 misque et jaculis ante pedes hostium projectis, in mediam
aciem accepti ductique ad ultimos considere ab tergo
jubentur. Ac, dum prœlium ab omni parte conseritur,
quieti manserunt: postquam omnium animos oculosque
occupaverat certamen, tum, arreptis scutis, quæ passim
10 inter acervos cæsorum corporum humi strata erant, aversam adoriuntur Romanam aciem, tergaque ferientes ac
poplites cædentes, stragem ingentem ac majorem aliquanto
pavorem ac tumultum fecerunt. Cum alibi terror ac
fuga, alibi pertinax in mala jam spe prœlium esset, Has-
15 drubal, qui ea jam parte præerat, subductos ex media
acie Numidas, quia segnis eorum cum adversis pugna
erat, ad persequendos passim fugientes mittit, Hispanos
et Gallos equites Afris jam prope fessis cæde magis quam
pugna adjungit.
20 XLIX. Parte altera pugnæ Paulus, quamquam primo
statim prœlio funda graviter ictus fuerat, tamen et concurrit sæpe cum confertis Hannibali et aliquot locis prœlium restituit, protegentibus eum equitibus Romanis omissis postremo equis, quia consulem et ad regendum equum
25 vires deficiebant. Tum deinde nuntianti cuidam, jussisse
consulem ad pedes descendere equites, dixisse Hannibalem ferunt "quam mallem vinctos mihi traderet!" Equitum pedestre prœlium—quale jam haud dubia hostium
victoria—fuit, cum victi mori in vestigio mallent quam
30 fugere, victores morantibus victoriam irati trucidarent
quos pellere non poterant. Pepulerunt tamen jam paucos
superantes et labore ac vulneribus fessos : inde dissipati
omnes sunt, equosque ad fugam, qui poterant, repetebant.
Cn. Lentulus tribunus militum, cum, prætervehens equo,
35 sedentem in saxo cruore oppletum consulem vidisset,
" L. Æmili," inquit " quem unum insontem culpæ cladis
hodiernæ dei respicere debent, cape hunc equum, dum et
tibi virium aliquid superest, comes ego te tollere possum
ac protegere: ne funestam hanc pugnam morte consulis
40 feceris, et jam sine hoc lacrimarum satis luctusque est."
Ad ea consul: "tu quidem, Cn. Corneli, macte virtute
esto : sed cave, frustra morando exiguum tempus e manibus hostium evadendi absumas. Abi, nuntia publice patribus, urbem Romanam muniant, ac prius quam hostis

victor advenit, præsidiis firment: privatim Q. Fabio, Æmilium præceptorum ejus memorem et vixisse adhuc et mori: memet in hac strage militum meorum patere exspirare, ne aut reus iterum e consulatu sim, aut accusator collegæ exsistam, ut alieno crimine innocentiam meam protegam." Hæc exigentes prius turba fugientium civium, deinde hostes, oppressere: consulem ignorantes, quis esset, obruere telis, Lentulum inter tumultum abripuit equus. Tum undique effuse fugiunt. Septem millia hominum in minora castra, decem in majora, duo ferme in vicum ipsum Cannas perfugerunt, qui extemplo a Carthalone atque equitibus, nullo munimento tegente vicum, circumventi sunt. Consul alter, seu forte seu consilio nulli fugientium insertus agmini, cum septuaginta fere equitibus Venusiam perfugit. Quadraginta quinque millia quingenti pedites, duo millia septingenti equites, et tanta prope civium sociorumque pars, cæsi dicuntur: in his ambo consulum quæstores, L. Atilius et L. Furius Bibaculus, et viginti unus tribuni militum, consulares quidam prætoriique et ædilicii—inter eos Cn. Servilium Geminum et M. Minucium numerant, qui magister equitum priore anno aliquot annis ante consul fuerat,—octoginta præterea aut senatores aut qui eos magistratus gessissent, unde in senatum legi deberent, cum sua voluntate milites in legionibus facti essent. Capta eo prœlio tria millia peditum et equites mille et quingenti dicuntur. L. Hæc est pugna Cannensis, Aliensi cladi nobilitate par, ceterum ut illis, quæ post pugnam accidere, levior, quia ab hoste est cessatum, sic strage exercitus gravior fœdiorque. Fuga namque ad Aliam sicut urbem prodidit, ita exercitum servavit: ad Cannas fugientem consulem vix septuaginta secuti sunt, alterius morientis prope totus exercitus fuit.

Binis in castris cum multitudo semiermis sine ducibus esset, nuntium, qui in majoribus erant, mittunt, dum prœlium, deinde ex lætitia epulis fatigatos quies nocturna hostes premeret, ut ad se transirent: uno agmine Canusium abituros esse. Eam sententiam alii totam aspernari: cur enim illos, qui se arcessant, ipsos non venire, cum æque conjungi possent? Quia videlicet plena hostium omnia in medio essent, et aliorum quam sua corpora tanto periculo mallent objicere. Aliis non tam sententia displicere, quam animus deesse. P. Sempronius Tuditanus tribunus militum, "capi ergo mavultis," inquit, "ab avarissimo et crudelissimo hoste, æstimarique capita vestra, et exquiri pretia ab interrogantibus, Romanus civis sis an Latinus socius, ut ex tua contumelia et miseria alteri honos quæratur ? Non tu ; si quidem L. Æmilii consulis, qui se bene mori quam turpiter vivere maluit, et tot fortissimorum virorum, qui circa eum cumulati jacent, cives estis. Sed antequam opprimit lux majoraque hostium agmina obsæpiunt iter, per hos, qui inordinati atque incompositi obstrepunt portis, erumpamus. Ferro atque audacia via fit quamvis per confertos hostes : cuneo quidem hoc laxum atque solutum agmen, ut si nihil obstet, disjicias : itaque ite mecum, qui et vosmet ipsos et rem publicam salvam vultis." Hæc ubi dicta dedit, stringit gladium cuneoque facto per medios vadit hostes : et cum in latus dextrum, quod patebat, Numidæ jacularentur, translatis in dextrum scutis in majora castra ad sexcenti evaserunt, atque inde protinus alio magno agmine adjuncto Canusium incolumes perveniunt. Hæc apud victos magis impetu animorum, quem ingenium suum cuique aut fors dabat, quam ex consilio ipsorum aut imperio cujusquam agebantur.

LI. Hannibali victori cum ceteri circumfusi gratularentur suaderentque, ut, tanto perfunctus bello, diei quod reliquum esset, noctisque insequentis quietem et ipse sibi sumeret et fessis daret militibus ; Maharbal, præfectus equitum, minime cessandum ratus, "immo, ut, quid hac pugna sit actum, scias, die quinto," inquit, "victor in Capitolio epulaberis. Sequere : cum equite, ut prius venisse quam venturum sciant, præcedam." Hannibali nimis læta res est visa majorque, quam ut eam statim capere animo posset : itaque, voluntatem se laudare Maharbalis ait, ad consilium pensandum temporis opus esse. Tum Maharbal : " non omnia nimirum eidem dii dedere : vincere scis, Hannibal, victoria uti nescis." Mora ejus diei satis creditur saluti fuisse urbi atque imperio.

Postero die ubi primum illuxit, ad spolia legenda fœdamque etiam hostibus spectandam stragem insistunt. Jacebant tot Romanorum millia, pedites passim equitesque, ut quem cuique fors aut pugna junxerat aut fuga. Assurgentes quidam ex strage media cruenti, quos stricta matutino frigore excitaverant vulnera, ab hoste oppressi sunt. Quosdam et jacentes vivos succisis feminibus poplitibusque invenerunt, nudantes cervicem jugulumque et reliquum sanguinem jubentes haurire. Inventi quidam sunt mersis in effossam terram capitibus, quos sibi ipsos fecisse foveas obruentesque ora superjecta humo interclusisse spiritum apparebat. Praecipue convertit omnes subtractus Numida mortuo superincubanti Romano vivus, naso auribusque laceratis; cum, manibus ad capiendum telum inutilibus, in rabiem ira versa, laniando dentibus hostem exspirasset. LII. Spoliis ad multum diei lectis, Hannibal ad minora ducit castra oppugnanda, et omnium primum, brachio flumini objecto, eos excludit. Ceterum ab omnibus labore, vigiliis, vulneribus etiam fessis maturior ipsius spe deditio est facta. Pacti, ut arma atque equos traderent, in capita Romana trecenis nummis quadrigatis, in socios ducenis, in servos centenis, et ut, eo pretio persoluto, cum singulis abirent vestimentis, in castra hostes acceperunt: traditique in custodiam omnes sunt, seorsum cives sociique. Dum ibi tempus teritur, interea cum ex majoribus castris, quibus satis virium aut animi fuit, ad quattuor millia hominum et ducenti equites, alii agmine, alii palati passim per agros, quod haud minus tutum erat, Canusium perfugissent, castra ipsa ab sauciis timidisque eadem conditione, qua altera, tradita hosti. Praeda ingens parta est; et praeter equos virosque et si quid argenti—quod plurimum in phaleris equorum erat; nam ad vescendum facto perexiguo, utique militantes, utebantur—omnis cetera praeda diripienda data est. Tum sepeliendi causa conferri in unum corpora suorum jussit: ad octo millia fuisse dicuntur fortissimorum virorum. Consulem quoque Romanum conquisitum sepultumque quidam auctores sunt.

Eos, qui Canusium perfugerant, mulier Apula, nomine Busa, genere clara ac divitiis, moenibus tantum tectisque a Canusinis acceptos, frumento, veste, viatico etiam juvit: pro qua ei munificentia postea, bello perfecto, ab senatu honores habiti sunt. LIII. Ceterum, cum ibi tribuni militum quattuor essent, Fabius Maximus de legione prima, cujus pater priore anno dictator fuerat, et de legione secunda L. Publicius Bibulus et P. Cornelius Scipio, et de legione tertia Ap. Claudius Pulcher, qui proxime aedilis fuerat, omnium consensu ad P. Scipionem admodum adolescentem et ad Ap. Claudium summa imperii delata est. Quibus consultantibus inter paucos de summa rerum nuntiat P. Furius Philus, consularis viri filius, nequidquam eos perditam spem fovere, desperatam comploratamque rem esse publicam: nobiles juvenes quosdam, quorum principem L. Caecilium Metellum, mare ac naves spectare,

ut, deserta Italia, ad regum aliquem transfugiant. Quod malum, præterquam atrox, super tot clades etiam novum cum stupore ac miraculo torpidos defixisset, qui aderant, et consilium advocandum de eo censerent, negat consilii
5 rem esse Scipio juvenis, fatalis dux hujusce belli: audendum atque agendum, non consultandum ait in tanto malo esse: irent secum extemplo armati, qui rem publicam salvam vellent: nullo loco verius, quam ubi ea cogitentur, hostium castra esse. Pergit ire, sequentibus paucis, in
10 hospitium Metelli; et, cum concilium ibi juvenum, de quibus allatum erat, invenisset, stricto super capita consultantium gladio, "ex mei animi sententia," inquit, "ut ego rem publicam populi Romani non deseram, neque alium civem Romanum deserere patiar: si sciens fallo,
15 tum me, Juppiter optime maxime, domum, familiam, remque meam pessimo leto afficias. In hæc verba, L. Cæcili, jures postulo ceterique, qui adestis: qui non juraverit, in se hunc gladium strictum esse sciat." Haud secus pavidi, quam si victorem Hannibalem cernerent, jurant omnes,
20 custodiendosque semet ipsos Scipioni tradunt. LIV. Eo tempore, quo hæc Canusii agebantur, Venusiam ad consulem ad quattuor millia et quingenti pedites equitesque, qui sparsi fuga per agros fuerant, pervenere. Eos omnes Venusini per familias benigne accipiendos curandosque
25 cum divisissent, in singulos equites togas et tunicas et quadrigatos nummos quinos vicenos et pediti denos, et arma, quibus deerant, dederunt. Ceteraque publice ac privatim hospitaliter facta, certatumque, ne a muliere Canusina populus Venusinus officiis vinceretur. Sed
30 gravius onus Busæ multitudo faciebat, et jam ad decem millia hominum erant: Appiusque et Scipio, postquam incolumem esse alterum consulem acceperunt, nuntium extemplo mittunt, quantæ secum peditum equitumque copiæ essent, sciscitatumque simul, utrumne Venusiam
35 adduci exercitum an manere juberet Canusii. Varro ipse Canusium copias traduxit: et jam aliqua species consularis exercitus erat, mœnibusque se certe ei, si non armis, ab hoste videbantur defensuri.

Romam, ne has quidem reliquias superesse civium
40 sociorumque, sed occidione occisum cum duobus consulibus exercitum deletasque omnes copias, allatum fuerat. Nunquam, salva urbe, tantum pavoris tumultusque intra mœnia Romana fuit. Itaque succumbam oneri, neque aggrediar narrare, quæ edissertando minora vero faciebant. Consule

exercituque ad Trasimenum priore anno amisso, non vulnus super vulnus, sed multiplex clades, cum duobus consulibus duo consulares exercitus amissi nuntiabantur; nec ulla jam castra Romana nec ducem nec militem esse, Hannibalis Apuliam, Samnium ac jam prope totam Italiam factam. Nulla profecto alia gens tanta mole cladis non obruta esset. Compares aut cladem ad Ægates insulas Carthaginiensium, proelio navali acceptam, qua fracti Sicilia ac Sardinia cessere, inde vectigales ac stipendiarios fieri se passi sunt: aut pugnam adversam in Africa, cui postea hic ipse Hannibal succubuit: nulla ex parte comparandæ sunt, nisi quod minore animo latæ sunt. LV. P. Furius Philus et M'. Pomponius prætores senatum in curiam Hostiliam vocaverunt, ut de urbis custodia consulerent: neque enim dubitabant, deletis exercitibus, hostem ad oppugnandam Romam, quod unum opus belli restaret, venturum. Cum in malis, sicut ingentibus, ita ignotis, ne consilium quidem satis expedirent, obstreperetque clamor lamentantium mulierum, et, nondum palam facto, vivi mortuique et per omnes pæne domos promiscue complorarentur; tum Q. Fabius Maximus censuit, equites expeditos et Appia et Latina via mittendos, qui obvios percunctando—aliquos profecto ex fuga passim dissipatos fore—referant, quæ fortuna consulum atque exercituum sit; et, si quid dii immortales, miseriti imperii, reliquum Romani nominis fecerint; ubi eæ copiæ sint: quo se Hannibal post proelium contulerit, quid paret, quid agat acturusque sit. Hæc exploranda noscendaque per impigros juvenes esse. Illud per patres ipsos agendum, quoniam magistratuum parum sit, ut tumultum ac trepidationem in urbe tollant, matronas publico arceant, continerique intra suum quamque limen cogant; comploratus familiarum coerceant, silentium per urbem faciant, nuntios rerum omnium ad prætores deducendos curent; suæ quisque fortunæ domi auctorem exspectent; custodesque præterea ad portas ponant, qui prohibeant quemquam egredi urbem, cogantque homines, nullam, nisi urbe ac moenibus salvis, salutem sperare: ubi conticuerit recte tumultus, tum in curiam patres revocandos consulendumque de urbis custodia esse.

LVI. Cum in hanc sententiam pedibus omnes issent, submotaque foro per magistratus turba, patres diversi ad sedandos tumultus discessissent, tum demum litteræ a C. Terentio consule allatæ sunt, L. Æmilium consulem

exercitumque cæsum, sese Canusii esse, reliquias tantæ
cladis velut ex naufragio colligentem. Ad decem millia
militum ferme esse incompositorum inordinatorumque:
Pœnum sedere ad Cannas, in captivorum pretiis prædaque
5 alia nec victoris animo nec magni ducis more nundinan-
tem. Tum privatæ quoque per domos clades vulgatæ
sunt; adeoque totam urbem opplevit luctus, ut sacrum
anniversarium Cereris intermissum sit, quia nec lugentibus
id facere est fas, nec ulla in illa tempestate matrona ex-
10 pers luctus fuerat. Itaque, ne ob eandem causam alia
quoque sacra publica aut privata desererentur, senatus
consulto diebus triginta luctus est finitus. Ceterum cum,
sedato urbis tumultu, revocati in curiam patres essent,
aliæ insuper ex Sicilia litteræ allatæ sunt ab T. Otacilio
15 propraetore, regnum Hieronis classe Punica vastari; cui
cum opem imploranti ferre vellet, nuntiatum sibi esse,
aliam classem ad Ægates insulas stare, paratam instru-
ctamque, ut, ubi se versum ad tuendam Syracusanam oram
Pœni sensissent, Lilybæum extemplo provinciamque aliam
20 Romanam aggrederentur: itaque classe opus esse, si regem socium Siciliamque tueri vellent.

    LVII. Litteris consulis proprætorisque perlectis, M.
Claudium, qui classi ad Ostiam stanti præesset, Canusium
ad exercitum mittendum censuerunt, scribendumque con-
25 suli, ut, cum prætori exercitum tradidisset, primo quoque
tempore, quantum per commodum rei publicæ fieri posset,
Romam veniret. Territi etiam super tantas clades cum
ceteris prodigiis, tum quod duæ Vestales eo anno, Opimia
atque Floronia, stupri compertæ: et altera sub terra, uti
30 mos est, ad portam Collinam necata fuerat, altera sibimet
ipsa mortem consciverat. L. Cantilius, scriba pontificis,
quos nunc minores pontifices appellant, qui cum Floronia
stuprum fecerat, a pontifice maximo eo usque virgis in
comitio cæsus erat, ut inter verbera exspiraret. Hoc
35 nefas cum inter tot, ut fit, clades in prodigium versum
esset, decemviri libros adire jussi sunt, et Q. Fabius Pictor Delphos ad oraculum missus est sciscitatum, quibus
precibus suppliciisque deos possent placare, et quænam
futura finis tantis cladibus foret. Interim ex fatalibus
40 libris sacrificia aliquot extraordinaria facta, inter quæ
Gallus et Galla, Græcus et Græca, in foro bovario, sub
terra vivi demissi sunt in locum saxo consæptum, jam
ante hostiis humanis, minime Romano sacro, imbutum
Placatis satis, ut rebantur, deis, M. Claudius Marcellus

ab Ostia mille et quingentos milites, quos in classem scriptos habebat, Romam, ut urbi praesidio essent, mittit: ipse, legione classica—ea legio tertia erat—cum tribunis militum Teanum Sidicinum praemissa, classe tradita P. Furio Philo collegae, paucos post dies Canusium magnis itineribus contendit. Inde dictator ex auctoritate patrum dictus M. Junius et Tib. Sempronius magister equitum, dilectu edicto, juniores ab annis septemdecim et quosdam praetextatos scribunt: quattuor ex his legiones et mille equites effecti. Item ad socios Latinumque nomen ad milites ex formula accipiendos mittunt: arma, tela, alia parari jubent, et vetera spolia hostium detrahunt templis porticibusque. Et aliam formam novi dilectus inopia liberorum capitum ac necessitas dedit: octo millia juvenum validorum ex servitiis, prius sciscitantes singulos, vellentne militare, et empta publice armaverunt: hic miles magis placuit, cum pretio minore redimendi captivos copia fieret.

LVIII. Namque Hannibal secundum tam prosperam ad Cannas pugnam victoris magis quam bellum gerentis intentus curis, cum, captivis productis segregatisque, socios, sicut ante ad Trebiam Trasimenumque lacum, benigne allocutus, sine pretio dimisisset, Romanos quoque vocatos—quod nunquam alias antea—satis miti sermone alloquitur: non internecivum sibi esse cum Romanis bellum; de dignitate atque imperio certare: et patres virtuti Romanae cessisse, et se id adniti, ut suae in vicem simul felicitati et virtuti cedatur. Itaque redimendi se captivis copiam facere: pretium fore in capita equiti quingenos quadrigatos nummos, trecenos pediti, servo centenos. Quamquam aliquantum adjiciebatur equitibus ad id pretium, quod pepigerant dedentes se, laeti tamen quamcumque conditionem paciscendi acceperunt: placuit suffragio ipsorum decem deligi, qui Romam ad senatum irent: nec pignus aliud fidei, quam ut jurarent se redituros, acceptum. Missus cum his Carthalo nobilis Carthaginiensis, qui, si forte ad pacem inclinarent animos, conditiones ferret. Cum egressi castris essent, unus ex iis, minime Romani ingenii homo, veluti aliquid oblitus, jurisjurandi solvendi causa cum in castra redisset, ante noctem comites assequitur. Ubi Romam venire eos nuntiatum est, Carthaloni obviam lictor missus, qui dictatoris verbis nuntiaret, ut ante noctem excederet finibus Romanis:

LIX. legatis captivorum senatus ab dictatore datus est.

Quorum princeps M. Junius, "patres conscripti," inquit, "nemo nostrum ignorat, nulli unquam civitati viliores fuisse captivos quam nostræ. Ceterum, nisi nobis plus justo nostra placet causa, non alii unquam minus negligendi vobis quam nos in hostium potestatem venerunt. Non enim in acie per timorem arma tradidimus; sed, cum prope ad noctem superstantes cumulis cæsorum corporum prœlium extraxissemus, in castra recepimus nos; diei reliquum ac noctem insequentem fessi labore ac vulneribus vallum sumus tutati; postero die, cum circumsessi ab exercitu victore aqua arceremur, nec ulla jam per confertos hostes erumpendi spes esset, nec esse nefas duceremus, quinquaginta millibus hominum ex acie nostra trucidatis aliquem ex Cannensi pugna Romanum militem restare, tunc demum pacti sumus pretium quo redempti dimitteremur, arma, in quibus nihil jam auxilii erat, hosti tradidimus. Majores quoque acceperamus se a Gallis auro redemisse, et patres vestros, asperrimos illos ad conditionem pacis, legatos tamen captivorum redimendorum gratia Tarentum misisse. Atqui et ad Aliam cum Gallis et ad Heracleam cum Pyrrho, utraque non tam clade infamis quam pavore et fuga pugna fuit. Cannenses campos acervi Romanorum corporum tegunt: nec supersumus pugnæ, nisi in quibus trucidandis et ferrum et vires hostem defecerunt. Sunt etiam de nostris quidam, qui nec in acie quidem refugerunt, sed, præsidio castris relicti, cum castra traderentur, in potestatem hostium venerunt. Haud equidem ullius civis et commilitonis fortunæ aut conditioni invideo, nec premendo alium me extulisse velim: ne illi quidem, nisi pernicitatis pedum et cursus aliquod præmium est, qui plerique inermes ex acie fugientes non prius quam Venusiæ aut Canusii constiterunt, se nobis merito prætulerint gloriatique sint, in se plus quam in nobismet præsidii rei publicæ esse. Sed illis et bonis ac fortibus militibus utemini, et nobis etiam promptioribus pro patria, quod beneficio vestro redempti atque in patriam restituti fuerimus. Dilectum ex omni ætate et fortuna habetis, octo millia servorum audio armari: non minor numerus noster est, nec majore pretio redimi possumus, quam ii emuntur: nam si conferam nos cum illis, injuriam nomini Romano faciam. Illud etiam in tali consilio animadvertendum vobis censeam, patres conscripti, si tamen duriores esse velitis, quod nullo nostro merito faciatis, cui nos hosti relicturi sitis: Pyrrho vide-

licet, qui vos hospitum numero captivos habuit, an barbaro
ac Pœno, qui utrum avarior an crudelior sit, vix existi-
mari potest. Si videatis catenas, squalorem, deformitatem
civium vestrorum, non minus profecto vos ea species
moveat, quam si ex altera parte cernatis stratas Cannensi-
bus campis legiones vestras. Intueri potestis sollicitudi-
nem et lacrimas in vestibulo curiæ stantium cognatorum
nostrorum exspectantiumque responsum vestrum. Cum ii
pro nobis proque iis, qui absunt, ita suspensi ac solliciti
sint, quem censetis animum ipsorum esse, quorum in discrimine vita libertasque est? Sed si—me dius fidius—
ipse in nos mitis Hannibal contra naturam suam esse
velit, nihil tamen nobis vita opus esse censeamus, cum
indigni, ut redimeremur a vobis, visi sumus. Rediere
Romam quondam remissi a Pyrrho sine pretio capti: sed
rediere cum legatis, primoribus civitatis, ad redimendos
sese missis. Redeam ego in patriam, trecentis nummis
non æstimatus civis? Suum quisque animum habet, patres conscripti: scio in discrimine esse vitam corpusque
meum: magis me famæ periculum movet, ne a vobis
damnati ac repulsi abeamus: neque enim vos pretio pe-
percisse homines credent."

LX. Ubi is finem fecit, extemplo ab ea turba, quæ in
comitio erat, clamor flebilis est sublatus, manusque ad
curiam tendebant orantes, ut sibi liberos, fratres, cognatos
redderent. Feminas quoque metus ac necessitas in foro
ac turbæ virorum immiscuerat. Senatus, submotis arbitris, consuli cœptus. Ibi cum sententiis variaretur, et alii
redimendos de publico, alii nullam publice impensam faciendam, nec prohibendos ex privato redimi; si quibus
argentum in præsentiam deesset, dandam ex ærario pecuniam mutuam, prædibusque ac prædiis cavendum populo,
censerent; tum T. Manlius Torquatus, priscæ ac nimis
duræ, ut plerisque videatur, severitatis, interrogatus sententiam, ita locutus fertur: "si tantummodo postulassent
legati pro iis, qui in hostium potestate sunt, ut redimeren-
tur, sine ullius insectatione eorum brevi sententiam pere-
gissem. Quid enim aliud quam admonendi essetis, ut
morem traditum a patribus necessario ad rem militarem
exemplo servaretis? Nunc autem, cum prope gloriati
sint, quod se hostibus dediderint, præferrique non captis
modo in acie ab hostibus, sed etiam iis, qui Venusiam
Canusiumque pervenerunt, atque ipsi C. Terentio consuli,
æquum censuerint, nihil vos eorum, patres conscripti, quæ

illic acta sunt, ignorare patiar. Atque utinam haec, **quæ** apud vos acturus sum, Canusii apud ipsum exercitum agerem, optimum testem ignaviæ cujusque et virtutis: aut unus hic saltem adesset P. Sempronius, quem si isti ducem 5 secuti essent, milites hodie in castris Romanis, non captivi in hostium potestate essent. Et cum, fessis pugnando hostibus, tum victoria lætis et ipsis plerisque regressis in castra sua, noctem ad erumpendum liberam habuissent, et septem millia armatorum hominum erumpere etiam per 10 confertos hostes possent, neque per se ipsi id facere conati sunt, neque alium sequi voluerunt. Nocte prope tota P. Sempronius Tuditanus non destitit monere, adhortari eos, dum paucitas hostium circa castra, dum quies ac silentium esset, dum nox inceptum tegere posset, se ducem 15 sequerentur: ante lucem pervenire in tuta loca, in sociorum urbes posse. Sicut avorum memoria P. Decius tribunus militum in Samnio, sicut, nobis adolescentibus, priore Punico bello Calpurnius Flamma trecentis voluntariis, cum ad tumulum eos capiendum, situm inter medios du-20 ceret hostes, dixit, "moriamur, milites, et morte nostra eripiamus ex obsidione circumventas legiones:" si hoc P. Sempronius diceret, nec viros quidem nec Romanos vos duceret, si nemo tantæ virtutis exstitisset comes. Viam non ad gloriam magis quam ad salutem ferentem demon-25 strat; reduces in patriam, ad parentes, ad conjuges ac liberos facit. Ut servemini, deest vobis animus—quid, si moriendum pro patria esset, faceretis? Quinquaginta millia civium sociorumque circa vos eo ipso die cæsa jacent: si tot exempla virtutis non movent, nihil unquam 30 movebit: si tanta clades vilem vitam non fecit, nulla faciet. Et liberi atque incolumes desiderate patriam: immo desiderate, dum patria est, dum cives ejus estis. Sero nunc desideratis, deminuti capite, abalienati jure civium, servi Carthaginiensium facti. Pretio redituri estis 35 eo, unde ignavia ac nequitia abistis? P. Sempronium, civem vestrum, non audistis, arma capere ac sequi se jubentem: Hannibalem post paulo audistis, castra prodi et arma tradi jubentem. Quam ego ignaviam istorum accuso, cum scelus possim accusare! Non enim modo 40 sequi recusarunt bene monentem, sed obsistere ac retinere conati sunt, ni strictis gladiis viri fortissimi inertes submovissent: prius, inquam, P. Sempronio per civium agmen quam per hostium fuit erumpendum. Hos cives patria desideret? Quorum si ceteri similes fuissent, neminem hodie ex iis, qui ad Cannas pugnaverunt, civem haberet. Ex millibus septem armatorum sexcenti exstiterunt, qui erumpere auderent, qui in patriam liberi atque armati redirent: neque iis sexcenta millia hostium obstitere. Quam tutum iter duarum prope legionum agminis futurum censetis fuisse? Haberetis hodie viginti millia armatorum Canusii, fortia, fidelia, patres conscripti. Nunc autem quemadmodum hi boni fidelesque—nam fortes ne ipsi quidem dixerint—cives esse possunt? Nisi quis credere potest fuisse, ut erumpentibus, quin erumperent, obsistere conati sunt; aut non invidere eos cum incolumitati tum gloriæ illorum per virtutem partæ, cum sibi timorem ignaviamque servitutis ignominiosæ causam esse sciant. Maluerunt in tentoriis latentes simul lucem atque hostem exspectare, cum silentio noctis erumpendi occasio esset. Ad erumpendum e castris defuit animus, ad tutanda fortiter castra animum habuerunt: dies noctesque aliquot obsessi, vallum armis, se ipsi tutati vallo sunt: tandem ultima ausi passique, cum omnia subsidia vitæ abessent, affectisque fame viribus, arma jam sustinere nequirent, necessitatibus magis humanis quam armis victi sunt. Orto sole ab hostibus ad vallum accessum; ante secundam horam, nullam fortunam certaminis experti, tradiderunt arma ac se ipsos: hæc vobis ipsorum per biduum militia fuit. Cum in acie stare ac pugnare decuerat, tum in castra refugerunt: cum pro vallo pugnandum erat, castra tradiderunt, neque in acie neque in castris utiles. Et vos redimam? Cum erumpere castris oportet, cunctamini ac manetis: cum manere, castra tutari armis necesse est, et castra et arma et vos ipsos traditis hosti. Ego non magis istos redimendos, patres conscripti, censeo, quam illos dedendos Hannibali, qui per medios hostes e castris eruperunt ac per summam virtutem se patriæ restituerunt." LXI. Postquam Manlius dixit, quamquam patrum quoque plerosque captivi cognatione attingebant, præter exemplum civitatis minime in captivos jam inde antiquitus indulgentis, pecuniæ quoque summa homines movit, qua nec ærarium exhaurire—magna jam summa erogata in servos ad militiam emendos armandosque—nec Hannibalem maxime hujusce rei, ut fama erat, egentem locupletari volebant. Cum triste responsum, non redimi captivos, redditum esset, novusque super veterem luctus tot jactura civium adjectus esset, cum magnis fletibus questibusque legatos ad portam prosecuti sunt. Unus ex iis domum abiit, quod fallaci reditu in castra jurejurando se exsolvisset. Quod ubi innotuit relatumque ad senatum est, omnes censuerunt comprehendendum et custodibus publice datis deducendum ad Hannibalem esse.

5 Est et alia de captivis fama: decem primos venisse: de eis cum dubitatum in senatu esset, admitterentur in urbem necne, ita admissos esse, ne tamen iis senatus daretur: morantibus deinde longius omnium spe, alios tres insuper legatos venisse, L. Scribonium et C. Calpur-
10 nium et L. Manlium: tum demum ab cognato Scribonii tribuno plebis de redimendis captivis relatum esse, nec censuisse redimendos senatum, et novos legatos tres ad Hannibalem revertisse, decem veteres remansisse; quod, per causam recognoscendi nomina captivorum ad Hanni-
15 balem ex itinere regressi, religione sese exsolvissent. De iis dedendis magna contentione actum in senatu esse, victosque paucis sententiis, qui dedendos censuerint: ceterum proximis censoribus adeo omnibus notis ignominiisque confectos esse, ut quidam eorum mortem sibi ipsi
20 extemplo consciverint, ceteri non foro solum omni deinde vita, sed prope luce ac publico, caruerint. Mirari magis, adeo discrepare inter auctores, quam quid veri sit discernere queas.

Quanto autem major ea clades superioribus cladibus
25 fuerit, vel ea res indicio est, quod fides sociorum, quæ ad eum diem firma steterat, tum labare cœpit, nulla profecto alia de re quam quod desperaverant de imperio. Defecere autem ad Pœnos hi populi, Atellani, Calatini, Hirpini, Apulorum pars, Samnites præter Pentros, Bruttii omnes,
30 Lucani: præter hos Surrentini et Græcorum omnis ferme ora, Tarentini, Metapontini, Crotonienses, Locrique, et Cisalpini omnes Galli. Nec tamen eæ clades defectionesque sociorum moverunt, ut pacis unquam mentio apud Romanos fieret, neque ante consulis Romam adventum,
35 nec postquam is rediit renovavitque memoriam acceptæ cladis. Quo in tempore ipso adeo magno animo civitas fuit, ut consuli ex tanta clade, cujus ipse causa maxima fuisset, redeunti, et obviam itum frequenter ab omnibus ordinibus sit, et gratiæ actæ quod de re publica non despe-
40 rasset: qui si Carthaginiensium ductor fuisset, nihil recusandum supplicii foret.

NOTES.

EXPLANATION OF ABBREVIATIONS

A and S.   stands for the Latin Grammar of Andrews and Stoddard.
Z.   "   " Zumpt's Latin Grammar, translated by Dr. Schmitz; reprinted in this country, under the care of Prof. Anthon of New York.
Arn. Pr. Intr. " " T. K. Arnold's Practical Introduction to Latin Prose Composition. Amer. edit., D. Appleton & Co.; edited by Rev. J. A. Spencer.
D.   "   " Döderlein's Handbook of Latin Synonymes. When the volume 's mentioned, reference is made to the original German work, in six volumes.
Dict. Antiqq. " " Dictionary of Greek and Roman Antiquities, edited by William Smith, LL.D. Amer. edition, revised by Prof. Anthon.
Hand, Turs. " " Ferdinand Hand's Tursellinus, seu de Particulis Latinis Commentarii.
Krebs   "   " Krebs' Guide for writing Latin.

Historical references are made to the following works:—
Niebuhr's Hist. of Rome, (Eng. ed.) translated by Hare and Thirlwall.
Arnold's History of Rome   American edition, D. Appleton & Co.
Schmitz's History of Rome   Andover edition.

The following works are also referred to:—Freund's Wörterbuch der Lateinischen Sprache, Madvig's Lateinische Sprachlehre, Becker's Handbuch der Römischen Alterthümer, Hartung's Religion der Römer, Grysar's Theorie des Lateinischen Stiles; and occasionally Becker's Gallus, translated by Metcalfe, and the Classical Museum, published in London.

NOTES.

1. Facturusne operæ pretium sim.—*Operæ pretium*, literally, the reward of one's pains, *a thing worth the while* = *opus utile*, *a useful work*. *Facturus sim* is the subj. of the future, (see A. and S. § 260, Rem. 7, (2,) Z. § 497,) forming with the enclitic *ne* an *indirect question*, (see A. and S. § 265; Z. § 552.) These first four words form the first four feet of an hexameter verse. So Tacitus begins his Annals with an entire hexameter, Urbem Romam a principio reges habuere. Such instances of poetic numbers in prose Cicero censures in Orator, c. 54; and in every language they are to be avoided. Accordingly, critics and editors have preferred to read *facturusne sim operæ pretium*; but the remark of Quintilian, (Inst. 9, 4,) is conclusive on this point: T. Livius hexametri exordio cœpit, "facturusne operæ pretium sim;" nam ita edidit estque melius quam quomodo emendatur. *Est operæ pretium*, as we learn from the Scholiast on Horace, Sat. 1, 2, 37, was a favorite expression of the poet Ennius; and as we know that Livy, in his history of the kings, followed the Annales of Ennius, a fact which is quite obvious from the general poetic character of the style, as well as from particular forms and expressions, and even fragments of verse, borrowed directly from that poet, it seems not improbable that this epic opening of Livy's preface was either imitated or borrowed from the same source. Compare Niebuhr's Hist. Rome, vol i. p. 219.

2. Si sciam, "if I knew." In hypothetical sentences, we must thus frequently render the subj. pres., in a conditional clause, by an English *past* tense.—*Ausim*, see A. and S. § 162, 9; Z. § 161, and § 181.

3. Quippe qui—videam, "for I am aware." *Quippe*—also *utpote*, *ut*—*qui* means *inasmuch* as I, he, they, &c., i. e. "for," "because." Sometimes the English expression "as being" gives the force of this construction. For the subj. see A. and S. § 264, 8; Z. § 565; Arn. Pr. Intr. P. I. 482.

8. Pro virili parte. *Pars* or *portio virilis* means, in a legal sense, a *portion* of an inheritance that falls to *a man*, i. e. to each one of the heirs. Hence the expression comes to mean *a part, a share, a duty;* and *pro virili parte, for my part, what belongs to me*. Render, "that I also have borne my part, &c."—Folsom.

Page
1   **11. Ut quæ—repetatur.** For the subj. see n. above, on *quippe qui—videam.*

14. Legentium plerisque. *Plerique* is here partitive, in the sense of *the greater number, the majority.* Otherwise it means "a great many," "very many." See Z. § 109, Note.

22. Ante conditam condendamve urbem, i. e. antequam urbs aut condita esset, aut conderetur, (Lachmann, Propert. 4, 12, 62,) "before the city was built, or the design of building it was formed." The part. here, as frequently, supplies the place of the part. pres. pass., i. e. of a continued passive state. See Z. § 652.

23. Poeticis magis decora fabulis. This remark clearly reveals Livy's own view of the poetic character of the early Roman history. The early books of his work furnish a perpetual commentary upon this remark. " Livy wrote in the same spirit, in which the marvellous legends of the heroic age were commonly drawn down into history. Those primitive times, in which the gods walk among mankind, he would not absolutely reject ; whatever was recorded of the more recent, so that it was not inconsistent with the earthly condition of our race, he only held to be less complete and certain, but of the same kind with the traditions of accredited history."—Niebuhr's Hist. vol. i. p. 3.

2   **4. Cum—Martem potissimum ferat.** *Potius* and *potissimum* imply choice and preference; *potius, this thing* rather than *some other; potissimum, this* rather than *any other. Ferre* here means *to report, hold, consider.* " Since they (*populus*) prefer to consider Mars above all others," &c.

9. Ad illa mihi. *Mihi* is an instance of what is called by grammarians the *dativus ethicus.* See A. and S. § 228, Note ; Z. § 408. To a Roman it was no expletive, though in translation it may seem so to us. It gives to the discourse the force of a lively personal interest. " Let every one, *if he will listen to me,*" &c. ; or, " To these things then *I earnestly desire* that every one," &c.

10. Per quos viros, quibusque artibus. *Per* with the acc. is used, when a man is the instrument or the means by which any thing is done. There is, however, a difference between *per* when used of *things,* and the ablative. See Z. § 301, and § 455.

19. Quod imitere, capias :—quod vites. The subj. *capias* is used, because the second person denotes an indefinite subject, " one," " a man," &c.—Madvig's Lat. Sprachl. § 370. For the subj. in *imitere—vites,* see A. and S. § 264, 5 ; Z. § 567.

22. Nec in quam civitatem, etc. = nec ulla (nulla) civitas, in quam, etc. For the subj. in *immigraverint—fuerit,* see A. and S. § 264, 7 ; Z. § 561.

25. Adeo, quanto, etc. Freund cites this passage to illustrate the force of *adeo* in transition from one thought to another more im-

BOOK I. 199

portant one It is thus equivalent to *immo*, and in Eng. to an emphatic *indeed*. (See Freund under *Adeo*, c. 3.)

30. Ordiendæ rei. *Ord.* has the force of a pres. part. pass. See above n. on *condendam*.

Ch. I.—**2. Æneæ Antenorique—jus abstinuisse.** This is the reading of Alschefski, from the MSS., instead of the common, *Ænea Antenoreque.* But the use of the dat. is a departure from the usual construction of *abstinere*, which is used with the abl. either alone or with the prep. *ab.* See Z. § 468. So also B. 2, 14, *abhorrens* with the dative.

11. Pagoque—Trojano nomen est. In this manner the proper name very often occurs in apposition with the dat. rather than with *nomen.* Just below, however, Livy has *Troja—loco*, etc.; and at the end of the chapter, *cui Ascanium—nomen*, according to the regular rule for Apposition. See A. and S. § 204, R. 8, and § 227, Note 2; Z. § 421, Note.

13. Ad majora rerum initia, *i. e.* The fates directed Æneas to the establishment of a *greater state* than that which Antenor founded.

15. Ab Sicilia—ad Laurentem, etc. Alschefski has *ad L.* from his MSS. *Tenere* seems to be used in the sense of *cursum tenere.*—See Freund.

17. Ut quibus—superesset. For the subj. see n. on *quippe qui* —*vid.*, Preface.

28. Postquam audierit. *Postquam,* and other particles of time, in the sense of " as soon as," are joined with the perfect indic. Z. § 506 ; Arn. Pr. Intr. P. I. 514. The subj. is used here, in accordance with the general rule for the *oratio obliqua,* that all the dependent clauses have their verbs in the subjunctive. See A. and S. § 266, 2 ; Z. § 603 ; Arn. Pr. Intr. P. I. 460

Ch. II.—**18. Jam inde ab initio.** *Inde* = *ex eo tempore, since,* and its force is strengthened by *jam, ever since.* " From the very beginning." Hand, Turs. 2, p. 367.

19. Nimio plus. *Nim.* is the abl. of excess, *by too much,* i. e "*far too much* for the safety," &c. See A. and S. § 256, R. 16, (2,) Z. §§ 487, 488.

32. Situs est, " was buried." The common inscription upon tombs was, Hic situs est, Hic siti sunt, *Here lies, here lie. Super* i. e. *super ripam,* " on the bank of the N."

33. Quemcumque—est. These words are interposed, from a religious scruple in regard to uttering the human name of a deified person, or to saying, *Deum situm. Jus* means what is allowed by *human, fas* by *divine* law.—D.

Ch. III.—**39. Haud ambigam.** So Alschefski reads from the MSS., instead of *haud nihil ambigam. Ambigere* means *to dispute, discuss* the question, whether, &c.

5. Inter—deductam, " Between the building of Lavinium, and

Page
7 the planting (or the establishment) of the colony at Alba Longa.ª The Latin part. is thus frequently used, where we use a substantive. See Z. § 637. *Albam* is of course acc. of place.

6. Tantum—creverant—ut—ausi sint. It will be seen that the perf. subj. *ausi sint* is used, where according to the rule for the succession of tenses, we should expect the imperf. *auderent*. For this general rule for the tenses, see A. and S. § 258; Z. § 516; Arn. Pr. Intr. P. I. p. 29. On the use of the perf. subj. in this instance and in others, see A. and S. § 258, R. 3; Z. § 504, Note; Arn. Pr Intr. P I. 418. Most grammatical writers discuss this use of the perf. subj. as a peculiarity of Nepos; especially Zumpt, and Haase, in Reisig's Vorlesgg. Anm. 480. But we meet with the same construction frequently in Livy; and instances are not wanting in Tacitus and Suetonius, and also in Cicero. Zumpt speaks of the instances in Livy, as occurring " only now and then, and more 'or the sake of variety, than on any definite principle ;" a mode of disposing of the subject, which seems hardly satisfactory. In addition to the explanations furnished by the authors above referred to, to which I here add, (Madvig, Lat. Sprachl. § 382, Anm. 1,) I venture to propose, as applicable to the present passage, and to many others, in which a perf. subj., in a clause denoting a *consequence*, follows a past tense, the following rule: The imperf. subj. is used, when the writer proceeds, in the *historical order*, from the *cause* to the *consequence*, and wishes to represent the latter as resulting from the former. The perf. subj. is used, when, on the contrary, the writer *argues* from the *consequence* back to the *cause*, and states the latter, in order to determine and establish the former. (See Archiv. für Phil. Bd. 1, p. 78.) To illustrate in the present instance: Livy does not intend to represent, *historically*, the fact of no one daring to attempt hostilities against the Latins, as a *consequence* of the increase of their power, but rather to state that fact, in order to make clear to his readers, how greatly that power had increased; in other words, he does not develop, *historically*, the consequence out of the cause, but rather, *speculatively*, establishes the cause, by stating the consequence. Hence the perf. The idea of the sentence might otherwise thus be expressed: Qua..tum opes crevissent —ex eo potest intelligi—*quod*—*ausi sunt*. On the other hand, in the very next sentence, Livy uses the imperf. *esset*, because he there wishes to represent *historically*, the settlement of the boundary, as the *consequence* of the peace, which had been agreed upon. Other instances in Livy, of the perf. subj. after *ut*, in clauses expressing a *consequence*, (some of which we shall have occasion hereafter to notice,) are the following: 2, 20, *ut*—*occiderit;* 3, 3, *ut*—*pertulerint,* ib. 29, *ut*—*decreverit;* 5, 43; *ut*—*tentaverint;* ib. 45, *ut*—*habuerint,* 8, 36, *ut*—*fuerit;* 21, 1, *ut*—*fuerint;* ib. 3, *ut*—*præbuerit;* 24, 40, *ut*—*perfugerint.*

29. Cum—legisset, "having made her a Vestal." It is worth while to remark, that this construction of *cum* with the *pluperf. subj.* is usually thus to be translated by the English *perf. active part.* So also, generally the *Latin past part.* with a substantive, in the construction of abl. absolute. *Vice versa,* in translating from English into Latin, the *perf. act. part.* is to be rendered according to one or the other of these two constructions. See Arn. Pr. Intr. P. I. § 47.

Ch. IV.—**38. Forte quadam divinitus—effusus—amnis.** *Effusus* expresses the occasion of the two following circumstances, *nec—poterat, et—dabat,* and is equivalent to *effusus erat,* or *quia—effusus erat.* "The river Tiber had happened to overflow its banks," or, "it had happened that the T. &c." *Nec—et = et non—et ; poterat* and *dabat* agree with Tiberis, being connected by *et* and *nec* to *effusus.* In the expression *forte quadam divinitus,* there is no contradiction necessarily implied. With the ancients, as well as with the moderns, an event that is apparently accidental, is frequently spoken of as providential. So in the expression often quoted from Plutarch, Θείᾳ τινὶ τύχῃ.

40. Justi cursum amnis; may be rendered "at *its* regular channel," as *amnis* seems pleonastic, Tiberis being already expressed.

43. Ficus Ruminalis. *Ruminalis,* derived (according to Freund) from *Rumina,* which is derived from *Ruma,* a word meaning the same as *mamma.* *Romularis* is not from *Ruminalis,* but is another and earlier name. See Freund, *Rumina.*

6. Faustulo nomen. See above, c. 1, n. on *pagoque,* etc.

11. Nec in stabulis, nec ad pecora. *Stabula,* (from *stare,*) *places of abode,* means here *the huts* of the shepherds. "The former expression is equivalent to *domi,* the latter to *in pascuis.*"—Bauer.

Ch. V.—**15. Jam tum,** i. e. even at that early period. *Hoc,* i. e. the festival now known by that name, in our own day.

16. Lupercal. This word (from *Lupercus, lupa*) is the name of —1. A spot on the northern side of the Palatine, where were an altar and a grove sacred to Lupercus ; 2. As here, of a Roman festival, celebrated in honor of Lupercus, who was, with the Romans, the god of fertility. The place called Lupercal was near by the Ficus Ruminalis, celebrated by the story of the she-wolf; and with this story seems to be closely connected the word Lupercal, as well as the festival, known among the Romans by this name, down to the time of Anastasius. See Dict. Antiqq.; also Hartung, Relig. d. Römer, 2, 177.

19. Qui—tenuerit. Livy uses the subj. because the clause is in *oratio obliqua,* and because it states the circumstance as a part of the tradition. On the contrary, below, *quem—vocaverunt,* he uses the indic. because he states the fact on his own authority. See below, c. 6, n. on *quoniam,* etc.

23. Ob iram prædæ amissæ. "On account of their anger at *the loss of* the booty." Not *prædæ* alone, but *prædæ amissæ* forms

Page

8 the object of the feeling expressed by *iram*. The past part. is thus often used in Latin, where we use a substantive.

26. Crimini—dabant. (The other dat. *iis* not expressed.) "Laid to *their* charge." See A. and S. § 227 ; Z. § 422.

35. Numitori—tetigerat animum. *Num.* is properly dependent upon *tetigerat*, but it is translated by the English possessive case. See A. and S. § 211, R. 5.

39. Haud procul abesset, quin R. agnosceret. "Was not far from acknowledging Remus." See Arn. Pr. Intr. P. I 91.

42. Aliis alio itinere—pastoribus, " by ordering *different* shepherds to come by *different* roads."

9 CH. VI.—1. **Numitor inter primum,** etc. This sentence well illustrates the facility with which the Latin language expresses a great variety of collateral circumstances in one sentence, without injury to the unity and perspicuity of the sentence, and even to their direct advantage. Here *Numitor ostendit* is the principal clause ; all the others are subordinate, and depend upon the one principal clause, with the utmost order and distinctness. The sentence illustrates the several constructions, by means of which such a period is formed, viz., by the use of the part. agreeing with the subject of the principal clause, *dictitans*, by the abl. abs., *perpetrata cæde, advocato consilio*, and by conjunctions, *cum—avocasset, postquam—vidit.* In translation, the English idiom requires us to break up such a period into several distinct sentences. Compare Z. 817 ; Grysar, p. 335

8. Agmine is generally, and perhaps correctly, considered equivalent to *uterque conjunctim,* " together," as the word is so used in Virg. Æneid, 2, 212. But this sense is so unusual, that it seems more in accordance with the usage of the language, to understand it as referring to the *company* of *attendants,* who followed them into the assembly.

18. Quoniam—essent, nec—posset. *Quoniam* expresses a *ground*, an *occasion* of any thing, = the French *puisque*, " since," " now as." The mood of the verb connected with it, depends entirely upon the meaning which the writer wishes to convey. If he intend to give *his own words* or *opinions*, the indicative ; if the *words* or *opinions* of the person or persons about whom he is writing, the subjunctive. Here Livy states in the clauses with *quoniam*, the view taken by the parties about whom he is writing, and accordingly uses the subj. See A. and S. § 266, 3 ; Z. §§ 545–549 ; Arn. Pr. Intr. P. I § 58. On the meaning of *quoniam*, see Z. § 346 ; Arn. Pr. Intr. P. II (Eng. ed.) § 90. It may here be remarked, in general, that all clauses, whether introduced by the relative or a causal conjunction, which express the words or thoughts of another person, require the subj. Such forms of expression are equivalent to a *less formal oratio obliqua.*

23. Templa. The word *templum*, (contract. fm. *tempulum*,) from *tempus*, root *tem*, from which also τέμνω, *something cut off*, means

primarily a space, the limits of which are fixed, a *space marked off*, 9
and hence, the place of observation marked off by the wand of the
augur, for the purpose of taking the auguries. In the primary sense,
the word involves the notion of a *free, wide,* and of a *consecrated,*
space. Hence the secondary significations—1, *a free, wide space,* as
cœli templa; 2, a consecrated place (a) in general, as, e. g the
curiæ, the *rostra,* the *tribunal,* (b) a place sacred to a deity, a *temple.*
Freund, under *Templum.* For an account of the rites of augury, see
Dict. Antiqq. under *Auspicium* and *Templum.*

Ch. VII.—26. Tempore—præcepto, "on the ground of *priority
of time.*" The expression = "*quod augurium tempore præcepissent.*"

2. Agendo—compulisset. *Agendo* is not pleonastic, but, on the 10
contrary, emphatic, being opposed to *aversos.*

5. Excitus. See Z. under Cieo, § 180.

9. Ex loco infesto, "from the unsafe place." *Infestus* (in-
fenstus for *festus,* from *fendo,* from which defendo, offendo, &c.)
means—1, *disturbed, insecure, unsafe;* 2, active or neuter, *disturbing,* i. e. *hostile,* (Freund.) In the first sense, this word differs in classic
use from the kindred word *infensus.*

24. Rogitat, qui vir esset. *Rogitat,* being the historic present,
and equivalent to a past tense, is followed by a past tense. For the
subj. *esset,* see A. and S. § 265; Z. § 552.

28. Aram—Maximam. This altar was in the *Forum Boarium,*
which was in the valley between the Palatine and the Aventine, on
the side towards the Tiber. (See Plan of Rome.) Hartung's Rel. d.
Röm. vol. 2, p. 25.

33. Potitiis ac Pinariis. Buttmann, in explaining this legend,
regards the *Potitii* and *Pinarii* as two ancient families, who had the
care of these rites, the former being the regular priests, *sacerdotes,* the
latter performing a subordinate part as *ministri.* Tracing out the etymology of the two words, he further looks upon this particular relation between the Potitii and Pinarii as having sprung from a relation
of a more general character. Potitii, (from potiri, *potis,*) means the
same as *potentes,* the *powerful,* those who have the chief power·
Pinarii, (from πεῖνα, *penuria,*) *the needy, the dependent.* This seems
to point to the mutual relation between the two orders of some petty
state, occupying the Palatine long before Rome was built. In after
times, this little state was merged with its two orders in the Roman
state; these orders now became Roman *gentes,* with the names of
Potitii and Pinarii, and the sacred rites, having been adopted by
Romulus, still continued to be performed as before. Buttmann, My-
thologus, vol. ii. pp. 294–7.

35. Exta apponerentur. So, in the time of Homer, it was the
practice to burn the legs enclosed in fat, (μῆρα,) and certain parts of

Page

10 the intestines, *exta*, other parts of the *exta* forming a slight meal preparatory to the general feast furnished from the remaining parts of the victim. See Dict. Antiqq. (*Sacrificium*.)

39. Donec—interiit. Livy mentions this circumstance more at length in B. 9, cap. 29, 34. The censor Appius Claudius prevailed upon the Potitii to delegate the priestly office to public slaves, at the same time qualifying them, by instruction, for the performance of its duties. For this profanation they were believed to have been visited by a divine judgment, as the whole *gens* became extinct within a year.

11 Ch. VIII.—**3. Ita—si.** *Ita* means "*eo modo*," in *that manner, thus*. It has frequently the force of *ea conditione*, and especially when joined as here with *si*; *ita—si* meaning *on condition that,* = *only—if, not—unless*. Thus, in the sentence *quæ—'ore ratus, si,* "thinking that there would *not* be, &c., *unless*, &c." The construction *sic—si* is a similar one, *sic* meaning "*hoc modo*" See Hand's Turs. III. pp. 467 seqq., and Arn. Pr. Intr. P. I. 451, and P. II. (Eng. ed.) 777.

4. Cum—tum, "not only, but also," the second being the more important notion. Hence *tum* is frequently strengthened by *maxime*, as here, or by *certe, præcipue*, &c. Z. § 723. The construction *cum— tum* differs from *et—et* in this: while *et—et* brings together two entirely different ideas, each of equal moment, *cum—tum* points to a close relation between the two members and thoughts, so that they appear to be closely connected, and fall under one point of view.

8. Et apparitores et hoc genus, "both the attendants (in general), and this (particular) class." *Apparitores*, (from *apparere*, in the sense of *to wait upon*, (Freund,)) a general name for the public servants of the Roman magistrates. See Dict. Antiqq.

9. Sella curulis—toga prætexta. See Dict. Antiqq.

13. Munitionibus alia atque appetendo loca, "by taking in one place after another with their works of defence." *Appeto* means to *reach after something, in order to seize it*. *Munitio*, in this expression, embraces every thing built for the purpose of rendering secure against attack. The idea is, that they kept pushing out farther and farther their line of walls, gaining one place, and then another, and another, and thus gradually increasing the extent of the city.

19. Qui nunc—est, "where is now the enclosure, on the descent (from the Capitol) between the Two Groves." This place fixed upon for the Asylum, here called Inter Duos Lucos, was the valley between the two summits of the Capitoline hill—the northeastern, on which now stands the Church of S. Maria in Araceli, (see Plan of Rome,) and the southwestern, on which stands the Caffarelli Palace Becker's Handbuch d. Röm. Alterth. p. 385. Cicero refers to the place, in **Epist.** ad Att. 4. 3 ; Assequitur *inter Duos Lucos* hominem Milo

BOOK I. 205

Page

CH. IX.—30. Quippe—essent. See Preface, n. on *quippe qui* 11
—*videam.*

33. Qui peterent. For subj. see A. and S. § 264, 5; Z. § 567.

42. Ecquod—aperuissent? *Ecquis*, compounded of *en*, which is interrogative, and never occurs alone, and *quis*. Like *numquis*, it is simply interrogative in *indirect* questions, but to *direct* questions gives a negative meaning. Z. § 351. *Quoque* always directly follows the word which it qualifies.

3. Consualia, derived from Consus, i. e. the god of secret delibera- 12 tions. *Consus*, according to Hartung, (Relig. d. Röm. vol. 2, 87,) is contracted from *conditus*, like *clausus* from a form *clauditus*, &c. Freund however gives the root *conso* to which also he ascribes *consul, consulo,* &c. For the Consualia, see Dict. Antiqq.

21. Hanc vocem, i. e. Thalassio! Thalassio! the common cry with the Romans at marriages; as with the Greeks, Ὑμὴν, ὦ Ὑμεναῖε. Hartung, Rel. Röm. vol. 2, p. 245.

25. Cujus—venissent. This subjunctive particularly illustrates the general remark at the end of the note on *quoniam*, c. 6. Livy wishes to represent the parents themselves, as *declaring that they had come* to the festival, &c. If he had simply intended as a writer to mention the *fact of their having come*, he would have said *venerat.* Thus the Latin expresses by the subjunctive, and by inflection, what in English we should express by some intermediate clause, as here, for instance, to whose festival, &c. (*as they said*) they had come.

30. Mollirent modo iras, "they should now soften their feelings of anger." The subj. is used in accordance with the general principle, that the *imperatives* of the *oratio recta* become subjunctives in the *oratio obliqua.* Thus in the *or. recta* we should have *mollite— date.* See Z. § 603; Arn. Pr. Intr. P. I. § 58.

CH. X.—38. Animi raptis. For the dative, see note on c. 5, *Numitori,* etc.

5. Nomen Cæninum, "*Nomen* for *populus*, as in English *de-* 13 *nomination* for *sect.*"—Folsom.

14. Pastoribus sacram. Dative case, *to the shepherds*, i. e. "held sacred by the shepherds." This Latin case thus expresses concisely, what in English we must express by a circumlocution. See Z. § 408.

15. Simul cum dono, "together with the present," i. e. at the same time that he offered the spoils, he marked out the bounds for the temple.

16. Juppiter Feretri. This passage seems to point to *fero*, as the word from which the cognomen Feretrius is derived, the spoils being carried upon a *ferculum*, (contracted from *fericulum*, from fero.) Freund traces the derivation to *ferio*, according to the passage from Propertius, 5, 10, 45-8, though that same passage points also to *fero*

Page

13 as the primitive, Nunc spolia in templo tria condita; causa **Feretri** emine quod certo dux *ferit* ense ducem; Seu, quia victa suis humeris hæc arma *ferebant*, Hinc Feretri dicta est ara superba Jovis. (Prop. in Weber's Corpus Poet. Lat.)

18. Opimis spoliis, armor and weapons taken by a Roman general from the leader of the foe, on the field of battle. This is at least the generally received definition of this word. See Dict. Antiqq.

24. Bina postea—annos. The first time by A. Cornelius Cossus, who slew Lars Tolumnius, king of the Veientes, A. U. C. 318, (Liv. 4, 19,) the second time, by M. Claudius Marcellus, who slew Viridomarus, king of the Gæsatæ, A U. C. 532, Liv. 20, 55.

CH. XI.—**27. Per occasionem ac solitudinem,** i. e. the occasion which was offered by the deserted state of the territory, "taking advantage of the occasion," &c. So Tacitus, Ann. 15, 50, *occasio solitudinis.*

38. Nomina darent. *Nomen dare,* "to enlist," in reference to a colony, the army, the navy.—Folsom.

14 **6. Magni—ponderis, magna—specie.** On the difference between the abl. and the gen. of quality, see Z. § 471, Note.

CH. XII.—**14. Palatinum Capitolinumque collem.** See the Plan of Rome.

29. Quod—sit, "to be." For the subj. see A. and S. § 264, 5; Z. § 567.

34. Ab Sabinis princeps. *Ab* is used to denote the quarter from which any thing comes, the part to which it belongs, = *a parte, apud.* Thus it comes to mean, "in respect to," "as regards." *Princeps in respect to* the Sabines, *on the side* of the Sabines, nearly equivalent to the gen., "the chief of the Sabines." See Freund; also Hand, Turs. 1, p. 36.

42. Alia—acies; i. e. *reliqua.* "The rest of the Roman troops." On acies, see n. below on c. 23.

15 CH. XIII.—**12. Si—inter vos,** etc. On the change from the *obliqua* to the *recta oratio,* see below, n. on c. 47.

27. In curias. On the Curiæ, see Dict. Antiqq.; also on the *Centuriæ,* mentioned below.

16 CH. XIV.—**5. Occupabant—facere.** *Occupare,* in such connections as this, has in it the idea of *priority; to anticipate, do a thing before* some one else. Here *to make war in anticipation, beforehand.* Comp. 21, 39, *occupavit—trajicere, crossed first.*

13. Egressus omnibus copiis. For the omission of the preposition with *copiis,* see A. and S. § 249, III.; Z. § 473.

14. Locis circa densa obsita virgulta obscuris. This reading Alschefski retains, as the reading of the MSS., and still having those peculiarities which have caused so much discussion, and provoked so many emendations. *Densa obsita virgulta* seems to mean *thick-set bushes*, two adjectives occurring together, as not unfrequently they do. The expression is thus epexegetical of *locis—obscuris*. "In concealed places—*about* thick-set bushes," or, "with thick-set bushes *all around*."

Ch. XV.—8. Quorum—fuit. "Nothing of which was at variance with a belief in his divine origin, and his supposed divinity after death."

9. Animus—consilium. These words are in the same construction as *nihil*.

11. Profecto. Alschefski restores this reading, in accordance with the testimony of the MSS. Drakenborch quotes passages, to show that *profecto* of the 2d decl. may have been used for *profectu*, but yet observes, that *profecto* may have here (as undoubtedly it does) its meaning of "assuredly."

15. Celeres, "horsemen," (like the Greek κέλητες,) probably the patricians, or original burghers of Rome, the number 300 referring to the number of patrician houses. See Niebuhr, Hist. vol. i. p. 325; also Dict. Antiqq.

Ch. XVI.—26. Velut orbitatis metu. *Velut* to be joined with *orbitatis*, *orbitas* meaning strictly the loss of parents or of children. "With the fear of being left, *as it were, fatherless*."

31. Qui—arguerent. For the subj. see A. and S. § 264, 6; Z. § 561.

32. Hæc—fama. This account is given by Plutarch and by Dionysius. Livy prefers to follow the popular opinion.

37. Gravis—auctor. *Auctor*, in the sense of *testis*, one who gives his word for any thing, a witness; (so Freund, *Auct*. 8.) *Gravis*, like the corresponding word in English, means, metaphorically as well as literally, *of weight, weighty*. "A man, whose *word*, as we are told, would have been *of weight*, in any matter, however important."

2-4. Quantum—fides fuerit;—lenitum sit. *Fides* from Alschefski, instead of the common reading *fidei*. For the subj. of the verbs, see A. and S. § 265; Z. § 552.

Ch. XVII.—6-8. Necdum—certabatur. This reading is given by Alschefski, on the authority of all the best MSS., and must be retained; especially as none of the various emendations and conjectures relieve the passage of its difficulties. The sense of the passage seems to be substantially the same as that in the words below, c. 18, *neque se quisquam nec factionis alium nec denique patrum aut civium quemquam præferre illi viro ausi, etc*., i. e. the contest was one between parties, not individuals, as there was no one individual who had attained a pre-eminence above all the rest. But it is not easy to educe this meaning from the passage, agreeably to the ordinary meaning and construction of particular expressions which occur in it. It is manifest that *pervenerat* agrees with the subject of the preceding sentence,

Page

18 *certamen regni ac cupido,* as the sentence with *necdum,* like all sentences with such negative particles, requires for its full explanation an intervening clause, easily supplied from what has just preceded; thus *nec, dum* animos patrum certamen regni ac cupido versabat, *a singulis,* etc. So too, *a singulis* means *on the part of—in respect to—single individuals,* a = *apud, a parte;* see above, n. on *ab Sabinis,* c. 12 But the difficulty lies in the meaning of *pervenerat,* and in its connection with *a singulis.* It seems necessary to interpret *pervenire,* as meaning, *to completely attain, to quite reach its aim, to be carried through with success;* and to translate it with *a singulis,* as above explained. "In the mean time, the fathers were agitated by an eager contest for the throne; and yet no such contest on the part of individuals had been carried through with success, because no one among the new people possessed any pre-eminence above all the rest; the struggle was between the parties, the different bodies, (the races,) of whom the people were composed." Compare Alschefski, in the minor ed.; Schadeberg, in Archiv f. Phil. Bd. 1, p. 440.; and Weissenborn, Jahn's Jahrb. Bd. 39, p. 280.

13. Experta, used in a passive sense, though the participle of a deponent verb. So *onere partito,* Liv. 5, 40, *partito exercitu,* 28, 19 *partita classe,* 27, 8, *depopulato agro,* 9, 36. See Z § 632.

20. Decem imperitabant. Thus the supreme power was vested in a board of ten, one from each of the decuries, each of whom ruled with the title of Interrex, for five days; and if at the end of fifty days no king was appointed, the rotation began anew. See Dict. Antiqq. (Interrex.)

26. Nec ultra nisi—et—videbantur passuri. "*And* it seemed that they would suffer *nothing but* a king, and *that too* created by themselves." Nec means, as often, "and not," or *et non;* non—nisi, "*only,*" which is here strengthened by *ultra,* as if it were, *nothing more except,* i. e. "nothing but." The *et* equivalent to *eumque, et quidem,* "and that too."

31. Id sic ratum esset, si, etc. *Sic—si,* on *this condition—if—*i. e. "that it should *not* be ratified, *unless,* &c." See note on c. 8

33. Vi adempta, "though its force has been destroyed." The next clause explains this expression; (for) "before the people," &c.

35. Quod bonum, faustum felixque sit, a form of prayer of universal use with the Romans on entering upon matters of public business. So Cicero, de Divinatione, 1, 45, 102, Majores nostri *omnibus rebus agendis,* quod bonum, faustum felixque esset, præfabantur A fact in Roman public life, full of significance.

37. Dignum—qui—numeretur. For qui with the subj. see A. and S § 264, 9; Z. § 568.

39. Crearitis. The future perfect, because the action in *crearitis* is represented as completed before that in *fient* takes place.

Ch. XVIII.—2. **Quem—juvenum æmulantium studia—constat,** "who, it is certain,—had (around him) circles of young men, who diligently pursued his (favorite) studies." *Æmulantes,* in the sense of *discipuli, sectatores,* "followers." So Cicero pro Muræna, c. 29, Zeno, cujus inventorum *æmuli* Stoici nominantur. And Tac. Hist. 3, 81, studium philosophiæ et placita Stoicorum *æmulatus.*

7. **Quæ fama—excivisset.** Alschefski has *quæ fama,* which Drakenborch also pronounced the only true reading. The construction certainly is peculiar, but yet the meaning intelligible. *Fama* is the subject of *excivisset,* and may be so translated; or by supplying after *in Sabinos* the words *penetrare potuisset* or *perlata,* the sense may be more fully expressed. "What report of his fame could have reached the Sabines, or by what intercourse of language have called forth any one," &c.

27. **Regiones—determinavit.** The space was called Templum See note on c. 6. *Dextras—partes,* i. e. on the augur's right hand; for the augur looked towards the east, while the king was sitting with his face towards the south. The augur fixed upon some object, whether a tree or any thing else, directly opposite to him, *contra,* and then imagined a line drawn from that object to himself. The parts to the south of this line, he called the right, (or the right side,) those to the north, the left. (Hartung, Rel. Röm. vol. i. 119.) See Dict. Antiqq. (Auspicium.)

34. **Adclarassis,** for adclaveris. Gr. A. and S. § 162, 9.

Ch. XIX.—42. **Janum ad infimum Argiletum.** *Janum, the Janus,* i. e. the temple of Janus, called here *index pacis bellique,* because it was open in time of war, and closed in time of peace; also called Geminus or Bifrons, from its two gates or entrances, the *Double, double-gated,* and Quirinus, from its being connected, by an ancient tradition, with Romulus. This celebrated temple stood at the northwestern angle of the Forum, near the foot of the Capitoline hill. See the Plan of Rome; also Becker's Handb. d. Röm. Alt. Thl. i. p. 118, and Classical Museum, vol. iv. p. 29. This established position of the temple of Janus fixes the locality of the Argiletum; and Becker accordingly describes it as a quarter of the city, extending from the southern extremity of the Quirinal to the Capitoline and the Forum.

16. **Ad cursus lunæ—congruerent.** The subject of the Roman Calendar has been most ably discussed by Professor Key, of London, in the Dict. of Antiquities; and to that article I refer the student for a minute and accurate view of the year of Numa, together with an explanation of the present passage. It is sufficient to observe here, that Numa, in the first place, divided the year into twelve months, according to the course of the moon. But such a lunar year would necessarily fall short of the solar year, since not every successive lunation consists of 30 days, (*quia tricenos—explet,*) and several days are thus

Page
20 wanting to complete the solar year, (*desuntque dies—orbe.*) Thus the lunar year would be constantly varying more and more from the solar, and in course of time the names of the months would lose all regular connection with the returning seasons. To remedy this evil, and to keep the lunar year adjusted to the solar, Numa, in the second place, found it necessary to insert, or *intercalate*, a certain number of days in the calendar of the lunar year; and he adopted such a system of intercalation, (intercalares—ita dispensavit,) that at the end of a cycle of 19 years, (*vicesimo anno*,) the lunar year agreed with the solar, and again coincided with the same point in the sun's course from which it started. The reading *intercalares* (sc dies) *mensibus ita dispensavit*, Alschefski adopts on the authority of his MSS. See Dict. Antiqq. pp. 192, 193.

Ch. XX.—**25. Dialem flaminem,** "priest of Jupiter." *Flamen*, (*filamen, filum*, see below c. 32, *capite velato filo*,) in distinction from *sacerdos*, was a priest devoted to the service of one particular god. Livy in this chapter mentions the three earliest and always the most honored, who were appointed by Numa, the *Flamen Dialis*, *Flamen Martialis*, and the *Flamen Quirinalis*. The number was afterwards increased to fifteen.

27. Romuli quam Numæ similes. *Similis, dissimilis*, &c., take the genitive, when resemblance in character—in reference to *persons*—is expressed. Z. § 410. This, however, is not always the case with Livy, as e. g below, c. 22, *regi* dissimilis; and c. 47, *fratri* similior quam *patri* · though uniformly with Cicero.

35. Salios, according to Ovid, Fasti, 3, 387, "*a saltu*," salio, i. e. *the dancers*. They celebrated a festival annually, in the beginning of March, when they went through the city, arrayed as Livy here describes, and carrying the *ancilia* in their left hands, or suspended from their shoulders, at the same time singing and dancing. At the conclusion of the festival, they partook of an entertainment, which was proverbial for its magnificence, e. g. Hor. O. 1, 372, *Saliaribus dapibus*; and 2, 14, 29, *pontificum cenis*. The *Ancilia*, shields, called *cælestia arma*, from the estimation in which they were held, and the tradition that the original one had been sent from heaven. See Dict. Antiqq. (Ancile.)

21 **5. Quæque prodigia—susciperentur atque curarentur,** "and what prodigies, sent in lightning or any other appearance, should be admitted and expiated." "*Curare prodigia*, as also *procurare*, (in next chapter,) pro *expiare*, i. e. curare et facere ea, quibus deorum ira prodigiis declarata placari potest."—Ruperti.

Ch. XXI.—**14-19. Cum—formarent; tum—etiam—adducti sunt.** We have remarked upon the force of *cum—tum* on c. 8. But here the use of *cum* with the subjunctive must be observed. In regard to the mood with *cum*, in the construction *cum—tum*, the following may be said: when the relation between the clauses is given as merely external, the clause with *cum* having in it merely the notion of *time*, as the *earlier*, the *first*, then *cum* is used with the indicative; but if the thought with *cum* is given as *causal* or *concessive*, expressed by "as," "since," or by "though," "although," *cum* is then followed by the subjunctive. See Seyffert on Cic. de Amic. p. 144. In the present sentence, the *cum* is manifestly *causal*. The thought is this:—*As all the people formed their character after the model of the king, all the neighboring nations came to entertain for them the utmost degree of respect*. Nor can it be said, that the meaning is just the same as if *tum* were not expressed. It is really different, and would be at once so apprehended by a Roman, though we may not fully express it in translation. Without the *tum*, the relation between the two clauses would be purely logical; with *tum*, the relation is this: the historian means to say that the character of the people was formed after the example of their excellent king, and especially that it gained universal respect; and at the same time to say, that the latter fact was occasioned by the former. I have thought it necessary to remark thus at length upon this sentence, because this construction *cum—tum* is peculiar, and has occasioned much discussion. I observe, in addition, that the view, (given by Zumpt, § 723; and by some others, as Arnold, Pr. Intr. P. II. (Eng. ed.) 275; and Krebs, 289,) that the clause with *cum* sustains to that with *tum*, the relation of the *general* to the *particular*, is pronounced by Seyffert (De Amic. p. 144) a mistaken one, refuted by many passages. Seyffert cites Brut. 2, 7, and 49, 183. For other examples in Livy, illustrating these remarks, see 3, 34; 4, 60; 8, 21.

23. Quod—essent. Another instance of the subjunctive with a causal conjunction, where the reason is ascribed to the person of whom the writer is speaking.

24. Soli Fidei. The reading *soli* is established by the MSS., but the difficulty of fixing its meaning has given rise to conjectures and emendations. Livy seems to indicate the special honor in which Faith was held by Numa, so that he appointed a festival to her *sole honor*. So Virgil, in his glowing description of the happy times to come, speaks of the rule of "Cana Fides et Vesta,—Remo cum Fratre Quirinus." Æn. 1, 292.

25. Manuque—sacratam esse. Thus the priests, when engaged in the performance of divine worship, had the right hand covered, down to the fingers, indicating by this outward emblem, that the right hand was sacred to Faith, as it were, *the seat* of the goddess in the human body. The image of the goddess was also covered with a white veil, to indicate her spotless purity. Hence Horace, Odes, 1, 35, 21, *albo rara* Fides—*velata panno*.

29. Argeos, (from Argos,) sacred places, chapels, in different

Page
21 parts of the city twenty-seven in all. The word occurs below, c. 68, as the name of certain figures, thrown into the Tiber, from the Sublician bridge, on the Ides of May, of every year. See Dict. Antiqq.

Ch. XXII.—40. Non solum—sed etiam. So also *non modo* (or *tantum*)—*sed* (or *verum*) *etiam*. These forms of expression generally express an *ascent* from something *less* to something *greater*. See Z § 724. Zumpt says also that *non modo*—(not *non solum*) *sed* (without *etiam*) expresses a *descent* from the *greater* to the *less*. But this remark must be limited to negative sentences, to which belong rhetorical questions, and comparative forms of expression, (e. g. such as Zumpt cites in § 724.) Arnold contends (Pr. Intr. P. II. 505, Eng. ed.) that the second is *always* the *stronger statement;* a view which seems to me erroneous. Putsche says, "that in *non*—*sed*, the first is *excluded;* in *non modo*—*sed etiam*, the second is *annexed;* in *non modo*—*sed*, the first is included." Arn. (as above) 504. Seyffert also gives this view in his Palæstra Ciceroniana, p. 62.

22 6. Excepti hospitio, "hospitably entertained." *Excipere* is thus used in the same way as the more common *accipere*. Liv. 23, 4, *accipere epulis*. So Curtius, 8, 43, *hospitaliter*—*accepisset;* and 7, 27, *hospitaliter exceptos*.

17. Ut expetant—clades, "that upon their heads may fall the calamities of this war." *Expetere* intransitive. So Freund, who cites this passage. Thus too in Plautus, Amph. 1, 2, 23; and 2, 1, 42.

Ch. XXIII.—24. Acie, "in a general engagement." As this word is constantly occurring, it is well to notice its different significations. It means—1, *sharpness*, a *sharp edge*, as in a sword &c.; 2, in reference to seeing, (a) *sharpness of sight, sight,* (b) *the pupil of the eye*, and *the eye* itself, (c) the *attention* in looking at any thing, (the *aim* of the eye;) 3, (from the eye to the mind,) *sharpness of understanding, insight;* 4, in military language, *line of battle, order of battle,* the notion of *edge* being transferred to the *straight line* formed by an army; (a) in concrete, *the order of battle, the army drawn up in battle-array,* (b) *the battle of an army thus drawn up, a general engagement, a pitched battle;* also figuratively, *conflict of words, disputes*—Freund. No. 4 fixes its meaning, in distinction from *pugna*, which is a conflict in its most general sense, from a duel to the bloodiest pitched battle; and from *prælium*, an action, a rencounter of separate divisions of an army.—D.

34. In—expetiturum pœnas, "would inflict punishment upon." *Expetere* is here transitive, like *capere, sumere* with *pœnam, supplicium*. So Curtius, 3, 2, 18, *expetet pœnas*, and 10, 2, 29, *expetam pœnas*. But the construction *exp. in* aliquem is unusual, the preposition being usually *a* or *ab*, or *de;* and sometimes *e*, as in Curtius 4 13, 13. Gunn cites Curtius 4, 6, (29,) *pœna in hostem capienda*.

BOOK 1.   213

,where another reading is *in hoste*,) which Mützell compares with 22
Sallust, Catil. 11, 4. See also Hand, Turs. III. p. 294. Krebs (Antibarbarus) gives "expetere *pœnas ab aliquo* or *in aliquem*, not *in aliquo.*" It is strange that Freund under Expeto cites the present passage of Livy to illustrate *exp. pœnas ab aliquo.*

37. Ducit, "he advanced." *Ducere* is used absolutely, as ἐλαύνω in Greek, and as in English we say of a general, *march, advance.* This is a favorite form of expression with Livy. See below, c. 27; so also 5, 28; 9, 35; 21, 58; 22, 18; 22, 12; 31, 38; 34, 50, and other passages. We do not often find *ducere* thus used in Cæsar and Sallust; once only in Curtius, 3, 4, 1.

42. In aciem educit, "marched out in order of battle." *Educere* also here absolute. Yet *in aciem* seems not thus to be fully expressed, and perhaps to render the acc. exactly, we might say, "moved out into order of battle." So *educere*, below, 3, 42; 7, 13; ib. 60; 27, 2

43. Postquam structi utrimque stabant, "when they were drawn up on both sides, and were standing in their ranks." The imperfect occurs, as here, in a dependent clause with *postquam*, when the action is to be represented as still continuing, and therefore cotemporary with that of the principal clause Sometimes the action itself is completed, but its effects are still continuing; then too the imperfect is used. See Z. § 507; Krebs, 273. *Structi*, from Alschefski, instead of the common reading *instructi.* So 9, 31, *struebatur*, and 42, 51, *struxit.* Livy seems to prefer the simple verb, e. g. 4, 53, *fert* for *aufert;* 37, 11, *tendit* for *contendit;* 29, 21, *demtum* for *ademptum.*

1. Injurias—ferre. The order is this: *Et ego regem nostrum* 23 *Cluilium dicentem* (or) *quum diceret injurias et non redditas res*, etc. "I think that I have heard our king Cluilius *say*, that injuries," &c. The same ellipsis occurs in 4, 20. Compare also above in 1, 16, *patribus—procella*, where we may supply some word after *patribus*.

1. Ex fœdere, "in accordance with the treaty." *Ex*, like ἐκ in Greek, and also κατά. So in the expressions *ex senatus consulto, ex decreto, ex lege*, and similar ones formed from participles, *ex composito*, above, 1, 9; 5, 11; and *ex instituto*, 6, 9.—Hand, Turs. 2, 651, and Z § 309.

7. Fuerit ista ejus—suscepit, "the consideration of that *may have been* the business of him who undertook the war." See Z. § 529, Note.

10. Quo propior es Tuscis. This is the conjectural reading of Alschefski, who compares 2, 9, Porsina—exemplum *Tuscis* ratus.

20. Quærentibus, dative, instead of ablative with *a* or *ab.* So 5, 6, *uni aut alteri—audiuntur;* 3, 54, *multitudini—violatus;* 21, 34, *Hannibali—acta est.* See Z. § 419; A. and S. § 225, ii.

Ch. XXIV—**23. Nec ferme—nobilior,** "and there is **hardly**

Page

23 any other occurrence of antiquity that is better known." *Nec* (non ferme, almost not, hardly.

24. Nominum error, "uncertainty in respect to the names." *Error* means—1, *the wandering about*, (a) literally, as error civium, (sc. mercatorum,) (b) figuratively, *fluctuating, fluctuation, uncertainty;* 2, *getting out of the right way, going astray*, (a) literally, (in this sense very seldom found,) (b) figuratively, *deviation from the truth, error.*—Freund.

25. Utrius—fuerint, "to which (of the two) people the Horatii, to which the Curiatii belonged." For subj. *fuerint*, see A. and S. § 265.

29. Ibi—fuerit. *Fuerit* is perfect subjunctive, in accordance with the usual construction in indirect discourse. The *future perfect* of direct discourse becomes *perf. subjunctive* in the indirect; e. g. in the direct speech, the words would be ibi imperium erit, unde victoria *fuerit*, (fut. perf.) Generally, it may be remarked: the *future* and *future perfect* of the direct, become respectively *present* and *perf subj.* in indirect discourse. If the sentences in indirect discourse be introduced by a past tense, the *future* and *future perfect* become respectively *imperfect* and *pluperfect subjunctive*. See Arn. P. Int. P. I. p. 163, obs.; Z. § 496.

32. Cujusque—imperitaret. For the mood in *vicissent* and in *imperitaret*, see preceding note; e. g. the assertion in direct speech, would be *cujusque populi cives—vicerint*, (fut. perf.) is—*imperitabit*.

36. Fetialis. The Fetiales were a college of Roman priests, twenty in number, instituted probably by Numa, to whom was intrusted the preservation of the public faith, (Fides Publica.) Hence it was their business to perform the rites belonging to the formation of treaties, which Livy here describes. Below, c. 32, are detailed the rites which they performed, on demanding satisfaction, and on declaring war. The origin of the expression *pater patratus*, the name applied to the representative of the *fetiales*, is sufficiently explained by Livy in this chapter. The etymology of *fetialis* is uncertain. See Dict. Antiqq.

38. Sagmina. The different expressions here used, *sagmina, verbena*, and *graminis herbam puram*, mean essentially the same thing, namely, the herbs taken from the enclosure of the Capitoline, and carried by the *fetiales*, in token of their sacred character. The word *sagmina* Freund traces to the root SAG, and is thus allied with the words *sacer, sancio*, &c.; perhaps the *herbæ* were called sagmina from being taken from a *sacred* place. The word *verbena* (so-called *a viriditate*, Servius, quoted by Hartung, Rel. Röm. vol. 1, p. 200) was also applied to the boughs or leaves of trees, as the laurel, olive, &c.

24 **3. Non operæ est referre,** "I have no inclination to repeat."

BOOK I.

Operæ is commonly explained as in the *genitive*, sc. *pretium*, as in Preface, l. 1. But it seems more in accordance with other passages to consider it the *dative*, sc. *mihi*. The form *non esse alicui operæ* = *non vacat*, one has *not leisure, has no inclination, will not*, &c., occurs frequently, as 4, 20, neque *consulibus—operæ* erat ; 5, 15, si *operæ illi* esset ; 29, 17, nec *vobis operæ* est ; 21, 9, nec *Hannibali— operæ* esse.

9. Defexit, for *defecerit*. See A. and S. § 162, 9.

CH. XXV.—**23. Quippe**—**agebatur.** *Imperium, sovereign power. Agi*, to be at stake.

24. Itaque ergo, " accordingly, (therefore.)" *Itaque*, comp. of *ita* and *que*, corresponds to our *and so, accordingly*. The pleonastic use of *itaque ergo* occurs frequently in Livy, e. g. 3, 31 ; 39, 25 ; 28, 12.

29. Fecissent. We might, at first view, expect *fecerint* (perf.) as *concurrunt, obversatur* are in the *present* tense ; but these words, being *historic present*, and therefore equivalent to a *past tense*, may be followed in a dependent clause, by a past tense. The *historic present*, in relation to the sentences dependent upon it, is sometimes used by the writer as a *real present*, sometimes as a *perfect*. Occasionally we find in the same sentence both constructions. Madvig, Lat. Sprachl. § 382, 3.

34. Agitatio anceps. " The brisk action (of their arms) on both sides." *Anceps*, (from *an—caput*,) 1, *double-headed*, (so only with the poets,) hence, 2, applied to an object having the same property on two opposite sides, e. g. an axe that cuts on both sides, *anceps securis, two-edged, double ;* thus frequently with the historians, in reference to a battle, *anceps prœlium, on two sides, on both sides ;* then *figuratively, two-sided*, as *anceps sapientia, disputatio ;* hence, by an easy transition, 3, *fluctuating, uncertain*, (like *ambiguus*,) doubtful ; and, as any thing thus fluctuating is liable to danger, 4, *critical, dangerous.*—(Freund.) *Arma* is the generic word ; but when with *tela*, means *defensive* armor, and *tela, offensive*.

36. Super alium alius. We might have expected—*alterum alter*, especially as *duo* immediately precedes.

41, 42. Ut—sic, " *although—yet ;*" sometimes may be rendered *indeed—but*. (See Z. § 726.) So also Livy has *ut—ita*, e. g 2., 7 ; 21, 8 ; and *sicut—ita* 21, 35.

5. Tunc—solet, " then with such a shout as is wont to break forth from applauding spectators, on occasions of unexpected success." *Faveo* is frequently used to express the *applause, loud acclamations*, of the people on public occasions, as at the gladiatorial games, Suet. Calig. 30, *faventi turbæ ;* in a public procession, Hor. O. 3. 24, 45, *turba faventium*. So also *favore*, above c. 12.

21. Ditionis facti. *Suæ ditionis fieri* means *to be brought into*

Page 25 *one's power, to become dependent upon one's power.* The genitive is used with *esse* and *fieri* to express *to whom* or *what* a *person* or thing *belongs*, or is *peculiar*. In translation we supply some expression, as *property, business,* &c., but it is not correct to say that the Latin genitive depends upon a Latin noun understood, which corresponds to such expression. To explain such constructions by an ellipsis, and to say the limited noun is wanting, is only to confound the Latin idiom with our own. See Z. § 448, Note 1; Madvig, § 289.

Ch. XXVI.—**31. Paludamento.** The *paludamentum* was properly the cloak worn by the general, while that worn by the common soldiers was called *sagum*. Yet Livy seems not here to observe the distinction. See Dict. Antiqq.

43. Duumviros—facio, "I appoint, according to the law, duumviri, to pass sentence upon Horatius for murder." The offence of Horatius was manifestly murder; yet murder is not the exclusive meaning of *perduellio*. By *perduellio* was understood the crime of one who had committed an act against the state, injurious to its safety and peace. Hence strictly it was treason, *crimen majestatis*.

Page 26 **1. Lex horrendi carminis.** The word *carmen*, in this and many other passages, means a *form of words*—a *set form*—so used from the fact that the religious and civil ordinances were drawn up in a rude species of verse. The present *carmen* ran thus—

Duúmviri pérduelliónem júdicent.
Si a duúmviris provocárit,
Provocátióne certáto:
Si víncent, caput óbnúbito:
Infélici árbore réste suspéndito:
Vérberato intra vel éxtra pomérium.
—Niebuhr's Hist. vol. 1, p. 219, n. 36.

4—6. Hac lege—condemnassent, "after the two duumviri (who thought that by that law they could not acquit him, even if innocent) had condemned him." I render the word *innoxius* in its full sense; but still it must be somewhat modified. The idea seems to be, that the duumviri could not inquire into the grounds on which this manifest act of murder might be justified. Thus below, the father of the criminal declares his opinion, that his daughter was slain *jure*, i. e. that his son was *innoxius*. For an account of the *Perduellionis duumviri*, see Dict. Antiqq.

20. Sub furca. *Furca* means properly a fork, but here an instrument of punishment, formed by two pieces of wood, put together in the shape of the letter V. In capital punishment, the criminal was tied to it, and scourged to death.—Dict. Antiqq.

21. Quod vix—possent, "a sight so horrible, that scarcely the eyes of the Albans could endure it." The construction = spectaculum tam deforme, quod (= ut id)—possent.

29. Non tulit—nec—nec. The *nec—nec* after *non* are equivalent to *aut—aut*. See Z. § 754, Note.

Ch. XXXII.—1-4. Et avitæ—et quia—longeque. Livy seems to indicate three reasons which induced Ancus to order the religious rites transcribed, and exhibited to the view of the people; viz., the example of his grandfather; the want of prosperity in the reign of Tullus, owing to neglect or bad management of religious affairs; and his own sense of the importance of returning to the religious institutions of Numa. The second alone is stated in form, preceded by *quia*. So, in a somewhat similar instance, in c. 4, *seu ita rata, seu quia*, etc. A more peculiar instance occurs below, in c. 40, *Sed et—et quia—tum—videbatur.*

15. Præterquam quod—credebat—etiam, etc., (besides that he believed, &c., he also believed, &c. i. e.) "in addition to his belief that peace had been more necessary in the reign of his grandfather, among a people both new and uncivilized, he also thought, that the state of peace which had fallen to *his* lot, (Numa,) *he* could not *himself* easily preserve without (suffering) injury."

21. Quoniam—instituisset. See note on c. 6, on *quoniam*, etc.

31. Dedier, for dedi, pres. inf. pass. See A. and S. § 162, 6; Z. § 162.

32. Siris, for *sieris, siveris*, perf. subj. from *sino*.

40. Quicumque est, nominat, "whatever people it may be, he mentions the name." With *quicumque, quisquis*, and similar general expressions, we find in Latin the indicative. So above, cujuscumque gentes *sunt*. Z. § 521.

3. Priscis Latinis. Prisci, not originally an adjective, but the name of a people who united with the Latins; hence the name of the two people combined became Prisci et Latini, and afterwards Prisci Latini without the *et*, the *et* being omitted, according to the Roman custom, between words constantly appearing together. In a similar manner is to be explained the expression Populus Romanus Quirites, originally Populus Romanus et Quirites, the name used for the original Romans and the inhabitants of Quirium, after they became one people. We find also, as in this passage, the form Populus Romanus Quiritium. This explanation of these expressions was first introduced by Niebuhr.

19. Id ubi dixisset. In narration, the imp. and pluperf. subj. are used after relative pronouns and also adverbs originally relative, when actions of repeated occurrence are spoken of. This is called by Zumpt the *subjunctive of generality*, as the action does not refer to a distinct individual case. Z. §§ 569, 70.

Ch. XXXIII. 27. Veterum Romanorum, i. e. those who had originally founded and settled the city with Romulus.

29. Aventinum, used in the neuter gender, "the Aventine." Se

218 NOTES.

Page

28 below, in this chapter, and also 3, 67. Also occurs *Aventinus, sa* mons.

30. Haud ita multo post, "not *very* long after." The force of *ita* here, as well as in *non ita*, grows out of an ellipsis, e. g. haud ita, ut quis putet, not *so*, as one may think, &c. We say sometimes in English, it was not *so* long, &c. This expression occurs frequently in Livy, e. g. 2, 36; 14, 5; 21, 20; 31, 39. Hand, Turs. 3, p. 491.

43. Ad Murciæ, sc. *ædem*, "near the temple of Murcia." *Ad* has here, and frequently, the sense of *apud*, near to, *in the vicinity of*, &c. The word *ædes* or *templum* is thus frequently omitted after *ad*, and sometimes also after *ab*.

29 **2. Ponte sublicio,** "a wooden bridge;" (from *sublica*, a wooden beam,) generally called the Pons Sublicius, the first bridge built across the Tiber. It was afterwards rebuilt by the *pontifices;* and it was held so sacred, that no repairs could be made in it without previous sacrifice, conducted by the *pontifex* in person. See Dict. Antiqq. (Bridge,) and the Plan of Rome

3. Haud—a planioribus aditu locis, "no inconsiderable defence on those parts of the city which were level and easy of access." *Aditu* is a supine. The prep. *a* here is equivalent to *a parte, apud*, as above, c. 12.

Ch. XXXIV.—**26. Egerio—nomen.** For the dat. see n. above, c. 1, on *pagoque*. Just above we have, according to the regular rule, *Nomina—Lucumo atque Arruns*.

29. Et quæ—sineret. For the subj. see below, B. 2, c. 8, n. on *quæ—absolverent*.

30. Quibus innupsisset. The reading of the MSS. is *ea cum innupsisset;* Drakenborch conjectured *ea in quæ inn.*, which Alschefski adopted in the larger edition. The present reading he prefers, because the expression is supported by the authority of other authors, (e. g. Ovid, Metam. 7, 856,) and because the reading is not so much at variance with the MSS., as *um* and *ibus* are not unfrequently interchanged.

36. Forti ac strenuo. See n. on these words below, B. 21, c. 4

39. Nobilem imagine. See below, B. 3, c. 58, n. on *virum, etc*

40. Ut—et cui—esset. See n. Preface, on *quippe qui—videam*

30 Ch. XXXV.—**23. Regi creando.** The dative, denoting purpose, depends upon *comitia*. See A. and S. § 275, R. 2, (2); Z. § 665.

27. Cum, sc. *diceret*, may be rendered here "saying."

32. Se, ex quo—fuerit, "that he himself, when he became his own master." *Ex quo* is equivalent to *ex eo tempore, quo*, and means strictly *since, ever since*. The idea implied here is, that at the time he became his own master, he removed to Rome, and had lived there *ever since*, up to the present time.

31 **1. Minorum gentium.** According to Niebuhr, the senators added by Tarquinius Priscus, represented the third tribe, the Luceres, and were called *patres minorum gentium*, in distinction from the two older tribes. By the same appellation, the senators representing the Titienses had been distinguished from those who represented the Ramnes, the earliest and most honorable tribe. See Dict. Antiqq. (Senatus.)

7. Spectacula. This word means here *platforms*, constructed by the senators and the knights, on which they stood, to view the games. They were called *fori*, also *foruli*. Livy here relates the origin of the Circus, known afterwards by the name of the Circus Maximus, and of the celebrated games, called Ludi Romani or Magni. The site of the Circus was in the valley between the Palatine and Aventine. For an excellent account of the Circus and of the Ludi, see Dict. Antiqq. (Circus.)

Ch. XXXIX.—**20. Donec—experrectus esset.** *Donec*, in the sense of "till," "till that," like *dum, quoad, antequam*, and *priusquam*, is followed by the subjunctive, not only when a *purpose* is indicated, but in the *imp.* and *pluperf.* in narration, even when there is simply an *indication of time.* In the present instance, donec is merely *temporal*, the meaning being that the queen forbade the boy to be disturbed, *till* he had awaked of his own accord. Of course, not as if with the *purpose* of then disturbing him, but simply that he should not be disturbed during all the time that he was not yet awake, i. e. *before* his awaking. Thus donec is equivalent to *priusquam*, and like that particle, is here followed by the pluperf. subj. See Madvig's Lat. Sprachl. § 360. Hand says, (Turs. 2, pp. 294, 295,)—Conjunctivus poni potest, quando dicitur vel intelligitur *non diutius* et *non priusquam*, et in constructione formarum non absolutarum, quæ sunt imperfectum et plusquamperfectum. The account given by Zumpt, § 575, of *donec*, in respect to the mood with which it is used, is not adequate to the explanation of all the cases which occur. Comp. Liv. 21, 22, *donec—fecisset*, and 45, 7, *donec—misisset*.

33. Credere prohibet, "forbids our believing." For the infinitive with *prohibere*, see Z. 607, and comp. § 543.

35-9. Qui—domo. Translate in the following order:—qui ferunt, Corniculo capto, uxorem Servii Tullii,—qui princeps in illa urbe fuerat —gravidam viro occiso, cum—cognita esset, prohibitam servitio ab regina Romana ob unicam nobilitatem, edidisse partum Romæ, domo Prisci Tarquinii.

Ch. XL.—**1-6. Tum Anci filii duo—tum—crescere.** No verb is here expressed for the nominative *filii;* for to connect *filii* with *statuunt* below, seems to me forced and unnatural. Bauer proposes to read: tum *etsi filii A.—habuerant*, etc. But the construction seems obviously an instance of the *anacoluthon*, (see A. and S. § 323, 3, 5,) the historian beginning the sentence naturally with *filii*, as it is of these that

Page
32 he intends to speak, and then, after the long parenthetical clause *et*—*stirpis*, resuming the interrupted course of thought with a different construction, *tum impensius iis indignitas crescere*. Thus: "then the two sons of Ancus—although they had *before* considered it the greatest indignity, &c., (yet) then *their* indignation, &c."

5. Non modo—sed ne—quidem. "Not only *not*, but not even." In negative propositions, the second *non* is omitted, when both clauses have the same predicate. If each clause has a separate predicate, the whole form *non modo non* is used. Z. § 724; also Arn. Pr. Intr. P. I. p. 105.

15-19. Sed et—et quia—tum—videbatur. ' This passage has occasioned much discussion. Some editors reject *et* before *injuriæ*, some reject *quia*, others read *et quia* for *tum*, and yet others have *quia* in brackets, as if spurious. But all these changes are contrary to the authority of the MSS., and besides are unnecessary and inadmissible. The sense of the passage seems to be this:—The sons of Ancus, bent upon preventing by violent means, so foul a dishonor to the Roman name, and their own royal house, preferred to attack Tarquin himself, rather than Servius. And for three reasons: first, from a painful sense of the personal injury they had suffered, in being excluded from the throne, (*et injuriæ dolor;*) again, because the king, if he survived, would be a severer avenger of the murder than a private man, (*et quia—privatus;*) then too, (*tum* (= *tum etiam*)—*videbatur*,) were Servius put to death, the king could make another son-in-law his successor to the throne. The first two clauses are each introduced by *et*, as each contains a distinct and independent reason; the omission of *quia* in the first clause is sufficiently explained by the form in which the thought is expressed, and by the usage of Livy, which we have already observed in a somewhat similar passage in c. 32. If we need to go beyond the usage of the writer, and explain why he omits the particle, and gives the bare thought by itself, we may perhaps find a reason in the fact, that the logical relation of the clause to the other parts of the sentence sufficiently fixes its causal character, without the insertion of a causal particle. Finally, the last clause adds a third reason, and is introduced by *tum*, which is equivalent to *tum etiam*, or *præterea*. For the force of *tum*, see Hand, Turs. 2, pp. 537, 8, where the passage is quoted.

29. Alte.· elatam—dejecit, "the other lifted an axe and struck it into his head." Observe here the difference between the English and the Latin idiom. While in English we express two actions, one of which precedes the other in time, by two verbs connected together by "and," in Latin the former action is expressed by the perfect participle, and the latter only by a verb. Z. § 635, Note 1.

Ch. XLI.—**35. Ejecit.** This is the reading of Alschefski, from the best MSS. Drakenborch, in a note on B. 3, 46, refers to numerous other instances of a past tense, in connection with the historic present, e. g. 1, 30; ib. 59; 2, 38; ib. 48; 4, 19; id. 57; 5, 27.

2. Si—sequere, "if confounded by the suddenness of this event, you have no plans of your own, at least follow mine." *At* has the force of *saltem*, or *certe*, or *tamen*. So Hand, Turs. 1, 427 Comp. 3, 17, si—tangit, *at* vos veremini, etc., id. 31, si—leges displicerent, *at* —sinerent creari, 10, 26, sin collega—malit, *at*, etc. Other particles which precede *at* in this sense, are *etsi, etiamsi, quamquam.*

6. Ad Jovis Statoris. See note on *ad Murciæ*, c. 33.

17. Tum demum palam factum: et, etc. This is the reading of Alschefski, from the Paris and the Medicean MSS. The Harleian I. has *palam facta*, and all the others have *palam facte* Weissenborn conjectures *palam factum est compl.*, etc.

CH. XLV.—**29. Eum—laudare**, from Alschefski, instead of *cum laudaret*. *Laudare* is the historical infinitive.

32. Perpulit—facerent, "at length induced the Latin states to build, in conjunction with the Roman people, a temple of Diana at Rome."

35. De quo—fuerat, "a point, which had been so often disputed in arms."

43. Cives—immolassent. For the tense and mood of *immolassent*, see note on *fuerit*, c. 25.

6. Quin—perfunderis flumine, "Why do you not first bathe (yourself) in the running stream?" *Perfunderis* is reflexive, see Z. § 146. The word *quin*, compounded of the old ablative *qui*, which is both relative and interrogative, and the negative *ne*, (i. e. non,) means originally *how not*. Hence its double use: 1, relative, "that not" with the subjunctive; 2, interrogative, (as here,) "why not?" with the indicative. By an easy transition from its interrogative force, it is used also with the imperative, e. g. quin dic, *why not tell me?* i. e. *pray tell me.*

8. Qui—cuperet. For the subj. see Z. § 555, § 564; A. and S. § 264, 8.

CH. XLVI.—**12. Quamquam jam usu—possederat.** The word *usus*, like our word *prescription*, is used in a legal sense to signify a claim to any thing, which is gained by long actual possession. "Although by long possession he had already gained an undisputed title to the throne."

16. Ausus est ferre—regnare, "ventured to propose to the people, whether they wished and ordered that he should be king." *Ferre*, in this legal sense, is frequently used absolutely, as here, or with *legem, rogationem*, &c. The *direct* form in which a proposition was brought before the people by a magistrate was, *Velitis, jubeatis.*

20. Quia de agro—agi, "because he had observed that *the proceedings in relation to the lands* for the commons had been con-

Page

34 trary to the wishes of the patricians." *Agere de aliquâ re*, or *aliquid*, to act upon, negotiate, any thing; *agi de aliquâ re*, any thing acted upon, negotiated, i. e. the proceedings in relation to any thing.

32. Inciderat, ne. We should expect here *ut non*, the regular expression for *that not*, denoting a *consequence*. On the contrary, *ne* is used to express *purpose*. See Z. § 532; Arn. Pr. Intr. P. I. 77.

43. De viro ad fratrem, de sorore ad virum, "concerning her husband to his brother, concerning her sister to her (i. e. her sister's) husband."

44. Et se rectius—contendere, "and contended that it had been better, had both he and herself not been married at all." The fut. act. part. with *fuisse*, is used in a hypothetical sentence, where in direct speech the pluperfect subj. would be used. This sentence, though not hypothetical in form, is really so in sense. See Z. § 593, Note. So, in a more marked instance, in the next sentence, *visuram fuisse*.

35 **5. Temeritatis implet.** See A. and S. § 220, 3; Z. § 463.

Ch. XLVII.—**16. Si tu is es, cui—arbitror.** The historian here abandons the indirect form of narration, and brings Tullia herself before us, addressing her husband in a style of earnest, energetic appeal.—For other passages illustrating the transition from the indirect to the direct discourse, see B. 2, 2 and 7; 6, 24; 7, 32; 21, 10; 23, 45; 35, 49; 38, 59.—Si tu *is* es, cui—arbitror, must be translated, "if you are *the* man," *whom* I think I have married, not "*such* a man *as*," a construction which would of course require *arbitrer*.—W. M. Gunn, (Dymock's Livy, 1843.)

18. Quod istic—scelus. *Istic*, like *iste*, points to the second person, and as an adverb of place, means the place of the person addressed. See Z. § 291. Thus here Tullia, addressing her husband, says, "because here (i. e. in you) is guilt together with cowardice."

19. Quin accingeris. See note on *quin perfunderis*, c. 45.

29. Duo continua regna, "the kingdom twice in succession."

30. Nullum momentum—faceret, "could exert no influence." Momentum (fr. *movimentum, moveo*) means *that which moves, a moving power, that which turns the scale*; hence *influence*.

33. Minorum gentium. See note on this expression, c. 35.

35. Regis criminibus, "by charges *against* the king." *Regis* is the objective genitive.

36 **5. Ereptum—divisisse,** "had taken away the lands from the first men of the state, and divided them among the meanest." See note on *elatam*, above, c. 40.

Ch. XLVIII.—**18. Regnaturum, qui vicisset.** See Arn. Pr Intr. P. I. 163, obs.; Z. § 496; also note on B. 1, c. 24, *ibi—fuerit*.

24. Sine regio comitatu. This is the conjectural reading of Alschefski, in preference to the varying readings of the MSS. *Sine*

BOOK I.

might well be expected from the fact stated in the sentence immediately preceding, that all the attendants had fled. Weissenborn (Jahn's Jahrbücher, vol. 35, p. 387) conjectures *sine omni*, observing at the same time that such an expression is one of rare occurrence.

30—32. A quo—ad summum C. vicum, "when, on being ordered by him to retire from so great a tumult, she was on her way home, and had reached the top of the Cyprian street." A *Vicus* was a division of the city, consisting of a main street and several smaller by-streets. Thus the full meaning here is, *the top of the main street of the Cyprian quarter.* See Dict. Antiqq. (Vicus).

32. Flectenti, etc.—ostendit. *Flectenti* = " cum flecteret, i. e. flecti ad dextram carpentum juberet :" and the passage may be translated thus: "the person, who drove the horses, struck with horror, stopped and drew in the reins, and pointed out to his mistress, who was turning the chariot to the right towards the Urbian hill, in order to ride up to the Esquiline, the body of the murdered Servius lying upon the ground." Yet a construction, so unusual, must ever leave in some uncertainty the reading *flectenti*, notwithstanding the uniform testimony of the best MSS. Gronovius conjectured the nominative *flectens*, agreeing with *is ;* a reading, however, which is far from relieving the passage of its difficulty.

4. Quia unius esset. For the subj. see note on *quoniam*, etc. c. 6, and Z. § 549.

Ch. XLIX.—**7.** Occepit. This word occurs otherwise, only in Plautus, Lucretius, and Tacitus. Grysar refers to this word, with several other expressions, to illustrate the influence of the earlier poets and annalists upon the style of Livy. Other words which he pronounces archaisms, are *mussitare* 1, 50 ; *edissertare* 22, 54 ; *participare* 3, 12 ; *noscitare* 2, 53. Among the words used by Livy, which occur either seldom or not at all in other classic Latin writers, are *prævalere*, (in the Preface,) *deses* 1, 32 ; *obtentus* 1, 56, (used also by Sallust ;) *bellator* 1, 59 ; *invisitatus* 5, 33 and 37 ; *pacificare* 5, 23 ; *potentatus* 26, 38 ; *perpacatus* 36, 42 ; *perpopulari* 34, 56 ; *pervidere* 33, 5.—See Grysar, vol. 1, p. 9.

15. Ut qui—regnaret, "since he reigned." See A. and S. § 264, 8 ; Z. §§ 564, 565.

21. Sed unde, "but those from whom." *Unde*, i. e. eos, a quibus. Unde, though strictly *local* in its meaning, is not unfrequently thus used, in reference to persons, and especially with proper names. So above, c. 8, ab Etruscis, *unde*, etc. So also in Curtius, 3, 3, 22, Heneti *unde*. In like manner *inde* is used for ex illis. See Hand's Turs. 3, p. 364, who quotes Liv. 36, 11. Comp. Mützell's Curtius, p. 6.

Ch. LIII.—**38.** Degeneratum. The neuter part. is here used substantively, in accordance with a common usage of Livy. See Z. § 637, where several passages are referred to. To these may be added,

37 3, 33, ut *demtum—adjiceret;* 7, 8, *diu non perlitatum;* 21, 54, *ad destinatum;* 27, 37, *nuntiatum;* b. 45, *auditum.*

42. Divendita—refecisset. The reading of this disputed passage I give according to Alschefski. *Divendita* is found in two of the best MSS. Alschefski compares Livy 30, 57, and Tac. Ann. 6, 17. *Quadraginta* occurs in Alschefski's two MSS. *Ausique*, which occurs in many MSS., is wanting in the three best ones. *Refecisset* has less authority, as it occurs only in the Medicean MS. Alschefski compares 35, 1, *refectum.*

38 Ch. LVI.—**5. Operis**, "laborers," for *operariis.* See Lexicon, *opera*, at the end.

9. Foros. See n. c. 35, on *spectacula.*

"**Cloacamque maximam.** The construction of this great sewer is commonly ascribed to Tarquinius Priscus, and was certainly commenced by him. See Livy, c. 38. It is still visible at Rome, a massive monument of the greatness of Rome in the regal period. It was formed of three tiers of arches, one within the other, the innermost of which is a semicircular vault, of eighteen Roman palms, about fourteen feet in diameter. The arches are formed of immense blocks, more than five feet in length, and nearly three in thickness. See Dict. Antiqq.; Arn. Hist. 1, p. 47; Schmitz, Hist. p. 39.

23. Responsa sortium, i. e. the responses of the oracle, given by means of the *sortes* or *lots.* See Dict. Antiqq., Sortes, and below, n. on *sortes*, B. 21, c. 62.

34. Bruti—cognomen. The word Brutus means *dull*, or *stupid.* As a cognomen Dr. Arnold translates "the Dullard."—Hist. 1, p. 74 See below, c. 59, n. on *ad Tribunum.*

39 **3, 4. Cum—redissent—daret.** On the pluperf. and imperf., in dependence upon the present *permittunt*, see n. on *fecissent*, above, c. 25.

Ch. LVII.—**10. Ardeam Rutuli habebant,** "Ardea belonged to the Rutulians."

10. Ut in ea regione, etc. *Ut* may be translated "for," "for that region, &c." The construction is elliptical, and may be explained by supplying after *ut*, e. g., the words *fieri poterat, as was possible.* Compare Livy, 2, 50, *ex opulentissima, ut tum res erant*, Etrusca civitate. Also 10, 46, in insigni, *ut illorum temporum habitus*, erat triumpho; and many other passages. So also, Cic. Brutus 10, 39, hi, *ut populi Romani ætas est*, senes. These passages sufficiently explain the ellipsis in the present passage, and also in Livy 21, 34; 30, 33; and Cic. de Orat. 3, 18; De Senectute, 4, 12; Brut. 10, 41; and all similar passages.

26. Negat verbis—esse, paucis—sciri. *Negat* = dicit non, "said that there was no need, &c., that it could be, &c."

27. Quin—conscendimus. See note on c. 45, *quin perfunderis*

27. Ubi Lucretiam—inveniunt. This poetic description of Lucretia well illustrates the domestic manners of Grecian and Roman women, and reminds us of many a pleasant picture of home life in the pages of Homer and of Virgil. In the houses of even the rich and high-born, the articles of clothing were wrought by the hands of the women of the household, the mistress and her daughters, assisted by the female slaves. Thus, in a fine comparison in the Iliad, 12, 433, we see a poor woman toiling for her children; and Iliad, 6, 490, Odyssey, 5, 59, Od. 10, 221, we find Andromache, Calypso, and Circe engaged in similar occupations. So too in Virgil, Æneid 7, 14; 8, 408, and in Georg. 1, 293. See Dict. Antiqq., Tela.

36. In medio ædium, i. e. in the Atrium. The Atrium was the first as well as the largest saloon in a Roman house, and was the sitting-room of the family. Here stood the looms, *telæ ex vetere more in atrio texebantur*—Asconius, ad Cic. pro Milone, c. 5. See Becker's Gallus, pp. 191-97, and Dict. Antiqq., Roman House.

Ch. LVIII.—**23. Satin' salve;** sc. *agis*, literally, are you quite well? "Is all well?" *Satin'* is an abbreviation for *satisne*, and *salve* is an adverb. Alschefski has *satin' salve*, on the authority of the Paris and the Medicean MSS. The Latinity of this expression has been disputed, especially by Gronovius and Duker. Krebs, in his Antibarbarus, p. 702, says it is doubtful, but refers to the Lexicons. Freund, in his Lexicon, explains the expression as above, citing this passage, and also Livy, 40, 8; also Plautus, Stich. 1, 1, 10; Trin. 5, 2, 53.

38. Conclamat vir paterque. It was usual with the Romans, after the eyes of a deceased person had been closed, for the friends present to cry out with a loud voice, and call upon the departed by name, for the purpose of recalling him to life, if he should be only in a trance. The word that expresses this custom is *conclamare*. Thus too in Livy, 4, 40,—ex mœstis paulo ante domibus quæ *conclamaverant suos*. Other passages, Quintil. Declam. 8, 10; Amm. Marcell. 30, 10; Ovid, Trist. 3, 3, 43; Lucan. 2, 23. Hence the formula applied to any occurrence in life, when no more hope remained, *conclamatum est, it is all over*. See Becker's Gallus, (Transl.) pp. 401, 2; Freund's Lexicon.

Ch. LIX.—**40. Manantem cruore.** Alschefski compares Livy 40, 39, *manantia cruore spolia*, in favor of *manantem* rather than *manante*. In this passage Livy does not seem to hold to the distinction usually observed between *sanguis* and *cruor*. *Sanguis* is the blood circulating in the body, *cruor* the blood gushing from the body, the blood that is shed. *Sanguis* is the condition of physical life, *cruor* the symbol of death by slaughter.—D.

1. Exsecuturum means here to *follow with enmity, to take vengeance upon*. So Freund, who cites this passage, and at the same time remarks that the word occurs nowhere else in this sense, with an

Page
41 accusative of a person. Alschefski says that *exsecuturum* in this passage embraces in itself the meaning both of *persecuturum* and of *exacturum*.

11. Quod viros, quod Romanos deceret. The subjunctive is used here, in accordance with a grammatical principle already frequently illustrated, because the words are ascribed to Brutus. "Which, *as he said,* became them as men, as Romans." A. and S. § 266, 3; Z. § 549.

14. Pari præsidio, "a sufficient garrison." Par—"significat præsidium quantum et tempus et locus postulabant."—Alschefski.

23. Ad tribunum Celerum. For an account of the Celeres, see note above on c. 15. The Tribunus Celerum was the commander of the Celeres, "and was to the king what the master of the horse was afterwards to the dictator." It is hardly necessary to point out the extravagance in representing Brutus, though a reputed idiot, yet invested with such an important office. Festus says that Brutus in old Latin was synonymous with *Gravis;* this would show a connection between the word and the Greek βαρύς. It is very possible that its early signification as a cognomen may have differed very little from that of *Severus.* When the signification of "dulness" came to be more confirmed, the story of Brutus's pretended idiocy would be invented to explain the fact of so wise a man being called by such a name. Arn. Hist. 1, p. 77, n. 10.

29. Esset. For the subjunctive, see above, note on *deceret.*

BOOK II.

Ch. I.—5. Ita regnarunt, ut—numerentur, "reigned in such a manner, that they may be considered." *Regnârunt* is the perf. indefinite, and yet is followed by the present subj. The reason seems to be, that the writer from his own point of view, as a narrator, simply expresses the idea of the *reigning* of the kings as *something past*. See A. and S. § 258, II.; Z. § 512, Note.

9. Pessimo publico, = maximo reipublicæ damno, "with the greatest injury to the state." In like manner *malum publicum*, Liv. 4, 44, ut in parcendo uni malum publicum fiat, and *bonum publicum*, Liv. 2, 44; 9, 38; 28, 41. So *commune magnum*, Hor. Odes, 2, 15, 14.

10. Facturus fuerit, "would have done." The perfect in the periphrastic conjugation, both indicative and subjunctive, has in hypothetical sentences the force of the pluperfect. See Z. § 498.

11. Quid enim futurum fuit, "for what would have been the result." *Futurum fuit* = accidisset. See preceding note.

13. Templi. This refers to the Asylum of Romulus. See B. 1, c. 8.

22. Quia—factum est, quam quod—diminutum sit. *Quia* and *quod* both denote a cause; but Livy in using *quia* with the indicative *factum est*, gives a cause which he himself holds to be the true one; and in using *quod* with the subjunctive *diminutum sit*, a cause which is alleged by some one else, or a merely supposed cause. We must ascribe, he says, the origin of liberty to the *fact* of the consular government being made an annual one, rather than to the *alleged circumstance* of any falling off from the power which the kings had possessed.

12. Traditumque—essent, "and from this circumstance is said to have been handed down the custom of summoning to the senate, the Patres and the Conscripti." Livy thus explains the customary form of addressing the senate, Patres Conscripti. It was originally Patres et Conscripti, i. e. the original patrician senators, and the new senators chosen, according to Livy, by Brutus. These new senators were probably plebeians of equestrian rank. See Dict. Antiqq., Senatus.

Ch. II.—18. Regem sacrificulum. Under the regal government, the king was, by virtue of his office, high-priest of the nation,

Page 45 and performed in person some of the *sacra publica*. Under the republican government now established, a *rex sacrificulus*, otherwise called *rex sacrorum*, was appointed to discharge those priestly duties which formerly devolved upon the king. But lest the title *rex—additus nomini honos*—should be in any way injurious to the interests of liberty, the new office was made subordinate to that of the *pontifex maximus* See Dict. Antiqq.

21. Nescio, an. This expression, denoting uncertainty, and thus joined with the subjunctive, yet expresses an opinion leaning to an affirmative It is the same as *fortasse* or *videtur mihi.* See A. and S § 265, R. 3 ; Z. §§ 354, 721.

22. Consulis alterius, i. e. L. Tarquinius Collatinus.

37. Dicturum fuisse. See note on *futurum fuisse,* B. 1, c. 46.

Page 46 **13. Ex senatus—consulto.** See note on *ex fœdere,* B. 1, c. 23.

15. Comitiis centuriatis. This ablative, which frequently occurs in Livy, falls under the rule for the abl. of time. So *ludis, gladiatoribus, tumultu,* and others. See Z. § 475, Note. For an account of the Comitia Centuriata, see Dict. Antiqq. On the meaning of the word *creavit,* see note below on B. 21, c. 15, *creatus ab T. Sempronio.*

Ch. III.—**18. Spe—serius.** See A. and S. § 256, R. 9 ; Z § 484.

21. Nec hi—orti, " and *these too*, of no mean descent." See Arn. Pr. Intr. 385 ; Z. § 699.

31. Periculosum—vivere, " that it was a perilous thing, in the midst of so many errors to which men are liable, to rely solely upon one's innocence." The fine tone of irony running through this whole passage well illustrates the condition and sentiments of a corrupt nobility, suddenly forced to exchange the license of a bad monarchy for the strictness and equality of a republic.

36. Tenuit, continued." So Freund, who also cites this passage Other passages, in which *teneo* has the same sense, are 23, 44 ; 24 47 ; 33, 22.

Page 47 Ch. IV.—**11. Nam aliter qui—afferri.** These words give the ground on which the legati urged the conspirators to give them letters to the Tarquinii. They wished the letters as credentials, " for how otherwise," (said they,) " would they believe," &c.

14. Et cenatum. " Copula *et* impeditam facit orationem, quæ ea sublata melius procedit."—Duker. Yet the *et* is established by the MSS.

Ch. V.—**29. Contacta,** nom. case, agreeing with *plebs* understood. "that the commons having shared in." Comp. below c. 6, bona sua diripienda—expers esset.

30. Ager Tarquiniorum, etc. According to Livy here, this land was, after the expulsion of the Tarquins, consecrated to Mars,

BOOK II.

and afterwards distinguished by their name. But Dionysius states that it was originally consecrated to Mars, and appropriated by the Tarquins to their own use, and then after their expulsion restored to the service of Mars.

37. Insulam inde—factam. This island, the origin of which Livy here explains in accordance with the popular tradition, is the Insula Tiberina, or, as it is now called from a church which is upon it, Isola di S. Bartolommeo, the Island of St. Bartholomew. From its shape it has been sometimes called the Ship of the Tiber. It was connected with the right bank of the river by the Pons Cestius, and with the left by the Pons Fabricius; hence it was also called *inter duos pontes*. It was celebrated in ancient times for its temple of Æsculapius See the Plan of Rome; Becker's Röm. Alterthümer, Bd. 1, 651.

13. Eminente—ministerium, "the feelings of the father clearly appearing, in the midst of the execution of a public punishment." This is clearly the idea of Livy. The struggle between the *father* and the *consul* is expressed by the contrasted words *patrio* and *publicae*. Dr. Arnold thus gives the sense of the passage: " Brutus neither stirred from his seat, nor turned away his eyes from the sight, yet men saw, as they looked on, that his heart was grieving inwardly over his children."—Hist. of Rome, 1, p. 79.

Ch. VI.—**25. Ne se ortum,** *se*=ex ipsis, referring to the Veientes and Tarquinienses. But below, bona *sua* diripienda—dedisse, the reflexive pronoun refers back, and without possibility of ambiguity, to Tarquinius.

36. Pro se quisque—fremunt. Livy and other prose writers use a plural verb and also a plural participle with quisque, pro se quisque, and similar partitive expressions. This construction, however, does not occur in Cicero. A. and S. § 209, R. 11, (4); Z. § 367.

37. Romano saltem duce, "that at least with a Roman at their head," i. e. that so favorable an opportunity for redressing their wrongs should be eagerly embraced.

1. Primus eques hostium agminis fuit, i. e. eques (=equitatus) in hostium agmine primum locum tenuit.—Crevier. " The cavalry formed the enemy's vanguard."

12. Dum vulneraret, "so long as he wounded." *Dum*, as well as *donec*, in the sense of *so long as, if only*, where a purpose is indicated, takes the subjunctive.—Cf. Arn. Pr. Intr. P. I. 654, (Eng. ed.); Madvig, 360, 2.

Ch. VII.—**23. Suas quisque.** *Quisque* here refers to each of the two *armies*. It generally however is used in reference to a subject, representing two or more persons, in order to express forcibly the notion that each *individual* shares in the action of the verb. Cf. Drak. ad Liv. 2, 22; Mützell's Curtius, p. 51.

26. Uno plus—acie, "that one man more had fallen on the side

Page
49 of the Etruscans than on the side of the Romans," lit. more of the Etruscans *by one.* See Z. § 488; A. and S. § 256, R. 16

33. **Quia—quod—fuisset.** See note on *quia—quod*, B. 2, c. 1

40. **In summa Velia.** There has been much discussion, in regard to the situation of the Velia. Becker fixes it as the ridge extending from the Palatine to the Esquiline. The Basilica of Constantine and the Temple of Venus and Roma are on this hill.—See the Plan of Rome. Becker, Röm. Alterth. vol. 1, p. 246; also Arnold, Hist. Rome, 1, 80.

50 3. **Ibi audire jussis,** i. e " cum ibi .n concione populus audire jussus esset."—Alschefski.

11. **Timerem,** the imp. in the sense of the pluperf. So in the next sentence, *si—habitarem—crederem.* The imperf. is thus used where a continued or a repeated action or condition is meant to be expressed. So in the common expressions in Livy, *cerneres, nescires, decerneres.* See Krebs' Guide, 232; Z. § 528, N. 2.

21. **Vicæ Potæ.** *Vica Pota,* an epithet of the goddess of victory, the goddess, *quæ vincit et potitur.* (Hartung, Rel. der Röm. 2, 256.; For the government of the word, see note on *ad Murciæ,* B. 1, c. 33.

Ch. VIII.—22. **Quæ—absolverent—verterent.** The subj. seems here to be used with the relative, in dependence upon a demonstrative pronoun to be supplied with *leges* in the preceding clause, " laws of *such a nature,* that they not only cleared the consul," &c. See Z. § 558, and the Note.

42. **Postem,** i. e. of the temple which he was dedicating.

44. **Funestaque familia,** " and that while his family was thus defiled by the unburied corpse." A family was said to be *funesta,* so long as the body of a deceased member of it remained unburied, and the funeral rites were unperformed. In general, " the idea of non-burial was considered by the ancients a most deplorable calamity, and the discharge of this last service a most sacred duty." Thus it was a " regulation that any family, a member of which had remained unburied, should yearly offer a propitiatory sacrifice, and only under such a condition was the *familia pura.*" Becker's Gallus, p. 400.

51 3. **Nihil aliud—quam,** " only," " merely." See Z. § 771. Dr. Arnold, in his version of this story, says : " But he said, ' Then let them carry him out and bury him ;' and he neither wept nor lamented, for the words of lamentation ought not to be spoken, when men are praying to the blessed gods, and dedicating a temple to their honor." Hist. Rome, 1, p. 81.

Ch. IX.—9. **Lartem.** " Lars," like " Lucumo," is not an individual name, but expresses the rank of the person, like ἄναξ. Micali connects it with the Teutonic word " Lord." Arnold's Hist. Rome, 1, p. 81.

29. **In publicum omni sumptu.** This is the reading of the MSS Gronovius proposed *omne sumptum.* Alschefski in his larger edition

adopted the conjecture of Divæus, *omni sumpto;* but in the later school edition he has restored the reading of the MSS. To translate the passage, we must supply a participle with *sumptu*, e. g. *translato*. Render thus: " The privilege of selling salt also, as it was sold at an extravagant price, was taken away from private individuals, all the expense attending the business being transferred to the public treasury ;" i e. after the state had assumed all the pecuniary responsibilities attending the manufacture and sale of the article This is substantially the explanation and translation, which are very clearly given by Folsom, who adds, that the government took the business into their own hands, that the commodity " might be afforded to the people at a cheaper rate, since the profits formerly made by the private contractors, or farmers, no longer formed a part of the price." The same view is given by Alschefski; also by Weissenborn, in Jahn's Jahrbücher, vol. 39, p. 279.

31. Oneri ferendo essent, " were able to bear the burden." This construction of *esse* with the dat. of the gerund is generally explained by an ellipsis of *idoneus* or *par*. But such expressions can only be resolved into an idiom of the language. Cf. Z. § 664, N. 1 ; Madvig, § 415, A. 1.

Ch. X.—**40. Pons sublicius.** See note on this word, B. 1, c. 33.

41. Pæne—dedit, " *had nearly given.*" The perf. indic. for the pluperf. subj., as it renders the description more animated. See Z § 519, b.; A. and S. § 259, R. 4.

4. Si transitum pontem. I prefer to consider *transitum* a noun. " if they should leave behind them the *bridge as a passage*," i. e. " the passage of the bridge." A single MS. has *transitum per pontem*. Clericus conjectured that the original reading was *pontem*, and that *transitum* was first inserted in the margin as an explanation, and that it afterwards crept into the text. Gronovius considered the word as a participle, = *quem transiissent*. There is no doubt that the word occurs as a participle, as Liv. 21, 43, Alpes *transitæ*, and 23, 28, *transito amne*. In either case the meaning is plain. The enemy had already gained the Janiculum, and needed only to win the bridge to have a clear passage into the city.

7. Ferro, igni, etc. Cf. Liv. 1, 59, *ferro, igni, quacumque dehinc vi possim*. *Ferro, igni* is an almost proverbial expression. In Curtius, 3, 4, however, we find the words in an inverted order, *igni ferroque*.

9-11. Insignisque—armis, "and readily distinguished among those who showed their backs as they fled, by his turning to the front, with his arms ready for close combat." *Terga cedentium* and *obversis armis* are contrasted with each other.

16. Exigua—rescindebant, " when a small part of the bridge was left, and those who were cutting it down, were calling them back."

232   NOTES.

Page
52   **19. Servitia,** for *servos.* Servitium in its primary meaning *sla-*
very, carries with it the idea of contempt, in distinction from *servitus*
slavery as a legal condition.—D.

21. Cunctati, etc. "For some time they stopped, looking round
one upon another, to begin the fight."

> Six spears' length from the entrance,
> Halted that mighty mass,
> And for a space no man came forth,
> To win the narrow pass.   —Macaulay.

23. Aciem. See note on this word, B. 1, c. 23.

25. Ingenti—gradu, "with a lofty bearing." *Gradus,* in military
language, represents the *attitude* of a person engaged in a conflict.
It also occurs in this sense in descriptions of gladiatorial combats.
Livy will represent the *lofty bearing* of Horatius, standing ever erect,
unmoved, and resolutely holding to his post, amid the showers of jav-
elins hurled at him from all quarters.

31. Ita sic armatus, "and so, armed as he was." *Ita sic* is not
pleonastic. *Ita* = *itaque, and so, accordingly; sic* = οὕτως, *at once,
without hesitation,* an expression used in reference to sudden things.
Cf. Hand, Turs. 3, p. 489.

53   Ch. XII.—**1. Itaque, magno,** etc. *Itaque* here resumes the construction and course of thought interrupted by the long clause *cui—
fuderit,* and connects Mucius with its verb *constituit.* The particle
is really equal to a repetition of Mucius, as if it were, *Mucius, I say*
The passage illustrates what is called by grammarians *anacoluthon*
See Z. § 739; Hand, Turs. 3, 507.

5. Forte deprehensus, etc., "he should be seized and carried
back."

6. Crimen affirmante. Affirmare = *credibile reddere.* "The
existing condition of the city giving force to the charge." (Gunn.)

40. Juberem macte virtute esse. *Macte,* with *virtute* and
the imperative of *esse,* expresses praise and congratulation, meaning
increase in virtue, a blessing on your valor, &c. *Macti* also occurs
But this construction with the infinitive is entirely anomalous. We
can explain it only by the dependence of the expression on *juberem*
Zumpt (§ 453) considers *virtute* the ablative of cause. But as *macte*
is supposed to be compounded of *magis auctus,* Kühner (Schul Gr
§ 15, A. 16) explains *virtute* by the rule embracing all expressions of
plenty and *want;* also Madvig, L. Sprachl. § 268, A. 3 Madvig
contends that it is a mistake to consider *macte* a vocative of a defec-
tive adjective. A. and S.'s grammar is certainly wrong in giving *macte*
as an acc. form, § 115, 4.

43. Quasi remunerans meritum, etc. Dr. Arnold, in his version of this story, says that he follows "Dionysius rather than Livy
because in Livy's story Mucius tells Porsenna in reward of his gene-

rosity no more than he had told him at first, as a mere vaunt to frighten him." Hist. Rome, I. p. 82, note. Certainly the information given in the present passage is substantially the same as Mucius had already given in his first address to Porsina.

Ch. XIII.—12. Quia—quod—ignoraret. See note on these particles, B. 2, c. 1.

23. Dux agminis virginum, "at the head of a company of maidens."

29. Et præ se—remissurum, "and declared that, as in case the hostage were not returned, he should consider the league broken, so if she were returned, he would send her back, and send her too, unharmed." Alschefski gives inviolatum*que* on the authority of his MSS., and contends that *que* is equal to *etiam*, *quoque*.

40. In summa Sacra via, "at the head of the Sacred Way." See the Plan of Rome.

Ch. XXXIV.—In connection with this chapter, and the remaining ones selected from this book, the student should read Shakspeare's tragedy of Coriolanus, the richest poetry in which this fine story was ever recorded; also the Life of Coriolanus in Plutarch's Lives.

43. Agitatumque, etc., "and the question was discussed in the Senate, at what price it should be given to the common people." There was a famine, and the commons were in distress.

2. Secessione. This refers to the celebrated Secession—A. U. C. 260, B. C. 492. The plebeians, reduced to the utmost pecuniary distress, involved in debt to the patricians, and exposed without protection to their merciless cruelty, at length escaped from Rome in a body, and withdrew to a hill beyond the Anio, which was without the limits of the Ager Romanus, but within the limits of the district assigned to the Crustuminian tribe. Afterwards, when the patricians had agreed to terms of compromise, and the commons had returned to the city, the hill was considered sacred ground, and ever afterwards went by the name of the Sacred Hill. Dr. Arnold well compares it with the English Runnymede.

2. Marcius Coriolanus. According to the common story, Marcius won the name of Coriolanus by his valiant conduct at the taking of Corioli. As Dr. Arnold has it, " all men said, ' Caius and none else has won Corioli ;' and Cominius the general said, ' Let him be called after the name of the city.'" (Hist. of Rome, 1, 126.) By the note, however, upon this passage of Arnold, it will be seen that his own view of the origin of the surname is a different one.

3. Tribuniciæ potestatis. The office of Tribune of the people was established in agreement with the demands of the commons, at the secession. See Dict. Antiqq. (Tribunus.)

3. Annonam—veterem, "corn at the former *price.*" *Annona* (from annus) means—1, *the yearly produce*; 2, κατ' ἐξοχήν, *means of*

subsistence, generally *grain;* 3, *the price of grain, and of other articles of food;* 4, in military language, *stock of provisions.* (Freund.)

11. Tertio anno = *tertio ante anno*, i. e. "two years ago."

14. Haud tam facile, etc. Faciendumne fuerit = utrum fieri debuerit, "whether it should have been done." "Whether such a measure ought to have been put into execution it is not so easy to say; but I think that it was a possible thing for the patricians, by lowering the price of the corn, to have freed themselves not only from the tribunician power, but also from all those laws which had been put upon them against their will."

Ch. XXXV.—**25. Diem dixissent;** *dicere diem* means *to appoint a day for trial.*

31. Ut unius pœna—patribus, "that the patricians were obliged to make a sacrifice of one of their number."

33. Dispositis—clientibus. It was very common with the patricians, when they wished to defeat any plebeian measure, to come in great numbers with their clients to the forum, where the comitia were held, and by purposely exciting a disturbance, to interrupt and hinder the progress of business.

2. Ita—stimularet, "thus a hatred of long standing stimulating the one, and a fresh feeling of anger the other." *Vetus, old,* that which has long existed; *recens, recent,* that which has lately begun to exist.—D.

Ch. XXXVI.—**8. Ludi forte,** etc., "it happened that preparations were making at Rome for a repetition of the great games." See note on Ludi, B. 1, c. 35.

10. Ludis. For the construction, see note on *comitiis*, B. 2, c. 2.

11. Sub furca. See note on this word, B. 1, c. 26.

13. Haud ita multo post. See n. on this expression, B. 1, c. 33.

21. Ægro animi, etc. For the construction of *animi*, see Z. § 437, N. 1. *Species*, "vision."

22. Satin', compounded of *satis* and the enclitic *ne*. See n. B. 1, c. 58.

Ch. XXXVII.—**42. Invitus,** etc. *Quod sequius sit* = *quod minus laudi sit.* "I am unwilling to say any thing to the discredit of my countrymen." *Sequius,* also written *secius,* is the comparative of *secus.* See Z. § 283.

44. Nimio plus, literally *more by too much,* i e. *far too much*— "fickle, to a degree far greater than I could wish." For the construction of *nimio* see note on *uno*, B. 2, c. 7.

10. Ne cujus, etc., "that I may not, by being present, be exposed to injury, from supposed participation in any word or action."

14. Urbem excederent. For the accusative, see Z. § 386, Note; A. and S. § 233, Rem. 1.

Ch. XXXVIII.—**21. Ad caput Ferentinum.** Dr. Arnold trans-

BOOK II.   235

lates, "to the well-head of the water of Ferentina." (Hist. vol. 1, 128.)
Ferentinum was a town in Latium, southeast of Rome, belonging to
the Hernici, but originally a Volscian town.—(Cramer's Italy, vol. 2,
p. 80.) In Livy, B. 1, c. 50, occurs the expression, *ad caput aquæ
Ferentinæ*, substantially the same as in the present passage, meaning
the source of a stream near Ferentinum. *Ferentina* also occurs as
the name of a deity worshipped near the town, as in Livy, 1, 50,
lucus Ferentinæ. Freund gives as the meaning of *caput Ferentinum*,
"probably the town of Ferentinum."

23. **Secunda iræ verba,** "words that favored their resentment.'
Iræ is in the dative case.

24. **Multitudinem aliam,** "the rest of the multitude." *Alia* for
reliqua, as frequently in Livy, e. g. 1, 57, *aliam superbiam*; 5, 40, *alia
turba*; 3, 50, *alia violentia*; 21, 27, *alius exercitus*. *Alius* means
*other—reliquus, the remaining, all that remains of a determinate
number*. So *alii* means *others, some others; ceteri, the others, all
the others; reliqui, all the remaining, the rest*.—Grotefend.

25. **Veteres—injurias cladesque,** etc. *Injurias* and *clades*
are in the same construction as *omnia*. "Though you forget the
former injuries you have received from the Roman people, and the
calamities, &c., though you forget all other things." Alschefski remarks, that the conjunction is often removed from the beginning of the
sentence, especially when some particular thought is to be expressed
with emphasis.

29. **An non sensistis,** etc. "Or, did you not perceive," &c. It
must be noticed that *an* is not used as the sign of a simple question,
either direct or indirect. It either follows an interrogation, or is so
closely connected with the sentence that goes before, that a preceding interrogation is supposed, and may be easily supplied. The
only exception to this remark is in the use of *an*, meaning *whether
not*, after *haud scio, nescio*, and similar expressions denoting uncertainty; and even these expressions seem to suppose a previous alterna-
tive. See Z. §§ 353, 354; Arn. Pr. Intr. 120.

Ch. XXXIX.—**11.** **Bovillas.** The conjectural reading of Gronovius, which Alschefski adopts, except that he writes the name Bo-
vellas. *Novella, new, lately acquired*, is the common reading, on the
ground that their capture is mentioned in this book, c. 33. *Novellam*
is the reading of the MSS.

12. **Corbionem, Vitelliam,** etc. Of the towns mentioned here,
and in the preceding sentences, Circeii, Satricum, Corioli, Lavinium,
Corbio, Lavici, and Pedum, were, in the year of Rome 261, Latin
cities, and were among the thirty Latin cities, which in that year concluded the league with Rome. The rapid succession in which these
towns are represented as yielding one after another to the victorious
arms of Coriolanus, well accords with the style and whole character of

Page
58 this celebrated story. But it is the opinion of Niebuhr and of Arnold, that these conquests were not effected at once, but in the course of several years. See Arnold's Hist. Rome, vol. 1, c. 11.

14. Ad fossas Cluilias. See B. 1, c. 23. Also in same chapter, see note on *ducit*.

22. Id—conveniebat, "this alone was a point of disagreement."

29. Referre de—mittendis, "propose the sending of deputies."

32. Oratores, = *legati* above, *deputies*.

Ch. XL.—**40. Matronæ—matrem.** It will be observed that in this chapter occur nearly all the Latin words applying to woman *Mater, matrona,* between which is the same difference as in English, *mother, matron; mulier, woman* in opp. to *vir; uxor* and *conjux, wife,* in opp. to *maritus, uxor* in relation to the man, *wife; conjux* from *conjungere,* in *mutual* relation to the husband, *spouse, consort* —D.

40. Veturiam—matrem, Volumniamque uxorem. Plutarch calls the mother of Coriolanus, Volumnia, and his wife, Virgilia. The same names are used by Shakspeare, and also by Dr. Arnold.

59 **12. Ab sede—complexum,** sc. *prosiliens* or *se proripiens.* Ferre *complexum* = *obviam ire amplexurum, go to meet with the intention of embracing.* Render, "as he leaped from his seat and hastened to meet and embrace his mother, as she advanced."

13. Sine—sciam, "let me know"—"whether I have come to an enemy or a son"—"whether I am in your camp a prisoner or a mother?" In this address the historian has admirably conceived and described the feelings and circumstances of Veturia. The language which she utters, breathes at once all the tenderness of a mother, and all the dignity of a Roman matron.

18. Non tibi, etc., "although you had reached the Roman borders with revengeful and hostile feelings, did not your anger subside as you entered them?" i. e. you might have indulged in feelings of hostility through the whole progress of your march, but at the moment that you first touched the Roman soil, did not your angry feelings subside?

23. Sed ego nihil, etc. *Nec—nec* must be connected with *nihil,* the second nec meaning *nor* in the sense of *and yet not, nor yet.* "But I can suffer nothing, which will not bring more disgrace upon you than misery upon me; and yet, wretched as my lot may be, I am not to endure it long." Veturia wishes to dissuade her son from persisting in his plans against the city; and also to remind him, that even if he did persist in so disgraceful a course, she herself would not long survive the ruin of the city.

25. De his videris. *Videris* is fut. perf. in the sense of the simple future. (See Z. § 511; Cf. Madvig's Lat. Sprachl. § 340, A. 4.) Literally, *you will see to these,* i. e. his wife and children. "Look to thy wife and children."

31. Invidia—leto. Both Plutarch and Dionysius relate that he was put to death by the Volscians. Dionysius says that he was stoned to death.

32. Apud Fabium, etc. So in B. 1, 44, scriptorum antiquissimus, *Fabius Pictor.* Also B. 22, 7, *Fabium æqualem temporibus hujusce belli potissimum auctorem.*

35. Non inviderunt, etc. *Laude sua* from Alschefski, according to the best MSS. *Invidere* is used in the sense of *privare*—" did not deprive the women of their deserved honor." See Z. § 413.

I have been unwilling to interrupt the progress of this fine story by mentioning either the speculations or the well-founded opinions entertained by Niebuhr and Arnold in regard to its historical character. It is sufficient to notice in conclusion the remark of Dr. Arnold, that " the story must be referred to a period much later than the year 263, the date assigned to it in the common annals; and the circumstances are so disguised, that it is impossible to guess from what reality they have been corrupted "—Hist Rome, vol. I, p 125.

BOOK III.

The chapters of the Third Book embraced in the present edition, contain the tragical story of Virginia. Macaulay, in his lay of Virginia, has admirably used the poetic features of this story, and has furnished indeed a graphic, living picture of the social and political life of this period of Roman history. The name of Appius Claudius the decemvir was scarcely less detestable than that of Sextus Tarquinius. He had inherited all the haughty pride of his ancestors, and all their inflexible spirit of opposition to the interests of the Roman commons. The character and bearing of himself and his race are described with surpassing force and truth in the opening lines of Macaulay's poem.

At the opening of the story, the second year of the decemvirate had already passed by; but Appius and his associates still retained their office, and ruled with a tyrannic sway. Their government had been marked with all the abuse and license of the worst of the ancient aristocracies, and the people were constantly on the eve of resistance and revolution. This last act of tyranny attempted by Appius was a "signal for a general explosion. Camp and city rose at once; the Ten were pulled down; the Tribuneship was re-established; and Appius escaped the hands of the executioner only by a voluntary death."—Cf. Arn. Hist. 1, ch. xv.; Schmitz's Hist. ch. viii.

Ch. XLIV.—**7. Honestum—ducebat.** *Ordo = centuria, a company.* *Ducere ordinem, to command a company,* i. e. *to be a captain.* But there was a difference in the rank of the companies and of their captains. Render, "held a high rank as a captain in the army on the Algidus." The Romans were now at war with the Sabines and the Æquians. One army was sent against the Sabines at Eretum, and another to Mt. Algidus. In c. 42, Livy mentions the defeat of both these armies, and the retreat of the former to Fidenæ, and of the latter to Tusculum.

9. Perinde uxor, etc. *Perinde = prorsus eo modo, exactly in the same manner,* and refers to what has just been said of Virginius That is, " *uxor instituta erat prorsus eo modo, quo* Virginius erat exempli recti " " His wife had been educated in the same manner as Virginius, and so were their children educated."—Hand, Tursell. vol. 4, p. 462.

15. Virginem in servitutem, etc. *Asserere* or *vindicare ali-*

quem in servitutem, *to claim one as a slave;*—*in libertatem, to claim as free.* Vindiciæ means an interim decision, that the condition of the person in question, whether a slave or a free person, shall remain the same as it has hitherto been, till the final decision of the suit.

27. Auctoribus—sequerentur. *Adesse,* to be present; hence, *to stand by, to take one's part. Auctoribus* is in abl. abs. with the antecedent of *qui.* " While those who took her part advised them to follow." *Them,* i. e. Virginia and the nurse.

Ch. XLV.—43. Cæterum ita, etc. *Ita—si = not, unless.* See note on B. 1, c. 8. " That however there would not be in that law a firm security for liberty, unless it were invariable in its operations in respect to all causes and persons."

44. In his enim, etc. Appius preferred to consider the case of Virginia as one without the province of the law in question. He contended that it applied only to those who were independent, and free *sui juris.* If such a person were claimed as a slave, the law allowed him, by an *interim* decision, to be considered free, till he was proved a slave, and required the claimant to be content with taking the offered security. But this maiden, he argued, was not in any case free; she belonged either to her master or to her father; and as her father was not present, her master had for the present an exclusive title to her.

14. Ut tacitum feras, etc. *Ferre,* metaphorically as the English *carry,* as in the expression *carry a point.* So *ferre tacitum ab aliquo,* i. e. *carry a thing without one's speaking of it,* when one submits without a word of opposition. This occurs in B. 1, 50. Ne id quidem *ab Turno tulisse* (sc. Tarquinium) tacitum ferunt.—Compare Terence, Andr. 3, 5, 4, sed inultum numquam id auferet.

14. Virginem—nuptamque pudicam habiturus, " I intend to marry this maiden, and will have in her a chaste bride." This reading is from Alschefski, instead of *nuptam pudicamque.*

27. Virginius viderit. See note on *videris,* B. 2, c. 40.

29. Conditionem filiæ, etc. *Conditio,* properly the *making firm, settling;* hence, 1, *condition, relation,* (a) of persons, (b) of things; 2, in the language of business, *making the conditions for something,*—hence, *condition, agreement, proposal;* 3, in relation to the conditions agreed upon in marriages, *marriage, marriage-connection, settlement.* (Freund.) " Must seek another marriage-connection for his daughter."

Ch. XLVI.—38. Justo die se, etc. This is the reading of Alschefski, from three of the best MSS. With *dicturum* must be supplied *vindicias secundum servitutem;* or *dicere* may be taken absolutely, as in c. 45, *decresse. Justo die* means the day on which he ought to pronounce sentence, the *regular day.*

40. Vindicarique puellam, etc. *Vindicari,* i e., *in libertatem, to be claimed as a free person.* Appius says that he will request

Page
62. Claudius to waive his own right, to accept of sureties for the girl's appearance, and to allow for the present her claim to freedom. Render, "and allow her to be bailed until the morrow."

63. **5. In eo verti—si,** etc. Literally, that the safety of the maiden *turned* upon *that circumstance,* namely, *if* he should be ready, &c., i. e. "that the safety of the maiden depended upon his being present in time on the next day, to defend her from injury." *Injuriæ* objective gen. = *contra injuriam.*

8. Ut vindicaret sponsoresque daret, (sc. Icilius.) Claudius now urges Icilius to proceed in accordance with the above words of Appius, *vindicarique puellam,* etc., i. e. to claim the maiden's liberty, and give securities for her appearance on the morrow.

10. Dum præciperent, etc. *Dum* has here nearly the same force as *ut.* "That the messengers might gain time," &c.—Hand, Turs. 2. p. 319.

16. Postquam—adibat. For the imperf. see note on *p. stabant,* B. 1, c. 23.

Ch. XLVII.—**24. Virginius sordidatus filiam secum—deducit.** *Secum* is the reading of the best MSS., and must be referred, not so much to *deducit* as to *sordidatus* and *obsoleta veste.* "Virginius in mourning attire brought down his daughter to the forum, dressed *as he was* in mourning."—Alschefski. "In the same manner as in times of distress and mourning, whether for public or domestic calamities, the sufferers testified their affliction by sedulous neglect of their personal appearance; so they, over whom the danger of a heavy accusation was impending, appeared in *sorry apparel,* with disordered hair, and divested of all insignia and ornaments, *sordidati.*"—Becker's Gallus, p. 115, Note.

27. Non orare solum—petere, "not only begged their aid as a favor, but also demanded it as a due."

32. Hæc prope concionabundus. *Concionabundus* governs *hæc.* See A. and S. § 233, Note.—"Uttering these things almost in the same manner as if he were addressing an assembly."

40. Quem decreto—tradiderint, etc. *Forsan (fors-an)* means *it may be that, perhaps.* The sentence expresses the conjecture on the part of Livy, that the *real sermo, verum sermonem,* was recorded by some ancient author. Literally, thus: It may be, that ancient authors recorded some real discourse, which Appius prefixed to his decree. Render: "It may be that some ancient author recorded the *pretext* actually assigned by Appius for this decree." The sense of the whole passage is thus given by Hand, (Tursell. 2, p. 718:) facile credo auctores antiquos etiam verum sermonem tradidisse, sed in iis, qui nunc exstant, auctoribus, non invenio sermonem, qui cum tanta fœditate decreti conveniat. *Ullum—verisimilem,* "any probable one for such a profligate decree." We cannot but admire the good sense of

Livy, in contenting himself with simply recording the sentence Compare Niebuhr, 2, p. 351.

Ch. XLVIII.—12. **Alienatus ad libidinem animo.** *Ad* here means, in consequence of, *from, by.* "Maddened by lust."

20. **Quiesse,** perfect instead of the present. Z. § 590; also Madvig, § 407.

31. **Hoc—modo,** "in this way, the only one in my power."

33. **Te—consecro,** "on thee and on thy head, Appius, be the curse of this blood."—Arnold.

36. **Ille ferro—perrexit.** "He forced his way with the knife, wherever he went, until, protected also by a multitude who followed him, he reached the gate."

> And as Virginius through the press his way in silence cleft,
> Ever the mighty multitude fell back to right and left.
> And he hath passed in safety unto his woful home,
> And there ta'en horse to tell the camp what deeds are done in Rome.
>
> [Macaulay

44. **Tota—potestatis—erat,** "had exclusive reference to the withdrawal of the power of the tribunes and the right of appeal to the people." For the construction of the genitives with *erat*, see note on *ditionis*, B. 1, c. 25.

Ch. XLIX.—10. **Vindicare se a privato.** *Privato* refers to Appius. Horatius and Valerius contended, that, as the year of the decemvirate had expired, and there had been no new appointment, Appius and his associates were simply private citizens, and no more authorized than themselves, to exercise the privileges of the magistracy In preceding chapters, the 39, 40, 41, Livy has done full justice to the spirit and resolution with which they maintained this view in the senate, and in the presence of the decemvirs.

15. **Pro imperio,** etc. Hand (Turs. 3, 587) makes *pro imperio* equivalent to *secundum imperium*, or *nomine imperii, in an authoritative manner, with an air of authority.* For *a privato* see note above. Valerius claims as much authority as Appius, and orders the lictors to leave Appius, as he was nothing but a private citizen.

20. **Agitatus deinde consiliis—atque,** etc. The reading and punctuation of Alschefski, the former in accordance with all the MSS. Alschefski considers the clause *atque—trepidaverat* explanatory of *agitatus—consiliis, atque* meaning *and indeed, in truth.*

Ch L.—28. **In Monte Vecilio.** See second note on this book, c. 44. The Vecilius was probably near Tusculum. Niebuhr thinks it is the modern Monte Cavo.

31. **Nam præterquam—convertit.** The clause *strictum—convertit,* connected by *etiam* is additional to *præterquam quod—conspectus est.* *In addition* to the fact *that he attracted attention,* i. e. "be-

Page

66 **3. Nec se**—*futurum fuisse,* "nor *would* he *have* survived his daughter." In direct speech it would be *nec fuissem.* See note on *futurum fuisse,* B. 1, c. 46.

16. Et immixti—**insecutisque,** etc. *Cum*—*simul* = *cum*—*tum, et*—*et, partly*—*partly.* I give *insecutisque,* the conjecture of Alschefski, as on the whole the best reading. He considers *insecutisque*—*dicerent* explanatory of the preceding clause, *and persons having arrived who said,* &c., their later intelligence thus confirming the previous announcement, *that the decemviral power was already in a desperate condition.* But this conjecture does not relieve the passage of its difficulty. It remains so involved, and singular in construction, that we must be content with considering the text corrupt.

67 Ch. LI.—**8. In Sabinis.** See note on *honestum ordinem,* etc., B. 2, c. 44.

10. Siccii cædes. The fate of Siccius is recorded by Livy in a previous chapter. He was a veteran soldier in the army sent against the Sabines, and tradition ascribed to him prodigious exploits and honors. As he was understood to be disaffected and inclined to promote a secession, the generals determined on his death. According to Livy's account, he was sent out, "with a band of assassins, to view the country, and choose a place for a camp. In a lone spot his companions fell on him, when he suspected no danger: he died, but not unavenged, amid a heap of traitors whom he slew."—Niebuhr, 2, p. 347.

13. Ne—**prærogativam**—**sequerentur.** I give *prærogativam,* the common reading, and certainly the usual expression, in preference to *prærogativa,* the reading of Alschefski. *Prærogativa,* sc. *centuria,* means primarily the *century that voted first*—so too with *tribus* in the same sense. At the comitia, it was decided by lot which century should vote first; and as the Romans regarded the result of the lot as an intimation of the divine will, the following centuries ordinarily voted in the same way as the *centuria prærogativa.* To this fact Cicero alludes in the Orat. pro Murœna, c. 18, *tanta illis comitiis religio est, ut adhuc semper omen valuerit prærogativum.* Hence, by a natural transition, the expression *prærogativa* came to mean *vote, choice,* whence too our word *prerogative.*

28. Quo anno—**abissent.** *Quo* refers to *magistratus,* and depends upon *abissent. Abire magistratu, go out of office,* substantially the same as the preceding expression *deponere insignia magistratus* In this connection it may be rendered, "which had expired the year before."

Ch. LII.—**37. Sciturosque, quam,** etc. Alschefski adopts this reading, the conjecture of Rhenanus; "and that they would know how impossible it would be for affairs to be restored to harmony without the restoration of the tribunician power."

40. Patrum suorum, etc. In reference to the first secession. See note on *secessione,* B. 2, c. 34

12. Ubi—moveatur. *Parum, too little, scarcely any thing, nothing.* " When (i. e. so soon as) nothing is gained by the secession." —Alschefski.

14. Nos—plebeiis, " we would sooner be without patrician magistrates, than they without plebeian."

17. Ne—ferant desiderium. *Ne = nedum,* " not to mention that," *much less.* See Z. § 573; Hand, Turs. 4, p. 54.

18. Cum præsertim—egeant, " especially as we do not restrain the exercise of our authority, *to prevent* their needing protection."

Ch. LIII.—**24. Conditionibus quibus videretur,** " on such conditions as should seem proper to them." Compare note on *leges— quæ,* B. 2, c. 8.

29. Ob hæc—actæ, " For these things, thanks were rendered them on their coming."

39. Vivosque igni, etc. On this demand Dr. Arnold remarks: " The friends of the commons had met this fate within the memory of men still living, and certainly not for greater crimes."—Vol. 1, p. 195. This remark doubtless refers to his account in vol. 1, p. 154, of a story concerning the burning of nine men as traitors. The subject is there discussed in full, and the fact itself thus recorded: " We only know that at some time or other during the latter half of the third century of Rome, nine eminent men who advocated the cause of the commons were burned alive in the Circus." Compare Niebuhr, vol. 2, pp. 126, 7.

40. Quæ—postulastis, " such of your demands as have come from deliberation, are so just."

44. Quippe qui—ruitis. The indicative, contrary to the usual practice. Z. § 565.

Ch. LIV.—**19. Nihil ne ego quidem,** etc. Two negatives, which, however, do not destroy each other. So also, *non—ne—quidem.* See Z. § 754, note.

21. Q. Furius—crearet. On the meaning of *crearet,* see below B. 21, c. 15, *Creatus ab T. Sempronio.*

29. Pro concione, " before the assembly." The expression is equivalent to *palam* or *publice.* Hand, Turs. 4, p. 578.

33. Multitudini.—Depends, not upon *violatus,* but upon *necessario.*

2. Qui—insignem—gesserat, " who had administered the tribuneship with distinguished honor before the appointment of the decemvirs."

6. Plebem rogavit, = *Ad plebem rogationem tulit.* See note on similar expressions, B. 1, c. 46. For the force of the word **rogatio,** see Dict. Antiqq. p. 580.

Page 70

9. In pratis Flaminiis. These meadows were outside the Porta Carmentalis, at the foot of the Capitoline hill. See Plan of Rome. The election of tribunes took place on the Aventine. The words *ea omnia* refer only to the business transacted by the tribunes after their election. Comp. Niebuhr, vol. 2, p. 360, Note 790; Arnold, vol. 1, p. 195.

Ch. LV.—**19. Ut quod—teneret,** "that what the commons had ordered in the assembly of the tribes should be binding upon the people." We are forced to believe with Niebuhr and Arnold, that there was a restriction on the power of the plebs, which Livy does not here mention, namely, that the plebiscitum was subject to the sanction of the senate and of the curiæ. This Valerian law formally acknowledged the national character of the Comitia Tributa; its decrees, where not directly interfered with by another power equally sovereign, were to embrace not the commons only, but the whole nation. See Niebuhr, vol. 2, pp. 364, 5; Arnold, vol. 1, p. 198.

32. Ut qui—venum iret, "that whoever aarmed the tribunes of the commons, the ædiles, the judges, the decemvirs, should be accursed; and his property be confiscated to the temple of Ceres, Liber, and Libera." (See Anthon's Class. Dict. *Liber*.) By the *Judices* Dr. Arnold understands the two supreme magistrates, called now for the first time *consuls*, their title up to this period having been *prætors*. The *decemviri* here mentioned, are, according to his opinion, the "ten tribunes of the soldiers, chosen five from the patricians, and five from the commons, to command the armies in war, and to watch over the rights of the patricians; while the ten tribunes of the commons, also chosen from both orders, were to watch over the liberties of the commons."—Hist. 1, p. 199.

35. Hac juris lege interpretes, etc. *Negant quemquam = affirmant haud quemquam;* the following infinitives, *sanciri, prehendi, duci, esse,* etc., depending upon *affirmant* alone. The opinion here ascribed to the lawyers was founded in the primary and strict meaning of *sacrosanctus*. Composed of *sacer* and *sanctus* from *sancio,* i. e. *sacer—sanctus,* the word means properly, *appointed, consecrated by religious ceremonies.*—(Freund.) The lawyers held that this law did not make any magistrate *sacrosanctus;* that accordingly an ædile, though protected by this law, might still be arrested and thrown into prison by the *majores magistratus.* On the other hand, the tribunes of the people, when that office was first established, were made *sacrosancti* by religious ceremonies, *vetere jurejurando plebis, quibusdam cæremoniis.* For *majores magistratus,* see Dict. Antiqq., Magistratus.

Page 71

1. Judicem enim consulem appellari, etc. The opinion referred to in this passage, is quite the same as that mentioned above, in explanation of the word *judices,* namely, that the consul was called *udex*, and that this Horatian law therefore extended to the patrician magistrates, the consuls and the prætors. In reply to the objection urged here by Livy, " that, in these times, it was not yet customary to call the consul *judex*, but *prætor*," Dr. Arnold thus remarks: " According to Zonaras, who derived his materials from Dion Cassius, the consuls *ceased* to be called prætors at this very time, and were now first called consuls."—Arnold, vol. 1, p. 200, note 9.

10. **"Tergo ac capite puniretur,"** " should be scourged and beheaded." Both Niebuhr and Arnold favor the statement of Diodorus, that the punishment denounced by this law was death at the stake.

Ch. LVI.—26. **Nisi judicem dices,** etc. This is the reading of the MSS., and must be retained, notwithstanding the objection of Niebuhr, who proposed *doces*. Freund gives *judicem dicere, to name a judge*, as the legal expression used in reference to a defendant, in joining issue on an action brought against him. The corresponding expression used of the plaintiff is *judicem ferre*, which occurs below, in c. 56. Dr. Arnold says, that *nisi judicem dices* signifies, " Unless thou wilt give me notice to come before a judge with thee, to have this issue tried." He adds, that " in regard to the transaction itself, the judge would have had to try simply the question of fact whether Appius had given vindiciæ or possession in favor of slavery or not." The whole sentence may be thus rendered: " Only in regard to one charge, unless you prove before a judge, that you did not, contrary to the laws, give a sentence condemning a free person to slavery, I order you to be thrown into prison." Comp. Arnold, vol. 1, p. 201; Niebuhr, vol. 2, pp. 370–75.

30. **Tribunos appellavit,** i. e. to save him from being thrown into prison.

30. **Nullo morante,** " no one interposing."

11. **At se.** Alschefski adopts *at*, the conjecture of Gronovius, instead of the reading of the MSS., *ait*. " That he *at least*," &c. See note on *at*, B. 1, c. 41.

Ch. LVII.—20. **Legum—esse,** " had no claim to the laws, nor to civil nor human society."

35. **Ni vindicias,** etc. *Ni = si non*. " To decide, whether he did *not* give sentence," &c. *Ni* is frequently used in this sense in judicial forms. A parallel passage, Liv. 3, 24, *ni* ita esset, multi—*ferebant judicem*, in which passage, however, Alschefski reads *nisi*. Hand, Turs. 4, pp. 196, 197.

37. **Ut haud quoquam—sic,** etc. " He was thrown into prison; a proceeding, which *though* it excited no disapprobation, *yet*—."

2. **Iisdem auctoribus,** " by the same authority."

9. **Urbem egrederentur.** For acc. see note on urbem excederent, B. 2, c. 37

Page 73

11. In publico. The tables were set up in the Comitium.

Ch. LVIII.—14. Regillum, antiquam in patriam. The emigration of the Claudian gens from Regillus to Rome, is mentioned by Livy in B. 2, c. 16.

18. Eam inustam maculam, "such a stigma to be fastened."

20. Visum, honoratissimæ imaginis, etc., i. e. virum, cujus imago futura esset posteris in maximo honore; in allusion to the Roman custom of perpetuating the memory of illustrious ancestors, by placing their *imagines* in the atrium of the house. Only those had this privilege, who had borne a curule office. These *imagines* were ordinarily made of wax, "and were kept in little presses, placed up against the wall, and under them stood the name of the deceased, his honors, and merits, *tituli*."—Becker's Gallus, p. 20, note 7.

30. Pietate, "affection for his family." *Pietas* is the feeling of *dutiful affection*, springing from some natural relation: towards the Deity, *piety*; one's parents, *filial affection*; one's country, *love of country*, *patriotism*; one's relatives, family, *natural affection*, *love of family*.

36. Appius mortem sibi conscivit. Dr. Arnold refers to the account of Dionysius, that Appius was put to death in prison, by the order of the tribunes; and adds, "It is not improbable that the tribunes dealt with Appius, as Cicero treated the accomplices of Catiline in the very same prison. Cicero's conduct on that occasion was sanctioned by Cato, and by the majority of the senate; and certainly the crimes of Appius were neither less flagrant, nor less notorious than those of Cethegus or Lentulus."—Hist. of Rome, vol. 1, p. 202.

Page 74

3. Exsilii, etc., "went into exile." *Vertere* here = *mutare*.

7. Manesque Virginiæ—quieverunt, "and the shades of Virginia, more fortunate after her death than in her life, having wandered through so many families in search of vengeance, at length, when no guilty one was left unpunished, rested in peace."

Thus Livy closes this sad tale, with a poetic expression of an idea, borrowed from the ancient mythology, and frequently mentioned and illustrated in the classic writers. The troubled spirit of the injured Virginia found no rest from her wanderings, till a deserved punishment had fallen upon all who had wronged her. So Plato taught that the spirits of the murdered followed with their vengeance their murderers, and ceased not to disturb and terrify them. The Greek Drama, in the case of Clytemnestra, and in many other subjects of tragedy, is full of illustrations of the same idea.

Ch. LIX.—17. Nihil—spondet, "is a sufficient security, that nothing will be done to require the aid of the tribunes."

21. Quod—fuissent, "because they had been so entirely devoted to the interests of the commons." For the genitive *plebis*, see note on *ditionis*, B. 1, c. 25. *Cepisset*, in the same construction with *fuissent*.

The connection between the clauses is as follows: quod—fuissent, et—cepisset, antequam appareret, etc.

26. Qui—auctores fuissent, " who said that the senate had proceeded with too much indulgence in giving their sanction to the laws proposed by them," (i. e. the consuls.)

27. Neque erat dubium, etc. This clause, like the preceding one, is said in accordance with the opinion of the senators referred to, *multi*. They had no doubt that nothing but the necessities of the time had compelled the senate to pass the laws proposed by the consuls. Alschefski thinks that the idea is impńed, that so soon as the times should change, the senate would regain what it had lost, and reassert the rights of the patricians.

BOOK IV.

THE chapters selected from this book refer to two important plebeian laws: first, the law of Canuleius, to repeal the law of the twelve tables, which forbade connubia between the patricians and the plebeians; second, the law proposed by the other nine tribunes, "that the consulship should be thrown open, without distinction, to the members of both orders." To the Canuleian law, the patricians, after making a vigorous opposition, were at length compelled to give their consent, and the law was passed. The passage of the second law they evaded by resorting to the device of appointing military tribunes, with consular power, who might be either plebeians or patricians. Compare Arn. Hist Rome, vol. 1, ch. xvi.; Schmitz's Hist. Rome, (Andover ed.,) p. 93.

CH. I.—3. **Connubio.** Connubium is a term comprehending all the conditions of a legal Roman marriage. See Dict. Antiqq. (Marriage.) Before the passage of the Canuleian law, marriages were frequently contracted between the patricians and the plebeians; but as there could be no regular marriage (*justum matrimonium*) without connubium, such connections were liable to many legal restrictions; the children were not subject to the father's power, and could not inherit his property if he died intestate.

4. **Rogationem promulgavit.** See notes, B 1, c. 46; B. 3, c. 54, and Dict. Antiqq. p. 580.

6. **Jura gentium,** i. e. of the Roman *Gentes*, or Houses; for an account of which see Dict. Antiqq. p. 470.

9. **In majus—acceptis,** "being exaggerated;" i. e. ita acceptis, ut majora viderentur, quam essent. So, *in majus ferre,* B. 21, c. 32, *incerta in majus—ferri solent.*

18. **Ad concionem advocavit;** sc. plebem.

CH. II.—29. **Ut—quemadmodum,** etc. This is the reading ot all the MSS. With the latter part of the sentence must be supplied from what goes before, *gloriari possent.* So also 34, 31, *Ibi permisso, ut, seu dicere prius seu audire mallet, ita cœpit tyrannus,* i. e. *ut, seu,* etc., aut diceret prius aut audiret.— Büttner.

34. **Perturbationem—afferre.** The patricians claimed the sole and exclusive right of taking the auspices; see below, in c. 6, p. 80, *quod nemo plebcius auspicia haberet.*

39. Sanguinis—sacrorum sit. For the genitive, see n. on ditionis, B 1, c. 25.

10. Subituros fuisse. See n. on *et se*, etc., B. 1, c. 46, and Z. § 593, Note.

16. Illine ut, etc., sc. *fieri posse*, or *concedi posse*. Such an ellipsis frequently occurs, in questions expressing indignation; and sometimes even without any interrogative particle. See Z. § 609.

18-20. Cum—sed audeat, etc. *Tantum non, almost*, in which it frequently occurs, not only in Livy, but in other writers. Alschefski, by an ingenious conjecture reads thus: Cum hostes arcessierint, exercitus—hostes *non tantum non* patientur, sed audeat, etc. But the sense is clear in the common reading, (which is also the reading of Alschefski's MSS.,) and the grounds for the conjecture seem to me insufficient to warrant its adoption.

Ch. III.—**34. Viveretis.** For the subj. see A. and S. § 264, 9; Z. § 568.

44. Quid tandem est. *Tandem*, in questions, means *pray, I ask, in the world*, expressing impatience. See Z. § 287.

7. Perinde hoc valet—dicat. *Perinde tamquam, just as if, exactly as if*. *Plebeiusne consul fiat*, Alschefski reads, *plebeius ne*, etc., translating *ne, that not*. But the interrogative form of the clause seems best to agree with what follows: "And does this question, whether a plebeian can be made consul, mean just the same as if some one said that a slave or the son of a slave was to be consul?"

9. Libertinum. *Libertinus* meant originally the *son of a freedman*, in distinction from *libertus, a freedman*, one once a slave but now free; but in the lapse of time, as the distinction between the freeborn and the children of freedmen gradually faded away, there was less occasion for the latter being called *libertini*, so that finally this word *libertinus* was also given to persons themselves made free. Thus both *libertus* and *libertinus* came to be applied to a freedman, with this distinction, that *libertus* had reference to the manumission and the relation to the former master, e. g. in such an expression as *libertus Augusti*, *libertinus* to the rank of the freedman, and his place in the State.—Becker's Röm. Antiqq.; Bibliotheca Sacra, vol. 2, p. 580, (1845.)

18. En unquam creditis fando auditum esse, sc. a nobis, "Do you then believe that we have ever heard?" On *fando audire*, see Z. § 220.

22. Tarquinium non modo—sed ne—quidem. See note on this construction, B. 1, c. 40.

38. Fortis ac strenuus. See below, B. 21, c. 4, n. on *fortiter*, etc.

Ch. IV.—**1. Quid postea?** = quid inde consequitur? "What then?"

Page 79   11. **Decemviros legibus scribendis.** See Z. § 665. A. and S § 275, R. 2, (2.)

16. **Paucis his annis,** "a few years ago." See Arn. Pr Intr P. I. 311.

17. **Pessimo exemplo publico.** Alschefski gives this reading on the authority of three of the best MSS., in preference to the reading proposed by Gronovius, *pessimo publico*. *Pessimo publico* certainly occurs in Livy, (see B. 2, c. 1, and the note ;) but it seems here to be the meaning of Livy, that the law of the decemvirs furnished a *precedent* of the *greatest injury* to the *public interests*, inasmuch as there were not wanting persons, who were in favor of some such restrictions upon the plebeians at the present time.

21. **Ne affinitatibus—caveant,** etc. *Caveant*, not *cavent*, is the reading of the best MSS.; and, as Alschefski has clearly shown, is required by the connection. The sentence is connected in thought with the sentence below, *verum enimvero*, etc. "Let them see to it, (or, they may see to it,) that we are not united to them by marriage and relationship, that our blood is not mingled with theirs. How? If that is a stain upon that nobility of yours, could you not preserve its purity by private regulations? &c.; but, verily, that this should be prohibited by law—that, indeed, is insulting to the commons."—*Propinquitas* is *relationship*, in general; affinitas, *relation by marriage*. Cognatio means relation by blood.—D.

40. **Cur non sancitis,** etc. This indignant expostulation of the plebeians may be compared with the plea of Shylock for the Jews in Shakspeare's Merchant of Venice, Act 3, Sc. 1: "Hath not a Jew eyes? hath not a Jew hands, organs, dimensions, senses, affections, passions? fed with the same food, hurt with the same weapons, subject to the same diseases, healed by the same means, warmed and cooled by the same winter and summer, as a Christian is? If you prick us, do we not bleed? if you tickle us, do we not laugh? if you poison us, do we not die?"

Page 80   Ch. V.—10. **In suffragium.** On the meaning of *suffragium*, see Dict. Antiqq.

12. **Si non quantum,** etc. "*As if* you had not twice tried," &c. *Bis*, in reference to the two instances of the secession of the commons.

15. **An ideo,** etc. "Or, was it on that account, that you did not proceed to extremities, because the stronger party was also the more moderate ?"

22. **Necessitudinibus.** *Necessitudo*, in distinction from the words noticed above, c. 4, has a wider signification, and means a connection, either official, as that of *patronus, collega*, or private, as that of *amicus*.—D.

23. **Strenuis et fortibus.** See n. on these words, B. 21, c. 4.

Ch. VI.—34. **Ut—sic.** See n. on these words, B. 1, c. 25   80

42. **Ut de connubio ferretur, concessere,** "gave their consent to the passage of the law concerning the connubium."

23. **Cessisse possessione.** On this construction, see Z. 413. But certainly with *cedere* in the sense of *give up,* usually is found, not the accusative, but the abl. of the thing given up.

BOOK V.

Ch. XXXV.—This chapter, and the following ones selected from this Book, contain Livy's account of the battle of the Alia, and of the invasion of Rome by the Gauls. The whole narrative admirably illustrates the historical style of Livy, and especially that graphic power of description for which he is unrivalled among the ancient historians. It is indeed a series of historical pictures, from the hand of an ancient master, which bring directly before our eyes all the scenes belonging to this period of Roman history. The historian Niebuhr, while he rejects some of the details in Livy's account of these events, and prefers to follow other writers, yet accords the highest praise to this well-known and masterly narrative, and confesses that criticism cannot impair the imperishable fame of its author. "In his own peculiar excellences, (I quote his own words,) in that richness and warmth of coloring, which many centuries after were the characteristics of the Venetian painters born under the same sky, Livy never shone more brilliantly than in this description: a more vivid one is not to be found in any Latin or Greek historian."—Hist. Rome, vol. 2, p. 544.

9. **Adversus Romanos.** *Adversus* means primarily *turned towards*, and hence as a preposition, means in a hostile sense, *against*, like *contra*, or in a friendly, *towards*, like *erga*. It here means *in respect to*.—Freund, and Hand, Turs. 1, p. 187.

Ch. XXXVI.—22. **Novum nomen**, etc. "Novum, i. e. tanquam novum = nomen R. *quod* audiant, sit *ipsis* novum."—Bauer.

32. **Quodnam**, etc. The order of translation thus: Cum, Romanis quærentibus, quodnam—arma, et quid—esset, illi—dicerent, etc.

8. **Ne id—obstabat.** *Ne* with *obstare* as the more common *quominus,* "kept them from decreeing" *Ambitio,* love of favor, has here particular reference to the Fabii and their friends.

10. **Cladis—acceptæ.** *Acceptæ,* (not *accipiendæ,* as proposed by some editors,) because the writer means to represent the evil as something already past, not something which must presently be sustained. Alschefski says, Faber malebat *accipiendæ;* quod L. non scripsit, ne diceret videretur illos jam tum cladem imminentem ante oculos habuisse.

Ch. XXXVII.—20. **Tanta moles mali,** "such a heavy calamity."

BOOK V. 253

22. Quæ—dixisset. For subj. see note on *leges, quæ*, B. 2, c. 8. 84

31. Ultro, "even," i. e., that they were not only not punished, but *even* honored.

34. Ad—tumultum, "at their tumultuous movement, as they rapidly passed by."

41. Quippe quibus—occursum est. *Quibus* refers to *hostium*. For the indic. with *quippe quibus*, see note on B. 3, c. 53. Dr. Arnold, following the account of Diodorus, states that the Romans first crossed the Tiber, expecting to meet the Gauls on the right bank of the river; but on learning that the Gauls were advancing on the left bank, they were obliged to recross the river, "and without an instant's delay march out by the Salarian road, in order to encounter the enemy at as great a distance from the city as possible." Hist. Rome, vol. 2, p. 323. In this manner Dr. Arnold accounts for the suddenness with which the battle of the Alia took place. Ib. p. 322, Note 27.

42. Ad undecimum lapidem. The milestones on the Roman roads were called *milliaria*, from *mille passus*; also, as here, *lapides*. Thus *ad undecimum lapidem* means *eleven miles from Rome*. The miles were reckoned from the gates of the city. The Via Salaria, the road here referred to, commenced at the Porta Collina. See Dict. Antiqq., Milliarium.

43. Flumen Alia. "It is well known that to identify the famous Alia with any existing stream is one of the hardest problems of Roman topography. Virgil and Livy agree in placing it on the left bank of the Tiber. Westphal says, 'that something less than eleven miles from Rome there is a small brook with high banks,' and that on the right of the road at this spot you see the village of Marcigliana Vecchia." Arnold's Hist. Rome, vol. 2, p. 323, N. 32. Marcigliana Vecchia is supposed to be the site of the ancient Crustumerium. The mention of the Alia in Virgil occurs in Æn. 7, 717.

Ch. XXXVIII.—6. Auspicato—litato. These words, originally 85 ablatives absolute, are here used adverbially. See Z. §§ 266, 647, 648.

8. Æquari frontes poterant; *Æquare frontem*, a military term, *to form a front, to form a line* —Freund.

9. Cum extenuando—haberent. A parallel passage in Livy, 31, 21, ut *extenuatam mediam diductis cornibus aciem* Gallorum vidit.

18. Tantum superanti multitudini. The Gauls were seventy thousand in number, the Romans forty thousand. See Arnold, vol. 1, p. 322; Niebuhr, vol. 2, p. 538.

25. In reliqua acie, etc. The right of the Romans, consisting of the *subsidiarii*, was posted on hilly ground, the left, consisting of the regular legions, on the plain between the hills and the Tiber, the extreme flank resting on the river. But on account of the course of the river, the left was thrown back behind the right; hence, when the

85 troops on the right were chased from their ground by the Gauls, the shout was heard by the *proximi*, the part of the Roman line nearest the *subsidiarii*, on their side, *ab latere;* by the *ultimi*, those on the left, *ab tergo*, on their rear. Hence, too, as mentioned in the next sentence, the fugitives in their flight disordered the ranks of the legions, and the whole army was thus routed. See Arnold, vol. 1, 324.

35. Non modo præsidii—sed ne—quidem. Z. § 724. See note on B. 1, c. 40. Yet above, the second *non* is expressed, *non modo non tentato*, etc. Alschefski cites another passage from 4, 3, *non modo non patricium sed ne civem quidem.*

86 Ch. XXXIX.—**9. Romani,** etc. The construction as follows: *Romani—complorati—impleverunt. Impleverunt,* i. e. " dederunt causam lamentis, quibus urbs impleta est."—Crevier. By a bold and not inelegant figure, the historian represents the dead and the living (that is, the absent, who were supposed to be dead) as filling the whole city with lamentations, because they were the occasion of the general mourning.

18. Primo adventu, etc. I give the common reading, *adventu quo,* instead of that of Alschefski, *adventus quia.* The punctuation is also somewhat changed, and is given chiefly according to Büttner. (Observ. Livy, p. 35, quoted by Bauer.) *Identidem* is explained in the successive clauses, and by the particles *deinde—tum—postremo.* It is not easy to perceive the force of the clause *quia—supererat,* as a reason for the opinion that the attack would be made *before night, ante noctem.* Hence Alschefski suggests either *quamquam* instead of *quia,* or a transposition of the clause *quia—supererat,* so that the sentence should read, deinde sub occasum solis, ante noctem rati so invasuros ; tum, quia—supererat, in noctem, etc.

24. Continens fuit, i. e. nullo intervallo secutum, " immediately followed."

25. Ea nocte, neque insequenti die. The battle was fought on the 16th of July. As the Gauls did not enter the city till the morning of the 18th, the Romans had the night of the 16th, and the whole day of the 17th, in which to make such defensive arrangements as their circumstances allowed.

31. Ex loco inde munito. *Inde,* i. e. ex Capitolio, tanquam *ex loco munito.* So below, c. 43, atque inde ex loco superiore.

32. Flaminem, i. e. Quirinalem, as mentioned in the next chapter.

Ch. XL.—**44. Ad agmen juvenum.** Florus says that the force which garrisoned the Capitol did not exceed a thousand men.—I. 13 ; Arnold, vol. 1, p. 325, n. 38.

87 **8. Nihil,** quod, etc., i. e. " Nihil relinquebant, quod humana mala possent adjicere ad præsentem Romanorum calamitatem."—Crevier.

10. Persecutæ sunt, not *prosecutæ sunt.* " Non enim *prosequebantur* (accompanied) modo viros usque ad arcem, sed *perseque-*

bantur in arcem."—Alschefski. Yet we have above, *in* Capitolium 87 atque *in* arcem *prosequebantur*, where *in* must have the force of *usque ad*.

25. Onere partito, part. of a deponent verb, used passively. See note on *experta*, B. 1, c. 17.

25. Sublicio ponte. See note on B. 1, c. 33, and the Plan of Rome.

Ch. XLI.—**40. Quæ augustissima vestis—ea vestiti,** i. e. ea aug. veste, quæ, etc. See Arn. Pr. Intr. P. I. 30, 53; A. and S. § 206, (7.)

40. Tensas ducentibus. The *tensæ* were sacred vehicles, in which were carried the statues of certain deities, in the procession of the Circensian games. " They were escorted (*deducere*) by the senators in robes of state, who laid hold of the bridles and traces, or perhaps assisted to drag the carriage (*ducere*) by means of thongs attached for the purpose."—Dict. Antiqq.

41. Medio ædium. See note on this expression, B. 1, 57.

41. Eburnis sellis, i. e. the sella curulis, the chair of state, which was ornamented with ivory. Under the republic, the right of using this chair belonged to the dictator, the consuls, prætors, curule ædiles, censors, and to the Flamen Dialis. See Dict. Antiqq. (Sella.)

42. Sunt, qui,—devovisse eos se—tradant. Plutarch gives this account in his Life of Camillus, 21. The devoted offered himself, *diis manibus tellurique,* (Liv. 8, 9,) as a willing victim on the part of his own countrymen, that the other victims required by fate might be taken from the army of the enemy. The *Dii manes,* strictly the spirits of a man's own ancestors, here are the powers of death generally. *Tellus* has in it the notion of the grave. See Arnold, vol. 1, p. 327, note 45.

4. Patente Collina porta. Niebuhr says that the story of the 88 gates being left open is incredible, and adds that Diodorus " states that the Gauls, on finding the walls entirely deserted, *burst open the gates.*" —Hist. Rome, vol. 2, p. 543.

8. Vacuis occursu hominum viis, i. e. " viæ, in quibus nulli homines occurrunt."—Ruperti. Niebuhr compares the feelings of the Gauls on entering the city, and finding it all desolate and deathlike, with that " awe which comes upon a stranger, on passing in summer through a town, in a high northern latitude, at midnight, when all is clear as day, yet no mark of life is to be seen in the streets."—Vol. 2, p. 544.

9. Ea demum. *Demum, at least, certainly.* "Demum cum pronominibus cujusvis generis conjungitur, ut præstantia aut qualitas propria significatur, et ut major vis adjiciatur demonstrationi."—Hand, Turs. 2, p. 256.

13. Plebis ædificiis—atriis principum. *Ædificium* is the

88 generic word for buildings of all kinds, like οἰκόδημα. Atrium is a nobler expression, *hall;* as we say, *halls of the great.* Other synonymes are *ædes, domus,* both meaning a *dwelling-house; domus* as the home of a family, *ædes* as composed of several apartments, like δόμοι, δώματα.—D.

16. In ædium vestibulis. " Paulo ante dixit, ' medio ædium. In medio scilicet atrii, quod fere in aditu ædium."—Ruperti. Plutarch, in his Life of Camillus, c. 21, states that they sat in the Forum. Zonaras, 7, 23, says that they were eighty in number. See Niebuhr, vol. 2, p. 542.

16. Ornatum habitumque. *Ornatus* refers to dress, *splendor of apparel;* " *habitus* has a more general sense, whatever belongs to the exterior, cleanliness, mode of dressing the hair, carriage of the body," &c., (Döderlein,) *bearing, outward appearance.* So also we find in Livy *vestitus habitusque,* 28, 12 ; ib. 27 ; 29, 17 ; 30, 33. Also *cultus habitusque,* 23, 34.

18. Simillimos diis. " Primo ut *deos venerati,* deinde ut homines despicati interfecere." (Auctor de viris illustribus, in Camillo, quoted by Arnold, vol. 2, p. 328.)

20. Gallo—permulcenti. See note on *Numitori,* B. 1, c. 5. " When the Gauls saw these aged men in this array of majesty, sitting motionless amidst the confusion of the sack of the city, they at first looked upon them as more than human, and one of the soldiers drew near to M. Papirius, and began to stroke reverently his long white beard."—Arnold, vol. 2, p. 328.

Ch. XLII.—**30. Perinde atque.** See note on *perinde,* B. 3, c. 44. *Atque,* " as." Z. § 340, Note.

34. Non solum—sed ne—quidem. See note on non *modo—* sed ne—quidem, B. 1, c. 40.

35. Concipere. This is the reading of the MSS., *consipere,* the conjecture of Lipsius, the reading of most editions. With either reading the sense is substantially the same : " not only lost all control over their minds, but even their ears and eyes." They were completely bewildered, and could not credit the evidence of their senses.

38. Avertisset, the reading of the MSS., not *advertisset,* the reading in most editions. Comp. B. 1, 12, *averteratque ea res;* 6, 23, *in se averterat.*

44. Lux deinde, etc. " *Nec tranquillior,*" belongs to *lux* as well as to *nox.*—Alschefski.

89 Ch. XLIII.—**17. Testudine facta.** " The name of *testudo* was applied to the covering made by a close body of soldiers, who placed their shields over their heads, to secure themselves against the darts of the enemy." See Dict. Antiqq.

21. Medio fere clivo, etc. The Capitoline hill was at this time guarded all round by a natural defence of precipitous cliff; and there was only one regular means of access to the summit from below, the clivus or ascent to the Capitol. Comp. Arnold, vol. 2, p. 328.

22. Inde ex loco, etc. See above, c. 39, note on *ex loco munito.*

24. Ut nunquam, i. e. *ita ut,* "so that."

32. Ad Romanam, etc. This clause must be joined with *duxit,* not *proficiscentes.*

35. Senesceret, "mœrore contabesceret."—Crevier.

Ch. XLIV.—**43. Quando,** "since." Z. § 346. In this sense it frequently occurs in historical writers.

44. Conditionis meæ, i. e. as an exile.

6. Bello, i. e. *belli tempore.* So 7, 1, *pace belloque;* 24, 1, *pace ac bello.* Also 27, 5; 42, 46. Yet the ablative alone occurs more commonly, joined with an adjective or genitive, as *primo Punico bello,* 21, 1; *Pyrrhi bello,* 31, 31. Where the preposition occurs even with an adjective or genitive, e. g. 2, 27, *in Volsco bello,* and 6, 27, and in other passages, the expression has not an exclusive reference to time. See Z. §§ 318, 476, Note.

12. Cui—dederit. For the subjunctive, see Z. § 558, Note. Comp. above first note on B. 2, c. 8.

17. Vagique—palantur. These words occur together very frequently in Livy. Thus *vagos palantes* in ~, 17; 10, 20; 23, 42; *palati vagabantur,* 31, 21; *vagos palatosque,* 33, 15. The idea of wandering about without fixed purpose is common to both expressions · but *palari* has in it the additional idea of separation from others, and wandering alone.—D.

19. Stationibus ac custodiis. *Stationes* and *custodiæ* are nearly allied in signification, both meaning bodies of soldiers under arms; but *statio* from *stare* has in it the idea of *remaining,* being *posted* in some place, like our word "post," "outpost;" *custodia,* from *custos,* the idea of *guarding, protecting,* "guard." Thus they are connected by *ac* or *que,* not by *et.* So in B. 21, 14, *stationibus custodiisque.* So in B. 2, 39, *vigiliæ,* "watches," "night-watches," occurs with *stationes,* and connected in the same way, *stationes vigiliasque.* On the difference between the conjunctions, see Z. § 333; Arn. Pr. Intr. P. I. p. 18.

22. Omnia Galliam fieri, i. e. "totam hanc regionem fieri Gallorum."—Ruperti.

Ch. XLV.—**26. Æquis iniquisque,** i. e. "amicis et inimicis."—Ruperti.

28. Corpora curant. *Corpora curare* in the sense of *cibum sumere, taking food, refreshment,* is a common expression in Livy. S. 3, 60; 25, 23; ib. 38; 31, 39. So *cibo curare,* 9, 37; *vino et cibo curare,* 34, 16.

44. Ut—habuerint. For the perf. subj. see n. B. 1, c. 3.

7. Compressique. *Que* has here an adversative force, "but,"

Page 91 like *sed.* Arnold, Pr. Intr. P. II. (Eng. ed.) 241, remarks, "*que* has sometimes an adversative force, especially after negative clauses, like *atque, et.*" So also Madvig, Lat. Sprachl. § 452, Anm. 2.

8. Rem—sustinuere, i. e. *distulerunt*, "put off." So B. 3, 60, *sustinuit—bellum;* ib. 65, *sustinendo rem.*

Ch. XLVI.—**15. Esse,** the historical infinitive, which occurs not unfrequently in the apodosis. Thus B. 5, 9, *cum iretur,—tribuni—contradicere,* 6, 11; 21, 54; 22, 30; 23, 3.—Z. § 599, Note.

19. Gabino cinctus. Comp. 8, 9, *Incinctus cinctu Gabino.* For the description of the *cinctus Gabinus,* see Dict. Antiqq p. 987

22. Terrorem, used, by metonymy, for any thing which occasions fear. So in B. 4, 21, *terrores ac prodigia;* 29, 27, *cœlestes maritimique terrores.* In like manner occur, *metus, timor, formido.*

37. Negare se commissurum cur, etc. *Negare = dicere non. Committere cur,* "to give occasion for." *Committere* in this sense is usually followed by *ut.* The construction with *cur* is rare. Crevier thus gives the sense of the passage: C. declarat sibi curæ fore ne exspectet, dum sibi ab alio aliquo, sine deo sine homine finiatur imperium, sed potius ut ipse posceret imperatorem, eique libens pareret.

Page 92 **1. Secundo Tiberi,** "down the Tiber." So 21, 28, *secunda aqua;* ib. 47, *secundam aquam,* "down the stream."

9–14. Seu—quod—dictus. Livy mentions two opinions in regard to the return of Camillus; the first, that he was conducted to Veii, before the law had been passed by the curies, (*lex curiata,*) appointing him dictator; the second, that he did not leave Ardea, until after the lex curiata had been passed, and he had been appointed, in his absence, dictator. To the second, Livy himself inclines, as the more probable.

Ch. XLVII.—**18. Ad Carmentis,** sc. ædem. See note on *ad Murciæ,* B. 1, c. 33.

23. Fallerent. *Fallere,* "to escape the notice of," is very frequent in Livy. So below, *fefellere;* and 2, 19, *nec fefellit—ducem;* 3, 8, *Lucretium—agmen fefellit.*

39. Classico, primarily a *signal* given with the *cornu,* trumpet; then, by metonymy, the instrument itself. Dict. Antiqq., Cornu.—Freund.

Page 93 **12. Ab—memoria.** *Ab =* propter, "on account of." So above, c. 44, *ab secundis rebus incauti.* Also, 2, 49, *ab levitate;* 4, 32, *ab —occasione;* ib. 41, *ab re male gesta;* 21, 36, *a glacie.* So also, *ab ira, a cupiditate, ab odio.* See Z. § 305; Hand, Turs. I. p. 32.

Ch. XLVIII.—**17. Quorum—fecere.** The two parts of the sentence as follows: *Cum gens—morerentur, jam—urebant bustorumque—fecerunt.*

31. Quibus—adoriatur. For the subjunctive, see Z. § 567; A and S. § 264, 5.

BOOK V.

32. Stationibus vigiliisque. See above, on c. 44

34. Diem de die. *De die,* literally, "from," "away from," i. e. "immediately after," "day after day," "from day to day." So, 25, 25, *diem de die deferret.* Z § 308; Hand, Turs. II. p. 207.

36. Cum stationes procederent, i. e. "*cum progrederentur milites;* ponit ecce, ante oculos, ut aspiciamus fame affectos, procedentes cum armis, vix incedentes, vix arma tenentes."—Bauer.

43. Mille pondo. See Z. § 87.

Ch. XLIX.—**5. Prohibuere—vivere.** For *prohibere* with the infinitive see note, B. 1, c. 39. The construction is common in Livy. Compare 4, 49; 5, 26; 8, 38; 9, 30; 26, 41.

20. Providit. We might expect *providet,* as *instruit* precedes, were not the change in tenses so common in Livy. Thus, below we have, ibi—*obtinuit;* castra capiuntur, et—*relictus.* Compare B. 1, 48, *arripit—dejecit.*

24. Majore momento, i. e. *m. vi.* Compare note, B. 1, c. 47. *Momentum* is thus frequently used for the *force* or *effort* put forth, in order to effect any thing. Compare 8, 19, *levi momento;* 21, 43, *perlevi momento;* also 23, 24; 24, 34; 42, 59.

25. Justiore—proelio. *Prælium justum* is a formal, *regular* battle, in opposition to *tumultuarium p.,* i. e. one that takes place without due preparation, *disorderly.* So, in B. 23, 37; ib. 40; 35, 4. So also *justa pugna,* B. 22, 8, and *justa acies,* 21, 8. For an account of the corruptions of the story of the retreat of the Gauls, see Arn. Hist. Rome, vol. 1, p. 330.

BOOK XXI.

Ch. I.—2. Summæ totius. *Totius* agrees with *summæ;* the whole expression = *operis universi, the whole work,* "the whole," in distinction from *parte operis.*

2. Plerique = *permulti.* In this sense frequent in Livy: e. g 10, 33; ib. 31; 23, 13. Compare Z. § 109, Note.

4. Quod—gessere. On the use of the indic. in this clause, instead of the subjunctive, see Z. § 546,

7. His ipsis, i. e. the Romans and the Carthaginians.

7. Virium—roboris. *Vires,* strength in attacking, force as the means of effecting any thing; *robur,* strength in resisting an attack, in remaining firm.—D.

8. Inter sese. From Alschefski, instead of *inter se.* A. joins the words with *conserebant,* comparing *artes conserere* with *manus conserere, arma conferre.*

9. Expertas; used passively. See note, B. 1, c. 17. On *bello,* see note, B. 5, c. 44.

11. Ut—fuerint. On the use of the perf. subj., see n. B 1, c. 3.

15. Annorum—novem. On the construction, see Z. §§ 397, 426.

16. Duceretur. *Ducere,* here, *to take with.* Sometimes *secum* is expressed, as in 10, 25, and 34, 56.

5. Concessam. The verb on which this word with its acc. depends, is readily supplied from *angebant,* e. g. *angebatur.* Fabri compares with 1, 46, *Angebatur—Tullia, nihil—esse;* and 38, 8 Also Cic. Lælius, 24, 90; Cic. Epist. ad Quint. Fr. 3, 5; Fam. 7, 15. By the terms of the treaty at the end of the First Punic War, Sicily was given up to the Romans.

7. Stipendio—imposito. *Etiam* belongs to *stipendio. Insuper,* "besides." The troops in Sardinia had revolted from the Carthaginians; and as the Carthaginians were preparing to assert their dominion over the island, they were threatened by the Romans with war In the end, the Carthaginians were obliged to give up Sardinia, and even to pay the sum of twelve hundred talents (*stipendium*) as compensation for injuries, which it was alleged they had done to the Roman shipping. Compare Schmitz, p. 190.

Ch. II.—8. Sub recentem pacem. *Sub* 'immediately after. See Z. § 319.

9, 10. Africo bello—quinque annos. The African, sometimes called the Civil War, took place at the end of the First Punic War, and was occasioned by the failure of the Carthaginians to pay their mercenaries for their services in Italy. According to Polybius, I, 28, it continued only three years and four months.

18. Ob aliam indolem profecto animi. This reading of the MSS. Alschefski has restored, the common reading being, according to the conjecture of Lipsius, *altam ind. provecto annis.* Alschefski thus explains the passage: Primo dicit Livius, Hasdrubalem Hamilcari conciliatum esse *flore ætatis*, quem illi fruendum præbuerit; deinde eum ab eodem generum ascitum esse—quod magna aliqua animi ingenuque indoles in Hasdr. inesset,—*ob aliam*, id est, *ceteram indolem;* ac, ne quis de hac ejus indole dubitaret, *profecto animi* addidit.

19. Factionis Barcinæ. There were two parties at Carthage; the Barcine, (from Barcas, Lightning, the cognomen of Hamilcar,) and another which favored Hanno. See below, c. 3.

22. Hospitiis, "by friendly connections."

29. Ut—præbuerit. On the perf. tense, compare n. B. 1 *t.* 3. In this instance, the clause with *ut* does not really express a consequence, but simply explains more exactly what has gone before. As therefore the two actions or states in the verbs *fuit, præbuerit*, do not stand to each other in the *relation of succession*, but are *coincident in time*, the perfect is manifestly the proper tense.

31. Fuerat—renovaverat. The pluperfect, because mention had been made of the death of Hasdrubal. But this tense is also frequently used in describing events which are considered preparatory to others, or introductory to them. Compare 21, 11, *habuerant;* ib. 21, *concesserat;* ib. 32, *venerat*.

Ch. III.—**35-38. In—locum—sequeretur.** A change of construction. We should expect with *in locum* some such expression as *Hannibal succederet.* Such instances of *anacoluthon* are not uncommon in Livy. See A. and S. § 323, 5; Z. § 815.

39. Vixdum puberem. Yet Hannibal was then about twenty-two years old.

44. Quod petit. For the indicative, see above on *gessere*, c. 1.

5. An—timemus, etc. "*Or*, do we infer," &c. See note on *an non sensistis*, B. 2, c. 38.

Ch. IV.—**12. Pauci ac f. opt. quisque.** *Ac* is explicative; "*and especially*," "*and yet;*" *f. opt. quisque*, "almost all the worthiest men." See Arn. P. Int. P. I. 400, (c.)

19. Ut pater, i. e. his resemblance to his father. On *momentum*, compare notes, B. 1, c. 47, and B. 5, c. 49.

22. Discerneres. See note on *timerem*, B. 2, c. 7.

24. Fortiter ac strenue, "with energy and activity." *Fortis* and *strenuus* frequently occur together in Livy and in other writers.

Page

97 **Fortis** means *full of force, energy*, vigorous, *able; strenuus, quick in action, active.* They express manly qualities, and are therefore used of men as expressions of respect and honor.—Fabri.

24. **Ubi—agendum esset.** For the subj. see Z. § 570.
31. **Id,** i. e. *id temporis. Quod—superesset.* Z. § 569.
34. **Custodias stationesque.** See note on B. 5, c. 44.
36. **Idem,** " at once," " *at the same time.*"
38. **Has—viri virtutes,** " these his extraordinary virtues." *Vir,* as well as *homo,* has frequently the same force as *is* or *ille.*
39. **Inhumana crudelitas,** etc. It must be borne in mind, that this picture of Hannibal is drawn by a Roman, by an historian who was writing for the Roman people. Dr. Schmitz says with truth, that " the character which Livy has drawn of Hannibal is unfair; the charge of inhumanity is expressly contradicted by Polybius, and of his alleged faithlessness not a single instance is known." Hist. p. 195. Compare Dr. Arnold's view of the character of Hannibal, Hist. vol. 2, p. 489.
43. **Magno futuro duci;** *futuro,* " that was to be;" " by one destined to be a great general."

98 Ch. V.—1. **Ceterum** means primarily " for the rest," = *quod ad cetera pertinet.* It seems to be used here in the sense of " however," to indicate that the historian now resumes the course of the narrative, which had been interrupted by the preceding chapter. See Hand, Turs. 2, p. 38.
6. **Quibus—quia—movebantur.** The sense is the same as if it were said more fully, " quia, si Saguntini oppugnarentur, nihil dubitandum erat, quin futurum esset, ut Romana arma *moverentur.*"— Alschefski. This use of the indicative for the subjunctive is not very unusual in the apodosis of conditional clauses. See A. and S. § 259, R. 4; Z. § 519, *a, b.*
9. **Rerum serie, finitimis domitis gentibus jungendoque.** *Rerum serie* is more particularly explained by *finitimis—jungendoque.* The expression *jungendoque* has occasioned much discussion. The more probable interpretation is given by supplying as an object to *jungendo,* eas gentes. Fabri considers *jungendo* as used absolutely; but his explanation seems to me scarcely intelligible. Alschefski regards the whole expression as an instance of hendiadys, (see A. and S. § 323, 2, (3); Z. § 741,) and equal to *ad conjungendam domitarum gentium seriem.*
12. **Quo metu,** i. e. *cujus rei metu.*—Fabri.
13. **Stipendio imposito.** The abl. abs. expresses the circumstances under which the action in *imperium accepere* took place; " after a tribute had been imposed upon them."
16. **Stipiendo præterito,** " arrears of pay."
29. **Adorirentur—disposuit.** I follow the reading of **Fabri,**

except that *et*, the conjecture of Gronovius, is omitted. Alschefski reads thus: *adorirentur peditum agmen: in ripa elephantos—quadr. a. erat—disponit.*

32. Si—dimicaretur; the imperf. subj. instead of the pluperf. *dimicatum esset.* See Z. 525.

33. Et—freti—et, quod—credebant. On the change in the form of expression, see note on *et avitæ*, etc., B. 1, c. 32, and on *sed et*, etc., ib. c. 40.

35. Quod—interesset. Just before, *quod—credebant*. For the difference in mood, see note on B. 2, c. 1.

37. Vis ingens—in flumen immissa. A parallel expression in B. 2, c. 5, *magna vis hominum simul immissa*, sc. in campum.

39. Quippe ubi—posset—gereret. *Q. u.* "since there" For the subj. see A. and S. § 264, 8; Z. § 565.

39. Vel ab, etc., "even by," &c. "So *vel* per medios," etc.

Ch. VI.—**8.** Ceterum has here an adversative force, *tamen*, "yet." But comp. on this word, Hand, Turs. 2, pp. 35, seqq.

9. Quibus—idem—sator. "Sensus est, *Hannibalem*, (*idem*,) qui litem inter Turdetanos et Saguntinos serebat, Turdetanis affuisse contra Saguntinos."—Sigonius.

11. Legati—missi—orantes. We might expect *qui orarent;* but there are many similar instances of such a use of the participle. Comp. 22, 38, *Consulis—denuntiantis*, for *in quibus denuntiabat;* 42, 46, *legatos—potentes*, for *qui—peterent*. A bolder use of the participle occurs in the preceding chapter, *invicta acies*, for *quæ invicta acies fuisset*. On the use of the participle in Livy, see Grysar, (Theorie, etc.) p. 12.

16. Quibus si videretur—denuntiarent, i. e. *qui, si iis videretur, denuntiarent*.

20. Hac—missa. These words sum up in brief the contents of the complicated dependent clause *qui—deferrent*, and prepare the way for the principal clause, *omnium—allatum est*.

21. Spe celerius. See A. and S. § 256, R. 9; Z. § 484.

23. Decernentes. *Decernere*, when used in reference to a single person, is equivalent to *decerni velle*.—Fabri. See B. 2, 29, *decernente ferocissimo quoque;* also, 4, 50; 21, 10; 27, 25.

25. Intenderant; the reading of Alschefski from the MSS. instead of *intendebant*. "Had directed," i. e. had declared that the war ought to be directed.

26. Exspectandosque. *Que* seems here too to be adversative. See note on *compressique*, B. 5, c. 45

Ch. VII.—**38.** Disciplinæ sanctitate. "*Disciplina* hic pertinet ad cultum domesticum, moderationem in illis, quæ ad victum, cultum, voluptates adhibentur."—Gronovius. "Purity of their institutions." *Qua*, "in consequence of which."

Page 99

43. Vineas—aries. See Dict. Antiqq.

44. Ut—ita, "though—yet." Z. § 726. Comp. n. on *ut—sic,* B 1, c. 25.

Page 100

3. Succedebat; used impersonally. Fabri refers to 24, 19, *cum—inceptis succederet;* 25, 37; 38, 25; 40, 11.

4. Ut in suspecto loco. Livy frequently uses *ut* in a clause which describes the circumstances under which that which is mentioned in the principal clause takes place; "as in a suspected place," i. e. as is usual—generally is the case—in a suspicious place. So 2, 11, *ut in spem universæ prædæ;* and below, c. 36, *ut a—glacie.* Such expressions as *ut fit, ut plerumque fit,* illustrate this use of *ut.*

8. Munientibus, "the working parties," i. e. those who were busy with the works, *opera,* requisite to the conduct of the siege. *Munire,* and the words derived from it, refer to the operations, offensive and defensive, alike of a besieged and of a besieging party.

13. Adversum femur, "the front part of the thigh."

15. Opera ac vineæ. *Opera* is the general word, including all the works employed in carrying on a siege. So just below, c. 8, *operum ac munitionum;* c. 11, *vinearum aliorumque operum;* and B. 2, 17, *vineis aliisque operibus.*

Ch. VIII.—**16. Dum—curaretur,** "while—so long as—the wound of the general was healing," i. e. *in order that in the mean time* the wound, &c. The subjunctive, because *the idea of purpose* is involved. So also B. 24, 10, quievere milites, *dum præfectus—inspiceret;* which Fabri thus explains: *eo consilio* quieverunt, *ut præf. inspiceret.* The account of the construction with *dum* in Z. § 575, is insufficient. Madvig, § 360, A. 2, has a remark directly to the point.

29. Qua, = *qua ruina facta* vel *per quam ruinam.*—Alschefski. The pluperf. *crediderant* expresses the error of the Carthaginians in having supposed their work already done. They *had supposed* that the city was taken; but, on attempting to enter, they found, on the contrary, that *through this very breach* in the wall, the Saguntines were advancing to meet them.

33. Justæ acies. See note on *just. prælio,* B. 5, c. 49.

Page 101

1. Habebat, sc. phalarica. This enormous spear was thrown by the aid of twisted ropes.—See Dict. Antiqq. under Hasta.

4. Medium accensum, sc. telum, "set on fire in the middle."

Ch. IX.—**8. Quia—resisterent—vicisset.** For the subj. see note on *quia—quod,* B. 2, c. 1. *Pro victo,* i. e. ut victus, *as conquered, "was as good* as conquered." So also B. 2, 7, abiere Romani *ut victores,* Etrusci *pro victis;* 4, 5 ': 8, 1; 10, 35.

16. Nec—Hannibali—opeɪ ᵉ esse, i. e. Hannibalem non vacare, "and that Hannibal had no leisure. See n. on *op. est,* B. 1, c. 24.

Ch. X.—**26. Monuisse, prædixisse,** "*had* advised, *had* forewarned." See A. and S. § 272, R. 4.

36. Juvenum, etc. On the transition from the *oratio obliqua* to the *recta*, see note on B. 1, c. 47.   101

38. Utrum—an—an. See Z § 352. In B. 28, 43, we find *utrum—an—an—an.*

41. Unde, *from which,* i. e. from the camp of Hannibal to which the legati had been sent, to deliver their commission to Hannibal. Alschefski thus explains: legati pulsi *ab eo loco,* (i. e. prohibiti ne eos adire possent, ad quos a suis cum mandatis ire jussi erant,) *unde* ne hostium, etc.

43. Publica fraus absit. Hanno, in these words, expresses the sentiments of the Roman ambassadors, speaks, as it were, in their name: "restitution is demanded in accordance with the treaty: let the state be free from guilt, but the author," &c.

1. Ægates insulas Erycemque; the naval victory gained by the Romans under Lutatius Catulus, in the first Punic war; in consequence of which, Hamilcar, with his troops, was obliged to evacuate Eryx.   102

5. Sed Tarento, etc. Philinus, an author quoted by Polybius, 3, 26, says that by a league concluded between Carthage and Rome before the first Punic war, the former was to keep aloof from all Italy, the latter from all Sicily.—Crevier.

7. Id de quo—dedit. Another instance of *anacoluthon.* See above, c. 3. Perhaps Livy intended to say id, de quo, etc., *dijudicatum est,* and then changed the construction, and wrote eventus—dedit.—Fabri. Alschefski proposes the following in explanation: *quod ad id attinet,* de quo, etc., *in respect to that which was,* &c.

Ch. XI.—**29. Hannibalis erat,** "was in Hannibal's interest." For the genitive, see note on *ditionis facti,* B. 1, c. 26. Grysar (Theorie, &c. p. 10) refers to this use of the gen. with *esse,* as one of the peculiarities of Livy's style.

39. Nunc ira, in—stimulando, etc. Gronovius proposed ira stimulanda; but, as Fabri has clearly shown, *iram stimulare* nowhere occurs in Livy, whereas *animum stimulare* is very common. The expression *in—stimulando* explains *ira.*

40. Pro concione. See on this expression, B. 3, c. 54.

3. Aliquanto atrocior. See Z. § 488.   103

6. Turris mobilis. For a description of such a *moveable tower,* see Dict. Antiqq., Turris.

8. Catapultis ballistisque. See Dict. Antiqq., Tormentum.

20. Interiora tuendo, "in defending the interior of the town;" i. e in being compelled to retreat farther and farther into the town, the farther the enemy advanced.

Ch. XII.—**31. Cives,** i. e. the Carthaginians.

40. Postquam nihil—movebant. For the imperf. see note on *stabant,* B. 1, c. 23. *Nihil* is used adverbially. So also above,

266   NOTES.

Page
103 *aliquid* with *moturum*. See Z § 67*1* The object of *movebant* and *moturum* is *Hannibalem*.

43. Sub conditionibus iis. Fabri remarks that there is but one other passage in Livy, where *sub* is used with *conditionibus*, viz. 6, 40. Everywhere else the abl. alone is used. The practice of Cicero is the same.

104 **5. Interpretem,** "negotiator."

6. Publice—hospes, "connected with the Saguntines by ties of friendship and public hospitality." *Publice* refers to his personal relation to the Saguntine state. By a decree of the state the honors of a *hospes publicus*, of public hospitality, had been conferred upon him. See Dict. Antiqq., Hospitium.

Ch. XIII.—**14. Quo—venissem,** "since I should have come." Alschefski prefers to translate: since *I have come*, taking *venissem* for *veni*, and accounting for the plup. subj. by the close connection of the clause with the preceding one.

21. Vel ea fides sit, "let even this be a proof."

24. Postquam—est. Fabri remarks that this is a brief expression for *p. eo ventum est ut sit*, etc. *Postquam* is not construed with the present, unless it is the historic present.

27. Ita—si, "on this condition—if," "on condition that." Comp note, B. 1, c. 8.

36. Cum binis vestimentis. As we read in the preceding chapter *cum singulis vestimentis*, we must necessarily suppose that in either the one or the other of the passages, some mistake has crept into the text.

Ch. XIV.—**44. Permixtum senatui.** The simple verb *miscere* also occurs with the dative. See A. and S. § 224, R. 3. But generally with the abl. See A. and S. § 245, II.

105 **1. Secessione facta,** "having withdrawn." The expression does not imply any disagreement, but simply means *a loco discedere*.

3. Eodem; adverbial, referring to *ignem*.

12. Quod—eventu est, i. e. "quod imperium crudele quidem *fuit*, ceterum prope necessarium cognitum ipso eventu est." It is an instance of the Zeugma, see A. and S. § 323, 1, (2); Z. § 775. On *ceterum*, see above, c. 6

14. Super se ipsos, *over themselves*, "over their own heads."

Ch. XV.—**23. Octavo mense, quam;** i. e. postquam. *Post* is thus often omitted. See Arn. Pr. Intr. P. I. 310; Z. § 477; A. and S § 253, R. 1.

27. Ut—fuerint. For the subj. see Z. § 621.

29. Missi sint—et—pugnaverint. The subjunctive is used, because these two relative clauses form an essential part of the leading proposition introduced by *fieri non potuit*. See A. and S. § 266, 1 ; Z. § 547

36. Creatus a Tib. Sempr., i. e. he had been appointed consul at 105 the comitia over which Sempronius presided. The word *creare* is thus frequently applied to the presiding magistrate. Fabri, who thus explains the meaning of *creatus*, quotes, in illustration, B. 2, 2, *Brutus collegam sibi comitiis centuriatis creavit P. Valerium;* 3, 54, Q. Furius pontifex—*tribunos plebis crearet;* 25, 41; 28. 10; 32, 27.

Ch. XVI.—**4. Congressum—fuisse.** Fabri remarks the fre- 106 quent omission, in animated narration, of the verba *dicendi et sentiendi*, (A. and S. § 272; Z. § 602,) on which the construction of the acc. with the infinitive depends. In illustration, he refers to B. 2. 2; ib. 32; ib. 45; 6, 20; 21, 53; ib. 57; 22, 1; ib. 28.

5. Sardos, Corsosque, etc. The wars with these nations occurred during the interval between the first and second Punic wars. Sardinia was occupied by the Romans at the termination of the African war, and Corsica soon after. The war with the Illyrians arose from their queen Teuta having put one of the Roman ambassadors to death. The Istrians were a tribe of pirates at the northern extremity of the Adriatic, the war with whom was unimportant. The Cisalpine Gauls had various engagements with the Romans between the first and second Punic wars. Comp Keightley's Hist. of Rome, Pt. 3, ch. 2; Arn. Hist. vol. 2, ch. 42.

8. Trium et vig. annorum ; i. e. the interval between the first and the second Punic wars.

Ch. XVII.—**20. Quattuor et viginti ped.,** etc. Each legion thus consisted of 4,000 foot and 300 horse.

24. Vellent, juberent. See note on these words, B. 1, c. 46.

29. Ea—erant. For *ea* instead of *eæ*, see Z. § 372.

32. Naves longæ. These were the ships of war, so called from their length. The ships of burden, *naves onerariæ*, were not so long, but were broader. See Dict. Antiqq., Ships.

40. Cum suo justo equitatu, " with their proper quota of cavalry." See above, n. 1.

43. Eodem versa. This is the reading of Alschefski, from the MSS., instead of *eodem anno v.*, the common reading, which is destitute of authority, and of *nondum versa*, the conjectural reading of Gronovius. *Eodem* is used adverbially, as above in c. 14. I prefer, with Fabri, to follow Heusinger in referring *versa* to the troops mentioned just before, legiones, etc. The objection to this construction arising from the position of *versa*, Fabri has removed by quoting other passages, about which there can be no doubt; e. g. B. 2, 4, *quorum vetustate memoria abiit*, where *quorum* of course depends upon *memoria*, not upon *vetustate*. Also 2, 13, *expressa necessitas obsides dandi Romanis;* 3, 53, *ne cui fraudi esset, concisse milites;* 22, 42, *concursus fit ad prætoria consulum nuntiantium;* 43, 19, *qua spe celeriore deditione erectus;* and several others.

Page 107 Ch. XVIII.—1. **Ut indicerent—bellum.** We might expect *ad indicendum—bellum*, to agree with the preceding expression, *ad percunct. Carth.;* but such changes of construction are frequent in Livy, as we have observed already in several places. See above, c. 5, on *et—freti*, etc., and the passages there referred to.

13. **Ceterum.** See n. above, c. 6. As if it were more fully said thus: *yet,* passing over that former one, *this embassy,* &c. *Ceterum* may be taken as equivalent to *contra, ab altera parte*. See Hand, as above.

13. **Adhuc,** "thus far," the speaker implying that the Roman ambassadors had not yet delivered all their instructions.

18. **Censeam,** the subj., because the expression of opinion is thus given in a milder and more modest manner, than if the indic. *censeo* were used. See Z. § 527; A. and S. § 260, R. 4.

23. **Nobis—fœdus est.** We might expect here, instead of an independent clause, a clause with an acc. and infin. dependent upon some *verbum dicendi;* e. g. Since you see fit, &c., then *I may remind you that* a treaty was concluded, &c. Fabri and Alschefski both remark upon this point, and refer to other passages. See the Preface, *si—origines suas—ea belli,* etc.; B. 2, 12, *quandoquidem—honos,—trecenti,* etc.; and many others. Such a construction, however, is not peculiar to Livy.

24. **Caveretur—sociis.** On the case which *cavere* takes, see Z. § 414; Arn. Pr. Intr. P. I. 233.

26. **At enim,** etc. "But, (you will say,)" &c. *At enim* is thus frequently used to introduce a real or a supposed objection; *but it may be said, but some one will say,* &c. It is like the Gr. ἀλλὰ γάρ. Hand, Turs. 1, p. 444; Arn. Pr. Intr. P. II. (Eng. ed.) 471.

31. **Aliud—ictum est.** "Senatus Rom. non stetit conditionibus iis pacis, de quibus inter Lutatium et Hamilcarem convenerat; verum decem legatos in Siciliam misit, ex quorum sententia auctoritateque aliud ictum fœdus ac confirmatum est."—Sigonius.

34. **Icit.** Alschefski has *fecit;* also below, *quod—fecit.*

41. **Bellum dare,** sc. *sc.* See Z. § 605.

Page 108 Ch. XIX.—1. **Sagunto excisa.** *Sagunto* is here the abl. of *Saguntus,* which is feminine.

2. **Nam,** etc. The thought, which is not fully expressed, Fabr. thus explains: It was because it best accorded with the dignity of the Roman people that they preferred such a brief, pointed declaration; *for,* if they had chosen to go into a verbal controversy, they might have argued as follows: *quid fœdus,* etc.

2. **Si—esset.** Imperf. for pluperf. See Z. § 525.

4. **Quid—comparandum erat.** See Krebs' Guide, 270, a; Z. § 518.

9. **Quamquam,** "nay more." See Z. § 341, at the end of the **Note**

14. Tantum ne, *only that not, provided that not.*

19. Ut—pellicerent—averterent. These verbs depend upon *adirent; adirent ut pell. aut avert,* "to visit the states, for the purpose of persuading," &c.

Ch. XX.—**35. In iis,** i. e. *Gallis;* to be referred to *Galliam,* as if *Galli* had there been used.

3. Ob quæ, i. e. *ut ob ea.* A. and S. § 264, 5; Z. § 567

13. Cujus—est. On the indic., see Z. § 548. Comp. n. above, c. 1, on *gessere.*

Ch. XXI.—**35. Jam desiderantibus—desiderium,** "as they had already been *absent—absence.*"

39. Ad edictum. *Ad,* "according to." Z. § 296.

2. Ab Sicilia, "on the side of Sicily." See note on B. 1, c. 33, *haud a—locis,* and Z. § 304.

6. Melior—futurus ut. miles, "*in the expectation that both would be,*" &c. Compare above, c. 4, *futuro duci.*

8. Cetratos, from *cetra,* a target, "a small round shield made of the hide of a quadruped."—See Dict. Antiqq., *Cetra. Funditores,* Ib. *Funda.*—The natives of the Balearic isles (Majorca, Minorca, and Ivica) were celebrated for their skill as slingers. *Baleares,* from βάλλειν, *slingers.*

Ch. XXII.—**15. Atque ideo haud minus, quod,** etc. *Haud minus, no less,* "especially," "and especially on that account, because," &c.

22. Mixtum—Afris. See note on *permixt. senatui,* above, c. 14.

23. Ad mille octingenti. *Ad,* "about," "nearly." See Z. § 296.

34. Ducit. On this absolute use of *ducere,* see note on the word, B. 1, c. 23

38. Cura humani ingenii, "through a curiosity natural to man."

40. Temperare oculis. On the construction of *temperare,* see Z. § 414; Arn. P. Int. P. I. 220.

1. Pergeret porro ire. Fabri remarks, that the infinitive of a verb of motion is used very frequently by Livy, in connection with *pergere,* especially as here *ire.* He refers to below, c. 30; ib. 57; 22, 19; 24, 2; 26, 13. Not unfrequently, also, as here, *porro* is added. So 1, 37; 9, 2. On the subj. in *pergeret,* see n. B. 1, c. 9, on *mollirent.*

Ch. XXIII.—**15. Iter averterunt,** "changed the direction of their march," i. e. left Hannibal. So also *flectere viam.* See B. 1, c 60.

19. Et ipse, "he also," i. e. as well as others. The antithesis to *et ipse* is not directly expressed. Fabri thus explains the sense of the whole: the aversion of the Carpetani to longer service had escaped the attention of Hannibal, though it had been observed by others. Others were cherishing the same aversion. As *he also* (*et ipse*) had

Page
111 observed it in these, he dismissed them, pretending that the Carpetan also had not withdrawn without his knowledge.

Ch. XXIV.—23. Iliberri. "This form is here given as an indeclinable noun, the foreign termination being retained. Below occurs *Iliberim*, the accusative with the termination of a Greek noun."—Fabri.

26. Ruscinonem. The acc. of *place*, because the idea of *motion* is implied in *conveniunt*.

29. Oratores—misit, colloqui. The *verbum dicendi* on which the *oratio obliqua* beginning with *colloqui* depends, is omitted; (qui dicerent,) *colloqui*, etc., (to say) that, &c.

30. Et vel illi, etc. *Et, and hence, and therefore.*

33. Hospitem—non hostem. A *paronomasia*, or play upon words, (see A. and S. 323, 25; Z. § 825,) a rhetorical figure which, as Fabri remarks, Livy is fond of using. F. quotes B. 1, 12, *perfidos hospites, imbelles hostes;* 6, 26, *hospitaliter magis quam hostiliter;* 23, 33, *hostes pro hospitibus—accepit;* and many other similar illustrations.

112 Ch. XXV.—1. Placentiam Cremonamque colonias. "The Romans suspected that the Gauls would rise in arms ere long; and they hastened to send out the colonists of two colonies, which had been resolved on before, but not actually founded, to occupy the important stations of Placentia and Cremona on the opposite banks of the Po." Arn. Hist. Rome, vol. 2, p. 278.

5. Triumviri, i. e. *ad colonos deducendos*, (Livy 37, 46,) "the commissioners" appointed to superintend the allotment of lands to the settlers. See Dict. Antiqq. p. 280.

6. Confugerint. For the tense, see note on *ausi sint*, B. 1, c. 3.

14. Eadem, "and also." See Z. §§ 127, 697.

19. Dimissuros, sc. *se*. On the omission of the pronoun, see Z. § 605.

35. Contendere. Perfect tense, as *ademere* in the preceding sentence. Fabri refers to other passages in which Livy uses this form of the perf., when it cannot be distinguished from the present infinitive, and might therefore be considered the historical infinitive. Thus below, c. 33, *ut—videre*. Also 3, 43; 6, 8; 24, 7.

36. Ad tempus, "for a time."—Z. § 296.

" Commeatibusque fluminis; i. e. the provisions brought down by the river. On the genitive, see Z. § 423, Note 1; Arn. P Int. P. I. § 24.

Ch. XXVI.—43. Qui—pervenit. *Qui* refers to *C. Atilium*.

113 2. Transcripta, briefly for *scripta legione nova ac* deinde in locum *ejus—transcripta*.—Fabri.

7. De Rhodani quoque—transitu. The *quoque* requires something not directly expressed. The sense is: that he had *not only*

crossed the Pyrenees, *but* was deliberating upon the passage of the Rhone *also*.

15, 17. Citeriore—ulteriorem; in reference to the position of the Carthaginians.

18. Et eorum ipsorum, quos. *Eorum ips.* refers to the Volcæ, and the genitive depends upon *quos*. As if it were written thus: (the relative preceding the demonstrative, as often in Livy,) et quos eorum (sc. Volcarum) sedes, etc., " and also those of (the Volcæ) themselves, whom," &c.

19. Simul pellicit—simul et ipsi—cupiebant. The clauses of the sentence do not exactly agree together. We should rather expect an arrangement like this: *Ceteri accolæ—ipsorum—simul ab Hannibale pelliciebantur—simul et ipsi—cupiebant.*—Fabri.

Ch. XXVII.—**33. Adverso flumine,** "*up the river,*" as *secundo fl.* (see note on B. 5, c. 46) *down the river.* So also *adversa ripa*, below, c. 31.

43. Alius—exercitus. *Alius* for *reliquus*, " the rest of the army." See note on *mult. aliam*, B. 2, c. 38.

3. Prodito fumo, " by raising a smoke." Alschefski joins *prodito* with *loco*, taking *prodito* in the sense of *edito;* but he gives no evidence of *prod.* ever being used in that sense.

6. Equites fere propter equos, etc. *Agmen* is the subject of the sentence; *equites* is governed by *transmittens*, and *nantes* agrees with *equos.* *Propter* means " near," Z. § 302. The order is as follows: Navium agmen equites ad excipiendum adversi fluminis impetum parte superiore, fere propter nantes equos transmittens tranq:—præbebat.—The *naves*, vessels of the largest size, were used for the cavalry, and the small boats, *lintres*, for the infantry. Alschefski reads *eques*, etc., but, as it seems to me, fails to establish his view of the meaning of the passage. Dr. Arnold thus describes the arrangement: " The heaviest vessels were placed on the left, highest up the stream, to form something of a breakwater for the smaller craft crossing below : the small boats held the flower of the light-armed foot, while the cavalry were in the larger vessels."—Hist. Rome, II. p. 280.

9. Equorum pars magna nantes, etc. *Nantes* agrees with *pars* by Synesis.—See A. and S. § 323, 3, (4) ; Z. § 368. The idea, which is merely indicated in the preceding sentence by the words *propter eq. nantes*, is here fully given.

Ch. XXVIII.—**17. Et qui—et qui,** etc. " Both (of those) who —and (of those) who," &c. *Qui ex altera ripa*, etc., i. e. those who had not yet begun to cross over.

20. Anceps, " double." See note on this word, B. 1, c. 25.

23. Utroque, i. e. in utramque partem. Alschefski has *ultroque* from one MS. *Ultro* is the reading of most MSS.

23. Postquam—pellebantur. See note on *p. stabant*, B. 1, c. 23.

NOTES.

Page
114 **31. Refugientem—nantem;** the two participles, unconnected by a conjunction, an ellipsis very common with Livy. See A. and S 323, 1, (1). Büttner refers to an exactly similar instance, B. 2, 46.

38. Secunda aqua. See note on *sec. Tiberi*, B. 5, c. 46.

115 **5. Donec—agerentur,** "as long as—they were driven." *Donec, as long as,* here in the subj. because the clause expresses not only *how long*, but also *why* the elephants remained quiet. Compare the use of *dum,* above, c. 8. Alschefski translates thus: so lange sie —zu stehen *glaubten*, so long as *they thought* that they stood.

7. Donec fecissent. See note on *donec—experr. esset,* B. 1, c. 39. Fabri also quotes on this passage from Hand, Turs 1, p. 296, as follows: imperfectum et plusquamperfectum, ubi intelligitur finis, (usque eo,) semper conjunctiva forma exprimuntur.—I add here a remark of Arnold's: "of a past action the *perfect* with *donec, until,* is always in the indicative, the imperfect and pluperfect in the subjunctive."—Pr. Intr. P. II. (Eng. ed.) p. 138.

Ch. XXIX.—**17. Quam pro numero,** "more than *was* in proportion to." There is here an ellipsis, similar to that which we have observed with *ut,* in B. 1, c. 57. It also occurs below, c. 32, *quam pro numero manentium;* 26, 41, *quam aut pro memoria—aut pro ætate*. Grysar, p. 14, compares this use of *quam pro* with that of the Greek ἢ κατὰ or ἢ πρὸς.—See A. and S. § 256, R. 11; Z. § 484.

23. Summæ rerum. *Summa rerum = universum bellum,* "the whole war." So also, 3, 61, *summa belli,* and 30, 3, *summa rerum bellique.*—Fabri.

33. Libatis viribus, i. e. *paululum imminutis. Libare,* λειβειν *to pour out, to diminish, to impair.*

Ch. XXX.—**43. Diversa maria,** i. e. the ocean and the Mediterranean. *Diversus, lying over against, opposite.*

116 **10. Italiæ sit.** For the gen see note on *ditionis—facti,* B. 1, c. 25.

10. In—subsistere. These words to be joined with *nunc.*

11. Quid—aliud esse credentes quam, etc. The participle used instead of the verb. "What else could they believe the Alps to be but," &c. Fabri observes that the interrogative form is thus frequently used in a participial sentence, and also in one having *ut* or *cum* and the subjunctive. He refers to 40, 15, *cum quid aliud quam—periclitarer;* ib. 13, *ut quibus—sacris—mentem expiarem. Pyrenæi,* sc. saltus. So also just above, *Pyren. saltum,* 24, id.; below, c. 60, *citra Pyren.* Also *Pyrenæi montes,* but not *Pyrenæa juga.*

14. Pervias paucis esse—et exercitibus? "that they are passable by the few—and by armies—?" i. e. and shall they be *impassable* by *the many?* This is the emended reading of Alschefski. An old edition has *exercitibus invias,* and the same is found in the margin of one MS. Gronovius conjectured, *non* exercitibus.

16. Sublime; used adverbially. Fabri refers to Virgil, Georg. 3, 108, *elati sublime;* Cic. De Natura Deorum, 2, 39, 101, *sublime fertur;* ib. 56, 141, id.

23. Quid—esse. Direct questions, expressed in *oratio recta*, in the indic., are expressed in *oratio obliqua* in the acc. with infin ; except questions addressed to the second person.—See Z. § 603.

Ch. XXXI.—**30. Corpora curare.** See n. on this expression, B. 5, c. 45.

32. Mediterranea Galliæ, "the interior of Gaul." *Galliæ* in the gen. dependent upon *medit.* See A. and S. § 212, R. 3, n. 4; Z. § 435.

32. Non quia—esset sed—credens. See Z. § 537. The mention of the reason on the part of Hannibal for proceeding up the Rhone, is the first important particular in which Livy's narration differs from that of the Greek historian Polybius, whom Livy for the most followed It is clear from Polybius, that the movement up the Rhone was a part of the original plan of Hannibal, which he had carefully formed before setting out.

36. Quartis castris; literally, after pitching his camp four times, "after four days' march," i. e. from the passage of the Rhone, a distance of seventy-five miles.

37. Ibi Isara. The reading of Alschefski, and clearly the true one, though many MSS. have Arar. The MS. which A. follows reads *ibisarar*, etc., and another reads *bisarar*.—The great distance from the place of the passage to the junction of the Rhone with the Arar, the modern Saone, would be entirely inconsistent with *quartis castris.* See the Map.

38. Mediis—Insulæ—inditum. The name Insula, from Polybius, who calls the country the νῆσος. Polybius compares it with the Delta in Egypt, remarking, however, that the sea forms one of the sides of the Delta, and that the third side of the Insula is closed by a chain of steep and rugged mountains.

44. Pellebatur, the imperfect, because the contest was not yet decided.—Fabri.

7. Ad lævam in Tricastinos flexit. Livy mentions this change in the route, in conformity with his opinion, which he explicitly states below, c. 38, that Hannibal crossed the Alpes Cottiæ, the modern Mount Genevre. Still these words are inexplicable, on the supposition that the country of the Tricastini lay along the Rhone, between Orange and Montelimart, as given by D'Anville, and in the map accompanying this volume. But Mannert, in his Geography of the Greeks and Romans, vol. 2, p. 99, states, on the authority of Ptolemy, that this people formed a part of the Allobroges, and lived "to the east of Valence, towards Grenoble, and on the south side of the Isara." There still remains, however, a difficulty in the words *ad lævam.* Drakenborch asserts that the sense requires either *ad dextram* or *a*

Page

117 *læva.* Stroth refers the words to the position of Livy, or any one else, at Rome, or in Italy; a view which is adopted by Alschefski. But this view seems vague and unsatisfactory. It seems necessary to understand the words as Fabri has done, in reference to Hannibal himself. If we suppose Hannibal at Valence, with his face towards the Alps, *cum jam Alpes peteret,* he would be obliged to go in a northeasterly direction, i. e. *ad lævam,* in order to reach the country of the Tricastini, as described by Mannert.

14. Vada—gurgites. To be joined with *volvens.*

15. Pediti quoque. The *quoque* to be explained by referring back to *non tamen navium,* etc.

Ch. XXXII.—**25. Ita—occursurus.** *Ita, thus, in this manner,* i. e. if he returned to his ships and did not attempt to overtake Hannibal; *occurs. to meet, resolved to meet;* "*thinking that* in this manner he should meet."

32. Italiam defensurus, "purposing to defend." The fut part. has the same force as, above, *facturus, occursurus.*

39. Pecora jumentaque. *Jumenta,* the larger sort of cattle, horses, bullocks, asses; *pecus,* the smaller sort, swine, goats, sheep.— D.

40. Frigore—gelu. *Frigus,* cold in general; *gelu,* cold that produces ice, ice-cold. *Glacies* means *ice* as the effect of *gelu.*—D. *Torrida* denotes the state of the body under the influence of frost, *shrivelled, frostbitten.* So below, c. 40, *torrida gelu.*

118 **4. Confrag. omnia præruptaque,** " places *all* craggy and steep," *entirely, exclusively,* where there was *nothing but* craggy and steep places.

9. Ut—vim per angustias facturus, i. e. *ut* vi transitum *per ang.* patefacturus, " as if he intended to force his way through the defile."

13. Quam pro numero; see n. on *quam pro,* above, c. 29.

16. Angustias evadit. On the acc. see A. and S. § 233, Rem. 1; Z. § 469.

Ch. XXXIII.—**18. Castra mota.** *Castra movere, to break up a camp.*

19-21. Jam—conspiciunt. *Conveniebant,* i. e. convenire cœperunt. On *cum* with the present tense, *consp.,* see Z. § 580.

24. Suoque ipsum tumultu misceri, "brought into disorder by its own hurried movement."

25. Quidquid adjecissent—satis—fore rati. See n. on B. 1, c. 24, *ibi—fuerit.*

26. Perversis—decurrunt. Doederlein (Synon. 1, p. 69) gives, as the meaning of *perversis, loosened from their place, thrown down.* But, as Fabri has observed, *rupes* is not used for single, detached masses of rock, but rather *rocks, cliffs,* fixed, and in their natural position. For the detached pieces of rock, Livy uses *saxa*. *Perversis* seems to have with *rupibus* the same meaning as our word *perverse*, when used in reference to persons, to character; or, as when we say a *perverse* thing, arrangement, &c. Alschefski explains *perversum* as id, quod contra est atque esse oportuit, *what is just the opposite of what it ought to be, distorted, awry,* " irregular," " awkward." *Invia* means *impassable*, places or tracks where none but mountaineers can go; *devia, devious*, where all but mountaineers would *go astray*. *Rupibus* is in the abl., depending upon *decurrunt;* Doederlein says that it is equivalent to *per rupes*. *Inv.* and *dev.* are in the accusative, depending upon *assueti;* an unusual and poetical construction. Fabri refers to Virg. Georg. 6, 832. In B. 38, 17, Livy uses *assuescere* even with the genitive.

29. Sibi, the *dativus commodi*, (Z. § 408; A. and S § 228, Note,) = *pro se,* " for himself." Alschefski reads tendenti.

38. Ruinæ max. mod., " just like the fall (of a great building ") The comparison is made in reference to the noise, *the crash,* as the beasts were thrown down the steep.

42. Exutum, i. e. *si exutum esset*. On the peculiar use of the part. in Livy, see above, note on *orantes, c.* 6.

43. Traduxisset. The subj. of the fut. perf. is usually expressed by the fut. act. participle with the perf. subj., so that we should expect here *traducturus fuerit*. See note on *fac. fuerit*, B. 2, c. 1.

5. Ejus regionis. According to the best established view of the route of Hannibal, the country here referred to was that " wide and rich valley which extends from the lake of Bourget, with scarcely a perceptible change of level, to the Isere at Montmeillan." Hannibal afterwards proceeded up the right bank of the Isere, until he reached the central ridge of the Alps.—See the Map.

6. Captivo ac pecoribus. *Captivo,* a general expression for all that had been taken; *ac pec.* means, " and especially with the cattle." —Alschefski.

7. Montanis—perculsis; abl. abs.; but the sense is really the same as if it were *a* mont. perc. For a similar instance, Fabri refers to B. 21, 61, *proximis censoribus.*

Ch. XXXIV.—**10. Ut inter mont.** Ut has here too a limiting force, " for," " considering that," and the clause is elliptical. See n. on *ut in ea*, etc., B. 1, c. 57.

23. In angustiorem viam, etc. " The Alpine valleys become narrower, as they draw nearer to the central chain; and the mountains often come so close to the stream, that the roads in old times were often obliged to leave the valley, and ascend the hills by any accessible point, to descend again, when the gorge became wider, and follow the stream as before. If this is not done, and the track is carried nearer the river, it passes often through defiles of the most for-

Page
119 midable character, being no more than a narrow ledge above a furious torrent, with cliffs rising above it absolutely precipitous, and coming down on the other side of the torrent abruptly to the water, leaving no passage by which man or even goat could make its way."—Arnold's Hist. vol. 2, p. 286. It would seem to have been in one of these defiles, that the Carthaginians were now attacked by the mountaineers.

29. **Accipienda fuerit.** The fut. pass. part. with the perf. subj. forms the subj. of the fut. perf. of the passive voice, in the same way as the fut. act. part. with the same tense forms the subj of the fut. perf. of the active voice. See Z. § 499 ; and comp. n. on *fact. fuerit*, B. 2, c. 1. Thus the above words have in this hypothetical sentence, the force of a pluperf. subj.; " would have been received."

35. **Hannibali—acta est.** The dat. for the abl. with *ab*. See Z. § 419 ; A. and S. § 225, II. Comp. n. on *quærentibus*, B 1, c. 23.

CH. XXXV.—11. **Primum—novissimum agmen.** *Primum ag.*, "the front," or " the van." *Novissimum agm.*, " the rear." In the preceding chapter, *extrema agminis*, " the rear."

41–43. **Utcunque—daret—fecissent.** For the subj., see Z. § 569.

42. **Opportunitatem—occasionem.** *Occasio* and *opportunitas* are the opportunities which fortune and chance offer ; *occasion*, " occasion," in a general sense, like καιρός ; *opportunitas*, in a special sense, an opportunity to undertake something with facility and with a probability of success, like ἐυκαιρία.—D.

43. **Sicut—ita,** " though—yet," " although—still." See Z. § 726 ; and comp. note on *ut—sic*, B. 1, c. 25.

120 5. **Ubi—esset.** Comp. n. on *ubi dixisset*, B. 1, c. 32; and see Z. § 570.

16. **Mœniaque, etc.** These words, in the *oratio obliqua*, may depend directly upon *ostentat*. Fabri refers for a similar use of this verb, as a *verbum dicendi*, to B. 26, 24, cum *Syracusas Capuamque captam—ostentasset;* and Alschefski to B. 1, c. 6, Numitor—cædem seque ejus auctorem *ostendit*. Or a word may be easily supplied, e. g. eosque docet, *mœniaque*, etc.

20. **Nihil ne—quidem.** See Z. § 754, Note ; and comp. n. B. 3, 54

23. **Sicut—ita,** "indeed—but." See n. above on these words.

25–27. **Ut—occiderent.** The order and construction as follows: *ut neque—possent, nec*, possent ii, *qui paul. titubas., afflicti, hærere vestigio suo, aliique*, etc. *Hærere* depends upon *possent*. *Affligi* means *to be thrown down; afflicti*, "after they had been thrown down." *Vestigio* (dative) means the place which they had before had, " footing." The *que* in *aliique* seems also here to have an adversative force.

CH. XXXVI.—29. **Rectis saxis**, abl. of *quality;* the words to be joined with *rupem Rectis, upright, perpendicular*

32. In—admodum alt., "to the depth of about a thousand feet." 120 It was probably a place where the track had been carried away, "leaving the mountain-side a mere wreck of scattered rocks and snow To go round was impossible; for the depth of snow on the heights above rendered it hopeless to scale them; nothing therefore was left but to repair the road. A summit of some extent was found, and cleared of the snow; and here the army was obliged to encamp, whilst the work went on."—Arnold, Hist. 2, p. 288. In Polybius, this slip of the road is stated to have taken place, not in reference to depth, but to length.

43. Tetra—volutabantur. I follow throughout the reading of Alschefski, which is supported by the best MS. authority, and at the same time relieves the passage of the difficulties which have hitherto perplexed the commentators. In the smaller edition Alschefski had adopted the emendation of Gronovius and Drakenborch, *pedes fallente,* but in the larger edition he restored the reading found in all the MSS. *pede se fallente,* and defends the Latinity of this latter expression, which had been condemned by Gronovius and Drakenborch, and afterwards by Fabri. Alschefski compares *pes fallitur, se fallit,* with *animus fallitur* or *se fallit.*

43. Ut a lubrica glacie. *Ut* has here the same force as above, c. 7, where see the note on *ut—loco*. Fabri very aptly compares B. 33, 14, *ut fit ab nimia fiducia*. The preposition *a* gives the *reason* for *tetra luctatio*.—Comp. on this force of *a* or *ab,* note on B. 5, c. 47, *ab memoria,* and see Z. § 305. Literally, *as from—on account of—the slippery ice not admitting a firm foothold,* &c.—i. e. "because the slippery ice did not," &c. Alschefski well translates, though as usual too freely, thus: Schrecklich war, wie sich leicht denken lässt, die Noth über das schlüpfrige Eis fortzukommen, auf dem man nirgends fest stehen konnte, usw.

2. Ipsis adminiculis prolapsis. *Adminiculis* refers to *mani-* 121 *bus* and *genu,* "when these props themselves had slipped," or "these props themselves slipping."

5. Jumenta—nivem. *Infimam nivem,* "the deepest part of the snow," i. e. the hardened snow of the previous year, which lay below; called above *veterem*. *Interdum etiam, sometimes also,* i. e as they were so heavy, they cut into this even, hard as it was.

7. In connitendo, "in their efforts to rise."

Ch. XXXVII.—**12. Ad rupem muniendam,** i. e. ad viam per rupem muniendam. *Munire,* to make the road passable, i. e. to make a road through the rock. *Iter munire, viam munire,* are common expressions.

17. Infuso aceto. Pliny, in his Hist. Nat. 23, 1, says: Acetum saxa rumpit infusum, quæ non ruperit ignis antecedens. But Polybius makes no mention of such an expedient for softening the rocks, and

Page
121. whatever may be the origin of the story, no credit is attached to it in modern times.—Comp. Juvenal, Sat. 10, 153, montem rumpit aceto.

22. Inferiora, i. e. *radices Alpium*, " the lower parts of the mountains ;" nom. to *habent*. We have already had several instances of this substantive use of the neut. plural of adjectives. Above, c. 35 *pleraque Alpium*, and *per invia pleraque ;* c. 34, *inter montana ;* c. 25, *plerisque incultis*.

Ch. XXXVIII.—29. Quinto mense a Carth. nova. Breviter dictum pro: quinto mense, postquam a Carth. discesserant.—Hand, Turs. 1, p. 46.—Fabri.

30. Quinto decimo die. Yet according to Livy himself, the number of days was nineteen ; nine in reaching the summit, c. 35, *nono die ;* two on the top, ib., *biduum in jugc ;* four in getting through the rock, c. 37, *quadriduum circa rupem cons. ;* three of rest, ib., *quies data triduo ;* and one must be added for the descent, *ad planum*. Perhaps the words *ut quidam—superatis* are to be read in parenthesis.

34. L. Cincius Alimentus. A Roman historian. He wrote in Greek a Roman history, from the foundation of the city down to his own times. None of his writings are extant.

38. Magis affluxisse, etc. ; i. e. that the Gauls and Ligurians joined Hannibal in Italy, after the passage of the Alps. But the *octog. millia ped.* and *decem eq.* seem to refer to the numbers with which Hannibal crossed the Ebro.

40. Triginta sex millia amisisse. Hannibal crossed the Ebro with 90,000 foot and 12,000 horse—Polybius, 3, 35 ; Liv. 21, 23 ; on reaching the Pyrenees he had 50,000 foot and 9,000 horse—Polyb. ib. ; after the passage of the Rhone, the army numbered 38,000 foot and 8,000 horse—Polyb. 3, 60 : it numbered 20,000 foot and 6,000 horse on reaching Italy. Thus the entire loss from the Pyrenees to Italy was 33,000 ; a number which differs so little from that reported in this passage, on the authority of Cinc. Alimentus, that it has been supposed, and with reason, that Livy may have misunderstood his author, and that the words *triginta sex m.* refer to the same time as that mentioned by Polybius, viz. from the passage of the Pyrenees (not that of the Rhone) to the arrival in Italy.

41. E Taurinis—deduxerint. I have given in this sentence the reading of Lipsius, adopted by Alschefski in his smaller edition. In the larger edition, Alschefski has changed, but, I think, not emended, thus: *amisisse e Taurinis* quæ Galliæ proxima gens erat, in Italiam *digressum. Id* cum, etc.

43. Cum inter omnes constet. I have already referred, in a note on c. 31, to Livy's opinion, that Hannibal crossed the Cottian Alp. In this sentence he gives the ground of this opinion, viz. that on cross-

BOOK XXI.

ing the Alps, he arrived among the Taurini. But the words *cum inter omnes constet* are quite inconsistent with the statement of Polybius, 3, 56, that "Hannibal having spent fifteen days in crossing the Alps, descended boldly into the plains that are near the Po, and the territory of the Insubrians."—See Wickham and Cramer, Passage of Hannibal, p. 224. This statement of Polybius is a strong consideration in favor of the passage by the Graian Alp, the modern Little St. Bernard.—See the Map.

14. Vulgo credere, i. e. plerosque credere, "that most persons believe."

2. Cœlium per Cremonis jugum. L. Cœlius Antipater, a Roman historian, who lived about 625 u. c., and wrote a history of the second Punic war. *Cremonis jugum,* another name for the Graian Alp; see Geogr. Index. The authority of Cœlius, by Livy's own account, is thus in favor of the Little St. Bernard.

4. Libuos Gallos. The Libui are reckoned by Ptolemy among the Insubrians.

Ch. XXXIX.—**11. Taurinis.** Dat. case. See n. on *quærentibus,* B. 1, c. 23; and Z. § 419; A. and S. § 225, II.

13. Parti alteri, i. e. *alterutri,* to one or the other, i. e. "to either party."

22. Unam urbem, caput. Augusta Taurinorum, now Turin.

38. Occupavit—trajicere, i. e. *prior trajecit* "crossed first." Comp. n. B. 1, 14, on *occupabant.*

39. Educeret. See n. on this word, B. 1, c. 23.

Ch. XL.—**43. Qui—vicissent.** We might expect *vicerant,* as the relative clause seems to express a fact. Perhaps Livy chose the subj. in reference to the feelings of the *equites* themselves, as if they too considered it unnecessary that troops which had already gained such distinction, should be exhorted to deeds of bravery.

10. Cum iis, etc. Instead of a dependent clause, with some *verbum dicendi.* See above, c. 18, n. on *nobis,* etc.

16. Qui—detrectavere. The indic. expresses the thing as a fact. See A. and S. § 266, R. 5; Z. § 547, Note.

17. Duabus partibus, "two-thirds," as in Greek, τὰ δύο μέρη. Fabri refers, in illustration, to Liv. 8, 1; 22, 23; ib. 24. Also, Cæsar, Bell. G. 1, 12, *tres partes, three-quarters.*

19. At enim. See n above, c. 18.

32. Commissum, etc. *Committere bellum,* to begin a war; *profligare—,* to bring nearly to an end; *conficere—,* to finish.

Ch. XLI.—**33. Vestri adhortandi.** On the number of *adhort.,* see Z. § 660; Arn. Pr. Intr. P. I. 334.

34. Licuit—ire, "I might have gone." See Arn. Pr. Intr. P. I. 124; Z. § 518.

40. In terram egressus, "having landed."

Page
123 41. **Qua parte;** by synesis, as if *equitum prælio* had preceded.

44. **Terra,** aol. of place, as in *terra marique.* See Z. § 481.

124 1. **Quanta maxima c.** *Quanta* with the same force as *quam.* See Z. § 689.

6. **Viginti ann.;** a round number for the interval between the first and second Punic wars.

7. **Ad Ægates—ab Eryce.** For the allusion, see above, c. 10.

10. **Vectigalis stipendiariusque.** *Vectigalis,* a man or a people, who pay taxes according to the census and to the produce of the year; *stipendiarius,* one required to pay a certain tribute, independently of any such circumstances. *Vectigalia* is the general word for all provincial taxes. The two words together, here imply a relation of entire dependence, in consequence of which one is required to pay tribute.

11. **Quem—agitaret—respiceret,** i. e. *qui*—eum *agitaret— respic. Agitare* here means to *drive to desperation, to drive mad.* It is frequently used by Livy in this sense, as in B. 1, c. 48, *agitantibus furiis;* 34, 18, *consulem—cura agitare.* Also Curtius, 3, 6, *curis agitabant;* 6, 38, *agitant eos furiæ.*

19. **Indignatione—atque ira.** "*Ira,* anger, as a passion, which thirsts for vengeance ; *indignatio,* indignation, an excited moral feeling, which expresses with energy its disapprobation."—D.

26. **Tutelæ—duximus,** sc. *eos esse. Tutelæ* is genitive.

125 **Ch. XLII.—4. Ad unum omnes,** "all to a man;" a common expression in Livy.

5. **In id,** denotes purpose ; " for the purpose of deciding the matter." See Z. § 314.

9. **Ubi—dimicarent.** See Z. § 569. The meaning is not the same as *cum dimicarent, when—as,* but *while—during all the time that—they were fighting.*

Ch. XLIII.—12. Cum. I have ventured, with Fabri, Bekker, and others, to read *cum,* though most of the MSS., and also Alschefski's edition, have *dum.*

21. **Habentibus.** We might expect *habentes,* agrees with the object of *claudunt.* The word is in the abl. abs., for which the subject *vobis* is to be supplied. Alschefski considers it a dative, and supplies as the object of *claudunt, viam* or *effugium.*

34. **Satis adhuc,** "long enough."

40. **Emeritis stipendiis.** *Stipendium,* primarily *tribute, tax,* means in a military sense—1, *wages, pay of soldiers;* 2, (a) *military service,* in this sense generally in the plural; *stipendia merere,—facere, to do military service, to serve; stipendia emereri,* to finish one's military service, *to serve out;* (b) *service of a single year, a campaign.* In the above expression, *emeritis* is used passively ; "after

BOOK XXI.

you have completed your time of service" Compare B. 3, 57. *Emeritus stipendia* does not occur in Livy, or in any good writer.

44. Perlevi momento. See n. on *maj. momentum*, B. 5, c. 49.

3. Illa virtute—illa fortuna. *Ille* emphatic in the sense of *tantus, tam egregius.*—Fabri.

10. Victorem eundem. *Eundem* supplies the place of *etiam;* " conqueror too." See Z. § 697. So also just below, *idem.*

Ch. XLIV.—**24. Frenatos infrenatosque;** the former the Carthaginian and Spanish horse, the latter the Numidian. Thus, below, Livy says, c. 46, *Hannibal frenatos equites in medium accipit, cornua Numidis firmat.*

30. Indignitas means *unworthy treatment.*

34. Arbitrii facit. For the gen. see n. on *dit. facti*, B. 1, c. 25. " Makes every thing subject to its own will."

35. Modum imponere, *to fix a limit,* i. e. *to prescribe, to dictate.*

38. Ne transieris—ne quid Saguntinis. To be understood as commands, uttered by the Romans, to which Hannibal replies, *ad Iberum* (i. e. non trans Ib.) *est Saguntum.* Again the words of the Romans, *nusquam—moveris.*

42. Inde cessero, sc. *si.* By the omission of *si,* the expression is more emphatic.

43. Transcendes autem dico. *Autem* equivalent to *quid dico?* or *dico?* " But what do I say? *will* pass over?"

1. Illis timidis et ignavis esse licet. On the dative after *esse,* see Arn. P. Int. P. I. § 23; Z. § 601; A. and S. § 227, R. 5, N. 1. So below, *vobis necesse,* etc.

8. Nullum enim telum. The ingenious reading of Alschefski, instead of the unmeaning readings, *n. contemtum, contentum, conceptum;* or *n. momentum,* as that word is unsuited to *acre;* or that of Gronovius, *nullum eo telum.* Livy also has *acre* with *telum,* in B. 3, 55, *telum acerrimum datum est;* and 3, 69, *telum acerrimum.*

Ch. XLV.—**12. Ponte Ticinum jungunt,** " throw a bridge over the Ticinus."

13. Castellum means here what the French call *tête de pont.*

18. Traductus in agr. Insubrium. Scipio had crossed the Po at Placentia, and ascended the left bank of the Ticinus. The bridge now made, he crossed the Ticinus, and entered what are now the Sardinian dominions.

19. Victumulis, the reading of Alschefski from the MSS. instead of *Victumviis,* the common reading. Both Mannert and Cramer, following Strabo and Pliny, give the situation of this place in the district of Vercellæ. Cramer places it near the source of the Sesia; but in this case the place would be too far from the Ticinus to be the scene of this battle. Compare Mannert, Geogr. 9, (1,) p. 185; Cramer, Geogr. 1, 48.

127 **30. Mutatam secum fortunam.** *Secum,* i. e. cum sua fortuna. *Mutare* means here *to exchange;* and, together with its compounds *commutare, permutare,* is construed with the abl. like verbs of buying and selling. Here *cum* is used with the ablative, but it also occurs alone, in Livy and in other writers. See Z. § 456, Note.

34. Si falleret. Fallere here means *to deceive, not keep one's word.*

38. Id moræ—rati. *Id moræ,* sc. esse *ad potienda sper.;* "that there was only *this hinderance,*" viz. *quod n. pugn.* Compare above, c. 5, id morari, etc., and on *quod* with *pugnarent,* ib., *quod interesset*

Ch. XLVI.—**44. Quibus procuratis.** See n. on *prod—curarentur,* B. 1, c. 20. Also Dict. Antiqq., Prodigium.

128 **12. Inter subsidia ad sec. aciem.** The *subsidia* themselves formed the second line, as already mentioned just above. The words *ad sec. ac.* seem to explain *inter subsidia.* The sense is, that the spearmen fled to the second line, to the *spaces between* the maniples of the reserve.

16. Donec Numidæ—ostenderunt. *Donec* seems to refer to something not directly expressed: as *quæ pugna permansit.*—Fabri.

24. Alius—equitatus = *alia manus,* i. e. *equitatus,* since the *jaculatores* of course did not form part of the cavalry.—Fabri.

Ch. XLVII.—**40. In citeriore ripa Padi.** Many editors omit *Padi;* but even then it is plain from the context that it is the bank of the Po which Livy means. In this respect the account of Livy varies from that of Polybius, who states that the six hundred were taken on the bank of the Ticinus. Compare Cramer's Geogr. of Italy, 1, p. 58. Dr. Arnold says: "The Romans therefore hastily retreated, recrossed the Ticinus, and broke down the bridge, yet with so much hurry and confusion, that six hundred men were left on the right bank, and fell into the enemy's hands." Hist. Rome, vol. 2, p. 289.

129 **5. Ut—transvexerint.** *Ut,* "even if," "although." See Z. § 573.

8. Potiores—auctores. Among them Polybius, 3, 66. Compare Cramer, as above.

Ch. XLVIII.—**28. Agmine profectus.** On the ablative without *cum* in this and in similar expressions, see A. and S. § 249, 111, Note; Z. § 473.

30. Minus—fefellit, "was less secret." On *fallere* in this sense, see n. B. 5, c. 47.

34. Digno, used absolutely; but the connection easily supplies *mora* as the word depending upon it. "With an adequate recompense for their delay."

38. Vulneris in via jactanti. It has been questioned whether *via jactans* be good Latin; and *jactati* (agreeing with *vuln.*) has been proposed, and by some editors adopted. But the above is the reading of the MSS. *Via jactans* is a rough, uneven, a *jolting* road.

Ch. XLIX.—**15. Fretum,** sc. Siculum.

28. Suos—intenderent—teneri. The *orat. obliqua* after *missi,* as above, c. 29. Neither *ut* nor *qui* need be supplied with *intenderent* In *direct* discourse the mood would be imperative, *intendite;* hence the subjunctive in indirect. With *teneri, necesse esse* may be supplied to complete the sense. See Arn. Pr. Intr. P. I. 460; Z. § 603. Comp. n. on *mollirent*, B. 1, c. 9.

32. Perque omn. oram; sc. ut essent, *qui—prospicerent.*

33–36. Simul itaque—præsensum tamen est. *Simul itaque.* "as soon, therefore, as," "accordingly, as soon as," to be joined with *præs* est; *tamen* is added on account of the intervening clause *quamquam*, etc.

37. Sublatis armamentis veniebant. " Venire sublatis armamentis est navigare sublatis velis ad cursus celeritatem."—(Turnebus.) "Under full sail."

Ch. L.—**29. Quibusdam volentibus novas res fore.** *Quib. volent.* in the dat., in imitation of the Greek construction βουλομένῳ μοί ἐστι. Render, "and that a revolution would be agreeable to some." Comp. Tacitus, Agric. c. 18, *quibus bellum volentibus erat;* Hist. 3, 43, *ceterisque remanere—volentibus fuit.* Also Sallust, Jugurtha c. 84, *quia neque plebi militia volenti putabatur.*

Ch. LI.—**41. Sub corona venierunt.** *Sub corona venire*, a common expression for the sale of a slave. Sometimes *sub hasta venire;* as in Eng., *under the hammer.* Gellius, 7, 4, says: Mancipia, coronis induta, idcirco dicebantur *venire sub corona.* So Festus, p. 306: *Suo corona venire* dicuntur, *quia captivi coronati solent venire.* Thus it appears that the captives were brought to market, *crowned with garlands*, like the victims destined for sacrifice in the temple; hence *sub corona ven.* W. A. Becker's Manual of Rom. Antiq., transl. in Bibliotheca Sacr. vol. 2, p. 569.

9. Longis navibus. See n. above, c. 17.

11. Ipse—oram Italiæ, etc. Polybius relates, 3, 61, 68, that the army marched from Lilybæum to Messana, and, after crossing the strait, went by land through the whole length of Italy; and that the march was completed in forty days.

Ch. LII.—**18. Prælio uno.** *Uno*, because Scipio had had *two* equestrian engagements with Hannibal; one on the Rhone, and one on the Ticinus, in the latter of which he had been defeated.—Heusinger

35. Ut,—"though," as above, c. 47. *Alia* in nom. case

37. Continendis—sociis; dat. of purpose, "that the best means for keeping the allies to their allegiance, was," &c.

38. Primos quosque—censebat. The reading of the best MSS. in this passage is primosque qui *coissent*, etc. But *coissent* being in-

Page

132 admissible, *eguissent*, the conjectural reading of Gronovius, has been adopted by most editors. In the above reading, Alschefski retains the *que* rejected by Gronovius, but inserts *quos*, which, from the similarity of the letters, may be readily believed to have fallen out. *Primos quosque*, "the very first." "That the very first (i. e. to let them see, "that the very first") who had needed aid, had been defended."

40. Ferme; to be joined with *mille*. *Peditum = ex peditibus*.

41. Trans Trebiam. The Romans were encamped on the left, or the west bank of the Trebia; Arnold says, "just where the stream issues from the last hills of the Apennines." Hannibal was encamped about five miles off from the Romans, directly between them and Placentia.

133 **1-4. Varia—fuit.** As *sequentesque* occurred in the MSS., the elder Gronovius proposed *cedentes sequentesque*, which Heusinger amended as in the present edition. The younger Gronovius proposed *sequente*, which has been adopted by many editors.

Ch. LIII.—**5. Major justiorque,** i. e. victoria.

8. Militibus. On the dat., comp. n. on *Numitori*, B. 1, c. 5; and on *juveni*, ib. c. 26. Drakenborch gives a number of instances of this use of the dative with such expressions as *augere, minuere, animum*, etc., *alicui*. So also *crescere animus alicui*, as above c. 9, *Saguntinis —crevissent animi;* and many other passages quoted by Drakenborch.

21. Ditionis fecisse. See n. on this construction, B. 1, c. 25.

134 Ch. LIV.—**5. Centenos;** the distributive, in reference to *pedite* and *equite*.

10. Turmis manipulisque; the former, the regular expression for a *company* of cavalry; the latter, for one of infantry.

12. Magoni—dimissis. *Magoni*, the *dativus commodi* (see Z. § 408) "for Mago," i. e. that they might aid Mago in this enterprise.

23. Omnes copias, i. e. his own, and Scipio's.

23. Ad destinatum—consilio. The neuter part. used substantively, as frequently in Livy. *Ad destinatum cons.* = "ad id quod jam ante apud se statuerat."—Alschefski. See Z. § 637, Note, and comp. n. B. 1, c. 53.

32. Egressis—omnibus. For the *dative* see n. preceding chapter, on *militibus*.

Ch. LV.—**43. Ab cornibus—partem.** *Ab*, "on." See n. on *a—locis*, B. 1, c. 33, and Z. § 304.

135 **10. Et fessi—integris.** The *et* is explanatory. It was not only a contest between four thousand and ten thousand, but between four thousand soldiers already weary and exhausted, and ten thousand fresh and in full vigor.

17. Romanis. For the dative, see n. as above, c. 53.

21. Improvida, "without noticing them." See Z. § 682.

26. Verrutis. *Verrutum* was a dart used by the light infantry from *veru, a spit.* Its shaft was three and a half feet long, its point five inches. Dict. Antiqq. p. 489.

Cʜ. LVI.—31. Quo novus terror additus. *Quo, by which, whereby.* In the larger edition, Alschefski reads *quoque.* Bekker, following Gronovius, has *additusque novus,* etc.; Fabri, *additus quoque.*

33. In orbem pugnarent, i. e. *in omnes partes p.,* as the enemy were pressing upon the front, the rear, and on the flanks.

6. Quod reliquum ex magna parte militum; *ex magna parte,* as *magna parte, maxima parte,* etc., "mostly," "for the most part." The meaning is the same as if the words were thus placed: *ex mag. parte quod,* etc. Alschefski, however, makes *ex magna parte militum* equivalent to "ex illis duobus exercitibus consularibus in aciem eductis," "and what remained of that great body of troops."

Cʜ. LVII.—15. Quo—arcerent, "with which to repel." Alschefski reads *quî* in the larger edition, *qua* in the smaller. *Quo* is the reading of Fabri and of Bekker.

18. Quos—duces—esse. The infinitive, because the words are in the *oratio obliqua.* See n. above, c. 31, *quid—esse,* and Z. § 603.

22. Fallendi—falleret. See n. on *fallere,* B. 5, 47. Compare above, n. c. 48.

27. Quæque—erant. *Quæque* for *quæcumque.* Alschefski refers to 21, 42, *cujusque sors exciderat.* Render: "wherever the country presented too many hinderances."

11. Scribentibus, i. e. rerum scriptoribus, "historians."

Cʜ. LVIII.—17. Ducit; without an accusative. See n. on this word, B. 1, c. 23. "Marched."

20. Ut—superaverit. On the perf. subj. see n. B. 1, c. 3.

21. Vento mixtus. On the construction of *miscere,* see n. on *permixtum,* etc., 21, 14.

23. Affligebantur. See n. on this word, 21, 35.

27. Captis auribus, etc. Alschefski thinks that *captis* was written instead of *capti,* because the loss of sight and of hearing was only temporary. *Capti oculis* on the contrary would mean, "blind," a state of permanent blindness.

41. Movere—recipere. These words are not in the historical infinitive with *ut,* as this construction does not occur in Livy. They are in the same construction with *fieri,* depending upon *cœperunt,* which is easily supplied from *cœptus est.*

Cʜ. LIX.—8. Bina castra. The distributive is always used with substantives which have no singular, and with those whose singular has a different meaning from the plural. See Z. § 119.

11. Vincerent, sc. Romani, which is readily supplied from *res Romana.*

21. Pugna raro magis ulla ea et, etc. This is the reading

NOTES.

Page
138 of Alschefski in the larger edition. With *magis* must be supplied *clara*. Fabri adopted Valla's conjecture, ulla magis *sæva*; Bekker reads magis *dubia*, the conjecture of Gronovius.

27. Major—quam pro numero. See above, first n. on c. 29.

29. Præfecti sociorum. The *præfecti* of the allies had the same rank as the *tribuni militum* of the Roman army.—Fabri.

Ch. LX.—**43. Omnem oram—ditionis fecit.** *Ditionis* depends upon *fecit*. See n. on this construction, B. 1, c. 25.

43. Conciliata clementiæ. Alschefski has *conc.* lenitatis *clementiæque,* supplying lenitatis by conjecture, because several MSS have clementiæ*que*.

139 **1. Ferociores jam.** *Jam* is thus frequently joined with the comparative, in the sense of *etiam,* "even."—Hand, Turs. vol. 3, p. 129.

7. In aciem eduxit. See n. on *educere,* B. 1, c. 23.

14. Dux—capiuntur. On the number of the verb, see Z. § 375

Ch. LXI.—**27. Quod ferme fit.** This is equivalent to *nam hoc ferme fit.*—Fabri.

38. Hostico cis. This is the elegant emendation of Alschefski. The MSS. have *stoicosis* and *stoicohis.* From *his* or *sis* Alschefski conjectures *cis,* and from *stoico, ostico* or *hostico*

140 **10. Ut—fuerit.** On the perf. subj. see n. B. 1, c. 3.

12. Talentis. "Where talents are mentioned in the classical writers without any specification of the standard, we must generally understand the Attic."—Dict. Antiqq. p. 949. The value of the Attic talent was *circa* $1000.

Ch. LXII.—**17. Triumphum clamasse,** i. e. Io triumphe! as in B. 24, 10, *infantem—Io triumphe clamasse.* The Forum Olitorium was near the Porta Carmentalis, between the Tiber and the Capitol. The Forum Boarium was between the Circus Maximus and the Tiber.—See the Plan of Rome.

26. Lapidibus pluvisse. In B. 1, c. 31, *lapidibus pluisse* Z. § 182, gives both *pluvi* and *plui;* also Madvig, and A. and S. *Pluere* is also construed with the accusative, but most frequently with the ablative.

26. Sortes extenuatas. Alschefski gives *extenuatas* as the reading of the best MSS., but remarks that it does not differ in meaning from *attenuatas,* used in 22, 1, and is equivalent to *imminui, minores fieri.* The *sortes,* lots, were little tablets of wood, used for the purposes of divination. The fact of their *becoming smaller, shrinking,* was considered a bad omen.—See Dict. Antiqq. under Sortes, Situla.

28. Libros; i. e. Sibyllinos, mysterious books, said to have been obtained from a Sibyl, or prophetic woman, and always consulted in case of prodigies and calamities. They were kept in the temple of **Jupiter** Capitolinus, and were under the care of ten men, (decemviri,) five of whom were patricians, and five plebeians.—See Dict Antiqq. p. 895.

34. Ad Junonis. In the larger edition Alschefski has *et Junoni*, from the MSS. The present reading is that of Gronovius, which Alschefski had followed in the minor edition.

35. Lectisternium. This was a banquet in honor of the gods, prepared on the occasion of extraordinary solemnities. The images of gods were placed in a reclining posture upon the couches, and tables and viands were put before them.—See Dict. Antiqq.

39. Genio, i. e. the Genius, the tutelary divinity of the city; in accordance with the prevailing opinion that every place, as well as every individual, had such a guardian spirit, who guided their fortunes, and regulated their destiny.

Ch. LXIII.—**2. Edictum et litteras,** by hendiadys, for *edictum per litt.* Alschefski cites, in illustration, Cic. Epp. ad Fam. 11, 2, 1.

5. Tribunus pl. et quæ postea—habuerat. Flaminius had been tribune in the year 521, and had then carried an agrarian law for a general assignation of the land formerly conquered from the Gauls near Ariminum. He had been consul for the first time in the year 531. After his appointment, when he was already engaged in the war with the Gauls, the senate sent orders to both the consuls to return home immediately. But Flaminius refused to obey the summons, and continued his operations till the end of the season with much success, and on his return home, demanded a triumph. The senate refused it, but he obtained it by a decree of the comitia.—See Arn. Hist. Rome, vol 2, p. 267.

10. Ne quis senator—haberet. This law forbade all senators and sons of senators from being the owners of a ship of more than 300 tons (*amphoræ*) burden. The express object of the law was to hinder the Roman aristocracy from entering upon mercantile speculations, and becoming, like the Venetian nobles, a company of wealthy merchants. —See Arn. Hist. vol. 2, 26, 9; Schmitz' Hist. Rome, p. 301, n. 3.

16. Auspiciis ementiendis. *Auspicia ementiri est falsa auspicia nuntiare.*—Drakenborch. In his first consulship, Flaminius had been ordered home, on the ground that dreadful prodigies had been manifested, and that the omens had not been duly observed at the time of his election.

17. Latinarum feriarum. This was a festival annually celebrated by the ambassadors of the Latin people, under the direction of the consuls. The particular time for the celebration was always determined by the consuls.

17. Consularibus—impedimentis, "devices for detaining the consuls."

24. Spretorum, sc. et deorum et hominum; "from a consciousness of having despised them."

141 **24. Capitolium—nuncupationem.** The commencement of the consulate was always celebrated by a solemn procession to the capitol, and a sacrifice there to Jupiter Capitolinus, associated with solemn vows and prayers ; and after that, there was a great meeting in the senate.—Dict. Antiqq. p. 306.

30. Paludatis—lictoribus. In the minor edition, Alschefski had adopted the reading paludatus; but in the larger, he reads as above. The word means *clothed with the paludamentum.* It was the custom for a Roman magistrate, after he had received the *imperium* from the comitia curiata, and had offered up his vows in the capitol, to march out of the city, arrayed in the *paludamentum, (exire paludatus,* Cic. ad Fam. 8, 10,) attended by his lictors in similar attire, (*paludatis lictoribus,* as here, and also, B. 41, 10 ; 45, 39.)—Dict Antiqq. p. 721.

36. Retrahendumque. *Retrahere* is said of one who is caught as a fugitive, and brought back by force. *Que* means " or rather "— Fabri.

44. Cruore. See n. on this word, B. 1, c 59

BOOK XXII

Ch. I.—4-8. Gallis—odia. *Gallis*, the MS. reading, Alschefski adopts in his larger edition, in place of *Galli*, his reading in the minor ed. It must be joined with *verterunt odia;* see n. on this use of the dat., B. 1, c. 5. *Pro eo—ut*, etc., *instead of this, that they themselves*, &c., i. e. "instead of themselves plundering," &c. In like manner, *pro eo* is joined with *quod, quantum.*—See Hand, Turs. 4, p. 587. As Fabri has remarked, a more common expression than *rapere et agere*, is *ferre et agere.* See just below, c. 3, *ferri agique.*

11. Errore etiam. *Error* (see n. B. 1, c. 24) means *uncertainty, doubt;* and hence *that which occasions uncertainty, leads into error.* Here it means the *deception* which Hannibal practised to mislead his enemies. *Etiam*, in connection with *insidiis*, means "too," "also," the idea being that he had secured himself against the snares of his enemies "by deception also" on his own part. *Mutando—capitis*, explanatory of *err. et.*, specifies particular artifices to which he resorted.

17. Quod enim—esse. See n. on *quid—esse*, 21, 30. *Justum, regular, legitimate;* comp. n. on *justiore p.*, B. 5, c. 49. On *Lat. feriis—Capitolio*, see notes on B. 21, c. 63.

27. Sanguine sudasse. *Sudare*, like *pluere*, (see B. 21, 62, and n.,) and many other verbs, is construed with. abl. or acc. Comp. Z. § 383.

1. Sortes attenuatas. See n. B. 21, 62.

3. Appia via. This road, called by Statius, (Sylv. 2. 2, 12,) *regina viarum*, was commenced v. c. 442, by the censor Appius Claudius Cæcus, (Liv. 9, 29;) it issued from the Porta Capena, and terminated at Capua. For the abl. *via*, see Z. § 482.

14. Dii divinis carminibus. Alschefski thus reads instead of *divis carminibus*, retaining *divinis*, which is found in nearly all the MSS, but supplying, by conjecture, *dii*, which we can readily believe may have fallen out before *divinis*, (*di divinis.*) The other dat. with *cordi* is thus furnished in *sibi*, referring to *dii;* a construction much superior to *cordi—divis,—præfarentur*, sc. *dii.*

21. Quin et ut, etc., "*nay even* that," &c.

27. Saturnalia. See description of this festival in Dict. Antiqq.

Ch. II.—34. Viam per paludem, etc. Hannibal "crossed the Apennines, not by the ordinary road to Lucca, descending the valley

145 of the Macra, but, as it appears, by a straighter line down the valley of the Anser or Serchio; and leaving Lucca on his right, he proceeded to struggle through the low and flooded country, which lay between the right bank of the Arno, and the Apennines below Florence, and of which the marsh or lake of Fucecchio still remains a specimen."—Arn. Hist. Rome, vol. 2, p. 295.

35. Solito magis. *Solito*, abl. with *magis* as comparative. See Z § 484; A. and S. § 256, R. 9. On the position of *solito*, see Z § 800.

35. Hispanos et Afros et—robur. The latter *et* is explicative; "and in general." Livy follows Polybius, 3, 9, who says, τοὺς Λίβυας καὶ Ἴβηρας καὶ—δυνάμεως. If it be said that the *Hispani* and the *Afri* themselves formed the *robur veterani exercitus*, we may reply with Fabri, that many veteran soldiers served in Hannibal's army, who were neither Spanish nor African; as e. g. 21, 22, *Ligures*. So also, 21, 22, Livy distinguishes between *Libyphoenices* and *Afri*; 28, 4, *Carthaginienses* and *Afri*; ib., *Pœni veterani* and *Afri*. Alschefski explains the passage in the same manner.

42. Qua modo. *Qua* is equivalent to *quacumque via*, and *modo* is restrictive, = *dummodo*, "if only," "provided." The sense is, that they went *anywhere, if only* the guides *there* led the way.

146 **1. Neque—neque—aut,** etc. The negation in *neque—neque* belongs also to the clause *aut—sustinebant*. Fabri cites similar instances in Livy, 25, 9; 34, 7; 35, 12; also Cicero, Fam. 2, 19.

15. Vigiliis tamen. *Tamen* is the reading of the MSS., and, as Alschefski has clearly shown, is correct, and agrees well with Livy's manner. It refers to what precedes, the meaning being, that Hannibal, though he rode upon an elephant, to keep himself above the water, yet, as he had already suffered much from the spring weather lost one of his eyes. The common reading, *tandem*, which is conjectural, is therefore unnecessary.

Ch. III.—**24. Quæ cognosse in rem erant.** *In rem esse = utile esse, expedire.* For the *perf. infin. cognosse*, see Z. § 590; also, Madvig's Lat. Gram. § 407.

28. Non modo—sed ne—quidem. See n. on this construction B. 1, c. 40.

42. In consilio; "in the *council* of *war*, composed of persons of senatorian rank, the legates, tribunes, and first centurions."—Fabri.

7 4. Cum dedisset, immo, etc. The reading *cum dedisset* Alschefski adopts in his larger edition from the Harleian MS. The common reading is *proposuit*; but it rests upon doubtful authority *Immo* from Alschefski, instead of *quia immo. Immo* is ironical = *aye* "Aye, let us sit down," &c.

15. Num litteras, etc. Seen. B. 21, c. 63, on *tribunus plebis,* etc.

20. In vulgus, instead of dat. *vulgo.*

Сн. IV.—**25. Ad loca nata insidiis.** On the scene of this battle, Arnold thus remarks: "The modern road along the lake, after passing the village of Passignano, runs for some way close to the water's edge on the right, hemmed in on the left by a line of cliffs, which make it an absolute defile. Then it turns from the lake, and ascends the hills; yet, although they form something of a curve, there is nothing to deserve the name of a valley; and the road, after leaving the lake, begins to ascend almost immediately, so that there is a very short distance during which the hills on the right and left command it."—Hist. Rome, vol. 2, p. 296. Compare the Note on this passage, ib. p. 505.

29. Ubi—consideret. *Ubi* is relative, = *quo* or *in quibus;* and with *consideret* expresses purpose; "in which to post himself," &c., or "that he might post himself," &c. A. and S. § 264, 5; Z. § 567.

37. Tantum—erat. *Tantum—quod, so much— as; ex adverso, opposite* to him.

1. Pariter has reference to time; "at the same time."

2. Romanus—prius—quam—sensit. It is unnecessary, with Walch and Bekker, to change the position of *prius,* and place it directly before *quam.* Indeed, by such an arrangement, we might be misled, by supposing that *clamore orto* are in the ablative absolute. The meaning is this: "The Romans, by the shout that arose, before they could see distinctly, perceived that they were surrounded." With *cerneret* we may supply *se circumventum esse,* or *hostem. Cernere* means *to see distinctly,* in distinction from *videre,* simply *to see.*—Doederlein.

Сн. V.—**6. Ut in re trepida.** See notes on *ut,* B. 1, c. 57, and 21, 34.

14. Tantumque aberat, etc. "And the soldiers, so far from knowing—had scarcely sufficient presence of mind," &c. See Z. § 779.

19. Gemitus vulnerum; literally, *the groans* caused by *the wounds,* equivalent to *gem. vulneratorum,* "groans of the wounded."

29. Per principes, etc. According to the ordinary arrangement, the *hastati* formed the first line, the *principes* the second, and the *triarii* the third, as Livy himself has described it in B. 8, c. 8. In this passage he has principes hastatosque, because these two lines preceded the *signa,* (hence *antesignani,*) and formed, as it were, one body. So also in B. 34, 15. Compare Dict. Antiqq. p. 103.

37. Senserit. On the perf. tense after *fuit,* see n. on B. 1, c. 3.

Сн. VI.—**44. Facie quoque,** etc. *Consul, en,* the reading of Gronovius, instead of *consulem,* Alschefski has adopted; and it is unquestionably the true reading. Compare B. 2, 6, *ipse, en, inquit,* etc. In that passage, too, compare *facie quoque cognovit,* with the similar expression here. *Inquit* is joined here with a dative, *popularibus.*

Page

148 Compare B. 1, 32, *inquit ei, quem*, etc. So 23, 47; 45, 8. Also Cic ad Att. 5, 1, 3, *inquit mihi*.

149 **9. Arta præruptaque.** These words refer to *montes*. Compare B. 5, 46, *per præruptum—saxum;* 21, 32, *confragosa omnia præruptaque;* 27, 18, *præcipitia et prærupta*.

14. Capessere fugam impulerit, for *ad capessendam fugam*, or *ut fugam capesserent*. See Z. § 615. This construction with the infinitive occurs very frequently in Tacitus, and also in the poets, but is otherwise rare. Fabri cites Tacitus, Ann. 6, 45; 13, 19; 14, 60.

33. Quæ—conjecit. On the expression *Punica rel.*, compare B. 21, 4. *Atque* is equivalent to *et ita, and so.—* Hand, Turs. 1, p. 478. Observe the change from the passive to the active, *servata—est, conjecit.* Fabri cites other instances in Livy, e. g. 1, 4, *sacerdos—datur;* *pueros—jubet;* 2, 2, *habita cura et—creant.* So 3, 49; 33, 3.

Cн. VII.—**35. Hæc—nobilis—memorata—clades.** Observe the cautious and skilful manner in which Livy records this defeat. *Nobilis* may be used either in a good or a bad sense. *Memorata* is purposely used instead of *memorabilis* or *memoranda, memorable*, as the latter expression would be repulsive both to the historian and his Roman readers. *Memorata* is equivalent to *quæ memoratur*, and the historian prefers to say: " One among the few *recorded* defeats which the Roman people have suffered," rather than—" One among the few *memorable* defeats of the Roman people." In like manner, below, 42, *Claudii consulis—memorata navalis* clades; but in B. 23, 44, *memorabilisque inter paucas fuisset (pugna).*

42. Nihil haustum ex vano, etc. This, the reading of the MSS., is retained by Alschefski, in preference to the conjecture of Walch, *auctum ex*, etc., adopted by Bekker. *Haustum ex vano* means *drawn from an uncertain source*, a source not to be relied upon. As Weissenborn explains: petere ex fonte, unde non certa et vera, sed dubia—sumi possunt; and Alschefski—ex eo haurire, quod aut nihil est, aut non id est, quod videri haberique velit.

43. Fabium. Q. Fabius Pictor, the earliest Roman historian. Comp. n. on B. 2, 40.

150 **1. Qui—nominis essent.** The subj., because the thought is referred by the writer to Hannibal, not to himself.—Comp. n. on B. 1, c. 6, *quoniam*, etc., and Z. §§ 545–549; Arn. Pr. Intr. P. I. § 58; A and S. § 266, 3.

3. Flaminii—corpus—inquisitum non invenit: briefly for, Flaminii—corpus—inquiri jussit, sed inventum non est.—Alschefski.

10. In comitium et curiam versa in magistratus. The comitium occupied the upper or eastern end of the Forum; it was separated from the Forum in the narrower sense of that word, by the Rostra

—See the Plan of Rome.—The curia here mentioned was the Curia Hostilia, so called from the king who built it, which was on the north side of the Comitium. It was the most important of the buildings early erected upon the Comitium; in it were held the meetings of the Senate, and around it the people were wont to gather, as at the time here referred to, on all occasions of great public interest.—Becker's Handbuch der Röm. Alt. 1, pp. 281, seqq.; Classical Museum, No. xi, pp. 9, seqq.; Dict. Antiqq. p. 451.

27. Cerneres. See n. on *timerem*, B. 2, c. 7.

Ch. VIII.—**43. Ex comparatione**, literally, in consequence of the comparison, i. e. in comparison with.

1-5. Ut—sentiretur, etc. *Magis* must be joined with *sentiretur*, and *gravior* corresponds to *levis*, and agrees with *causa*. *Valido* is in the same construction with *affecto;* as if it were written in full, *quam in valido corpore gravior,* etc. Fabri cites other instances of the omission of the preposition; e. g. B. 3, 19, non in plebe coercenda quam senatu castigando; 10, 26, a Gallo hoste quam Umbro. So 26, 41; 31, 39; 36, 11.—Observe the different tenses of the verbs *sentiretur, inciderit;* the imperf. in the former, because the clause is hypothetical, the perf. in the latter, because the clause expresses what is conceived as an *actual* occurrence.—See Z. § 524, note 1.—*Æstimandum esse.* The acc. with the infinitive depends upon a verb easily supplied from the preceding *æstimare.*

11. Ante eam diem. On the gender of *dies*, see Z. § 86. Fabri says that with the pron. *is*, Livy generally, though not exclusively, has *dies* feminine.

Ch. IX.—**28. Satis quieti—gaudentibus.** The clause *præda—gaudentibus* gives the reason for the preceding words; as the soldiers delighted more in plundering than in lying still, a short time was sufficient for rest. *Gaudentibus* is dat. depending upon *datum.*

30. Marsos. *Devastat* governs *Marsos* as well as *agrum*, also *Marrucinos* and *Pelignos*, as the name of the people stands here for the country itself.

37. Dictator iterum. Fabius had been appointed Dictator four years before.

43. Libros Sibyllinos. See n. B. 21, c. 62.

3. Ludos magnos. See n. on *spectacula*, B. 1, c. 35.

4. Erycinæ, from Mt. Eryx in Sicily, on which was a temple, sacred to Venus. Hence the epithet.

4. Lectisternium. See n. on B. 21, c. 62; and on *supplicatio*, see Dict. Antiqq. p. 938.

Ch. X.—**14. Velitis jubeatisne.** See n. B. 1, c. 46.

15. Populi Romani Quiritium. On this expression, see note on *Priscis Latinis*, B. 1, c. 32.

17. Quod duellum—sunt. These words Alschefski, following the

Page

152 MSS, has, in his larger edition, placed immediately after *Quiritium* but they are so closely connected with *hisce duellis*, that I have preferred, with most editors, and also Alschefski in his minor edition, to place them immediately after those words.

19. Datum donum duit. Whether we take *datum* substantively, and read with Stroth and Fabri *datum, donum,* or explain *datum,* with Gronovius, as = *nunc voto datum,* the meaning is substantially the same. The expression has the usual characteristics of all the language of solemn forms. It may be compared with the form in B. 1, c. 32. Alschefski translates: so wird das Volk eine *Gabe zum Geschenk* darbringen. *Duit* Alschefski pronounces, on the authority of Festus, as = *dederit*, and translates it, as above, as a fut. perf. In connection with what goes before, it will then be thus translated: " If the Roman state, as I wish, be safely preserved in these wars, (in the war namely with the Carthaginians, and in the wars with the Gauls who dwell on this side the Alps,) then shall the Roman people offer as a gift," &c. On the other hand, with *duit,* in its usual force as a pres. subj., it seems necessary to supply *ut* dependent upon the preceding *sic fieri*.

21. Jovi fieri. *Fieri* = *sacrificari*, and the acc. with infin. depends upon *duit* above.

24. Profanum esto, neque scelus esto, = religione veris sacri non tenebitur nec ei erit fraudi, cui mortuum erit—Alschefski; "let it be common," i. e. regarded as not consecrated. *Scelus* = *noxa, nefas,* an *offence* to be visited with punishment.

26. Clepset, from *clepere,* κλέπτειν, found only in the earlier language. This form Alschefski has from the best MSS., instead of *clepsit,* the common reading; it is = to *clepsisset;* and the change of the tenses *moritur, rumpet, faxit, clepset,* is peculiar to the ancient language, to which the whole passage belongs.

29. Anteidea, or *antidea,* ancient for *antea.* With *ac* it has the force of a comparative, *ac* meaning " than ;"—" earlier—than." See Z. § 340. In the larger edition, Alschefski reads *faxitur,* = *factum erit.*

153 Ch. XI.—**8. E republica,** "for the good of the state." See Zumpt on *e* or *ex,* § 309, at the end.

12. Ut—uti. Fabri refers to the remark of Drakenborch on the frequent repetition by Livy of *ut* or *uti* after an intervening clause Examples are found in 5, 21; 8, 6; 34, 3; 36, 1; 38, 38; 42, 28.

16. Via Flaminia. On the abl. see Z. § 482. This road was commenced by the censor C. Flaminius, u. c. 534. It was called the Great North Road, and issued from the Porta Flaminia, (see Plan of Rome,) and proceeded to Ocriculum and Narnia, and thence to Spoletium and to Ariminum.—See Dict. Antiqq. p. 1045.

19. Viatorem; from *via,* a servant who executed the commands of the Roman magistrates. The higher magistrates had both *lictores*

BOOK XXII. 295

and *viatores*, the lower only *viatores*. Cic. de Senec. c. 16, explains the name: qui eos (i. e. senes, senatores) arcessebant, *viatores* nominati sunt.—Comp. Dict. Antiqq.

31. Minores—annis, "under thirty-five years of age." See Arn. Pr. Intr. P. 1, 307.—*Alii* = *ceteri*.

Ch. XII.—**35. Quo diem**, etc. I prefer this reading, with Fabri and Bekker, and Alschefski in the smaller edition, though it has the authority of but a single manuscript. *Quo* refers to *Tibur*, and the whole expression is in exact accordance with the words just above in c. 11, iis—Tibur diem ad conveniendum edixit. Alschefski has in the larger edition *quo die*.

37. Viam Latinam. See Dict. Antiqq. p. 044. *Tranversis limitibus*, "by cross-roads." Comp. B. 2, c. 39.

39. Ad hostem ducit. See n. on *ducere*, B. 1, c. 23; also on *educeret*, just below, see same place.

44. Victos tandem suos Martios, etc. This conjectural reading Alschefski adopted in his smaller edition; and it seems to me preferable to any that has been suggested. *Romanis* has, in translation, the force of the genitive, and we may translate thus: "that the Romans, too had at last lost their martial spirit." *Martios*, i. e. the spirit which they believed that they inherited from Mars himself. Alschefski, in the larger edition, reads *quos* Martios, etc., from the MSS., and translates thus: gesunken sei endlich den Römern *ihr einst wie* Kampflustiger Sinn ; but these words, though sufficiently clear of themselves, seem to me by no means a legitimate translation of the Latin, and do not relieve the MS. reading *quos* of its difficulty.

3. Incessit, the reading of Muretus, sustained by one MS., adopted by Fabri and Bekker, and by Alschefski in the smaller edition. In the larger, Alschefski has *incensus*, the reading of some later MSS.; but, as Fabri has observed, *incensus* does not seem suited at all to Hannibal's present state of mind; and besides, the construction itself *animum incensus*, the Greek acc., seldom occurs in Livy.

7. Hauddum; this word occurs sever. times in Livy ; 2, 52; 10, 6; ib. 25; 28, 2; 29, 11; 33, 11; and here. It means *not yet at all;* here it scarcely differs from *nondum*, *not yet*.—Hand, Turs. 3, p. 40.

14. Nisi—necessario cogeret. In the larger edition, Alschefski has *necessarii*, (genitive,) according to one MS. *Cogeret* may be taken absolutely, "required;" or we may easily supply *egredi* or *milites emittere*.

23. Non magis—quam, i. e. non *minus*—magistrum, *quam* Hannibalem ; or *not only—but also*, &c.

25. Nihil aliud—habebat. *Nihil—moræ—habebat*, lit. *had no other hinderance*, i. e. "was kept by nothing but his inferiority in command, from ruining the state."

Ch. XIII.—**41. Cum res major quam auctores esset, i e. cum**

Page

154 res major esset, quam ut juvenum promissis fidem habere posset, **Campanos se praesenti dedituros esse.**—Alschefski. "Since the character of his advisers was not a sufficient warrant for the thing itself."

155 **6. Ab Latino nomine.** This is Alschefski's emendation of the MS reading, *ab Latinorum nominum;* "but the Punic, differing from the Latin name," &c.

11. Ubi terrarum esset, "where in the world he was." See Z. § 434; A. and S. § 212, Rem. 4, N. 2.

20. Nec abnuebant—parere. *Abnuebant* to be joined with *quia*, like the preceding verb. The intervening clause *quod—est* belongs to the whole expression *abnuebant melioribus parere*.

CH. XIV.—**26. Celerius solito.** See A. and S. § 256, Rem. 9; Z. § 484.

32. Ad rem fruendam, etc. *Ad* Alschefski reads from the MSS instead of the conjecture of Gronovius, *ut*. *Ad rem fr*. must be joined with *venimus*, and *spectatumne* with *caedes et incendia*. "Have we come hither to a spectacle, on which our eyes may feast, to gaze upon the slaughter of our allies and the burning of their territory?"

33. Si nullius alterius, etc. "If for no one else, are we restrained by respect not even for these our fellow-citizens," &c. On this sense of *pudet* with the gen., see Z. § 443.

38. Tantum pro, etc. *Pro* is an interjection, "alas!" Z. § 359. "So much, alas! have we fallen from the spirit of our fathers," &c.

44. Laeti spectamus. *Laeti*, the reading of the best MSS., Alschefski has restored. The common reading is *lenti*, = *tardi*, *slow*, *insensible*, which gives indeed an elegant sense, but yet one no better than the MS. reading *laeti*.

156 **13. Veios allatum est.** So Alschefski reads, and also Fabri and earlier editors, instead of *nuncius* or *rumor* allatus est. *Affertur*, *allatum est*, are frequently thus absolutely used by Livy, as Drakenborch has shown from numerous instances.

19. L. Papirius Cursor; in the second Samnite war. See Schmitz, Hist. c. 12.

22. Modo C. Lutatio, etc. The allusion is to the naval victory of C. Lutatius Catulus, B. C. 242, in the first Punic war. See Schmitz, p. 186. *Modo*, like *nuper*, *lately*, is used in reference to intervals of considerable length—here to one of 25 years—when from any circumstances they may appear short to the speaker. Here the victory of Lutatius, in comparison with the exploits of Papirius which had been just referred to, might well seem to have occurred recently.—Fabri.

CH. XV.—**35. Fabius pariter,** etc. I follow, in this sentence, the reading of Alschefski's minor edition, and that of most editions *Pariter* certainly seems redundant, as *haud minus* immediately follows; still, the clause *haud—hostes* we may consider with Fabri epexegetical of *pariter* ·—" attentive alike, no less to his own than to the

enemy." Alschefski, in the larger edition, reads thus: pariter *inter suos—ab aliis*—præstat.

44. Hæc refers back to the words *ut Hannibal—circumspectaret*—Fabri.

3. Dirempta—dividit. " *Dividere* refers to a whole, of which the parts are merely locally and mechanically joined, and accordingly severs only an *external* relation; but *dirimere* to a whole, of which the parts organically cohere, and accordingly destroys an *internal* relation. Liv. 22, 15, Casilinum urbs—*flumine dirempta—dividit—;* because the separation of a city into halves by a river is an *unnatural* one, and on the other hand the separation of two neighboring districts by a city is a *natural* one."—Doederlein.

21. Omni parte—impar. *Omni parte. in every respect—totally;* " totally unequal in strength."

27. Ne ab Sinuessa, etc. *Ab Sinuessa,* the conjectural reading of Gronovius, from the MS. reading *adminuisse,* Alschefski adopts; the rest according to the best MSS.

CH. XVI.—**34. Cum expeditis equitibus.** Thus Alschefski reads, in preference to the reading of some MSS. *expeditis equitibusque.* With the latter reading, inasmuch as *expeditis* alone would be incomplete, it would be necessary to adopt Weissenborn's conjecture, and supply *peditibus* before *equitibus.* But *expediti* may be said of *equites* as well as of *pedites,* as is clearly shown below, in c. 55, *equites expeditos et Appia,* etc. Thus the above reading is every way to be preferred.

35. Ad hostem carptim, etc. The meaning of *carptim* is clear from what follows: *procursando recipiendo que sese, at different points,* fighting here and there by separate detachments, *skirmishing.* So also the word occurs 44, 21, *carptim aggrediendo,* which is cited by Freund, together with the present passage. So *carpere* is used in passages, referred to by Fabri, below, c. 32; 3, 5; 6, 32; 8, 38; 27, 46. Hence the reading is preferable to the conjecture of Gronovius, adopted by Bekker, *capti impetus,* from a MS. reading *captim Pœni.*

38. Ab Romanis. See n. on *ab Sabinis,* 1, c. 12. The force of the expression is still more clear from what immediately follows; *octing hostium.*

40. Tantum—divitum sociorum, *" so many* rich allies."

44. Cum per Casilinum, etc. Arnold has thus described the arrangements of Fabius for cutting off the escape of Hannibal: " He sent parties to secure even the pass of Tarracina, lest Hannibal should attempt to advance by the Appian road upon Rome; he garrisoned Casilinum on the enemy's rear; the Vulturnus from Casilinum to the sea barred all retreat southward; the colony of Cales stopped the outlet from the plain by the Latin road; while from Cales to Casilinum the

Page
157 hills formed an unbroken barrier, steep and wooded, the few paths over which were already secured by Roman soldiers."—Hist. 2, p. 303.

158 **7. Præliganturque.** So Alschefski, from the best MSS., instead of *præligantur*. *Collectæ* here, as in numberless instances, for *collectæ sunt*.—*Aridi sarmenti* (gen.) from Alschefski, instead of *arida sarmenta*.

Ch. XVII.—**16. In adversos montes,** "*up* the hills."

17. Calorque jam, etc. Alschefski has restored *diu* upon the best MS. authority. *Ad vivum,* " to the flesh,"—just as we say, *to the quick*.

19. Quo—discursu. The relative, agreeing with *discursu*, though it really refers back to *boves;* instead of *quorum* disc. The same construction frequently occurs with the demonstrative pronoun. See Grysar, p. 204. The sense is also well given by Alschefski thus: qui cum—repente discurrissent.

25. Minime means here not " by no means," as frequently it does, but " least of all," the idea being that *fewer* fires glittered here *than anywhere else.* Gronovius, who restored *minime* to the text, aptly referred, in illustration, to Cæsar, Bell. G. 2, 33, *minime arduus;* Liv. 31, 8, (at the end ;) to which Fabri adds Cic. Brutus, 57, placebat—maxime, vel dicam, *minime* displicebat, and De Nat. D. 1, 3, in similar contrast with *maxime ;* and opposed to *plurimum,* Orator, 66.

32. Nox—neutros—tenuit. The whole sense, though here very briefly expressed, is manifestly this: *Neither party* renewed the fight, as *both* were restrained by an equal fear. *Neutros* strictly belongs only to *incipientes,* and we should expect *utrosque* with *tenuit*. Alschefski thus explains: cum nox—utrosque teneret, nec Romani,—nec Hannibalis levis armatura—incipere pugnam ausi sunt.

Ch. XVIII.—**38. Munimentis tenuit.** This construction of *tenere* with an abl. of place is frequent in Livy, especially *se tenere*. So 2, 45; ib. 48; ib. 62; 3, 26; 4, 21; 7, 38; 8, 13.—Fabri.

41. Ad id ipsum—pervenisset. *Ad id ips.,* "for that very purpose." *Pervenisset* is the reading of the MSS., and is retained by Alsch., as it had been by Fabri, in preference to *supervenisset,* the conjecture of Gronovius, adopted by Bekker, and to *prævenisset,* the reading of Kreyssig and of Baumgarten—Crusius. Fabri has sufficiently defended the absolute use of *pervenire* by parallel passages, e. g. 2, 40, *quamvis—perveneras. Nisi—pervenisset, had not arrived, come up.* Alsch. translates: zur rechten Zeit erschienen wäre.

42. Assuetior montibus. On the construction, comp. n. B. 21, c. 33. I add here a remark of Siedhof, (Biblioth. Sacra, Vol. iv. No. xv. p. 423:) " to connect *assuescere, consuescere,* and *insuescere* with the dat. or *ad*, is a later use ; in the time of Cicero, they govern the ablative."

44. Ac leviorque. So Alsch., instead of *ac levior;* "*and also*

BOOK XXII.

more nimble." Alsch. compares above, c. 12, debellatumque *et* con- 158
cessum*que*.

17. Imitetur—censeret. On the difference of the tenses, see n. 159
on B. 1, c. 25, *fecissent*. Fabri remarks that here the present expresses
command, and the imperf. counsel, and hence that the latter better
agrees with *censere*.

21. Ab continuis—ac respirasse. This reading from Alschefski's *editio major* I adopt, as on the whole the best. It has certainly
the authority of the best MSS. The sense which it gives is also clear.
Ab with *contin. clad.* is equivalent to *post*; Hand, Turs. 1, p. 45.
Desisse, not for *desitum esse*, but in the same construction as *respirasse*, sc. Romanos. At the same time it must be conceded that there
is a harshness in the position of *ac respirasse*, from which the common
reading *et ab continuis cladibus resp.*, and the reading of Alschefski
in the minor edit., *ab contin. clad. resp.*, are free.

22. Hæc—profectus. These words must be taken in connection
with *revocatus—agens* above, from which they are divided by the intervening address of Fabius.—Heusinger.

Ch. XIX.—**28. Carthagine,** i. e. New Carthage.

32. Terra, abl. of place; so used alone, as well as in *terra
marique*. Comp. n. above, 21, c. 41.

33. Ingentem famam, etc., i. e. famam *ingentium*—auxiliorum.

34. Delecto—imposito. *Ad naves* to be joined, not with *milite*,
but with *delecto*; *soldiers levied for the ships*, i. e. *the marine service*. *Imposito*, absolute for *imp. in naves*.—Fabri. "Having em-
barked the soldiers levied for the marine service."

13. Alii, resolutis oris, etc. The *oræ* were the cables at the 160
stern, by which the ship was fastened to the shore; *anchoralia*, those
at the prow, by which the anchors were let down. *Evehi in anchoras*,
to sail against the anchors.—Freund. Gronovius thus explains the
meaning: quidam, funibus solutis—quibus naves ex puppi terræ alli-
gatæ erant, obliti ancoras vellere præ festinatione nimia, provecti contra ancoras adhuc tenentes propellunt easdem naves.

17. Capere—prohibentur. On the construction, see n. B. 1,
c. 39.

Ch. XX.—**42. Sublato,** sc. *eo*, the antecedent of *quod*; "having
taken away enough for their use."

6. Citeriora provinciæ. For the construction, Z. § 435, Note. 161

9. Facti sint, the reading of the best MSS., Alschefski retains,
because by the subjunctive is expressed the *uncertainty* of these new
acquisitions.

Ch. XXI.—**15. Fuissetque per,** etc. *Per, on account of, so
far as it concerns.* See Z. § 301. "And would have been, so far as
the Carthaginian foe was concerned."

22. Ut—manum. On the force of *ut*, see n. B. 21, 7.

Page 161 Ch XXII.—44. **Nec ullo viso hoste**, "*and* as *no* enemy appeared," = *et, nullo*, etc.

Page 162 11. **Nihil—corpus.** *Corpus* for *homo*, and expressive of contempt; "nothing but a worthless and infamous *creature*."

14. **Potestatis ejus**, "*his* power," *ejus* depending upon *potestatis*. Fabri has illustrated, by numerous examples from Livy and other writers, this ambiguous construction of the genitive of a pronoun dependent upon a noun, which is also in the genitive, e. g. Livy 4, 16, *cujus dictaturæ;* 24, 44, *majestatis ejus;* 33, 39, *ditionis ejus.* So also Cic. Lael. 9, 30, *virtutis ejus;* Rosc. Am. 9, *filii—ejus;* ib. 51, *patris ejus.* On the construction of *potestatis*, see n. B 1, c. 25, on *ditionis—facti*.

15. **Eam unam rem maxime.** *Unus* strengthens the superlative.—Z. § 691. That that thing *alone more than any thing else;* "that *nothing so surely as that* would gain for the Romans the friendship of the Spanish chiefs."

23. **Abessent.** The subj. because it is said in accordance with the sentiments of the Spaniards; and in the imperfect instead of the pluperfect, to express what was *yet going on* within the interval fixed by the words *ad eam diem.* The pluperfect would express the idea that a change had already taken place, and that things were now different.

32. **Obsidium.** Alschefski has this form from his MSS., and also just above, *obsidium custodes;* but *obsidum* is certainly the regular form.

35. **Ad—ingenia.** *Ad*, "in comparison with."—Z. § 296; Hand, Turs. 1, 107.

Page 163 4. **Quo si,** i. e. *quo acta forent.*—Fabri. In this line Alschefski reads, in the larger edition, eundem *ordine*, and contends that *eundem* refers to Abelux. But as that reading is found but in a single MS., I retain *eundem ordinem*.

5. **Romanorum gratia;** favor *towards* the Romans, "the good will *gained by* the Romans."

6. **Futura—fuerat,** "would have been." Compare n. B. 2, c. 1 on *futuram fuit;* and see Z. § 519, *a, b*.

Ch. XXIII.—17. **Cunctatio Fabii.** The slow, defensive system—the "masterly inactivity"—in which Fabius wisely persisted has rendered the *Fabian policy* proverbial among all nations. He was known by the appellation of *Cunctator*. Compare Cic. de Senec. 4. Hannibalem juveniliter exultantem patientia sua molliebat, (Fabius;) de quo præclare familiaris noster Ennius:

Unus, qui nobis cunctando restituit rem;
Non ponebat enim rumores ante salutem:
Ergo magisque magisque viri nunc gloria claret.

28. **Ea merces.** The pronoun, though it refers to the preceding

proposition, yet takes the gender of *merces.* So also the relative pronoun in similar constructions. Z. § 372.

34. Argenti pondo bina. For pondo, see Z. §§ 87, 428.

Ch. XXIV.—**7. Consilia calidiora.** *Calidiora* Alschefski explains by "*temeraria violentaque et inconsulta.*" So also, Freund defines *calidum—consil.* by *temerarium, praeceps, rash, precipitate.* Yet *calidiora* is found only in later MSS.; the best nave *callidiora.* Also in the parallel passages cited by Fabri and Freund, viz. Livy 35, 32; Cic. de Off. 1, 24, the readings *callida, callidius,* are found in the best MSS.

11. Cum hostis; "*although* the enemy;" as it was the fact of the enemy now being near, that made it appear strange that Hannibal sent away *tertiam partem,* etc.

18. Ad quem capiendum—ceperunt. Gronovius wished to strike out *ceperunt,* as unnecessary. But it is found in all the MSS.; besides, it is agreeable to the Latin idiom, (as we have seen above, B. 21, 6, *quibus—denuntiarent,*) to use the relative thus in the subordinate clause of a sentence. But in translation, the sense is certainly the same as if *quem* grammatically belonged to *ceperunt,* e. g. *quem,* quia si ad *eum* capiendum—iretur—præv. erat nocte—ceperunt. Compare Z. § 803.

28. Pars—jam ferme, "a part was now generally absent." The words *jam ferme* are emphatic; and, in accordance with the suggestion of Heusinger, these words are, both by Fabri and Alschefski, joined with *pars—aberat.* Hannibal was compelled to be constantly sending out foraging parties, on account of his scanty supply of provisions.

36. Toto Samnio. For the construction, see Z. § 482

43. Admodum, *about, in all.*

Ch. XXV.—**5. Ut—essent.** *Ut, though, even if;* "even if every thing were true." See Z. § 573, and compare B. 21, 47, *ut—transvexerint.*

7. Id enim—negat. *Enim* has here the force of strong *asseveration,* as in English, *really, now really;* "said that *really* that was not to be borne."—Hand, Turs. 2, p. 388.

14. Quorum, etc. *Quorum* refers to *duos prætores.* The sense is the same as if it were: cum neutra eorum (prætorum) provincia, etc.

17. In custodiam. So the best MSS. instead of the more usual *in custodia.* Compare Livy 2, 14, *in potestatem—esset,* and also in 24, 1; 30, 10, *in animum habebat;* 8, 20, *in carcerem asservari.*— Fabri.

24. Ut—abscesserit. *Ut,* "as soon as." Z. § 506.

27. Laturum fuisse; for the pluperf. of the *oratio recta;* "would have proposed." See Z. § 593, note.—In the *editio major,* Alschefski has *dein,* from two of his MSS.

Page 165. **30. Nec—ne—quidem.** Two negatives, which do not destroy each other.—Comp. B 3, c. 54, *nihil—ne—quidem*, and Z. § 754, note.

39. Bono imperatore. This reading Alschefski has, on the authority of the best MSS., instead of *imperatori;* and the sense is clear: *with a good commander,* i. e. *so soon as they had a good commander.*—Comp. Z. § 646, note, at the end.

166 Ch. XXVI.—**13. Togaque et forum.** *Toga,* the ordinary dress of a Roman when in public, and *forum,* the place for the transaction of public affairs, are here joined together to express the idea of *public life, the life of a statesman.*

18. Haud parum callide, with *not a little,* i. e. " *with great—shrewdness;*" as we sometimes say, *shrewdly enough.*

21. Æqui atque iniqui, " friends and foes." See n. B. 5, c. 45.

25. Litteris senatus consulti, the dispatch *of* the decree of the senate, i. e. " the dispatch *containing* the decree of the senate." The conjectural reading of Gronovius, adopted by Fabri, is *litt. senatusque consulto.*

27. Cumque invicto, etc. The *que* connects the words *cum—animo* with *satis fidens.*

Ch. XXVII.—**37. In tantum.** Alschefski in the *edit. major* reads *tantum* without *in,* on the authority of one MS.; and cites two passages in which *tantum* is so used, 5, 38 ; 37, 57. But as, on the other hand, *in tantum* is equally common, and besides, is the reading of most MSS., it is here retained.

44. Partitis, used passively. See n. on *experta,* 1, 17.

167 **5. Cum illo.** In the *edit. major,* Alschefski reads *alio,* and certainly on the authority of many and good MSS.; but the context is in favor of *illo.*

6. Parte, qua posset *Pars* = *munus;* with *posset* must be supplied *res consilio gerere*

Ch. XXVIII.—**27. Non modo—sed ne—quidem.** See n. B. 1, c. 40.

33. Necubi tamen. *Necubi* = *ne alicubi, lest anywhere;* " yet that nowhere." So above, c. 2, *necubi—deessent;* 16, *necubi*—aggrederentur. In like manner *necunde* = *ne alicunde* above, c. 23, *circumspectans, necunde—fieret.*—Hand, Turs. 4. p. 149.

36. Quem ante diximus, " *before-mentioned.*" Expressions of this kind, e. g. *so-called, above-mentioned,* the *present,* the *future,* &c., are given in Latin by a circumlocution with a relative. Thus the *so-called qui nominatur;* the *things above-mentioned, quæ supra dixi;* the *present,* (times,) *quæ nunc sunt; of that place,* qui—*ibi est;* the *future,* (orator, statesman, &c.,) *qui futurus est;* though in this last Livy uses the participle alone.—Grysar, p. 261.

44. Ut crescente certamine. On *ut,* see n. 21, 7. But this reading is not fully established, as most MSS. omit *ut.*

168 **6. Si justa—recta—esset.** On *justa pugna,* see n. B. 5, c. 49

Recta pugna is opposed to *insidiæ* or *incursiones a tergo, a lateribus factæ*, one in which the parties meet face to face; *open, honorable.*

Ch. XXIX.—**26. Volventesque orbem.** See Lev. Lexicon at the end. Fabri compares *orbem facere*, Cæsar, B. G. 4, 37; Sall. Jug 97; *orbem colligere*, Liv. 2, 50; *coire in orbem*, Liv. 23, 27; *in orbem consistere*, Cæs. B. G. 5, 33.

33. Sæpe ego. On this whole passage Fabri aptly compares Hesiod, Ἔργα καὶ ἡμέραι, vv. 293, seqq.; also Cic. Cluent. 31.

44. Si nihil aliud, *if nothing else,* " at least."

Ch. XXX.—**7. Patronos consalutasset;** in the same sense as *patrem appellasset,* and at the end of the preceding chapter, *patronos salutabitis;* the direct forms were, perhaps, *Salve, pater, salvete, patroni.*

8. Quo fando possum, sc. *æquare.*—Fabri.

12. Quod exercitibusque. The *que* is connected with *exercitibus,* because the additional thought lies in that word, and not in *quod.*

15. Magistri equitum. *Mag.* dependent upon *ordinem,* which may be easily supplied from *ordines.* This is the reading of Gronovius, adopted by Alschefski in the *edit. minor.* In the *edit. major* Alsch. reads *magisterio equitum.* Fabri reads *magisterium.*

28. Eam nubem, etc. In these words Hannibal compares the Roman army to a cloud hovering upon the mountains, as it was the policy of Fabius to keep upon the hills, and not come down to the plain, to give battle to the enemy.

Ch. XXXI.—**39. Juxta, ac si,** "just as if." So also Cic. post red. in sen. 8, 20, *juxta ac si meus frater esset;* Sall. Jug. 45, 2, *juxta ac si—adessent.* These are the only instances given of this construction by Hand, Turs. 3, p. 541. A similar construction in Liv. 10, 6, *juxta—quam—viderent.*

43. Ad mille hominum. These words seem to be used as a substantive expression, in the abl. abs. with *amisso;* "after about a thousand men, with them Semp. B., were lost."—*Mille* is generally used as an adjective, see Z. § 116. Yet other instances of its use as a substantive occur in Livy, as 21, 61, *millibus peditum;* below, c. 37, *mille sagittariorum;* 24, 40, *mille hominum.*

15. Titulum imaginis. See n. B. 3, c. 58, on *virum—imaginis.*

Ch. XXXII.—**24. Adeoque inopiæ,** "to such a degree of want." *Inopiæ* in the gen. depending upon *adeo,* in the same way as gen. depends upon *adhuc, eo,* and other adverbs.—Alschefski. Yet this construction is doubtful, as well as the reading itself. Most MSS. and most editions have *adeoque inopia.*

25. Abeundum, sc. esse. The common reading is *abeundo.* Alsch. cites 10, 36, *ni cedenti instaturum alterum timuissent,* in illustration of the use of the infinitive with verbs of fearing, especially in conditional sentences.

34. Geratur, sc. *bellum.*

Page 170 **38.** Fuisse oblaturos, "would have offered." See n. B. 1, c. 4f. *futurum fuisse.*

40. Duxissent—judicaverint. We have the pluperf. and the perf. both in dependence upon *facturum,* sc. esse. But Livy seems to have used the pluperf. *duxissent,* and the perf. *judicaverint,* because it was in accordance with the feelings of the Neapolitans, and with the style of their present address, to express by *dux.* something already past; and by *judic.* to give to the conception as much *actual reality* as possible. Comp. Z. § 524, Note 1.

Page 171 Ch. XXXIII.—**11.** Illyrios—ad stipendium. See n. B. 21, c. 16

16. Per seditionem militarem, "on *the occasion* of a military sedition."

20. Ædem—faciendam locaverunt, "*let out by contract* the *building* of a temple."

23. Quam jussissent, i. e. in *quam jussissent,* sc. comitia edici —Fabri.

30. Vitio creatis. See Lev. Lexicon, *Vitium.*

Ch. XXXIV.—**38.** Ab—opibus, etc., i. e. *postquam* Fabii potestas fracta erat.—Hand, Turs. 1, p. 45. Comp. n. above, c. 18, on *ab cont. cladibus.*

44. Prohib.—perficere. On the infinitive with *prohibere,* see n B. 1, c. 39.

Page 172 **4.** Cum—universis, "with four legions *together,*" i. e. with the two consular armies united.

15. Cui—apparere. See n. on *quid—esse,* 21, 30.

17. Ambos—morando, "by remaining both of them with the army."

Ch. XXXV.—**28.** C. Terentius consul. On the character of Varro, compare Arnold, Hist. 2, p. 308.

29. Comitia rogando collegæ. On the dat., see Z. § 665; comp notes, 1, 35; 4, 4.

32. Sua prope ambustus evaserat, "had himself *barely* escaped condemnation." *Prope ambustus,* literally, *almost burnt,* often applied to a person prosecuted. Comp. below, c. 40, *se populare incendium—semiustum effugisse.* The expression may be illustrated by our more familiar one, *come off with a whole skin.*

35. Par magis in adversandum, "rather as a match for him as an opponent."

43. Fortibus ac strenuis. See n. 21, 4.

Page 173 Ch. XXXVI.—**8.** Millibus peditum. See Z. § 119, where the distributive sense of *millia* in this passage is referred to.

11. Peditis depends upon *numerum.* In the *edit. maj.* Alsch. reads *pediti.*

20. Lapidibus pluvisse. See n. 21, 62.

20. Cæretes—calidas; the reading of Alsch. instead of *cædes,* aquas e fonte calidas. *Fonte calido,* "though it was a warm spring."

Ch. XXXVII.—31. Ut—moveri magis potuerit, that he *could* have been more moved. See Z. § 518; Arn. Pr. Intr. P. I. 125.

34. Se—misisse. *Se* seems to be here used instead of *eum*, because the ambassadors, inasmuch as they represent Hiero, speak, as it were, in his person.

42. Milite; for *pedite*, in connection with *equite.*—Fabri.

1. Mille—funditorum. See above, c. 37, n. on *mille hominum.*

2. Pugnacesque—gentes, "and other nations *accustomed to fight with* missile weapons." *Pugnax* occurs here in an unusual construction, as it is generally used absolutely, *fond of fighting, warlike.*

16. Firmam—stabilem. *Firmum,* something *steadfast,* inasmuch as it bids defiance to all attacks; *stabile,* as it is no more *subject to change, durable.*—Doederlein, 4, p. 165.

Ch. XXXVIII.—24. Jurejurando. *Jusjurandum,* a civil oath, by which a man confirms or promises something; *sacramentum,* a military oath, by which a soldier binds himself not to forsake his standard.—D.

28. Dec. equites—pedites. Each *ala* of the cavalry was divided into 10 *turmæ,* and each *turma* into three *decuriæ;* hence *decuriare.* On the other hand, the legions of the infantry were divided each into cohorts, maniples, and *centuriæ;* hence *centuriare.*

29. Sese fugæ, etc. These words, as well as those just below, *voluntario—fœdere,* refer to the usual *sacramentum.*

35. Denuntiantis, i. e. in quibus denuntiabat. On the use of the part. in Livy, comp. 21, 6, *orantes.*

41. Quodne qui, "what any general." *Quomodo,* the conjecture of Valla, is adopted by Fabri and Bekker; but the above is the reading of the MSS., and is restored by Alsch., as it yields an intelligible meaning.

6. Ad id locorum, = *ad id tempus.* See Z. § 434.

Ch. XXXIX.—11. Collegæ—similis. See n. B. 1, c. 20, on *Rom.—similes.*

17. Claudet; from *claudere,* to be lame, to be weak.

21. Et—si certaturus es, adversus, etc. This is the emendation of Alsch. The common reading is *sis certaturus; et adversus,* etc. The *et* connects *pugnandum—sit, sit oppugnaturus* with *nescio an.* "And, (whether—not,") &c.

28. Furere—insanit. In using these two words, the speaker means to say, that with Flaminius there had been an excitement of feeling, which occasioned, as it were, a *temporary* derangement; but that Varro appeared like one, who had long since quite lost his reason. —Fabri.

37. Adversus unum, "in comparison with (any) individual." Alsch. says: in *unum* inest, "quisquis ille unus est, sive bonus dux sive imperitus."

Page

175 **38. Et—excesserim,** "and I would exceed the bounds." See Z § 527. *Ut*, which Alsch. reads in the *edit. major*, seems quite out of place in the present construction.

176 **3. Tempus diesque,** "the time, with every (passing) day' Heusinger, die Zeit mit jedem Tage.

12. Quamdiu, etc. The sentence is purposely abrupt and unfinished, for the sake of force and vivacity. It is the figure called *aposiopesis*. See A. and S. § 324, 33.

21. Famam rumoresque. *Rumor*, report, the uncertain, dark, often clandestine propagation of intelligence; in opp. to authentic information. *Fama*, information, open and public propagation of intelligence, in opp. to ocular demonstration.—D.

29. Nec ego. *Volo* must be supplied, as *malo* occurs just before. Gronovius and Bekker read non fortuna *velim;* Fabri reads *moneo* after *agatur*.

30. Potestatis. See n. on *ditionis*, B. 1, c. 25.

Ch. XL.—**37. Quid—fore.** See n. B. 21, c. 30, on *quid—esse*.

39. Semiustum. See above n. on *ambustus*, c. 35.

42. Ab hoc sermone. *Ab*, "immediately after." See above, c. 34, n. on *ab—opibus;* and c. 18, on *ab—cladibus*.

44. Turba—deessent. *Cum* is the reading of the best MSS., and is restored by Alsch.; *quam* is the common reading, though Fabri has also *cum*. *Turba* is abl.; "attracting more attention by their great numbers." *Dignitates*, i. e. *homines alicujus dignitatis*.

177 **4. Consulum.** Such a partitive genitive depending upon a proper name, Fabri shows by numerous passages to be a common construction in Livy.

15. Fuerit. See n. B. 1, c. 3, on *ausi sint*. Comp. on this subject, Siedhof, Bibliotheca Sacra, Vol. 4, No. 15, p. 427.

Ch. XLI.—**18. Tumultuario prælio ac,** etc. *Prælio*, abl. of cause; and *ac* is explicative.—Fabri. Comp. the use of *atque* above, at the end of c. 6. The sense is this: by a disorderly engagement, one, *namely*, which arose, &c.

23. Alternis, sc. diebus.

28. Omnia—hostium. *Hostium*, partitive gen. depending upon *omnia*. See Z. § 435.

30. Duas partes. See n. on this expression, B. 21, 40.

36. Medium agmen. These words are explanatory of *impedimenta*. Alschefski thus gives the sense: impedimenta ita traducit per convallem, ut medio in loco inter pedites equitesque essent.

178 Ch. XLII.—**2. Ut—reliquerint.** The perf. subj. because the clause depends upon *fit, nuntiantium;* and in next clause *esset*, because *fit* is the *historic present*. Comp n. on *fecissent*, B. 1, c. 25.

12. Speculatusque, etc. So Alschefski reads, instead of speculatusque—cura renuntiat. With *speculatus, est* must be supplied.

21. Auspicio—addixissent. *Auspicio*, abl. of instrument. On *addicere*, in this connection, see Lexicon; and on this kind of auspices, Dict. Antiqq., p. 130. *Page* 178

24. Claudiique, etc. See Schmitz, p. 184; Arnold, 2, p. 174. On *memorata*, see above, c. 7.

35. Suam. The reflexive pronoun is here used, because *ambitio alterius* is = *alter ambitione* (sua) or *per ambitionem* (suam.)

Ch XLIII.—**7. Eo maturiora messibus.** *Eo, on that account. Messibus*, dat. depending upon *maturiora*. Fabri compares Liv. 2, 5. The sense is: places in which the harvest was earlier. 179

12. Ultra—trans. The separation denoted by *ultra* is merely that of a boundary; by *trans*, that of an obstruction.—D.

23. Ipsi aversi. The Vulturnus blew from the south; and Hannibal's camp, as well as his army in the battle, faced the north. Schmitz refers to an account, " that on the day before the battle Hannibal had ordered the fields to be ploughed, in order to increase the dust."—Hist. p. 204.

Ch. XLIV.—**32. Trans Aufidum**, i. e. in reference to the greater camp. The main army of the Romans was now on the left bank of the river, and the *minora castra* on the right. Hannibal's also was still on the left bank.

35. Qua parte. See n. B. 21, 41, on this expression.

43. Vel usu cepisset. See n. on *usu*, B. 1, c. 46.

4. Videret, sc. Varro. See n. on *mollirent*, B. 1, c. 9 "He might see to it." 180

Ch. XLV.—**14-17. Ut—tenuerit—fuerit.** Ut = *ita ut, so that; tenuerit—ne—transirent*, etc., "kept the Romans from crossing," &c. Instead of *fuerit* we might expect *fuit*, as the clause expresses a fact; but the verb follows the mood of the principal clause.

23. Id erat flumini propius. The whole army was now on the right bank of the river; and from the above words it of course follows that the Roman army faced the south. Comp. above, c. 43, n. on *ipsi aversi;* also, see Arnold, Hist. 2, pp. 311–313.

25. Extremi, etc. *Extremi* in opp. to *intra*. The cavalry of the allies were on the *extreme left*, then the allied infantry, joining the Roman legions who formed the centre.

29. Gemino Servilio. Cn. Servilius Geminus. See above, c. 31.

Ch. XLVI.—**34. Peditibus**, abl. of instrument, though in reference to *persons*. Comp. 21, 46, *Numidis*.

37. Crederes. See n. on *timerent*, B. 2, c. 7.

40. Dispares ac dissimiles. *Dispares*, in reference to the *quality* of the swords, and their *use; dissimiles* in reference to their *form*.—Fabri.

43. Alius. See n. B. 2, c. 38. On *habitus*, B. 5, c. 41.

308 NOTES.

Page
181 Ch. XLVII.—21. Acrius—quam diutius. See A. and S. § 256, Rem. 12; Z. § 690. So above, c. 38, *clarior quam gratior.*

24. Pares—Gallis Hispanisque. *Gallis Hispanisque,* dat. for gen.; comp. 21, 53, *militibus.* With *pares* supply *Romanis.* In the *editio major,* Alsch. reads *parum.*

25. Æqua fronte; *even front,* that is, forming a *straight line,* in opp. to the enemy's line, which approached the form of a half-moon, the Gauls and Spaniards being somewhat in advance. With *æqua fronte,* comp. *recta fronte,* B. 5, c. 38.

31. Reductis alis, i. e. in relation to the Gauls and Spaniards. See preceding note.

33. Æquavit frontem, made the *front even,* i. e. in falling back they first came into a *straight line* with the rest of the troops. See above, n. on *æqua fronte.*

36. Circumdedere alas, "outflanked."

41. Recentibus—vegetis. *Recens,* fresh in respect to *strength, the energies; vegetus,* to *courage, spirit.*—Doederlein 4, p. 446, quoted by Fabri.

182 Ch. XLVIII.—13. Cum—alibi—alibi—qui—jam. The first *alibi* may refer to the left wing of the Romans, the second to the legions, surrounded by the African troops. *Jam* is the emendation of Alschefski. Hasdrubal at first was placed upon the left wing of the Carthaginians, but *now* (*jam*) commanded the right.

15. Ex media acie, i. e. the centre, not of the whole line, but of the *right wing,* on which the Numidians had been placed. So just above, *in mediam aciem* was used in reference to the left wing of the Romans.

Ch. XLIX.—27. Quam mallem, etc. *Quam mallem* is ironical, = quam *parum* mallem, or *non* mallem; *how* would I prefer, i. e. I would *no more* prefer, *would like it no better; just as good, as if he should deliver them to me in chains!*—*Quam* has often this force; as Liv. 8, 33, *quam conveniens,* i. e. *minus conveniens;* Terence, Andr. 1, 5, 52, *quam utiles,* i. e. *parum utiles, inutiles;* ib. 4, 5, 16, *quam—facile—utile,* i. e. *difficile—inutile*

35. Cruore. See n. B. 1, c. 59.

37. Dum et tibi—superest. *Et tibi, you also, you on your part.* The clause must be joined with *comes—protegere.* The sense is: I can protect you, so far as I am concerned, so long as *you also* have any strength left.

41. Macte virtute. See n. B. 2, c. 12.

183 2. Vixisse adhuc et mori. This is the happy reading of Alschefski, instead of *et vixisse et adhuc mori;* "that I have lived up to this time, and that I die."

14. Insertus. For *infestus,* the unintelligible MSS. reading,

BOOK XXII.

various words have been proposed; but *insertus* seems to be the best. Alschefski compares Ovid, Ars. Am. 1, 605, *insere te turbæ.*

Ch. L.—27. Ut—sic. See n. B. 1, c. 25.

32. Alterius morientis fuit. A marked instance of the construction of *esse* with the gen., as explained in n. B. 1, c. 25. *Belonged to*—i. e. "followed—in death the other consul."

38. Cur—venire. See n. B. 21, c. 30, on *quid esse.*

1. Civis sis, etc. Such a question would be asked, because a Latin ally would be ransomed for a smaller sum than a Roman citizen. *Alteri* refers not to *socius*, but to the Carthaginians, who sought honor for themselves in the humiliation of their enemies. This is the explanation of Fabri, and every way preferable to that of Drakenborch. *Tua*, and below, *tu*, instead of *vestra* and *vos*, because more forcible and direct.

12. Hæc—vadit. As Fabri has observed, these words form one hexameter line, and part of another. Comp. first n. Preface.

Ch. LI.—23. Noctisque. *Noctis* depends upon *quietem;* and the preceding words, *diei quod reliquum esset* = *reliquum diei.* The sense of the whole is this: *reliquæ partes diei et noctis insequentis quietem—sumeret.*—Fabri.

31. Temporis opus esse. See A. and S. § 211, Rem. 11. Alsch. compares 23, 21, *argenti opus fuit.*

33. Mora—saluti—urbi. "There are moments when rashness is wisdom ; and it may be that this was one of them. The statue of the goddess Victory in the Capitol may well have trembled in every limb on that day, and have drooped her wings, as if forever; but Hannibal came not ; and if panic had for one moment unnerved the iron courage of the Roman aristocracy, on the next their inborn spirit revived; and their resolute will, striving beyond its present power, created, as is the law of our nature, the power which it required."—Arnold, 2, p. 316.

Ch. LII.—8. Brachio flumini objecto. This is the order of the words in all the MSS.; but in some of them the reading is fluminis and in others flumine. Flumini is the emendation of Sigonius, and was adopted by Alschefski in the minor edition, and seems to me correct. *Brachium* means here *outworks, line of outworks*, which Hannibal *threw up before*—or *over against*—*the river.* The reading of Gronovius, *brachio objecto, flumine*, though indeed yielding a good sense, varies too much from the MSS., and is besides unnecessary.

23. Ad vescendum facto, i. e. silver plate, table-service.

Ch. LIII.—43. Quorum principem, sc. esse, according to the usual construction in the *oratio obliqua.* Z. § 603, c.

7. Irent. See n. B. 1, c. 9, on *mollirent.* The imperf. because *negat* is the *historic* present; comp. n. on *fecissent* B. 1, c. 25.

12. Ex mei animi sententia. This is a strong form of affirma-

Page
186 tion; "*from my very* soul—or *on my conscience*—I declare, that, as will not desert—so I will not suffer," &c.

Ch. LIV.—40. **Occidione occisum.** *Occidione occidere* pro funditus, ad internecionem delere—Drakenborch; *utterly destroyed—to the last man.*

44. **Edissertando—faciebant,** sc. ceteri scriptores. *Fecero* is the common reading; *faciam* in Alschefski's minor edition. *Edissertare*, a word seldom found. Comp. n. on *occepit*, B. 1, c. 49.—" Even Livy felt himself unable adequately to paint the grief and consternation of that day; and the experience of the bloodiest and most imbittered warfare of modern times would not help us to conceive it worthily. But one simple fact speaks eloquently the whole number of Roman citizens able to bear arms had amounted, at the last census, to 270,000; and supposing, as we fairly may, that the loss of the Romans in the late battle had been equal to that of their allies, there must have been killed or taken, within the last eighteen months, no fewer than 60,000, or more than a fifth part of the whole population of citizens above seventeen years of age. It must have been true, without exaggeration, that every house in Rome was in mourning."—Arnold, Hist. 2, p. 318.

187 5. **Hannibalis—factam.** See n. on *ditionis*, B. 1, c. 25.

7. **Ad Ægates insulas.** Compare n. B. 21, c. 41.

9. **Vectigales ac stipendiarios.** See n. B. 21, c. 41.

Ch. LV.—15-17. **Dubitabant—venturum.** The accusative with the infinitive, with *dubito* and *non dubito*, in the sense of *to doubt*, is the prevailing construction in Livy. Drakenborch and Fabri at this place adduce numerous parallel passages. Compare Z. § 541.

19. **Nondum palam facto,** sc. qui vivi mortuique essent. A singular instance of the impersonal use of the participle in ablative absolute. See Z. § 648.

35. **Exspectent.** On the number of the verb, see n. on *pro se quisque*, B. 2, c. 6.

36. **Egredi urbem.** Accusative, as also 3, 57, *urbem egrederentur*, and 2, 37, *urbem excederent*, where see n.

Ch. LVI.—41. **Pedibus issent.** See Lev. Lexicon, *pes;* and Dict. Antiqq. p. 868.

188 9. **In illa tempestate.** See Z. § 475, Note, and compare in tali tempore above, c. 35.

19. **Provinciamque aliam R.,** i. e. *aliasque partes* provinciæ Romanæ.—Alschefski.

Ch. LVII.—26. **Per commodum.** See Z. § 301, and n. on *per fœdus*, 21, 18.

32. **Quos nunc,** i. e. *scribas*. See Dict. Antiqq. p. 792.

36. **Libros.** See n. on this word, 21, 62.

189 5. **Magnis itineribus contendit,** "hastens by forced marches."

11. Arma, tela. See n. on these words, 1, 25.
15. Servitiis. See n. B. 2, 10.
Ch. LVIII.—**37. Inclinarent,** sc. Romani.—Fabri.
Ch. LIX.—**4. Plus justo.** Z. § 484; A. and S. § 256, R. 9.
23. Nec supersumus, i. e. ii tantum supersumus, "*only those of us* survive." See Arn. Pr. Intr. P. I. 174.
29. Extulisse. See n. on *quiesse*, B. 3, c. 48.
40. Nam si. *Nam* is elliptical, as if had just been said: *Ourselves* I do not compare with them; *for if*, &c.—Fabri.
43. Si tamen—faciatis. These words are parenthetical. *Si tamen, if indeed, though.* Fully to complete the sense of *tamen* we may supply, with Alschefski, quamvis ea quæ dixi vos tam duros esse vix patiantur. *Merito* here in a bad sense, *fault; without our having deserved it,* i. e. *without any fault of ours.*

1. Qui vos, i. e. patres vestros.
11. Me dius fidius. See Z. § 361, Note.
14. Indigni, ut. See Z. § 567, Note. But the instances of this construction are so few and doubtful, that we may well question in the present passage the correctness of the text.
Ch. LX.—**30. Prohibendos—redimi.** See n. on *prohibere*, B. 1, c. 39.
37. Ullius—eorum, i. e. captivorum.
38. Quid—aliud quam—essetis. *What else—than,* i. e. *only.* "For I should *only* have needed to remind you." See n. on nihil aliud—quam, B. 2, c. 8.
6. Et cum, etc. *Et* is the reading of all the MSS., and is restored by Alschefski. The sentence is closely connected with the preceding one: if they had followed Sempronius, they would now be in the Roman camp, not in the power of the enemy. *And although* they, &c.
23. Viam, etc. The whole sense is this: Those words (i. e. *moriamur, milites,* etc.) Sempronius neither said, nor could have said; but he pointed out the way that conducted no less to safety than to glory, and yet you would not follow him.
41. Conati sunt. See Z. § 519, *b;* and compare n. on *dedit,* B. 2, c. 10.
44. Quorum—similes. See n. on *Romuli—similes,* B. 1, c. 20.
9. Nisi quis credere, etc. "Unless any one can believe that they were," i. e. that they were then *good and faithful citizens,* when, &c.
24. Vobis. See n. on *mihi,* Preface.
25. Decuerat. See Z. § 518; Arn. Pr. Intr. P. I. § 20.
Ch. LXI.—**7. Ita—ne tamen,** etc. Here appears the restrictive force of *ita,* which distinguishes the meaning of this word from that of *sic.* (See Z. §§ 281, 726.) The addition of *tamen* renders the sense

Page
194 more clear and emphatic. *Ne* seems also here to have the force of *ut* —*non*. Compare note on *inciderat, ne*, B. 1, c. 46.

8. Longius spe. Z. § 484; A. and S. § 256, R. 9.

17. Paucis sententiis, i. e. by a small majority.

39. Gratiæ actæ, quod de republica non desperasset. "Demosthenes dared not trust himself to the Athenian people after his defeat in Ætolia, but Varro, with a manlier spirit, returned to bear the obloquy and the punishment which the popular feeling, excited by party animosity, was so likely to heap on him. He stopped as usual without the city walls, and summoned the senate to meet him in the Campus Martius. The senate felt his confidence in them, and answered it nobly. All party feeling was suspended; all popular irritation was subdued; the butcher's son, the turbulent demagogue, the defeated general, were all forgotten; only Varro's latest conduct was remembered, that he had resisted the panic of his officers, and, instead of seeking shelter at the court of a foreign king, had submitted himself to the judgment of his countrymen. The senate voted him their thanks, 'because he had not despaired of the commonwealth.'"—Arn. Hist. 2, p. 320.

GEOGRAPHICAL INDEX.

A.

Ægātes insulæ, three islands on the western coast of Sicily, between Lilybæum and Drepanum; viz. Ægusa, Phorbantia, and Hiera; now the Agadian Islands, *Favignana, Levanso,* and *Maritimo.*
Æqui, or Æquicŏlæ. See Volsci, at the end.
Æsis, a river forming the northern boundary of Picenum, and the southern of Umbria, near the mouth of which stands Ancona.
Alba Longa, a town of Latium, southeast of Rome. *Albanus Mons,* a hill, on a ridge of which Alba stood, the scene of the *Latinæ Feriæ.*
Albŭla, the ancient name of the Tiber.
Algĭdus, a hill in Latium, in the territory of the Æqui.
Alīa; see Note, B. 5, 37.
Allīfa, or Allīfæ, a town in Samnium; now *Alife,* in the Neapolitan Prov Terra di Lavoro.
Allobrŏges, a people of Gaul, living on the Rhone, north of the Isère, who occupied most of what is called Savoy, and the northern part of Dauphiné. Capital was Vienna, now *Vienne.*
Amiternum, a town of the Sabines, on the Aternus.
Antemnæ, a Sabine town, on the Anio.
Antium, a town of Latium, south of Rome, about six miles from the mouth of the Tiber.
Apiŏlæ, a Latin town, taken by Tarquinius Priscus.
Apulia, a district of Lower Italy. Comp. Aufidus.
Arar, a river in Gaul, now the *Saone.*
Arbocala, according to Polybius and Livy, a town of the Vaccæi in Spain, (which word see;) according to others, of the Vettones in Lusitania.
Ardĕa, chief town of the Rutuli in Latium, not quite a mile from the sea; now *Ardea* in the Papal States.
Argiletum. See Note, B. 1, c. 1º.
Aricia, a town in Latium, on the Appian Way.
Arimĭnum, a town in Umbria, on the Adriatic Sea; now *Rimini* in the Papal States.
Arnus, a river in Etruria; now the *Arno.*
Arpi, a town in western Apulia, (Daunia.)
Arretium, an Etrurian town near the Apennines; the modern *Arrezzo* in Tuscany.
Arsia, a wood in the neighborhood of Rome.

Atellani, inhabitants of *Atella*, a small town in Campania, between Neapolis and Capua; near the modern town *Aversa*, in the kingdom of Naples.

Athanagia, chief town of the Ilergetes, in Spain. See Ilergetes.

Aventinus, sc. *mons*, or Aventinum, one of the seven hills of Rome. See Plan.

Aufidus, a river in Apulia, dividing that district into two parts, of which the eastern was called Daunia, and the western Peucetia; the modern *Ofanto*

Ausetani, a people of Spain, in the northeastern part of the modern *Catalonia*.

B.

Baleares, or Baleares insulæ, called by the Greeks *Gymnesiæ*, two islands in the Mediterranean, which belonged to Hispania Tarraconensis; *Bal. major*, now *Majorca*; *Bal. minor*, now *Minorca*. The inhabitants were called *Baleares*, and were celebrated as *slingers*, βάλλειν. See Ebusus.

Bargusii, a people of Spain, near the Pyrenees. According to Mannert, they formed a part of the Ilergetes.

Beneventum, a town in Samnium; now *Benevento*, in the Neapolitan Province, *Farther Principato*, but belonging to the Papal States.

Boii, a powerful tribe in Cisalpine Gaul, whose settlements were on the south of the Po, and extended beyond the modern *Parma*, *Modena*, and *Bologna*.

Bovianum, a town in Samnium; now *Boiano*, in the Neapolitan Province *Molise*.

Brixiani, inhabitants of *Brixia*, chief town of the Cenomanni in Gallia Transpadana; the modern *Brescia*.

Brutti', a people in the southern extremity of Italy, inhabiting the district *Bruttium*, the modern *Calabria*. Comp. *Lucani*.

C.

Cænina, a Sabine town. Inhabitants, *Cæninenses*, *Cænini*.

Cære, a city in Etruria, northwest of Rome, now *Cerveteri* in the Papal States. In the vicinity were springs, called *Cærites*, or *Cærētes*.

Calatia, a town in Campania; now *Capazzo*, in the Neapolitan Province, Terra di Lavoro. *Calatinus*.

Cales, a town in Campania; now *Calvi*, in the Neapol. Prov., Terra di Lavoro. *Calenus*.

Callicula, sc. mons, a mountain chain in Campania, stretching from Cales eastward towards the Vulturnus.

Cannæ, a village in Apulia, on the right bank of the Aufidus; now *Canne*, in the Neapol. Prov., Terra di Bari.

Canusium, a city in Apulia, near the right bank of the Aufidus; now *Canosa*, in the Neapol. Prov., Terra di Bari.

Capena, a town in Etruria, north of Rome. It was probably near the Tiber, not far from the site of the modern village of *Fiano*.

Capena, Porta, a gate of Rome, on the east, from which issued the road leading to Capena. See Plan of Rome.

Capitolinus, Mons, one of the seven hills of Rome. See Plan.

Capua the capital of Campania, situated near the modern village of *St Maria*, in the Neapol. Prov., Terra di Lavoro.

Carpetani, a people of Spain, whose territory was bounded on the north by the *Durius*, (Duero,) on the west by *Lusitania*, on the south by the *Oretani*, and on the east by the *Celtiberi;* i. e. the modern Valladolid, south of the Duero, the provinces of Avila and Segovia, the greatest part of Guadalaxara, and most of the central part of Toledo. Cities: *Tolētum*, (*Toledo*) *Contrebia*, *Segovia*, etc

Cartala, capital of the Olcades, Liv. 21, 4. Others, however, read in that passage, *Carteia*, which Polybius, 3, 13, mentions as a town on the Fretum Gaditanum. Another reading still is *Althæa*.

Carthago nova, a city in Spain; the modern *Carthagena* in Murcia.

Casilīnum, a city in Campania, on the river Vulturnus; the modern *Capua*, in the Neapol. Prov., Terra di Lavoro.

Casīnum, a town of the Volsci, in Latium, on the site of which is the modern town of *St. Germano*. Adject. *Casinas*.

Castŭlo, a city in Spain, near the source of the river Bætis; according to Mannert, the modern *Cazorla*, in Jaen.

Caudīnæ Furculæ, a mountain pass in Samnium, on the road from Capua to Beneventum.

Celtiberia, territory of the Celtiberi, the most numerous people of Spain, who lived in the southwestern part of the modern Arragonia, in the south of Navarra, in eastern Old Castile, (Prov. Soria,) and northeastern New Castile, (Prov. Cuença.)

Cenomāni, or Cenomanni, a Celtic people in Cisalpine Gaul, on the north side of the Po, in the neighborhood of he modern Brescia, Mantua, and Verona.

Cercīna, an island in the Syrtis Minor, on the coast of Africa; now *Kerkennas*, or *Kerkine*.

Circeii; see Note, B. 2, 39.

Clastidium, a town in Liguria; now *Chiasteggio*.

Clusium, an Etrurian town, northwest of Rome.

Cœlius, Mons, one of the seven hills of Rome. See Plan.

Collatia, a Latin town, a little to the north of Gabii.

Collīna, Porta, one of the gates of Rome. See Plan.

Corbio; see Note, B. 2, 39.

Coriŏli; see Note, B. 2, 39.

Cornicŭlum, a Latin town, taken by Tarquinius Priscus.

Cortōna, a city of Etruria, one and a half geographical miles northwest of *Lacus Trasimenus;* now *Cortona*, in Tuscany.

Cremōna, a city on the northern bank of the Po, in Cisalpine Gaul; now *Cremona*.

Cremonis jugum; otherwise called *Alpis Graia*, the modern *Little St. Bernard*. See Note on B. 21, 38; and the Map of the Passage of Hannibal.

Croton, or Croto, or Crotona, a city in Magna Græcia on the Gulf of Tarentum; now *Cotrone*.

Crustumerium, a town near Rome, colonized by Romulus.

Cures, a Sabine town, on the Via Salaria.

D.

Druentia, a river in Gaul; now the *Durance*.

Delphi, a town in Phocis, and the seat of the celebrated oracle of Apollo.

E.

Ebūsus insula, the largest of the islands called *Pityusæ*, off the coast of Spain; now called *Ivica;* by some ranked among the Balearic islands.—See Note, 21, 21.

Emporiæ, or Emporium, a Greek colonial town in Spain; now *Empurias* in Catalonia.

Eryx, a mountain on the northwest coast of Sicily, now called *St. Giuliano.*

Esquiliæ, one of the seven hills of Rome.—See Plan.

Etovissa, a town of the Edetani in Spain.

Euganei, a people who lived in the north of Italy

F.

Fæsūlæ, a city in Etruria; the modern village of *Fiesole*, near Florence.

Falerii, a city of the Falisci in Etruria.

Falernus ager, a district of Campania, celebrated for its wines.

Ferentinum.—See Note, B. 2, 38.

Ficana, a town taken by Ancus Marcius.

Formiæ, a city in Latium, on the coast, near the site of which is the little town of *Mola.*

Fretum Siculum, the Straits between Italy and Sicily, now *Faro di Messina,* or *Straits of Messina.*

G.

Gabii, a Latin town between Rome and Præneste.

Gades, a city in Spain, now *Cadiz.* In its vicinity was a celebrated temple of Hercules.

Genua, a town in Liguria; now *Genua, Genoa,* in the Kingdom of Sardinia.

Geronium, a town in Daunia.

H.

Heraclēa, a city in Magna Græcia near the mouth of the Siris.

Herculis Columnæ, *Pillars of Hercules,* two mountains on the opposite shores of the Gulf of Gibraltar; *Calpe,* (Gibraltar,) in Spain, and *Abyla,* (Cape Serra,) in Africa.

Hermandĭca, a city of the Vaccæi, in Spain.

Hirpini, a people of Samnium, who occupied the country which is now the *Farther Principato* of the kingdom of Naples.

Hispaniæ. Livy frequently uses this plural, in reference to *Hispania citerior* and *Hispania ulterior;* the former the eastern part of Spain, afterwards called *Tarraconensis,* and the latter the southern and western parts, *Lusitania* and *Bætica.*

Honosca; see Onusa.

I.

Ibērus, the *Ebro,* river in Spain.

Ilergavonenses, or Lergavonenses, or Ilercaonenses, a people in Spain, east of the Edetani, on both sides of the Ebro, and near its mouth.

Ilergetes, the most extensive people living between the Ebro and the

Pyrenees. They occupied nearly the whole of what is now called Arragonia, together with Lerida.
Insubres, a people in Cisalpine Gaul, whose territory extended southward to the Po, on the west to the river Sesia, and on the north to the Alps.
Isara, *Isère*, river in France.

J.

Janiculum, a hill not included in the seven on which Rome was built; on the west side of the Tiber.—See Plan of Rome.

L.

Lacetania, territory of the Lacetani, extending from the Pyrenees down towards the Ebro, and embracing the northern half of the modern Catalonia.
Lacus Trasimenus. See Trasimenus.
Lanuvium, a town in Latium, now the village of *Civita Lavigna*.
Larinum, a town in the territory of the Frentani; now *Larino* in the Neapolitan Province *Capitanata*.
Lavici; see note, B. 2, 39.
Libui Galli, a tribe in Cisalpine Gaul; according to Mannert, in the neighborhood of the modern *Bergamo* and *Brescia ;* according to others, the same as the Libici, who lived near Vercelli on both sides of the Sesia.
Ligŭres, inhabitants of Liguria, a country extending along the *Mare Ligusticum*, (Gulf of Genoa ;) now Genoa, Piedmont, and Nice.
Lilybœum, a city on the western coast of Sicily, where is now the city of Marsala.
Liparæ insulæ, also Æoliæ or Vulcaniæ Insulæ, islands north of Sicily.
Liternum, or Linternum, a city in Campania, north of the mouth of the river *Liternus;* now Patria.
Locri, or Locrenses Epizephyrii, inhabitants of the town of Locri, and the surrounding country in Bruttium.
Longuntĭca, a city in Spain south of the Ebro, on the sea-coast.
Luca, Lucca, city in Etruria; now *Lucca*.
Lucāni, a tribe in Lower Italy, separated from Campania and Apulia by the rivers Silārus and Bradānus, and from Bruttium by the Laus and Sybăris.
Luceria, a city in Daunian Apulia; now *Lucera*.
Lusitania; this name belonged first to the country between the Durius and the Tagus, from the sea as far as the eastern border of modern Portugal. Afterwards, as a Roman province, it embraced all of Portugal south of the Duero, Salamanca, the largest part of Estremadura, and the western extremity of the province of Toledo.

M.

Mæsia, the name of a wood, probably between Rome and the sea.
Marrucīni, a people who lived in the country which is now the *Hither Abruzzo* (*Abruzzo citeriore*) of the kingdom of Naples, on the right bank of the Aternus. Capital, *Teate,* now *Chieti.*
Marsi, a people in Samnium, north of Lacus Fucinus.
Massĭcus mons, a range of hills on the borders of Latium and Campania, celebrated for the wines grown there.

Massilia, a city in southern Gaul, now *Marseilles.*
Melita, or Melite; the island of *Malta.*
Menix or Meninx insula, an island in the *Syrtis minor,* on the coast of Africa.
Messāna, a city in Sicily; *Messina.*
Metapontum, a city in Magna Græcia, on the Gulf of Tarentum.
Mutina, a Roman city in Cisalpine Gaul; now *Modena.*

N.

Neapŏlis, *Naples.*
Nova Classis, a place in Spain, whose exact situation is unknown.
Numĭdæ, a people living on the north coast of Africa.

O.

Ocricŭlum, the last southern city in Umbria, on the Tiber.
Olcădes, a people in Spain, probably in the southern part of the modern Cuença, in the mountains of Ortospeda.
Onusa, a city in Spain, south of the Ebro, on the sea-coast; according to some, the modern village of *Joyosa* in Valencia.
Oretani, a tribe in Spain, whose territory probably corresponded to the eastern part of *Estremadura,* most of the central part of *La Mancha,* the eastern extremity of *Jaen,* and the northern extremity of *Granada.*
Ostia, a town in Latium, not far from the mouth of the Tiber.

P.

Padus, the Po, chief river of Italy.
Pæstum, or Posidonia, a town in Lucania, near the mouth of the Silărus
Pedum; see note, B. 2, 39.
Peligni, a people in Samnium, whose territory corresponded to the modern *Hither Abruzzo,* in the kingdom of Naples.
Peninus, (mons,) the modern *Great St. Bernard.*
Pentri, a Samnite people, whose capital was *Bovianum.*
Picenum, a district of Italy, nearly corresponding to the modern Mark *Ancona,* in the Papal States.
Pisæ, a city in Etruria, at the junction of the *Arnus (Arno)* and the *Ausar, (Serchio;)* now *Pisa.*
Placentia, a city on the Po; now *Piacenza.*
Pometia, a town of Latium, at one time the capital of the Volsci; called also Suessa, and Suessa Pometia.
Præneste, a city in Latium; now *Palestrina.*
Prætutianus ager. This district was separated from Picenum proper by the river Truentus, (Tronto,) and extended on the south to the river Vomānus, (Voman;) it corresponded to the modern *Teramo*

R.

Rnodănus, Rhone, river in France.
Ruscīno, a city on a river of the same name in southern Gaul; now *la Tour de Roussillon,* not far from Perpignan.
Rutŭli, a people on the coast of Latium; capital, *Ardĕa.*

S.

Sabini, an Italian people, who dwelt originally about Amiternum in the Apennines; afterwards they occupied a territory bounded on the east by the Apennines, on the west by the Tiber, on the north by the river Nar, and on the south by the Anio.

Sacer, (mons,) a hill about three miles from Rome, on the right bank of the Anio.—Comp. note, B. 2, 34.

Saguntum, (neut.,) and Saguntus, (fem.,) a city of Spain on the Sinus Sucronensis, in the territory of the Edetani; its ruins are visible near the modern town of *Murviedro*, which indeed derives its name from those ruins, (*Muri veteres*.)

Salassi, a people of Cisalpine Gaul, who lived in the valley of the Duria, (*Doria Baltea*,) whose country corresponded to the mountain-region in the northwestern part of Piedmont. They were probably a branch of the Insubres.

Salyes, or Salluvii, a tribe of Gauls who lived on the Druentia and Rhodanus, in the country corresponding to the modern *Provence*.

Samnium, the territory of the Samnites in Central Italy, which extended from Campania northward as far as the Adriatic; divided into the cantons of the Frentanians, Hirpinians, Pentrians, and Caudines.

Satrĭcum; see note, B. 2, 39.

Scissis, or Cissa, a town in Lacetania, (which word see.)

Senŏnes, a tribe of Transalpine Gauls, who afterwards settled in Umbria.

Sidicīni, an inconsiderable Ausonian tribe, who occupied the northern parts of Mons Massicus. Their chief town was Teanum Sidicinum; now *Teano*.

Sinuessa, a town in Latium on the sea-coast; on the via Appia, between Minturnæ and Capua. Near it were hot baths, called *aquæ Sinuessanæ*.

Spolētum, or Spoletium, a city in Umbria; now *Spoleto*, in the Papal States.

Stellas Campus, a fruitful Campanian district, south of Cales.

Suessa; see Pometia.

Sulci, an old Carthaginian town on the southern coast of Sardinia.

Surrentum, a city in Campania; now *Sorrento*, in the Bay of Naples.

Syracūsæ, an important city on the east coast of Sicily; now *Siragosa*.

T.

Tagus, the *Tajo*, river in Spain and Portugal.

Tannētum, first a village of the Boii, afterwards a city of Cisalpine Gaul, on the road between Parma and Mutina; according to Mannert, the modern village *St. Illario*, according to others, *Taneto*.

Tarentum, a celebrated city in Magna Græcia, on a gulf of the same name, which is now the Gulf of Taranto.

Tarracīna, a city of the Volsci in Latium, called also Anxur, near the Pontinian marshes; now *Terracina*.

Tarrăco, a town in the country of the Cosetani in Spain; from which the name Hispania Tarraconensis was derived; now *Tarragona*.

Taurīni, a Ligurian tribe, south of the Salassi Capital, *Augusta Taurinorum*; now *Turin*.

Telesia, a town in Samnium; now *Telese*.

Tellenæ, a Latin town taken by Ancus Marcius.

Tibur, one of the oldest cities of Latium, on the Anio; now *Tivoli*.

Ticinus, now *Tessino*, or *Ticino*, river in Cisalpine Gaul.

Trasimenus Lacus, a lake in Etruria; now *Lago di Perugia*, in the Papal States.

Trebia, a Latin town taken by Coriolanus; Liv. 2, 39

Trebia, *Trebia,* a river in Cisalpine Gaul.
Tricastīni; see note 21, 31.
Tricorii, a tribe in Gaul, east of the Vocontii, in the neighborhood of the modern *Briançon.*
Turdetani, a tribe in Spain, in the western part of Bætica. They afterwards extended westward along the coast, beyond the Anas (*Guadiana*) to the farthest limits of Spain.

U.

Umbria, a country in Central Italy, bounded on the north by the Rubico, west by the Tiber, northeast by the sea, south by the Nar.
Utens, a river in Cisalpine Gaul.

V.

Vaccœi, a Spanish tribe, who occupied the greatest part of the modern Valladolid, the northern extremity of Salamanca, the southeast extremity of Leon, southern Palencia, and the largest part of Toro. Chief town Palantia, now *Palencia.*
Vecilius, (mons). See note, B. 3, 50.
Veii, an Etrurian town, twelve miles northwest of Rome.
Velia. See note, B. 2, 7, and Plan of Rome.
Venusia, a town on the borders of Apulia and Lucania, but belonging to the former; now *Venosa.*
Vibonensis Ager, district of the city *Vibo Valentia,* on the western coast of Bruttium.
Victumviæ, in Cisalpine Gaul, not far from Placentia.
Viminalis, Collis, one of the seven hills of Rome.—See Plan.
Vocontii, a tribe in southeastern Gaul, whose territory embraced a part of the modern *Provence,* and the southeastern part of *Dauphiné.*
Volcæ, a Celtic tribe in southern Gaul, on the west side of the Rhone who were divided into two branches: 1. Volcæ Arecomici, whose country extended from the river Orbis, (*Orbe,*) or, according to Mannert, the river Arauris, (*Herault,*) to the Rhone; 2. Volcæ Tectosäges, who lived westward of the former, towards the Pyrenees. The chief town of the *Arecomici* was Nimausus, *Nimes;* of the Tectosäges, Tolosa, *Toulouse.*
Volciani, tribe in Spain, near the Bargusii.
Volsci. From the Anio to the sea at Tarracina extends a line of highlands interrupted by a break, to the south of Præneste, and thereby divided into two parts of unequal length, the shorter one extending from Tibur to Præneste, the longer from Præneste to Tarracina and the sea. Of this mountain wall, the longer part was occupied by the Volscians, the shorter by the Æquians.—See Arnold's Hist. 1, p. 120.
Vulcani Insula, the most southerly of the Liparæan islands; also called Hiëra; now *Volcano.*
Vulturnus, now *Volturno,* river in Campania.

Z.

Zacynthus, an island in the Ionian sea; now *Zante*

INDEX TO THE NOTES.

A.

A or *ab*, = *a parte, apud*, i. 12; ib. 33; xxi. 5; expressing a cause, v. 47; xxi. 36; = *post*, xxii. 18; ib. 40.
Ablative, without *cum*, xxi. 48; of the gerund, instead of a conditional clause, xxi. 5; of instrument with *persons*, xxii. 46; *absolute*, expressing the circumstances under which something takes place, xxi. 5.
Abstinere, with the dative, i. 1.
Ac, explicative, xxi. 4; xxii. 41; "than," after *antidea*, xxii. 10.
Acies, meaning, i. 23.
Ad, "in the vicinity of," i. 33; after it, the accusative omitted, ib.; v. 47; "in consequence of," "by," iii. 48; "according to," xxi. 21; "about," xxi. 22; "in comparison with," xxii. 22; —*id locorum*, xxii. 38; —*mille*, for a substantive, xxii. 31; —*tempus*, xxi. 25; —*unum omnes*, xxi. 42; —*vivum*, xxii. 17.
Adeo, its meaning, at the end of the Preface.
Admodum, xxi. 36.
Adversi montes, xxii. 17; *adverso flumine, adversa ripa*, xxi. 27; *adversum femur*, xxi. 7.
Ædes, not expressed, i. 33; v. 47; xxi. 62.
Ædificium, atrium, domus, ædes, v. 41.
Ægro animi, ii. 36.
Æquare frontem, v. 38; xxii. 47; *æqua fronte*, ib.
Æqui atque iniqui, v. 45; xxii. 26.
Affertur, used absolutely, xxii. 14.
Affinitas, propinquitas, and *necessitudo*, iv. 4.
Affligi, xxi. 35.
Ager Tarquiniorum, ii. 4.
Alius, for *reliquus*, ii. 38; xxi. 26; *alium—alius*, for *alterum—alter* i. 25.
Ambustus, xxii. 35.
Anacoluthon, i. 40; ii. 12; xxi. 3; ib. 10.
Anceps, i. 25.
Anchoralia xxii. 19.
Annona, ii. 34.
Antidea, xxii. 10.
Appia via, xxii. 7.
Apposition, proper name in apposition with dative, rather than with *nomen*, i. 1.

Ara maxima, i. 7.
Archaisms, in Livy, i. 49.
Argentum ad vescendum factum, xxii. 52.
Argiletum, position of, i. 19.
Arma and *Tela*, i. 25; xxii. 57.
Asserere in servitutem, —*in libertatem*, iii. 44.
Assuescere, xxi. 33; xxii. 18.
At, with the force of *saltem*, i. 41; iii. 56; *at enim*, xxi. 18; ib. 4**.
Atque, =.*et ita*, " and so," xxii. 6.
Auspicato, v. 38.
Auspicia ementiri, xxi. 62.
Auspicio addicere, xxii. 42

C.

Calida consilia, xxii. 24.
Carmen, i. 26.
Carptim, xxii. 16.
Castra, for a " day's march," xxi. 31; —*movere*, ib. 33.
Cedere, " to give up," usually with ablative, iv. 6.
Celeres, i. 15.
Celerius spe, xxi. 6.
Centuriare, xxii. 38.
Ceterum, xxi. 5; ib. 6; ib. 18.
Cetrati, xxi. 21.
Claudere, " to be lame," xxii. 39
Clepere, xxii. 10; *clepset*, ib.
Cloaca maxima, i. 56.
Cœlius Antipater, xxi. 38.
Comitium, xxii. 7; *comitiis centuriatis*, ablative of time, ii. 2.
Committere cur, v. 46; —*bellum*, xxi. 40.
Concionabundus, iii. 47.
Conclamare, i. 58.
Conditio, iii. 45; *conditionibus*, or *sub conditionibus*, xxi. 12.
Conficere bellum, xxi. 40.
Connubium, iv. 1.
Consalutare, salutare, and *appellare*, xxii. 29.
Conserere artes belli, xxi. 1.
Construction, changes of, frequent in Livy, xxi. 5; ib. 18; change from *oratio obliqua* to *oratio recta*, i. 47; xxi. 10; an independent clause, instead of an accusative with infinitive dependent upon a *verbum dicendi*, xxi. 18; change from passive voice to active, xxii. 6.
Consualia, i. 9.
Corpora curare, v. 45; xxi. 31.
Creare, xxi. 15.
Cum—tum, force of, i. 8; the mood with *cum* in *cum—tum*, ib. 21
Curia xxii. 7.
Custodiæ and *stationes*, v. 44; xxi. 14.

D.

Dative, *dativus ethicus*, Preface; —*commodi*, xxi. 33; ib. 54; translated by the English possessive, i 5; ib 25; v. 41; xxi. 53; instead of

ablative with *a* or *ab*, i. 23 ; iii. 54 ; xxi. 34 ; ib. 39 ; with part. in *dus*, denoting purpose, i. 35 ; iv. 4 ; xxii. 35 ; ib. 52.
Decernere, xxi. 6.
Decuriare, xxii. 38.
Degeneratum, used substantively, i. 53.
Demum, v. 41.
Destinatum, used substantively, xxi. 54.
Dicere diem, ii. 35.
Dies, gender, xxii. 8 ;—joined with *tempus*, xxii. 39 ; *diem de die*, v. 48.
Dignitates, xxii. 40.
Dignus, without a noun, xxi. 48.
Dirimere and *dividere*, xxii. 15.
Discerneres, xxi. 4.
Dispar and *dissimilis*, xxii. 46.
Ditionis, fieri, facere, i. 25 ; xxi. 53.
Donec, temporal, with the imperfect and pluperfect subjunctive, i. 39 ; xxi. 28 ; —" as long as," with the subjunctive, ib.
Dubitare, construction, xxii. 55.
Ducere, used absolutely, i. 23 ; xxi. 22 ; ib. 56 ; xxii. 12 ; " to take with," xxi. 1 ; —*tutelæ*, xxi. 41 ; —*ordinem*, iii. 44.
Duim, xxii. 10.
Dum, in the sense of *ut*, iii. 46 ; —" so long as, "with the subjunctive, ii 6

E

E republica, xxii. 11.
Ecquis, i. 9.
Educere, used absolutely, i. 23 ; xxi. 39
Egredi urbem, iii. 57 ; xxii. 55.
Ellipsis, in questions expressing indignation, iv. 2
Ementiri auspicia, xxi. 63.
Emerita stipendia, xxi. 43.
Enim, expressing strong asseveration, xxii. 25.
Error, i. 23 ; xxii. 1.
Esse, with the gen. meaning *to whom or what any thing belongs*, i. 25 iii. 48 ; ib. 59 ; iv. 2 ; xxi. 11 ; ib. 30 ; xxii. 22 ; ib. 50.
Et, " and that too," i. 17 ; explicative, xxii. 2 ; *et—et—tum*, i. 40 ; " and therefore," xxi. 24.
Et ipse, where the antithesis is not expressed, xxi. 23.
Evadere, with the acc., xxi. 32.
Evehi in anchoras, xxii. 19.
Excedere urbem, ii. 37.
Excipere hospitio, i. 22.
Ex comparatione, xxii. 8 ; —*vano*, xxii. 7 ; —*mei animi sententia*, xxii. 53 —*magna parte*, xxi. 5 ; —*fœdere*, i. 23.
Expertus, used passively, i. 17 ; xxi. 1.
Expetere, intransitive, i. 22 ; transitive, i. 23 ; —*in aliquem*, ib

F.

Facere, fieri, with genitive, i 25 ; xxi. 44 ; ib. 53.
Facere, " to sacrifice," xxii 10.
Fallere, " to escape notice of," v 47 ; xxi. 48 ; " to deceive," **xxi. 45.**
Fama and *rumor*, xxii. 39
Fando audire, iv. 3.

Feretrius, Juppiter, 10.
Ferre, tacitum feras, iii. 45; *ab Turno tulisse—tacitum,* ib.
Ferro igni, ii. 10.
Fetialis, i. 24.
Firmus and *stabilis,* xxii. 37.
Flaminia via, xxii. 11.
Fortis and *strenuus,* iv. 3; ib. 4; xxi. 4.
Forum and *toga,* xxii. 26.
Frigus and *gelu,* xxi. 32.
Funesta familia, ii. 8.
Furca, i. 26.
Furere and *insanire,* xxii. 39.

G.

Genitive, with *esse* and *fieri,* i. 25; xxi. 44; of quality with a proper name, xxi. 1; with neut. plural of an adjective, xxi. 31; of a demonstr. pron. dependent upon a rel. pron., xxi. 26; of *is* dependent upon another gen., xxii. 22; singular of gerund with *vestri,* xxi. 41.
Genius, xxi. 62.
Gravis, meaning, i. 16.

H.

Hærere vestigio, xxi. 35.
Haud ita multo post, i. 33; *haud parum,* xxii. 26.
Hauddum, xxii. 12.
Haurire ex vano, xxii. 7.
Hendiadys, xxi. 63.
Hexameters in prose, Preface; xxii. 50.

I.

Idem, " and also," xxi. 25; ib. 43.
Impellere, with infinitive, xxii. 6.
Imperfect, after *postquam,* i. 23; iii. 46; xxi. 12; ib. 28.
" subj. in *oratio obliqua,* after a *past tense,* where the *future* in *oratio recta,* i. 23; —in *timerem, discerneres,* etc., ii. 7; xxi. 4; xxii. 7; ib. 46; —for the pluperf. xxi. 5; ib. 19.
Implere, with the genitive, i. 46.
In, in id, denoting purpose, xxi. 42; —*custodiam habere,* xxii. 25; —*majus ferre,* xxi. 32; —*orbem pugnare,* xxi. 56; —*eo esse—ut,* xxii. 1; —*rem esse,* xxii. 3.
Indicative, in *oratio obl.* xxi. 1; ib. 3; in the apodosis of conditional clauses, xxi. 5.
Indignus, followed by *ut* and the subj. xxii. 59.
Indignatio and *ira,* xxi. 41.
Infestus and *infensus,* i. 7.
Infinitive, historical in the apodosis, v. 46; infin. perf. for the infin. pres., iii. 48; xxii. 59.
Inquit, with a dative, xxii. 6.
Insula Tiberina, ii. 5.
Invidere, with the abl., ii. 40.
Ita, its restrictive force, xxii. 61; *ita—ne tamen,* ib.; *ita—si,* meaning of, i. 8; xxi. 13.

Ita sis, ii. 10.
Iter avertere, xxi. 23.

J.

Jactans via, xxi. 48.
Jam, with comparatives, in sense of *etiam*, xxi. 60.
Janus, i. 19.
Judicem dicere, iii. 56; —*ferre*, ib.
Jusjurandum and *sacramentum*, xxii. 38.
Justum prœlium, v. 49; *justa acies*, xxi. 8; *justa pugna*, xxii 8.
Justa ac si, xxii. 31

L.

Latina via, xxii. 12.
Lectisternium, xxi. 62.
Libatæ vires, xxi. 29.
Licet, with the dat. and infinitive, xxi. 44.
Libertinus and *libertus*, iv. 3.
Litato, v. 38.
Ludis, abl. of time, ii. 36
Lupercal, i. 4.

M.

Macte, ii. 12; xxii. 49.
Magis, with the ablative, xxii. 2.
Me dius fidius, xxii. 59.
Medio œdium, i. 47; v. 41.
Memorata, xxii. 7; ib. 42.
Meritum, in a bad sense, xxii. 59.
Mille, as a noun, xxii. 31; ib. 37.
Minime, "least of all," xxii. 17.
Minores gentes, i. 35.
Miscere, also *permiscere*, construction, xxi. 14; ib. 22
Modo, "lately," xxii. 14;—after relative, xxii. 8.
Momentum, i. 47; v. 49; xxi. 43.
Munire rupem, xxi. 37.
Munitio, i. 8.
Mutare, construction, xxi. 45.

N.

Nam, elliptical, xxii. 59.
Naves longæ, xxi. 17.
Ne, in sense of *nedum*, iii. 52; *ne* with *obstare*, v. 35; *ne* after *ita*, i. 45; xxii. 61.
Nec—et, i. 4.
Necubi, necunde, xxii. 28.
Negatives, instances of two, which do not destroy each other, iii 54; xxi. 35; xxii. 25.
Negare, = *dicere non*, i. 57.
Nescio an, ii. 2.
Ni, = *si non*, iii. 57.
Nihil aliud—quam, ii. 8.
Nimio plus, ii. 37

Non modo—sed ne—quidem, i. 40 ; iv. 3 ; v. 38 ; xxii. 3 : ib. 29.
Non solum—sed etiam, i. 22.

O

Occidione occidere, xxii. 54.
Occipere, i. 49.
Occupare, i. 14 ; xxi. 39.
Oneri ferendo esse, ii. 9
Operæ est, i. 24 ; xxi. 9.
Operæ pretium, Preface.
Opera and *vineæ,* xxi. 7.
Opportunitas and *occasio,* xxi. 35.
Oræ, xxii. 19.
Oratio obliqua, all dependent clauses in, with subj., i. 1 ; *less formal,* i 6 ; subjunctives in, when in *recta* imperatives, i. 9 ; xxi. 49 ; ib. 22 ; xxii. 44 ; change from, to *recta,* i. 47 ; xxi. 10 ; direct questions in, in acc. with infin., xxi. 30 ; ib. 57 ; xxii. 1.
Ornatus and *habitus,* v. 4, 1.
Ostentare, as a *verbum dicendi,* xxi. 35.

P.

Participle, peculiar use of, in Livy, xxi. 6 ; ib. 33 ; xxii. 38 ; used instead of a verb, xxi. 30 ; in *dus* supplies the place of a part. pres. passive, Preface ;—perf. passive, used where in English we use a noun, i. 5 ; —fut. active, with *fuisse* for the pluperf. of *oratio recta,* i. 46 ; iii. 50 ; iv. 2 ;—perf. pass. used substantively, i. 53 ; xxi. 54 ;—perf. pass. used impersonally, xxii. 55.
Palam facto, xxii. 55.
Partitus, used passively, v. 40 ; xxii. 27
Pecora and *jumenta,* xxi. 32.
Perfect tense, in hypothetical sentences, with the force of the pluperfect, ii. 1 ; perf. indic. for pluperf. subj., ii. 9 ; perf. subj. in *oratio obl.,* where the fut. perf. in *recta,* i. 24 ; perf. subj. to express something conceived as an *actual* occurrence, xxii. 8.
Perduellio, i. 26.
Pergere porro ire, xxi. 22.
Perinde, iii. 44 ; *—tamquam,* iv. 3 ; *—atque,* v. 42.
Pervenire, used absolutely, xxii 18 ; " to be carried through with success," i. 17.
Perversis rupibus, xxi. 33.
Pietas, iii. 58.
Pinarii, i. 7.
Plebem rogare, iii. 54.
Plerique, partitive, Preface ; in sense of *permulti,* xxi. 1
Pluere, construction, xxi. 26.
Pluperfect, subj. in *oratio obliqua,* after a *past tense,* where in *recta* the fut. perf., i. 24.
Plus justo, xxii. 59.
Pontifices minores, xxii. 57.
Postquam, with the present, xxi. 13 ; with the imperf. i. 23 ; iii 46 ; xxi 12 ; ib 28.
Potiri, i 7.
Potuerit, in the apodosis of a conditional sentence, xxii. 31.

Præfecti sociorum, xxi. 59.
Prærogativam, iii. 51.
Prepositions, wanting after *quam*, xxii. 8; wanting before *qui*, xxii. 33.
Present tense, historic, followed by a past tense, i. 7;—by a present and a past tense in same sentence, xxii. 18.
Prisci Latini, i. 32.
Pro, pro imperio, iii. 49 : *pro concione*, iii. 54; xxii. 11; *pro eo, ut*, xxii 1; *pro victo*, xxi. 9 ; *pro se quisque*, with a plural verb, ii. 6
Prodito fumo, xxi. 27.
Profligare bellum, xxi. 40.
Prohibere, construction, i. 39 ; v. 49 ; xxii. 19 ; xxii. 34.

Q.

Quam mallem, xxii. 49.
Quam pro, xxi. 29 ; ib. 32.
Quamquam, "nay more," xxi. 19.
Que, adversative, v. 45 ; xxi. 6 ; for *etiam, quoque*, i. 13 ; "or rather," xxi. 62.
Quia and *quod*, ii. 1 ; xxi. 5 ; ib. 9.
Quicumque, with the indicative, i. 32.
Quid aliud quam, xxii. 60.
Quin, meaning, i. 45 ; —*et ut*, xxii. 1.
Quippe qui, with subj., Preface ; with indicative, iii. 53 ; v. 37.
Quoniam, its force, i. 6 ; when with the indicative and when with the subj., ib.

R.

Recta pugna, xxii. 28.
Relative, many English expressions translated by, with a circumlocution, xxii. 28.
Reliquum diei, xxii. 51.
Reliqui, alii, and *ceteri*, ii. 38.
Rex sacrificulus, ii. 2.
Robur and *vires*, xxi. 1.
Ruminalis, ficus, i. 4.
Rumor and *fama*, xxii. 39.
Rupes and *saxa*, xxi. 33.

S.

Sagmina, i. 24.
Salii, i. 20.
Sanguis and *cruor*, i. 59.
Satin' salve, i. 58.
Se for *eum*, xxii. 37.
Secundo Tiberi, secunda aqua, v. 46
Sequius, ii. 37.
Sententiis paucis, xxii 61.
Servitium and *servitus*, ii. 10.
Si nihil aliud, xxii. 29.
Sicut—ita, xxi. 35.
Similis and *dissimilis*, with the genitive in reference to *persons*, i. 20 xxii. 39.

Sortes, xxi. 62 ; —*extenuatæ,* ib.
Spectacula, i. 35.
Stationes and *custodiæ,* v. 44 ; xxi. 14
Stipendiarius and *vectigalis,* xxi. 41.
Sub conditionibus, xxi. 12 ; *sub corona venire,* xxi. 51.
Sublime, used adverbially, xxi. 30.
Subjunctive, second person, denoting some indefinite subject, Preface ; in
    less formal *oratio obl.,* i. 6 ; ib. 9 ; of *generality* with *ubi,* i. 32
    xxi. 4 ; ib. 35 ; of future, how expressed, Preface ; of future perfect
    active, ii. 1 ; xxi. 33 ; of future perfect passive, xxi. 34 ; subjunctive
    present, in a conditional expressed by an English past tense, Pre-
    face ;—with *ut,* after a perfect indefinite, ii. 1 ; *subjunctive,* with
    qui, in dependence upon a demonstrative pronoun to be supplied,
    ii. 8 ; v. 44 ;—in a relative clause, containing a fact, xxi. 40 ;
    xxii. 45 ; *subjunctive imperfect,* in *timerem, discerneres,* etc., ii. 7 ;
    xxi. 4 ; *subjunctive perfect* with *ut,* in clauses denoting a result,
    i. 3 ; xxi. 1 ; ib. 2 ; ib. 58 ; xxii. 48.
Sudare, construction, xxii. 1.
Summa rerum, xxi. 29 ; *summa tota,* ib. 1.
Sustinere, " to put off," v. 45.
Synesis, xxi. 20 ; ib. 41 ; ib. 59 ; xxii. 42

T.

Tandem, quid tandem, iv. 3.
Tantum ne, " only that not," xxi. 19
Temperare, construction, xxi. 22.
Templum, definition of, i. 6.
Tenere, " to continue," ii. 3.
Tensæ, v. 40.
Testudo, v. 43.
Torrida, xxi. 32.
Trans and *ultra,* xxii. 43.
Tribunus Celerum, i. 59.

U.

Ubi, with the subjunctive, i. 32 ; xxi. 4 ; ib. 35 ; —*terrarum,* xxii. 13.
Unde, in reference to persons, i. 49.
Uno, " by one," ii. 7.
Unus, with the superlative, xxii. 22.
Usus, i. 46 ; *usu capere,* xxii. 44.
Ut, with a limiting force, i. 57 ; xxi. 34 ; xxii. 5 ; —for *ita ut,* v. 43 ;
    xxii. 45 ; —used in giving the circumstances under which any
    thing takes place, xxi. 7 ; ib. 36 ; —" though," xxi. 47 ; ib. 52 ;
    xxii. 25 ;—with perfect subjunctive in clauses denoting *result,* i. 3 ;
    xxi. 1 ; ib. 2 ; ib. 15 ; ib. 25 ; ib. 58 ; ib. 60 ; xxii. 5 ; —*quæ,* with
    the subjunctive, Preface ; *ut—sic,* i. 25 ; *ut—ita,* xxi. 7.
Utrum—an—an, xxi. 10.

V.

Vagi and *palantes,* v. 44.
Velitis jubeatis, i. 46 ; xxi. 17.
Verba dicendi, omitted, xxi. 15 ; ib. 24.

Vetus and *recens*, ii. 35.
Via, xxii. 1.
Videro, de his videris, ii. 40; *viderit*, iii. 45
Vindicare in libertatem, iii. 46.
Vir, for *is* or *ille*, xxi. 4.
Volentibus esse, xxi. 50

Y.

Year, of Numa, i. 19

Z.

Zeugma, xxi. 14.

Printed in Dunstable, United Kingdom